中国医疗法

CHINESE MEDICAL LAW

汪建荣 著

法律出版社
LAW PRESS · CHINA

图书在版编目(CIP)数据

中国医疗法 / 汪建荣著. -- 北京 ：法律出版社，2018

ISBN 978-7-5197-2322-4

Ⅰ. ①中… Ⅱ. ①汪… Ⅲ. ①卫生法－研究－中国 Ⅳ. ①D922.164

中国版本图书馆 CIP 数据核字(2018)第 122945 号

中国医疗法
ZHONGGUO YILIAOFA

汪建荣 著

责任编辑 陶玉霞
装帧设计 贾丹丹

出版 法律出版社
总发行 中国法律图书有限公司
经销 新华书店
印刷 三河市龙大印装有限公司
责任印制 吕亚莉

编辑统筹 法规出版分社
开本 720 毫米×960 毫米 1/16
印张 23.75
字数 400 千
版本 2018 年 7 月第 1 版
印次 2018 年 7 月第 1 次印刷

法律出版社/北京市丰台区莲花池西里 7 号(100073)
网址/www.lawpress.com.cn
投稿邮箱/info@lawpress.com.cn
举报维权邮箱/jbwq@lawpress.com.cn
销售热线/010-63939792/9779
咨询电话/010-63939796

中国法律图书有限公司/北京市丰台区莲花池西里 7 号(100073)
全国各地中法图分、子公司销售电话：
统一销售客服/400-660-6393
第一法律书店/010-63939781/9782　西安分公司/029-85330678　重庆分公司/023-67453036
上海分公司/021-62071010/1636　深圳分公司/0755-83072995

书号：ISBN 978-7-5197-2322-4　**定价**：59.00 元

序　言

在我国卫生法中，医疗法并不是后起之秀。在卫生事业发展史上，最先声夺人的是医疗法。

早在20世纪50年代初，医疗法就以前所未有的面貌展露风采，在短短的几年时间里，基本理顺了与医疗相关的重要法律关系，相继将医疗机构管理体系、医务人员管理体系纳入法制化，并建立了以劳保医疗和公费医疗为主体、分级诊疗为特点的免费医疗制度。

改革开放后，卫生法恢复重建虽然是以传染病防治、食品卫生、药品管理等起步的，但医疗法始终是社会关注的热点。自1987年《医疗事故处理办法》出台后，医疗法的立法步伐明显加快。一方面专门的医疗法律、行政法规接连颁布实施，另一方面在公共卫生法、药事法中穿插增加医疗法条文。这种“双管齐下”的立法模式，不仅使医疗法迅速形成了结构比较合理、内容比较丰富、形式比较多样的体系，而且也进一步加强了医疗法与公共卫生法、药事法之间的紧密关系。另外，其他领域的法律、行政法规中有关医疗方面的规定也发挥了重要的补充作用。

为使读者能够全方位地了解我国医疗法概貌，本书没有采取传统的内容编排顺序，也没有遵循以具体的法律、行政法规为单元介绍的主流方法。而是基于医疗法具体条文，通过整理和归纳，并梳理医疗法的发展过程，以一种易于读者理解的方式，突出介绍医疗法各个领域的重点内容。

为增强可读性，除对有关背景作了简单交代外，本书还结合条文谈了笔者对一些问题的认识，希望这是一种有益的尝试，也希望本书在学术上能有一定的参考性。

我不敢说本书可以用作教材，但我奢望本书对读者有启发作用。

限于篇幅,医疗法中还有许多重要的问题,本书没有涉及。这些没有涉及的问题并非不重要,而是还需要法律条文的积累或者理论的沉淀。

对于书中的谬误和疏漏,敬请读者以及专家学者批评指正。

汪建荣

2018 年 3 月于新德街

目　录

第一篇　绪　论

第一章　医疗法概说 3
第一节　医疗的概念与特点 3
一、医疗的概念 3
二、医疗的特点 4
第二节　医疗法的概念与特点 6
一、医疗法的概念 6
二、医疗法的特点 6
第三节　医疗法体系的概念与内容 8
一、医疗法体系的概念 8
二、医疗法体系的内容 8
第四节　医疗法的渊源 9
一、医疗法渊源的概念 9
二、医疗法渊源的主要表现形式 10
第五节　医疗法的调整对象 12
一、医疗法调整对象的概念 12
二、医疗关系的主要方面 12

第二章　医疗法的基本原则 16
第一节　医疗法基本原则概说 16
一、医疗法基本原则的概念 16
二、医疗法基本原则的意义 16
第二节　医疗法基本原则的内容 17

一、医疗平等原则 17
二、医疗安全原则 18
三、病人自主原则 19
四、医疗效率原则 20

第三章 医疗法的法律地位和作用 22
第一节 医疗法的法律地位 22
一、医疗法在我国法律体系中的地位 22
二、医疗法在我国卫生法体系中的地位 23
第二节 医疗法的作用 25
一、优化、固化医疗政策 25
二、规范、指引医疗行为 25
三、充实、完善医患关系 26
四、保护、促进医学发展 26

第四章 医疗法与医德、医学伦理 27
第一节 医疗法与医德 27
一、医德的概念 27
二、医疗法与医德的关系 27
三、医疗法对医德的要求 28
四、《中国医师道德准则》 28
第二节 医疗法与医学伦理 30
一、医学伦理的概念 30
二、医疗法对医学伦理的要求 30
三、医学伦理的基本原则 31

第二篇 医疗机构法

第五章 医疗机构概说 35
第一节 医疗机构法的历史发展 35
一、起步发展阶段 35

二、恢复发展阶段 38
三、完善发展阶段 40
第二节 医疗机构的分类 42
一、按机构类别分 42
二、按所有制形式分 43
三、按举办主体分 43
四、按经营目的分 43
五、按体系层次分 44
六、按功能任务分 45
第三节 血站 45
一、血站的概念 45
二、血站的采血供血要求 46
三、血站的设置 48
四、各级血站的职责 48
五、关于脐带血造血干细胞库 49

第六章 医疗机构的设立 50
第一节 医疗机构设立概说 50
一、医疗机构设立的概念 50
二、医疗机构设立的性质 50
三、医疗机构设立的原则 51
第二节 医疗机构设立的条件 52
一、有符合规定的名称 52
二、有合适的组织机构 53
三、有相应的规章制度 53
四、有固定的医疗活动场所 53
五、有必要的医疗设备 53
六、有专业的卫生技术人员 54
七、有相当的注册资金 54
八、有能够独立承担民事责任的能力 54
第三节 医疗机构设立的程序 55

一、医疗机构的设置阶段 55
二、医疗机构的登记阶段 56

第七章 医疗机构的登记 58
第一节 医疗机构登记概说 58
一、医疗机构登记的概念 58
二、医疗机构登记的意义 58
三、医疗机构的登记机关 59
第二节 医疗机构登记的种类 59
一、医疗机构执业登记 59
二、医疗机构执业变更登记 60
三、医疗机构执业注销登记 61
第三节 医疗机构登记的内容 62
一、执业登记内容 62
二、执业变更登记内容 64
第四节 医疗机构的校验 64
一、医疗机构校验的概念 64
二、医疗机构校验的意义 64
三、医疗机构校验的周期 65
四、医疗机构校验应当提交的材料 65
五、医疗机构校验的审查形式 66
六、医疗机构校验的结论 66
七、医疗机构暂缓校验的后果 67
八、医疗机构的再次校验 67

第八章 医疗机构的名称 68
第一节 医疗机构名称概说 68
一、医疗机构名称的概念 68
二、医疗机构名称的选定原则 68
三、医疗机构名称权的保护 69
第二节 医疗机构名称的组成 69

一、医疗机构的一般名称 69
二、医疗机构有标准格式的名称 70
三、医疗机构需要经特别核准的名称 70
四、医疗机构冠以红十字(会)的名称 71
五、医疗机构不得使用的名称 71

第九章 医疗机构的义务 72
第一节 执业资质信息上的义务 72
一、执业资格具备方面 72
二、执业信息公示方面 73
第二节 医务人员使用上的义务 73
一、医务人员配备方面 73
二、医务人员业务培训方面 74
三、医务人员福利保障方面 75
四、医务人员健康保护方面 75
第三节 医疗业务上的义务 76
一、医疗业务依据方面 76
二、接诊转诊方面 76
三、病历资料书写保管方面 77
四、医学文书出具方面 78
五、病人信息保密方面 78
六、医源性感染和医院感染控制方面 79
第四节 服从医疗管理上的义务 79
一、接受调遣和承担指定任务方面 79
二、接受监督方面 80
第五节 病人知情同意上的义务 80
一、病历资料查阅复制方面 80
二、医疗告知方面 81
三、医疗同意方面 82
第六节 医疗报告上的义务 82
一、疫情信息方面 82

二、突发公共卫生事件应急信息方面 83
三、不良(异常)反应(事件)信息方面 83
四、事故信息方面 83
五、医疗信息方面 84
第七节 医疗广告上的义务 84
一、医疗广告发布主体方面 84
二、医疗广告内容方面 85
三、医疗广告表现形式方面 85

第十章 医疗机构评审 86
第一节 医疗机构评审概说 86
一、医疗机构评审的发展 86
二、医疗机构评审的概念 87
三、医疗机构评审的标准 87
第二节 医疗机构评审的方式与内容 87
一、医疗机构评审的方式 87
二、医疗机构评审的内容 88
第三节 医疗机构评审报告和评审结论 88
一、医疗机构的评审报告 88
二、医疗机构的评审结论 89

第三篇 医务人员法

第十一章 医务人员法概说 93
第一节 医务人员法的历史发展 93
一、多结构搭建医务人员法的框架 93
二、多层次推进医务人员法的建设 94
三、多方面提高医务人员法的质量 94
第二节 医务人员的范围 96
一、医务人员的概念 96
二、医务人员的分类 96

第三节　医务人员的技术职务　96
一、医务人员技术职务的概念　96
二、医务人员技术职务的分类　97

第十二章　医师　98
第一节　医师概说　98
一、医师的概念　98
二、医师的分类　98
三、医师的基本要求　99
四、医师的社会保护　100
五、医师的管理　101
第二节　医师资格　102
一、医师资格的概念　102
二、经考试取得医师资格　102
三、经认定或者考核取得医师资格　104
第三节　医师执业注册　107
一、医师执业注册的概念　107
二、医师执业注册的程序　108
三、医师执业注册的内容　108
四、医师执业注册的管理　109
五、医师执业注册的法律救济　111
第四节　港澳台医师在内地(大陆)短期行医执业注册　111
一、港澳台医师在内地(大陆)短期行医的概念　111
二、港澳台医师办理在内地(大陆)短期行医执业注册的条件　111
三、负责港澳台医师在内地(大陆)短期行医执业注册的机关　112
四、注销港澳台医师在内地(大陆)短期行医执业注册的情形　112
第五节　外国医师来华短期行医执业注册　113
一、外国医师来华短期行医的概念　113
二、外国医师来华短期行医执业注册需要提交的材料　113
三、负责外国医师来华短期行医执业注册的机关　113
第六节　医师考核与培训　114

一、医师考核 114
二、医师培训 115
第七节 医师的权利和义务 115
一、医师的权利 115
二、医师的义务 116

第十三章 药师 120
第一节 药师的称谓 120
一、药师 120
二、药剂人员 120
三、药学技术人员 121
四、执业药师 121
第二节 药师资格的认定 121
一、通过卫生技术职务评审获得资格认定 121
二、通过执业药师资格考试获得资格认定 122
第三节 药师的职责 123
一、医疗机构药师的法定职责 123
二、药品零售企业药师的法定职责 125

第十四章 护士 126
第一节 护士概说 126
一、护士的概念 126
二、护士的政府责任 126
三、护士的社会保护 127
第二节 护士执业资格考试 127
一、护士执业资格考试的概念 127
二、申请参加护士执业资格考试的条件 128
三、申请参加护士执业资格考试需要提交的材料 128
四、护士执业资格考试成绩合格者的待遇 128
第三节 护士执业注册 128
一、护士执业注册的概念 128

二、申请护士执业注册的条件 129
三、申请护士执业注册需要提交的材料 129
四、负责护士执业注册的部门 129
五、护士执业注册的管理 130
第四节 护士的权利和义务 132
一、护士的权利 132
二、护士的义务 134

第十五章 乡村医生 136
第一节 乡村医生概说 136
一、乡村医生的概念 136
二、乡村医生的由来 137
三、乡村医生的职责 137
第二节 乡村医生执业注册 138
一、乡村医生执业注册的概念 138
二、乡村医生执业注册的条件 138
三、乡村医生执业注册的机关 139
四、乡村医生执业注册的管理 139
五、乡村医生执业注册的法律救济 140
第三节 乡村医生培训 141
一、乡村医生培训的性质 141
二、乡村医生培训的周期 141
三、乡村医生培训的经费 142
第四节 乡村医生考核 142
一、乡村医生考核的概念 142
二、乡村医生考核的周期 142
三、乡村医生考核的结果 142
第五节 乡村医生的权利和义务 143
一、乡村医生的权利 143
二、乡村医生的义务 143

第十六章　港澳医疗专业技术人员 144
第一节　港澳医疗专业技术人员概说 144
一、港澳医疗专业技术人员的概念 144
二、港澳医疗专业技术人员的分类 144
第二节　港澳医疗专业技术人员在内地短期执业注册 144
一、港澳医疗专业技术人员在内地短期执业的概念 144
二、港澳医疗专业技术人员在内地短期执业的条件 145
三、港澳医疗专业技术人员在内地短期执业注册的申请 145
四、港澳医疗专业技术人员在内地短期执业注册的审批 145
第三节　港澳医疗专业技术人员在内地短期执业的管理 146
一、港澳医疗专业技术人员应当按照注册内容执业 146
二、港澳医疗专业技术人员应当依法依规执业 146
三、港澳医疗专业技术人员应当注销注册的情形 146

第四篇　医疗业务法

第十七章　医疗业务法概说 149
第一节　医疗业务法的历史发展 149
一、医疗业务法的立法重心趋向专业性 149
二、医疗业务法的立法形式日益多样性 150
三、医疗业务法的立法效果更具包容性 150
第二节　医疗业务的特点 151
一、从事医疗业务必须是医疗机构及其医务人员 151
二、医疗业务必须在医疗机构中开展 151
三、医疗机构开展的医疗业务限于核准登记的诊疗科目范围 152
四、开展医疗业务既要遵守法律法规也要恪守职业道德 152
五、依法开展的医疗业务受法律保护 152
六、医疗业务中的过错行为造成病人损害的由医疗机构承担赔偿责任 153
第三节　医疗业务的范围 153
一、诊疗科目的概念 153
二、诊疗科目的分类 153

第四节　医疗业务的分类　154
一、门诊医疗业务和住院医疗业务　154
二、国内医疗业务和涉外医疗业务　154
三、强制性医疗业务和自愿性医疗业务　154
四、特定医疗业务和非特定医疗业务　154
五、收费医疗业务和免费医疗业务　155

第十八章　传染病防治　156
第一节　传染病防治概说　156
一、传染病的概念　156
二、法定传染病的范围　156
三、传染病防治是医疗机构的重要职责　157
第二节　传染病防治原则　158
一、防治结合原则　158
二、不歧视原则　158
三、隐私保密原则　159
第三节　传染病的预防　159
一、提高预防传染病医院感染的能力　159
二、确定专门部门或者人员负责传染病预防工作　160
三、按照属地管理原则及时报告传染病疫情　160
四、及时妥善处置被传染病病原体污染的场所、物品以及医疗废物　160
五、按照规定对使用过的医疗器械进行严格消毒　161
六、严防传染病病原体实验室感染和病原微生物扩散　161
七、防止因输入血液、使用血液制品引起经血传播疾病的发生　161
第四节　传染病的预防接种　162
一、开展预防接种应当具备的条件　162
二、疫苗的分类　162
三、接种单位不得自行向企业采购疫苗　163
四、医务人员接种疫苗时应当履行告知与询问程序　163
五、预防接种异常反应争议的处理　164
六、预防接种异常反应的补偿　164

第五节 传染病的治疗 165
一、按病种采取相应措施 165
二、按规定进行尸体解剖查验 166
三、按情况提供医疗救治 166
四、按实际实行预检、分诊 166
五、按要求转诊病人 167

第十九章 母婴保健 168
第一节 母婴保健法概说 168
一、母婴保健法的立法过程 168
二、母婴保健法的范围 168
第二节 母婴保健原则 169
一、预防性保健措施优先原则 169
二、当事人自主原则 169
第三节 医疗保健机构与人员 170
一、医疗保健机构的性质 170
二、医疗保健机构的特定业务资质 170
三、医疗保健机构的特定人员资质 170
第四节 婚前医学检查 171
一、婚前医学检查的概念 171
二、婚前医学检查的演变 171
三、医疗保健机构开展婚前医学检查业务的条件 172
四、对发现的不宜结婚或者生育情形的处理 172
五、对婚前医学检查结果有异议的处理 173
第五节 孕产期保健 173
一、孕前保健 174
二、孕期保健 174
三、分娩期保健 175
四、产褥期保健 175
五、禁止非医学需要的胎儿性别鉴定 175
六、对遗传病诊断、产前诊断结果有异议的处理 175

第六节　婴儿保健　176

一、开展新生儿疾病筛查　176

二、进行新生儿访视　177

三、对婴儿进行预防接种　177

四、为实施母乳喂养的母亲提供技术指导　177

第七节　母婴保健医学技术鉴定　177

一、母婴保健医学技术鉴定的概念　177

二、母婴保健医学技术鉴定委员会的组成　178

三、母婴保健医学技术鉴定委员会的鉴定程序　178

第二十章　精神障碍的诊治　179

第一节　精神卫生概说　179

一、精神卫生的体制　179

二、精神卫生的立法　179

第二节　精神障碍的诊治原则　180

一、慎重原则　180

二、积极原则　180

三、尊重原则　180

第三节　精神障碍的诊断　181

一、精神障碍的概念　181

二、精神障碍诊断机构与人员　181

三、精神障碍诊断的就诊形式　182

四、再次诊断　182

五、精神障碍医学鉴定　183

第四节　精神障碍的治疗　183

一、自愿住院治疗　183

二、实施住院治疗　184

三、可以实施保护性医疗措施的情形　184

四、对精神障碍病人的特殊保护　185

五、心理咨询人员不能从事心理治疗活动　186

六、心理治疗人员不能从事精神障碍诊断　187

第五节 精神障碍的康复 187
一、为在家居住的严重精神障碍病人提供精神科基本药物维持治疗 187
二、为社区康复机构提供有关精神障碍康复的技术指导和支持 187
三、为在家居住的严重精神障碍病人提供健康管理 187
四、为精神障碍病人的监护人提供看护技术指导 188

第二十一章 职业病防治 189
第一节 职业病防治法概说 189
一、职业病的概念 189
二、职业病的范围 189
三、职业病防治法的立法 190
第二节 职业健康检查 191
一、职业健康检查的概念 191
二、医疗卫生机构开展职业健康检查的条件 191
三、医疗卫生机构应当按照类别和项目开展相应的职业健康检查 192
四、医疗卫生机构应当及时将职业健康检查结果书面报告用人单位 192
第三节 职业病诊断 192
一、具备条件的医疗卫生机构应当开展职业病诊断 192
二、职业病诊断应当有利于保护劳动者权益 193
三、依法处理职业病诊断资料争议 193
四、完整出具职业病诊断证明书 194
第四节 职业病诊断鉴定 194
一、职业病诊断鉴定的概念 194
二、职业病诊断鉴定组织 194
三、职业病诊断鉴定专家组 195
四、职业病诊断鉴定结论 195

第二十二章 临床用药 196
第一节 临床用药概说 196
一、药品的概念 196
二、临床用药的概念 197

三、有关临床用药的立法 197
第二节　临床用药的原则 198
一、安全用药原则 198
二、有效用药原则 198
三、经济用药原则 199
第三节　临床用药的药品管理 199
一、从有资质的生产经营企业购进药品 199
二、医疗机构自己配制制剂 200
三、经批准在医疗机构之间调剂制剂 201
四、由境外进口少量药品 201
五、向其他医疗机构或者定点批发企业紧急借用药品 201
第四节　临床用药的使用管理 201
一、对处方权的管理 202
二、对处方的管理 203

第二十三章　临床用血 209
第一节　临床用血概说 209
一、血液的概念 209
二、临床用血的概念 209
三、我国献血发展阶段 209
四、有关临床用血的立法 210
第二节　临床用血原则 210
一、合理原则 211
二、科学原则 211
第三节　临床用血的来源 211
一、血站提供的血液 211
二、医疗机构临时采集的血液 213
三、病人自身存储的血液 213
第四节　临床用血的管理 214
一、医疗机构应当制订临床用血计划 214
二、医疗机构应当使用指定血站提供的血液 214

三、医疗机构对血站提供的血液必须进行核查 215
四、医疗机构应当建立临床用血申请管理制度 215
五、医疗机构应当履行输血知情同意程序 215
六、医疗机构应当按照规定收受输血费用 216
七、医疗机构应当开展临床用血不良事件监测 216

第二十四章 人体器官移植 217
第一节 人体器官移植条例概说 217
一、人体器官移植的概念 217
二、我国人体器官移植的发展 217
三、《人体器官移植条例》的立法 217
第二节 人体器官移植的原则 219
一、自愿原则 219
二、无偿原则 219
三、不伤害原则 219
四、兼顾原则 219
第三节 人体器官移植诊疗科目登记 220
一、开展人体器官移植的医疗机构应当办理诊疗科目登记 220
二、人体器官移植诊疗科目登记应当符合法定条件和实际情况 220
三、不再符合法定条件的医疗机构应当停止开展人体器官移植 221
四、卫生行政部门对不合格的医疗机构应当撤销人体器官移植诊疗科目登记 221
第四节 人体器官的捐献 222
一、公民享有的捐献人体器官的权利是有条件的 222
二、公民捐献人体器官的意愿必须以书面形式表达 222
三、近亲属在公民死亡后捐献其人体器官必须共同同意 223
四、公民捐献活体器官必须符合法定条件 223
第五节 人体器官的移植 223
一、摘取人体器官应当经人体器官移植技术临床应用与伦理委员会审查同意 223
二、医疗机构及其医务人员摘取活体器官应当履行的义务 224

三、从事人体器官移植的医务人员不得参与捐献人的死亡判定 225
四、医疗机构不得收取或者变相收取所移植人体器官的费用 225

第二十五章 计划生育技术服务 226
第一节 计划生育技术服务条例概说 226
一、计划生育技术服务的概念 226
二、计划生育技术服务的发展 226
三、《计划生育技术服务管理条例》的立法 227
第二节 计划生育技术服务的原则 228
一、国家指导 228
二、个人自愿 229
第三节 计划生育技术服务的内容 229
一、计划生育技术指导、咨询 229
二、与计划生育有关的临床医疗服务 229
第四节 从事计划生育技术服务的机构 230
一、计划生育技术服务机构 230
二、从事计划生育技术服务的医疗、保健机构 231

第二十六章 人类辅助生殖技术 232
第一节 人类辅助生殖技术概说 232
一、人类辅助生殖技术的概念 232
二、人类辅助生殖技术的发展 232
三、《人类辅助生殖技术管理办法》的立法 233
第二节 人类辅助生殖技术的开展 234
一、人类辅助生殖技术应当在经批准的医疗机构中进行 234
二、实施人类辅助生殖技术应当遵循知情同意原则 234
三、开展人类辅助生殖技术的医疗机构应当与人类精子库签订供精协议 235
四、实施人类辅助生殖技术不得进行性别选择 235
五、医疗机构和医务人员不得实施代孕技术 235
六、实施人类辅助生殖技术的医疗机构应当为当事人保密 236
第三节 精子的采集与提供 236

一、精子的采集与提供应当在经批准的人类精子库中进行 236
二、人类精子库应当对供精者进行健康检查和严格筛选 237
三、人类精子库应当与供精者签署知情同意书 237
四、未经检验或者检验不合格的精子不得向医疗机构提供 237
五、人类精子库应当建立供精者档案 238

第五篇 病人权利法

第二十七章 病人权利法概说 241
第一节 病人权利法的发展 241
一、病人的概念 241
二、病人权利的分类 241
三、病人权利法的立法 242
第二节 病人权利法的立法特点 243
一、尚无以病人权利法为名称的立法 243
二、病人权利保护主要是以约束医疗机构和医务人员行为来实现的 243
三、病人权利已成为医疗法的重要内容 243
第三节 病人权利的特点 244
一、病人权利存在于医患关系之中 244
二、病人权利以病人就医行为的存在为实现前提 244
三、病人权利对应的是医疗卫生机构及其医务人员应当履行的义务 244

第二十八章 病人权利 246
一、病人权利的概念 246
二、病人权利的内容 246

第二十九章 病人义务 254
一、病人义务的概念 254
二、病人义务的内容 254

第六篇 医疗责任法

第三十章 医疗责任法概说 261
第一节 医疗责任法的概念与特征 261
一、医疗责任法的概念 261
二、医疗责任法的特征 261
第二节 医疗责任的对象和承担 262
一、医疗责任的对象 262
二、医疗责任的承担 262

第三十一章 医疗行政责任 263
第一节 医疗行政责任概说 263
一、医疗行政责任的概念 263
二、医疗行政责任的特征 263
三、医疗行政责任的种类 263
四、医疗行政处罚的法律救济 264
第二节 医疗机构的行政责任 265
一、医疗法律规定的违法行为及其行政处罚 265
二、医疗行政法规规定的违法行为及其行政处罚 270
第三节 医务人员的行政责任 279
一、医疗法律规定的违法行为及其行政处分、行政处罚 279
二、医疗行政法规规定的违法行为及其行政处分、行政处罚 284

第三十二章 医疗民事责任 291
第一节 医疗民事责任概说 291
一、医疗民事责任的概念 291
二、医疗民事责任的特征 292
三、医疗民事责任的一般成立条件 292
四、有关医疗损害的立法 293
第二节 医疗损害的类型与赔偿 294

一、医疗损害的类型 294
二、医疗损害的赔偿 296
三、医疗机构不承担赔偿责任的情形 298
第三节 医疗事故争议问题的处理 299
一、病历资料的填写与保管 300
二、病历资料的查阅和复印复制 300
三、病历资料的封存和启封 301
四、现场实物的封存和启封 302
五、尸检 302
第四节 医疗事故技术鉴定 303
一、医疗事故技术鉴定与相关鉴定的关系 303
二、医疗事故技术鉴定的组织体系 305
三、医疗事故技术鉴定的程序 306
四、医疗事故技术鉴定的行政监督 309
第五节 医疗损害赔偿范围 309
一、病人人身损害的赔偿 310
二、病人精神损害的赔偿 312

第三十三章 医疗刑事责任 313
第一节 医疗刑事责任概说 313
一、医疗刑事责任的概念 313
二、医疗刑事责任的主体 314
三、我国刑罚的种类 315
第二节 医疗法中有关刑事责任的规定 315
一、既列举依法追究刑事责任的违法行为又规定罪名 315
二、列举依法追究刑事责任的违法行为但不规定罪名 316
三、概括性规定依法追究刑事责任 320
第三节 医疗活动中可能触犯的刑事犯罪种类 321
一、医务人员可能触犯的刑事犯罪种类 321
二、医疗机构可能触犯的刑事犯罪种类 323
三、医疗机构及其医务人员都可能触犯的刑事犯罪种类 323

第七篇　医疗保障法

第三十四章　医疗保障法概说　327

第一节　医疗保障法的立法　327

一、医疗保障的概念　327

二、医疗保障法的概念　327

三、有关医疗保障的立法　328

第二节　医疗保障法的功能　330

一、保障作用　330

二、引导作用　330

三、规范作用　331

第三节　医疗保障法的制度　331

一、起付线制度　331

二、封顶线制度　331

三、政策范围内支付(报销)比例制度　332

四、基本医疗保险异地就医医疗费用结算制度　332

第三十五章　基本医疗保险　334

第一节　基本医疗保险的形成和发展　334

一、基本医疗保险的形成　334

二、基本医疗保险的发展　335

第二节　职工基本医疗保险　338

一、职工基本医疗保险的概念　338

二、职工基本医疗保险的覆盖范围和缴费办法　338

三、职工基本医疗保险基金的构成和管理　339

四、职工基本医疗保险的服务范围和标准　339

五、补充医疗保障政策措施　340

第三节　城乡居民基本医疗保险　341

一、城乡居民基本医疗保险的概念　341

二、城乡居民基本医疗保险的覆盖范围　341

三、城乡居民基本医疗保险的集资政策 341
四、城乡居民基本医疗保险的保障待遇 342
五、城乡居民基本医疗保险的医保目录 342
六、城乡居民基本医疗保险的定点管理 342
七、城乡居民基本医疗保险的基金管理 342
第四节 城乡居民大病保险 343
一、城乡居民大病保险的概念 343
二、城乡居民大病保险的对象 343
三、城乡居民大病保险的筹资 343
四、城乡居民大病保险的保障水平 343
五、城乡居民大病保险的经办机构 344

第三十六章 医疗救助 345
第一节 医疗救助的形成和发展 345
一、医疗救助的形成 345
二、医疗救助的发展 346
第二节 城乡医疗救助 349
一、城乡医疗救助的概念 349
二、城乡医疗救助基金的建立和筹集 349
三、城乡医疗救助基金的救助对象和范围 350
四、城乡医疗救助基金的支出和管理 350
第三节 疾病应急救助 351
一、疾病应急救助的概念 351
二、疾病应急救助基金的设立和筹资 351
三、疾病应急救助基金的救助对象和范围 352
四、医疗机构的职责 352

参考文献 354

第一篇

绪　论

第一章　医疗法概说

第一节　医疗的概念与特点

一、医疗的概念

何谓医疗，现行法律或者行政法规都没有进行定义。通常认为，医疗是指对疾病的诊断和治疗活动。其依据是国务院《医疗机构管理条例》第 2 条："本条例适用于从事疾病诊断、治疗活动的医院、卫生院、疗养院、门诊部、诊所、卫生所（室）以及急救站等医疗机构。"这一规定表明了医疗机构的本质属性，同时也表明了医疗的特性。医疗是一个集合概念，是疾病诊断、治疗活动的总称。简而言之，医疗就是诊疗活动。

卫生活动都与疾病有关，但并非所有与疾病有关的卫生活动都是诊疗活动。只有以疾病诊断、治疗为直接目的和主要特征的卫生活动才属于诊疗活动。根据 1994 年卫生部《医疗机构管理条例实施细则》第 88 条定义，所谓诊疗活动，"是指通过各种检查，使用药物、器械及手术等方法，对疾病作出判断和消除疾病、缓解病情、减轻痛苦、改善功能、延长生命、帮助患者恢复健康的活动"。很显然，诊疗活动的内容极为广泛，其中包含了护理、保健、康复等。上述定义至今未改，并且得到了司法认可。2016 年最高人民法院《关于审理非法行医刑事案件具体应用法律若干问题的解释》第 6 条第 1 款规定："本解释所称'医疗活动''医疗行为'，参照《医疗机构管理条例实施细则》中的'诊疗活动''医疗美容'认定。"

与诊疗活动关系密切的是医疗技术。2009 年卫生部《医疗技术临床应用管理办法》第 2 条规定了"医疗技术"的概念，"是指医疗机构及其医务人员以诊断和治疗疾病为目的，对疾病作出判断和消除疾病、缓解病情、减轻痛苦、改善功能、延长生命、帮助患者恢复健康而采取的诊断、治疗措施"。显而易见，医疗技术与诊疗活动在功能上具有一致性，其区别在于，医疗技术是因诊疗活动而采取的措施，诊疗活动是以医疗技术而形成的内容。

与诊疗活动经常交替使用的另一个概念是医疗服务。2000 年财政部、国家税务总局在《关于医疗卫生机构有关税收政策的通知》中,从免征各项税收的角度,对医疗服务的内容进行了列举式的概括:“医疗服务是指医疗服务机构对患者进行检查、诊断、治疗、康复和提供预防保健、接生、计划生育方面的服务,以及与这些服务有关的提供药品、医用材料器具、救护车、病房住宿和伙食的业务。”这一定义将医疗服务大致划分为四类:检查、诊断、治疗、康复服务;预防保健、接生、计划生育服务;药品、医用材料器具、救护车服务;病房住宿、伙食服务等。涵盖了医疗机构为病人提供的所有服务。根据规定,非营利性医疗机构按照国家规定的价格取得的医疗服务收入,免征各项税收;非营利性医疗机构从事非医疗服务取得的收入,如租赁收入、财产转移收入、培训收入、对外投资收入等,直接用于改善医疗卫生服务条件的,经税务部门审核批准可抵扣应纳税所得额。

二、医疗的特点

医疗是卫生的主要组成部分。因此,医疗除了拥有卫生的一般特征外,还具有自己的显著特点。具体表现在以下几个方面:

(一)医疗以健康为目的

医疗的客体是人,具体来说是人的身体、生命和健康。就其关系而言,身体依赖于生命的存在,生命又存在于身体之中,健康则是身体、生命正常活动的基础。所以,医疗的目的是帮助病人解决身体、生命遇到的各类健康问题。根据《医疗机构管理条例》规定的医疗机构宗旨,医疗机构及其医务人员在任何情况下都应当把救死扶伤、防病治病、为公民健康服务放在首位。这是医疗最本质的价值所在。医疗是具体的,而且围绕医疗相关的利益诉求有很多,其中包括与病人利益相冲突的利益诉求,但医疗机构及其医务人员无论如何所采取的医疗行为都应当与病人的病情相适应。换句话说,医疗机构及其医务人员在医疗过程中所行使的权利或者所履行的义务,不能超出所要解决的病人健康问题的范围,而且应当力求社会和病人为之付出的医疗成本最低。即使由于医疗本身的局限性,包括缺少必要的设施设备和专家等,不能解决病人所面临的健康问题,医疗机构及其医务人员也仍然应当尽到法律上的义务或者责任。

(二)医疗以信任为基础

医疗的成立是以病人对医疗机构及其医务人员的信任为基础的。从法律角度来看,医疗机构及其医务人员在医疗上既具有主动性又具有被动性。主动性,是因为医疗机构及其医务人员有责任为病人的健康竭尽全力；被动性，是因为医疗机构及其医务人员不能擅自代替病人作出医疗决定。但医疗行为无论表现为主动性还是表现为被动性，都需要病人的配合与合作，否则，再好的愿望也无法进行下去。所以，医疗其实是医患之间不断互动的结果。病人之所以会如实告知与病情相关的个人隐私，听从医嘱，配合医疗行为，包括书面同意诸如手术、侵入性检查甚至实验性临床医疗等，都是基于对医疗机构及其医务人员的信任。在病人心目中，医疗机构及其医务人员有资质、有能力，会按照病人的最佳利益实施诊疗行为，不然病人不会把自己的身体、生命和健康托付给他们。医疗机构及其医务人员在获得病人充分信任的前提下，以维护病人利益为己任，恪尽职守地承担对病人的说明义务、注意义务等，在诊疗过程中一切为病人着想。因此，病人的信任在医疗中处于核心位置。从某种程度上讲，没有信任就没有医疗。

（三）医疗以专业为条件

医疗是一个由多层次、多类型的医疗机构所组成的庞大体系。但无论具体的医疗机构在其中处于什么样的法律地位，包括在规模、功能和性质等方面有什么样的差异，它们都有一个提供专业服务的重要职能。虽然从法律上说，医疗机构提供的专业服务究竟是综合性的还是专门性的，取决于从卫生行政部门所获得的授权，但实际上卫生行政部门授权的依据还是医疗机构本身所具有的专业能力。而医疗机构的专业能力，在很大程度上又依赖于其所拥有的医务人员的专业能力，具体表现为医务人员所具有的专业化的教育背景、按照标准取得的相应资质以及独特的操作技能。虽然可以说，专业服务是医疗行为的表现、方式和结果，但完整意义上的专业服务，还包括一个道德要求，也就是不论是作为单位的医疗机构还是作为个人的医务人员，其利益包括经济等特殊利益，在医疗活动中都要从属于公共利益。

（四）医疗以知情为前提

医疗的首要任务之一是告知。《侵权责任法》规定，医务人员在诊疗活动中，应当向患者说明病情和医疗措施。这是一条普遍性要求。其目的就是要将医疗行为置于病人的知情之下。一般而言，病人缺乏医学专业知识，对于医疗技术和医疗程序不熟悉。所以，医务人员的基本职责之一是确保病人的知情权，并在此基础上，激发和鼓励病人参与到医疗中来，其中包括与自己相关的医疗决策过程。《侵权责任法》还规定，需要实施手术、特殊检查、特殊治疗的，医务人员应当及时向患者说明医疗风险、替代医疗方案等情况，并取得其书面同意；不宜向患者说明的，应当向患者的近亲属说明，并取得其书面同意。以知情同意作为特定医疗的前提，可以提高医疗机构及其医务人员对病人的责任感,还可以避免因病人不知情或者观点不同而产生各种利益纠纷,确保所有的医疗行为符合病人的利益。因此,医疗机构及其医务人员在诊疗过程中应当尽到说明义务,并使医疗行为符合应有的形式要求。

(五)医疗以人文为特质

医疗与人文是相伴而生的。固然医疗对帮助病人恢复健康是一个关键性因素,但人文对于加深医患之间的情感和理解,促进双方在医疗上的配合和合作,也起着至关重要的作用。按照《执业医师法》《护士条例》等法律、行政法规规定,在医疗上人文主要表现为"关心、爱护、尊重患者"。医疗最重要的工作环境或者氛围其实是病人对医务人员的热爱、对医疗行为的信任。由于医疗信息不对称、疾病困扰、费用负担等原因,病人的生理和心理面临双重压力。他们渴望与医务人员积极互动,希望医务人员关注他们的担忧,希望医务人员及时回应他们的需求。可以说,对病人进行人文关怀实际上就是为自己创造良好的工作环境或者为病人赢得宝贵的医疗时机。因此,医务人员在专注和敬业的同时,要将关心、爱护、尊重病人化为具体的言行,渗透在医疗的每个环节之中。以情为先、以医为主、身心结合。医务人员的一个眼神交流、一个笑脸相迎,乃至一个拥抱,都会让病人感受到关爱、温暖和安全。

第二节 医疗法的概念与特点

一、医疗法的概念

医疗法,顾名思义,就是关于医疗的法。换言之,医疗法是指调整医疗关系的法律规范的总称。

医疗法可以分为形式意义上的医疗法和实质意义上的医疗法。所谓形式意义上的医疗法,是指以"医疗法"为名称的法律或者法典。我国目前没有一部以"医疗法"冠名的法律或者法典。也就是说,我国还没有形式意义上的医疗法。所谓实质意义上的医疗法,是指以"医疗"为调整对象制定的各种法律规范。我国目前已有大量的医疗方面的法律规范。所以,我国有实质意义上的医疗法。

二、医疗法的特点

20世纪80年代以来,我国医疗法得到迅速发展,医疗领域基本做到了有法可依,而且医疗法的国际影响力也在不断扩大,并形成了自己的特色。概括地说,医疗法已呈现出以下一些特点:

(一)强制性与任意性并存

医疗法调整的法律关系中,既有调整主体之间处于不平等地位的管理与被管理关系,也有调整主体之间处于平等地位的服务与被服务关系。所以,医疗法既有体现国家干预的一面,也有体现当事人意思自治的一面,因而医疗法律规范具有强制性和任意性的双重性质。但医疗法毕竟以调整医疗行政关系为己任,所以,从整体上说医疗法律规范以强制性为主。强制性规范所规定的内容不允许予以变更,为一定行为或者不为一定行为的意思表示十分明确,通常表述为“应当”或者“必须”。强制性规范多适用于医疗服务的提供者,包括医疗机构及其医务人员,目的是确保其资质适格、行为适当,以维护病人权益和医疗秩序的稳定。而任意性规范所规定的内容允许在一定范围内自行选择,或者协商确定为还是不为、为的方式以及法律关系当中具体的权利和义务,通常表述为“可以”。任意性规范多适用于病人,以体现病人的意愿。

(二)伦理性与技术性并重

医疗法以医疗机构和医务人员及其医疗活动为主要规制对象。因此,医疗法既是一种组织法,又是一种行为法。但无论是作为组织法还是作为行为法,医疗法的发展都受制于两个不可缺少的因素,即伦理性与技术性。前者对医疗法的影响是内涵性的,直接关系到医疗法的价值观;而后者对医疗法的影响是外延性的,直接关系到医疗法的可操作性。总体上说,医疗法是以人道主义为灵魂的,所以,其规范偏重于伦理性;但医疗法又是以实现病人利益为最终目的的,所以,其规范又突出技术性。以数字化、网络化、智能化为特征的信息革命,使医疗法在发展中大大增强了伦理性与技术性的密切联系。两者的关系是,伦理性需要通过技术性体现其价值,而技术性则需要坚守伦理性的底线。这是医疗法律规范的基本逻辑。

(三)非营利性与营利性并行

我国的医疗机构分为非营利性医疗机构和营利性医疗机构。但两者的区别并不表现在医疗行为上,而是体现在经营的目的性上。前者以公益性为宗旨,后者以营利性为目标。两者虽然经营理念不一,经费补偿渠道不同,收费标准也可能有高有低,但作为医疗服务的提供者,在法律上它们的地位是平等的。作为制定法,我国的医疗法是统一的,不存在专门针对非营利性医疗机构的医疗法,也不存在专门针对营利性医疗机构的医疗法。换句话说,医疗法不会因医疗机构是非营利性的而网开一面,也不会因医疗机构是营利性的而附加条件或者严加要求。医疗法在病人权益面前,对待非营利性医疗机构和营利性医疗机构的态度是相同的,要求是一致的。但医疗法包容医疗机构不同的价值取向,也尊重它们的自主选择权。

(四)国内性与国际性并拢

法律以施行范围为标准,可以分为国内法和国际法。医疗法就其本质而言,属于国内法。但同其他国内法相比,医疗法的内容呈现出较强的国际性。这里所说的国际性,是指医疗法律规范所体现的共性的、规律性的普遍要求。毫无疑问,我国的医疗法是基于自己的国情制定的,具有鲜明的个性特色,而且其影响力在世界上也得到不断的扩大。但由于医疗国际化进程的加快,尤其是随着"走出去"和"请进来"程度的加深,在许多医疗关系中,已经不可避免地涉及国外医疗主体或者涉外因素。所以,客观上需要医疗法顺应这种变化,尊重国际医疗原则、准则和惯例,在有利于维护国家利益的基础上,更多地借鉴和吸收国际通行的医疗规则,甚至尽可能地与之保持一致。

第三节 医疗法体系的概念与内容

一、医疗法体系的概念

医疗法体系是指医疗法的组成和结构。我国医疗法是一个由单行医疗法律、行政法规和规章等为主组建的规范体系。从理想角度说,医疗法应当是由一部以"医疗法"为名称的法律起统领作用,单行的医疗法律、行政法规分工负责,部门规章全面配套的规范体系。目前距离这个目标还有相当长的路要走。

可喜的是,《基本医疗卫生法》已经列入国家的立法计划。根据《中共中央、国务院关于深化医药卫生体制改革的意见》提出的要求,这部法律将对我国基本医疗卫生制度作出具体规定,构建我国公共卫生服务体系、医疗服务体系、药品供应保障体系、医疗保障体系以及政府监管体系的基本框架,使我国公民的医疗权和医疗保障权实体化、程序化。这应当是一部结构层次高、带动性强、起支架作用的具有基本法律特征的综合性法律。未来我国医疗法的体系将更加科学,结构将更加合理,内容将更加全面。

二、医疗法体系的内容

根据医疗法的编制体例,结合我国各单行医疗法律、行政法规以及其他法律、行政法规有关医疗的内容,我国医疗法大致可以划分为以下五个部分:

(一)医疗机构法

医疗机构法是指有关医疗机构的法律规范的总称。具体包括规定医疗机构的类别、基本条件、组织结构、业务范围、活动准则、权利义务以及医疗机构设立、变更和终止的程序等法律规范。目前，医疗机构法的主要代表是1994年的《医疗机构管理条例》。

(二)医务人员法

医务人员法是指有关医务人员的法律规范的总称。具体包括规定医务人员的资格考试、执业注册、职务职责、权利义务、考核培训、奖励惩戒等法律规范。目前，医务人员法的主要代表是1998年的《执业医师法》、2003年的《乡村医生从业管理条例》和2008年的《护士条例》。

(三)医疗业务法

医疗业务法是指有关医疗业务的法律规范的总称。具体包括规定门诊服务和住院服务所涉及的临床、医技等医疗行为的法律规范。目前，医疗业务法的主要代表是1994年的《母婴保健法》、1997年的《献血法》、2012年的《精神卫生法》和2007年的《人体器官移植条例》等。

(四)病人权利法

病人权利法是指有关病人权利的法律规范的总称。病人权利是病人因接受医疗服务而享有的权利。具体包括规定病人的医疗权、受尊重权、知情权、同意权、选择权、参与权、隐私权、申诉权、赔偿请求权等权利的法律规范。目前，有关病人权利的法律规范最主要体现在2009年的《侵权责任法》(第七章医疗损害责任)和2002年的《医疗事故处理条例》中。

(五)医疗责任法

医疗责任法是指有关医疗机构及其医务人员医疗责任的法律规范的总称。具体包括规定医疗机构及其医务人员因医疗过错行为所承担的行政责任、民事责任以及刑事责任等法律责任的法律规范。在我国，有关医疗责任的法律规范可以分为一般性规定和专门性规定。前者如《行政处罚法》、《侵权责任法》和《刑法》等；后者如具体的医疗方面的法律、行政法规等，这部分规定的医疗责任主要是行政责任。

第四节 医疗法的渊源

一、医疗法渊源的概念

所谓医疗法的渊源，是指医疗法的表现形式。具体来说，医疗法的渊源就是构成医疗法的法律规范的各种具体表现形式。

医疗法是由医疗方面的法律规范所组成的，而医疗方面的法律规范都是以一定的表现形式存在的，如法律、条例、办法、细则等。这些具体表现形式的法律规范处于不同的法律层次，所以，产生的法律效力各不相同。但从适用性上说，法律规范只要具有法律效力，都应当得到遵守和执行。

二、医疗法渊源的主要表现形式

（一）宪法中的医疗法律规范

宪法是国家的根本法，具有最高的法律效力，是医疗法的立法依据。我国现行宪法是1982年制定的。《宪法》第21条第1款规定："国家发展医疗卫生事业，发展现代医药和我国传统医药，鼓励和支持农村集体经济组织、国家企业事业组织和街道组织举办各种医疗卫生设施，开展群众性的卫生活动，保护人民健康。"第45条第1款规定："中华人民共和国公民在年老、疾病或者丧失劳动能力的情况下，有从国家和社会获得物质帮助的权利。国家发展为公民享受这些权利所需要的社会保险、社会救济和医疗卫生事业。"宪法所包含的医疗法律规范比较原则，需要制定专门的医疗法律、行政法规等予以具体化。

（二）医疗法律

医疗法律是指由全国人民代表大会及其常务委员会制定的医疗方面的专门法律和其他法律中的医疗方面的规范。前者如《执业医师法》，后者如《广告法》第55条第2款规定："医疗机构有前款规定违法行为，情节严重的，除由工商行政管理部门依照本法处罚外，卫生行政部门可以吊销诊疗科目或者吊销医疗机构执业许可证。"我国目前还没有由全国人民代表大会制定的医疗方面的专门法律，换句话说，现行的医疗方面的专门法律都是由全国人民代表大会常务委员会制定的。

（三）医疗行政法规

医疗行政法规是指由国务院制定的医疗方面的专门行政法规和其他行政法规中的医疗方面的规范。前者如《医疗机构管理条例》，后者如《社会救助暂行办法》第32条规定："国家建立疾病应急救助制度，对需要急救但身份不明或者无力支付急救费用的急重危伤病患者给予救助。符合规定的急救费用由疾病应急救助基金支付。疾病应急救助制度应当与其他医疗保障制度相衔接。"医疗行政法规的效力低于宪法和法律，高于地方性法规等。目前，医疗行政法规是医疗法的主要渊源之一。

（四）医疗地方性法规、自治法规

地方性法规、自治法规（指自治条例、单行条例）中有些属于医疗方面的规范。

包括医疗方面的专门地方性法规、自治法规和其他地方性法规、自治法规中的医疗方面的规范。这些医疗方面的规范不能与宪法、法律和行政法规相抵触，而且只在制定者管辖的区域内生效。

（五）医疗规章

医疗规章，也称医疗行政规章，分为国务院卫生等行政部门制定的医疗部门规章和有地方政府规章制定权的地方人民政府制定的医疗地方政府规章。包括医疗方面的专门规章和其他规章中的医疗方面的规范。医疗部门规章可以由国务院一个部门单独制定，也可以由国务院几个部门联合制定。医疗部门规章不得与宪法、法律和行政法规相抵触。医疗地方政府规章除不得与宪法、法律和行政法规相抵触外，还不得与上级或者同级地方性法规、自治法规相抵触。在实践中，医疗规章的数量远多于医疗法律、行政法规和医疗地方性法规、自治法规。

（六）医疗标准

国务院卫生等行政部门制定的医疗标准，具有约束力，可视为广义的医疗法律规范。由于医疗法律、行政法规比较原则、抽象，除了需要医疗规章予以具体化外，还需要医疗标准予以细化，以增强执行性。医疗标准横向上分为强制性标准和推荐性标准，纵向上分为国家标准、部门标准和地方标准。根据发布形式，医疗标准可以分为狭义的医疗标准和广义的医疗标准。前者仅指以标准形式发布的规范性文件，如《献血者健康检查要求（GB 18467－2011）》等；后者不仅包括以标准形式发布的规范性文件，还包括其他形式发布的以标准命名的规范性文件，如《医疗事故分级标准（试行）》等。可作为医疗法律规范的通常是具有强制性意义的医疗标准。

（七）医疗方面的司法解释

有关国家机关在其权限范围内所作的医疗方面的法律解释，具有约束力，通常也视为医疗法的渊源。司法解释是其中主要渊源之一。医疗方面的司法解释是指司法机关对法律规范适用于医疗所作的具有法律效力的解释。司法解释的主要形式有解释、规定、批复、意见、通知等。如2014年最高人民法院、最高人民检察院、公安部、司法部、国家卫生和计划生育委员会《关于依法惩处涉医违法犯罪维护正常医疗秩序的意见》等。

（八）医疗方面的国际条约

医疗方面的国际条约通过我国法定程序，可以成为医疗法的渊源之一。这里所称的国际条约包括条约、公约、条例、宣言、协定等。我国参加或者批准的国际条约，除声明保留的条款外，对我国具有约束力，如《国际卫生条例》等。

第五节 医疗法的调整对象

一、医疗法调整对象的概念

医疗法的内容是由医疗法的调整对象决定的。根据医疗法的定义，医疗法的调整对象是医疗关系。所谓医疗关系，是指在医疗活动过程中发生的社会关系。医疗活动可以分为医疗服务活动和医疗管理活动。因此，医疗关系既可以发生在平等主体之间，也可以发生在不平等主体之间。前者属于民事法律关系，简称医疗民事关系；后者属于行政法律关系，简称医疗行政关系。但无论是医疗民事关系还是医疗行政关系，医疗机构或者医务人员是其中必不可少的当事人。

二、医疗关系的主要方面

概括而言，医疗法调整的医疗关系主要有以下几个方面：

（一）卫生行政部门与医疗机构之间形成的医疗行政关系

这是基于对医疗机构的行业管理。《医疗机构管理条例》第5条第1款、第2款规定，国务院卫生行政部门负责全国医疗机构的监督管理工作。县级以上地方人民政府卫生行政部门负责本行政区域内医疗机构的监督管理工作。根据规定，县级以上人民政府卫生行政部门对医疗机构进行监督管理的职权是：（1）负责医疗机构的设置审批、执业登记和校验；（2）对医疗机构的执业活动进行检查指导；（3）负责组织对医疗机构的评审；（4）对违反《医疗机构管理条例》的行为给予处罚。

医疗机构不分类别、所有制形式、隶属关系、服务对象等，由卫生行政部门实行统一的行业管理。虽然医疗机构分为公立医疗机构和非公立医疗机构，但在法律上它们的地位是平等的，卫生行政部门在行业管理过程中一视同仁。需要指出的是，卫生行政部门在行业管理中，始终处于主导地位，也就是说，卫生行政部门与医疗机构之间的权利义务关系不具有对等性。但这种不对等性并不是片面的、无原则的，医疗机构认为卫生行政部门在行使职权时侵犯其合法权益的，可以按照《行政复议法》或者《行政诉讼法》规定，依法申请行政复议或者提起行政诉讼，以维护自己的权益。

（二）卫生行政部门与医务人员之间形成的医疗行政关系

这是基于对医务人员的行业管理。医务人员主要包括医、药、护、技等方面的卫生技术人员。目前，我国对医师、乡村医生、护士等已经建立起了相应的法律制度。

《执业医师法》第 4 条规定,国务院卫生行政部门主管全国的医师工作。县级以上地方人民政府卫生行政部门负责管理本行政区域内的医师工作。《乡村医生从业管理条例》第 3 条规定,国务院卫生行政主管部门负责全国乡村医生的管理工作。县级以上地方人民政府卫生行政主管部门负责本行政区域内乡村医生的管理工作。《护士条例》第 5 条规定,国务院卫生主管部门负责全国的护士监督管理工作。县级以上地方人民政府卫生主管部门负责本行政区域的护士监督管理工作。

虽然医师、乡村医生和护士等医务人员因分工不同,医疗法赋予了不同的职责,但从医务人员职业的整体性考虑,医疗法对他们实施了相似的管理制度。根据《执业医师法》、《乡村医生从业管理条例》和《护士条例》的规定,卫生行政部门对医师、乡村医生和护士的管理职责主要包括:资格考试、执业注册、考核培训、执业行为监督以及对违法行为的处罚等。这些职责大致可以分为两大类:一类是执业资格方面的行业管理,另一类是执业行为方面的行业管理。前者主要是把住执业准入的门槛,后者主要是守住执业行为的底线。当然,医务人员如果认为卫生行政部门在上述任一管理环节侵犯其合法权益的,可以按照《行政复议法》或者《行政诉讼法》规定,申请行政复议或者提起行政诉讼,以维护自己的权益。

(三)卫生行政部门与病人之间形成的医疗行政关系

这是基于对病人权益的保护。一般情况下卫生行政部门并不主动与病人发生行政上的法律关系,换句话说,卫生行政部门往往是在医患双方或者其中一方主动提出请求后才会介入医患关系,进而与病人形成医疗行政关系。比如,《医疗事故处理条例》第 38 条第 1 款规定,发生医疗事故争议,当事人申请卫生行政部门处理的,由医疗机构所在地的县级人民政府卫生行政部门受理。医疗机构所在地是直辖市的,由医疗机构所在地的区、县人民政府卫生行政部门受理。

在医疗法上,卫生行政部门与病人之间可以形成医疗行政关系的事项是有限的,换句话说,并不是卫生行政部门对医疗服务的介入都会与病人发生医疗行政关系。比如,病人向卫生行政部门投诉医疗行为,卫生行政部门跟进,对医疗机构或者医务人员的被投诉医疗行为进行调查,即使调查属实,最后依法作出行政处理决定,卫生行政部门与投诉病人之间也没有形成医疗行政关系。不过,卫生行政部门如果对病人的投诉没有作出相应的行政行为,或者病人对卫生行政部门作出的行政处理不满意,从法律角度说,是有可能引起行政复议或者行政诉讼的。

(四)医疗机构与病人之间形成的医疗民事关系

这也是基于对病人权益的保护。医疗服务不同于商业性服务。医疗服务的本质是非营利性,而商业性服务的本质是营利性。因此,法律对商业性服务的交易行为大多采用任意性规范,以充分体现双方当事人的意思自治。而医疗服务对于病人来说,是刚性需求。所以,针对医疗服务的不可替代性,为了保护病人的利益,医疗法对医疗服务比较多地采用了强制性规范。例如,《精神卫生法》第 48 条规定,医疗机构不得因就诊者是精神障碍患者,推诿或者拒绝为其治疗属于本医疗机构诊疗范围的其他疾病。《侵权责任法》第 63 条规定,医疗机构及其医务人员不得违反诊疗规范实施不必要的检查。

医疗法在调整医疗民事关系上,将确保医疗服务的非营利性作为核心价值,并将病人利益的保护放在优先地位。所以,无论是非营利性医疗机构还是营利性医疗机构,在提供医疗服务上,都不具有完整的自主性。对于营利性医疗机构来说,当其营利性目标与法定的医疗机构宗旨发生冲突时,必须以医疗机构宗旨为准。而作为接受医疗服务的一方,病人则具有相对完整的自主性,可以选择医疗服务的形式,也可以选择医疗服务的内容,当然病人对自己的选择也要负法律上的责任。

(五)医务人员与病人之间形成的医疗民事关系

这同样是基于对病人权益的保护。从法律上说,医务人员并不以自己的名义为病人提供医疗服务,而是以医疗机构的名义为病人提供医疗服务,即使是个体行医的医师也是在诊所的名义下为病人提供医疗服务。也就是说,医务人员的执业权是一种职务性权利。如果医务人员不在医疗机构的名义下从事医疗服务,则不享有执业权。但医务人员作为医疗服务最主要的执行者,在医疗机构授予的权限范围内,独立完成医疗行为。所以,医务人员在为病人提供医疗服务的过程中,事实上与病人之间形成了服务与被服务的医疗民事关系。

医务人员与病人之间形成的服务与被服务的医疗民事关系,从法律性质上说,是依附于医疗机构的医疗民事关系,或者说是医疗机构与病人之间形成的医疗民事关系的组成部分。因此,医疗机构是这一医疗民事关系的民事责任主体。也就是说,医务人员本身并不承担因医疗过错行为引起的民事赔偿责任,而是由医疗机构承担民事赔偿责任。医疗法做这样的制度安排,从根本上说是为了保障病人的利益。因为相对于医务人员,医疗机构更具有民事赔偿能力。当然,由医疗机构承担民事赔偿责任,对于确保医务人员专注于医疗服务也具有十分重要的意义。

(六)医疗机构与医务人员之间形成的内部行政关系

这是基于对医务人员权益的保护。医务人员是医疗机构建设发展最重要的战略性资源。随着医务人员在医疗服务中的作用日益凸显,医疗机构与医务人员的关系发生了新的变化。具体表现为在这一关系中，既有命令、服从的一面，也有双向选择、协商的一面，还有提出意见、建议的一面等。虽然这些方面涉及不同内容的权利义务，但总体上，医疗法都尊重医疗机构所拥有的广泛的自由裁量权和医务人员所享有的充分的自主选择权。除非当事人主动提出，或者这种关系影响到第三方利益，一般情况下医疗法并不要求卫生行政部门主动进行干预。

医疗机构与医务人员之间的内部行政关系所涉及的内容十分广泛，主要包括以下几个方面：(1)劳动关系。如医务人员因聘(录)用、工资、福利、休假、辞退、退休等与医疗机构发生的关系。(2)职务关系。如医务人员因考核、晋升、调动、奖励、处分等与医疗机构发生的关系。(3)工作关系。如医务人员因工作岗位、团队的分配，进修、培训、继续教育的安排，工作时间、地点的确定，工作条件、环境的获得，学术交流、团体的参加等与医疗机构发生的关系等。

由于我国与医疗相关的职权比较分散，所以，除上述医疗关系外，相关的行政部门也与医疗机构、医务人员以及病人等形成了各具特色的法律关系。这里不再一一列举。

第二章 医疗法的基本原则

第一节 医疗法基本原则概说

一、医疗法基本原则的概念

医疗法基本原则,是指医疗法立法必须遵循的一般准则。医疗法基本原则不同于医疗法的具体法律规范,它只是一种观念、一种价值,它需要通过具体的医疗法律规范来体现。所以,医疗法的具体法律规范渗透着医疗法基本原则的精神。

医疗法以保障公民健康、实行救死扶伤的人道主义精神为宗旨,以发展医疗事业、促进医疗保障、规范医疗行为、维护医疗秩序为己任。所以,对医疗法的理解不能仅仅停留在形式意义上,尤其是医疗法的立法理念早已超越了形式意义这个范畴。医疗法已经是具有一定规模的法律实体。换句话说,医疗法是一个着眼于防病治病的跨部门和学科的法律领域。如果说医疗法是一个形散神不散的体系,那么在其中发挥灵魂作用的就是医疗法基本原则。

二、医疗法基本原则的意义

医疗法基本原则是从医疗法律规范中总结、概括出来的,集中反映的是医疗法的基本价值观念。它源于医疗法律规范,又高于医疗法律规范。所以,医疗法基本原则在医疗法的立法、执法乃至司法等方面都有着积极的作用。

(一)医疗法基本原则对于医疗立法活动具有指导意义

医疗法基本原则是制定医疗法的依据。医疗法是由成千上万的医疗法律规范组成的,其涉及的法律关系、法律制度种类很多,其表达的利益内容、利益形式种类也很多,但具有多样性、复杂性特点的医疗法律规范所体现的基本精神是统一的,因为它们遵循了共同的价值观念。正是这些医疗法基本原则使多样性的医疗法律规范形成了有机的整体,也正是这些医疗法基本原则使复杂性的医疗法律规范形成了和谐的体系。

(二)医疗法基本原则对于医疗执法活动具有指导意义

医疗体制正处于改革发展时期,医疗相关领域的各个方面也在发生深刻改变。这种迅速变化的情况给医疗法立法带来了许多新课题。但在现实中,新的医疗法立法要有一个过程,不可能说立就立;已有的医疗法立法,从法律的稳定性出发,也不可能说改就改。事实上,医疗法立法也难以做到穷尽一切。因此,医疗法立法跟不上形势发展变化的需要是一种常见现象。为了填补医疗法律规范的空白或者漏洞,可以发挥医疗法基本原则的补充作用。如对没有医疗法律规范的事项,可以按照医疗法基本原则进行处理;对虽有医疗法律规范但不足的事项,可以按照医疗法基本原则对相关的医疗法律规范进行解释。

(三)医疗法基本原则对于医疗司法实践活动具有指导意义

与医疗本身的多样性、复杂性相比,医疗法律规范就显得较为原则和概括。所以,在医疗司法实践中,必然存在如何理解、解释和适用医疗法律规范的问题。科学、正确地处理医疗方面的案件,充分发挥司法对医疗的保障功能,维护医患双方的合法权益,关键还是在于严格贯彻医疗法基本原则的精神。在医疗法律规范存在空白、漏洞或者不足的情况下,需要法院"造法"或者进行司法解释。无论法院"造法"还是进行司法解释,都应当以医疗法基本原则为指导。

第二节 医疗法基本原则的内容

根据医疗法立法实践,可以将我国医疗法的基本原则概括为以下四项:

一、医疗平等原则

医疗平等原则,是指公民在医疗上享受同等的社会保护。在法律概念上,通常所说的医疗包含公益性医疗和私益性医疗。公益性医疗是指出于公共利益而设立的医疗,私益性医疗是指不属于公益性医疗范畴的医疗。公益性医疗虽然与私益性医疗一样,都是基于疾病的诊疗,但公益性医疗所包含的内容体现的是社会的公平正义。因此,对于公益性医疗而言,公民的医疗权应当是具有保障性价值的权利。所以,医疗法将最具代表性的基本医疗保障制度作为公共产品以帮助公民实现基本医疗服务。医疗平等原则的含义主要包括:

1. 确保所有人平等获得基本医疗服务。基本医疗服务应当是纳入公共财政和基本医疗保障范围的医疗服务。从政府角度来说，政府在医疗上的基本职责是向全体公民提供基本医疗服务，而基本医疗服务的使命是实现公民对医疗的基本需求。虽然基本医疗服务的内涵和外延是随着经济社会的发展而变化的，但作为公益性医疗，基本医疗服务首先应当具有现实性，也就是基本医疗服务必须有通畅的获得渠道。为此，国家应当建立和健全医疗服务体系，使医疗服务体系具备完成这一使命的能力。其次，基本医疗服务应当具有包容性，也就是基本医疗服务的对象必须包括所有公民，不论其民族、种族、性别、职业、家庭出身、宗教信仰、教育程度、财产状况、居住期限等。最后，基本医疗服务应当具有邻近性，也就是为所有公民提供的基本医疗服务必须尽可能贴近他们的家庭，使他们更容易获得所需要的基本医疗服务。因此，国家应当致力于缩小城乡之间、地区之间在医疗服务能力和水平上的差距，确保所有公民的健康保护水平与经济社会发展同步。

2. 确保所有人平等获得基本医疗保障。基本医疗服务是有成本的，无论这种成本是产生于诊断还是产生于治疗，对于医疗机构来说需要有人为其提供的基本医疗服务承担全部费用。从谁受益谁付费的角度，基本医疗服务的受益病人理应承担这一责任。但基本医疗服务具有公益性，而公益性医疗的最大特点是不以个人的物质条件为转移，换句话说，基本医疗服务并不取决于个人的付费能力或者水平。由病人独自承担全部费用，意味着基本医疗服务需求与基本医疗服务有可能被割裂开来，而不能以基本医疗服务的真实需求确定基本医疗服务。另外，尽管随着经济社会的发展，人们的收入普遍得到了显著提高，但就绝大多数人来讲，现代医学技术的日新月异已经不可能由个人来承担全部费用了。将基本医疗服务的付费责任全部集中在受益病人身上也是不公平的，因为社会也是公民健康的实际受益者。20 世纪 80 年代以来，以高技术为支撑、信息化为特征的基本医疗服务新模式，不仅深刻改变了人们对基本医疗服务的追求，而且普遍提高了基本医疗服务的成本。因此，政府除了要确保所有人能够以公平价格获得基本医疗服务外，还应当确保所有人能够以基本医疗保障的更高水平保护获得基本医疗服务。

二、医疗安全原则

医疗安全原则，也称病人安全原则，是指不发生与过错相关的医疗损害。在医疗上，医疗安全与医疗风险是两个不同的概念。医疗安全是相对于过错而言的，医疗风险是相对于不利的结果而言的。从这个意义上说，医疗安全是可以做到的，医疗风险总是相对的。一般情况下，医疗安全通过规范医疗行为来预防，医疗风险通过医学发展、技术改进、医患责任共担来化解。就医疗风险而言,有的医疗风险是可以预见可以预防,也有的医疗风险是可以预见不易避免,还有的医疗风险客观上难以预见。医疗风险的不确定性在某种程度上讲只是增加了医疗风险的防范难度,但与过错无关。医疗法不允许以医疗风险作为逃避医疗安全责任的理由。医疗安全原则的含义主要包括:

1. 医疗机构要负起医疗安全的责任。医疗安全是医疗活动的"前提性"要求。一般情况下,没有安全保证的医疗行为对病人不仅无益而且还可能有害。对病人而言,医疗是自愿行为,但从法律角度说医疗必须符合法定的要件,即在任何情况下,无论是诊断还是治疗措施都必须确立合法的医疗目的。所谓"合法的医疗目的",是指医疗目的必须符合法律和行政法规的规定。总的要求是必须有利于增进病人的健康。医疗目的是医患关系产生、变更、消灭的基本要素。因此,医疗机构必须确保提供的医疗服务不仅要具有医疗目的的确定性,还要具有合法性。因为合法性既是医疗目的确定性的保证,也是卫生行政部门必要的监督管理的依据。对病人来说,合法性是医疗安全的基础。

2. 医疗机构要将医疗质量作为医疗安全的主要内容。医疗质量是医疗安全的"产出性"要求。医疗安全和医疗质量其实是一个问题的两个方面。医疗质量需要以医疗安全为基础,而医疗安全则要以医疗质量来反映。没有医疗质量为内容的医疗安全是没有意义的,因为这种医疗行为不仅没有给病人健康带来好处,反而白白浪费了有限的医疗资源。所以,医疗机构应当将医疗质量作为所有医疗行为的有效要件。这不仅是因为医疗的本质是防病治病,而且医患之间是以特定的医疗目的为中心形成法律关系的。离开医疗质量,医疗即失去存在的载体。所以,就医疗来说,医疗质量是必不可少的,而且它必须是现实的且可以确定的内容。

三、病人自主原则

病人自主原则,也称病人自愿原则,是指病人对有关自己的医疗安排有最终的决定权。病人自主原则是病人权利的核心。尊重病人自主原则是法律要求的"尊重患者"的重要体现。但尊重病人自主原则并不是机械的或者盲目的,而应当是理性的,否则就是一种不负责任的表现。病人自主原则应当是医患之间互动的结果。在很大程度上,病人自主原则依赖于三个条件:病人具有健全的民事能力、拥有充分的医疗信息、没有处于外在的压迫之下。由此可见,医疗机构及其医务人员并没有因为病人自主原则而减轻医疗责任,病人则因为病人自主原则而增加了对自己

的医疗义务或者责任。病人自主原则的含义主要包括:

1. 病人有权决定针对自己的医疗。医疗的最终后果是由病人承担的,所以,病人有权了解任何医疗措施的利弊、得失,并根据自己的价值观作出对自己身体乃至未来人生的决定。为了保证病人能够经过深思熟虑作出合乎理性的自我决定,医疗法从多个角度确保病人的知情同意权。医疗机构及其医务人员应当使用一般人都能理解的语言说明病人的病情和所采取的诊断、治疗措施以及预后等情况。在实施手术、特殊检查、特殊治疗前,必须向病人说明医疗风险、替代医疗方案等情况,并取得病人的书面同意。当医疗方案发生重大变化时,要及时向病人说明情况。病人有权在法律规定范围内拒绝接受医疗,同时有权了解拒绝接受医疗引起的后果。

2. 病人有权决定是否公开自己的隐私。医疗职业的特点决定了医疗机构及其医务人员可以了解到病人许多隐私,包括病人的病史、生理缺陷、心理活动、诊疗情况以及与诊疗有关的其他个人信息。因此,保护病人隐私,是医疗法的基本任务。对病人隐私进行保护,除了有利于病人在没有外界干扰的情况下自主决定自己的医疗事项外,更重要的是体现了对病人的尊重。所以,医疗法将医疗机构及其医务人员对病人隐私的保密列为其义务之一。也就是说,病人有权要求医疗机构及其医务人员对自己不愿公开或者不愿为他人知晓的信息予以保密。但与此同时,医疗法也规定经病人同意公开病人病历资料等隐私不违法。换句话说,病人的病历资料等隐私是否公开由其自己决定。

四、医疗效率原则

医疗效率原则,是指在有限的医疗投入下尽可能产出更多的社会认可的医疗服务。相对于医疗需求,医疗资源是有限的。所以,医疗资源的配置和使用必须注重投入和产出、成本和效益问题。无论是作为整体的医疗服务体系,还是作为单体的医疗机构,都要强调医疗行为实现的利益与消耗之比,也就是尽可能用最少量的人力、物力和财力来谋取最大的医疗效益。换句话说,既要从扩大医疗资源规模上让病人有更多的获得感,更要从提高医疗资源利用效益上让病人有更多的获得感。这不仅是减轻社会和个人费用负担的需要,也是医疗作为公益性事业可持续发展的前提。医疗效率原则的含义主要包括:

1. 统筹配置医疗资源。对满足医疗需求来说,当然是用于医疗的资源越多越好。但就全社会而言,资源是有限的,用于医疗的资源多了,势必用于其他方面的资源就少了。而其他方面投入的资源少了,又会削减病人在其他方面的利益。所以,从病人整体利益考虑,并不是医疗方面的资源投入越多越好,关键是处理好医疗需求与医疗服务之间的效益问题。其中最为关键的是医疗机构的数量、规模、结构和布局。虽然广义上说医疗需求是无限的,但实际上病人的数量是有限的。随着基本医疗保障制度的进一步完善,病人的流动性会逐渐减弱。所以,当医疗机构的医疗服务容量超出当地常住人口数量时,就有可能导致医疗资源闲置,进而出现人浮于事。由于医疗服务的特殊性,健康问题说到底又是个生死问题,对病人来说,价格因素从来不是第一顺序考虑的问题,何况大部分医疗费用是由第三方负担的。所以,医疗机构之间的竞争不会停留在价格竞争上,而过多的"高、精、尖"医疗服务并不等同于"物有所值"。总之,扩大医疗资源规模要避免浪费性的重复建设。

2. 合理利用医疗资源。衡量合理利用医疗资源的标准是多元的,这里不仅是指不浪费医疗资源,而且还指将医疗资源用在"刀刃"上。合理利用医疗资源的责任,医患双方都有,但主要责任应当在医方,因为医疗主动权掌握在医方手里。从某种角度说,由于信息不对称,病人的医疗需求具有一定的盲目性。它可以被引导,也可以被诱导;它可以被约束,也可以被刺激;它可以被放心,也可以被担忧。所以,作为医疗服务的提供者,无论是医疗机构还是医务人员,在充分尊重病人利益的同时,不仅有责任满足其合理的医疗需求,而且有责任使医疗服务所消耗的医疗资源最小化。因为医疗需求是无限的,而医疗资源是有限的。要解决好这一对矛盾,关键还是在提高医疗资源的利用效率上。提高医疗资源利用效率的最根本方法是合理提供医疗服务。合理提供医疗服务,可以从限制技术手段、优化服务流程、控制医疗机构规模、完善医疗机构体系等入手。但无论从哪个角度入手,都要将降低医疗机构的运行成本放在首位。如果医疗机构的运行成本居高不下,而且医疗机构还主要依靠医疗服务收入来解决生存和发展问题,其结果是合理提供医疗服务的目标都有可能让位于运行成本的压力。

第三章　医疗法的法律地位和作用

第一节　医疗法的法律地位

一、医疗法在我国法律体系中的地位

在我国的法律体系中，宪法是国家的根本法，具有最高的法律效力。毫无疑问，宪法是医疗法的立法依据，医疗法中的任何规定都不能与之相抵触。《宪法》第45条第1款规定："中华人民共和国公民在年老、疾病或者丧失劳动能力的情况下，有从国家和社会获得物质帮助的权利。国家发展为公民享受这些权利所需要的社会保险、社会救济和医疗卫生事业。"这一规定首先确立了我国公民的医疗权和医疗保障权，其次确立了国家在实现公民的医疗权和医疗保障权上的责任。宪法关于医疗的原则性规定，确定了医疗法的基本制度框架，并由医疗法加以具体化。

医疗法是国家干预医疗活动的产物。在医疗关系中，最古老的关系是医患关系。但在医患关系中，由于医疗信息不对称等因素，病人事实上处在并不利的地位。因此，国家为了保护相对弱势一方的病人利益，有计划地进行介入，并制定医疗法，以规范医疗行为，维护医疗秩序。目前，医疗法所涉及的主体已经多元化，法律关系也越来越复杂。

医疗法与民法关系密切。医患关系是医患双方在医疗服务中形成的关系。医疗服务的客体是病人的身心健康。虽然健康无价，但医疗服务还是有价的。所以，一般情况下，医疗服务适用的还是民法性质的规则。即使是由第三方付费，如医疗保险基金承担或者政府埋单，也不改变医疗机构及其医务人员所提供的医疗服务属于民事法律关系的性质。因此，在医疗法中，还是有不少民法性质的规定在调整医患关系。

医疗法需要刑法保护。刑法对医疗法具有重要的补充和维护作用。医疗法所保护的权益如果受到不法侵害，首先是通过医疗法加以行政处罚，或者进行民事赔

偿。但如果侵权行为非常严重，构成犯罪的，则应当依法追究当事人的刑事责任。例如，《执业医师法》第 39 条规定，未经批准擅自开办医疗机构行医或者非医师行医的，由县级以上人民政府卫生行政部门予以取缔，没收其违法所得及其药品、器械，并处十万元以下的罚款；对医师吊销其执业证书；给患者造成损害的，依法承担赔偿责任；构成犯罪的，依法追究刑事责任。《刑法》第 336 条第 1 款规定，未取得医生执业资格的人非法行医，情节严重的，处三年以下有期徒刑、拘役或者管制，并处或者单处罚金；严重损害就诊人身体健康的，处三年以上十年以下有期徒刑，并处罚金；造成就诊人死亡的，处十年以上有期徒刑，并处罚金。

二、医疗法在我国卫生法体系中的地位

医疗法并不是一个独立的法律部门。它是卫生法的一部分。在卫生法中，医疗法占有重要的地位。按照卫生法的内容和特征，卫生法可以分为四个部分：公共卫生法、医疗法、药事法和医疗保障法等。如果把具有我国特色的有关中医药方面的法律规范从上述分类中单独拿出来，也可以增加一个部分，即中医药法。当然，从大医疗法角度，也可以将医疗保障法纳入医疗法范畴。因为医疗保障法与医疗法确实是形影相随，难以分开。

医疗法是卫生法范围内的医疗性法律。所谓医疗性法律，是指规定医疗主体、医疗体系、医疗制度、医疗权利和义务等起医疗法作用的法律、法规和规章等。改革开放以来，医疗法的立法工作得到了迅速发展。多层次的医疗法律规范相继出台，并逐步从医疗行政法规发展为医疗行政法规、医疗民事法规、医疗刑事法规等相互补充、相互作用、相互加强的医疗法体系。其主要特征是：

第一，将保障公民“医疗权”作为医疗法立法的核心目标。医疗是人类生存和发展的基本生活资料，公民所享有的医疗水平不仅是反映一个国家经济社会发展水平以及个人生活水平的重要标志，而且对于改善民生、促进社会和谐都有重要意义。因此，保障公民“病有所医”是国家公共政策的重要内容，也是医疗法立法的第一要义。我国宪法将公民在疾病时“有从国家和社会获得物质帮助的权利”列为公民的基本权利，并明确指出，“国家发展为公民享受这些权利所需要的社会保险、社会救济和医疗卫生事业”。《民法通则》规定，“公民享有生命健康权”。《民法总则》规定，自然人享有生命权、身体权、健康权等。所以，医疗法立法突出三点：一是平等性。医疗权的一个基本元素是确保每个公民都有平等的享受医疗服务的机会。二是发展性。医疗权的形式和内容将随着经济社会的不断发展而不断完善、扩

大和提高。三是保障性。由政府为实现人人享有基本医疗服务兜底。

第二,将医疗机构和医务人员履行“救死扶伤”职责作为医疗法立法的基本价值和行为准则。医疗作为一种职业是崇高的,因为它是以帮助病人恢复健康和帮助病人挽救生命为使命的。所以,衡量医疗的价值,从来不是以财富作为标准的。但医疗也不是万能的,因为人的健康和生命有其自然规律。医疗应当坚持的是不忘初心。《医疗机构管理条例》规定,医疗机构以救死扶伤,防病治病,为公民的健康服务为宗旨。《执业医师法》规定,医师应当具备良好的职业道德和医疗执业水平,发扬人道主义精神,履行防病治病、救死扶伤、保护人民健康的神圣职责。

第三,将建立“公共医疗”作为医疗法立法的主要任务。医疗需求量大、费用要求高、使用周期长,这些特点使得医疗模式在医疗的供给与使用中发挥着非常关键的作用。为了促进医疗民生,降低医疗成本负担,尤其是帮助中低收入人群以较低的成本来满足合理的医疗需求,国家通过提供各种政策性资金支持,建立非营利性的医疗机构体系,并以此为主渠道提供基本医疗服务。一是政府主导医疗机构规划。《医疗机构管理条例》规定,地方政府要根据当地的人口、医疗资源、医疗需求和现有医疗机构的分布状况,制定医疗机构设置规划,并纳入当地的区域卫生规划和城乡建设发展总体规划。二是政府对困难地区提供资金等帮助。《医疗机构管理条例》规定,国家扶持医疗机构的发展。《母婴保健法》规定,国家对边远贫困地区的母婴保健事业给予扶持。《母婴保健法实施办法》要求,各级政府为母婴保健事业的发展提供必要的经济、技术和物质条件,并对少数民族地区、贫困地区的母婴保健事业给予特殊支持。三是政府制定医疗收费标准。《医疗机构管理条例》规定,医疗机构必须将政府规定的收费标准悬挂于明显处所,对收取的医疗费用要详列细项,并出具收据。四是政府对非营利性医疗机构给予政策优惠。20 世纪 50 年代起,我国就对承担公共医疗任务的非营利性医疗机构实行免税等诸多优惠政策,其中包括免除营业税等。

第四,将保护“病人权利”作为医疗法立法的着力点。对于医疗行为来说,保护病人权利既有制约作用,也有促进作用。但从某种角度说,促进作用大于制约作用。因为没有病人的积极配合,医疗行为将难以做到善始善终。因此,医疗法不仅强调病人权利的系列性,而且强调病人权利的实践性,使病人权利的规定更具有可操作性。一是明确病人权利的种类和内容;二是突出医患之间配合、合作的内容与形式;三是为了病人利益,保留对病人的保护性措施。根据医疗法的规定,不宜向病人说明的,应当向病人的近亲属说明,并取得其书面同意;病人或者其近亲属不配合医疗机构进行符合诊疗规范的诊疗，造成病人损害的，医疗机构不承担赔偿责任。

第五，将建立和完善“政府监管和行业自律”体系作为医疗法立法的框架结构。我国医疗监管体制的特点是以医疗机构自律和政府监管为主，社会监督为辅，呈现出较为完整的医疗安全控制机制。一是从行政层面保证医疗安全。通过较为严格的准入制度，保证提供医疗服务的医疗机构和医务人员具备最基本的能力。二是从专业层面提高医疗质量。通过明确医疗机构的职责和促进医疗机构的责任意识，加强自我管理。三是从互信角度促进医患关系和谐。医患关系的和谐有赖于长时间建立起来的互信关系，为此，医疗法要求医师和护士“关心、爱护、尊重”病人，以相互间建立融洽的关系；同时，医疗法要求医师和护士业务素质过硬，“努力钻研业务，更新知识，提高专业技术水平”。

第二节　医疗法的作用

医疗法在医疗活动中的作用，主要表现在以下四个方面：

一、优化、固化医疗政策

健康是人全面发展的基础。医疗在增进、维护和发展人的健康中，占有重要的地位。为了确保公民“病有所医”和“医有所保”，我们必须根据国情制定出正确的医疗政策。但是，仅仅制定医疗政策是不够的，因为医疗政策并不具有法律规范的属性，也就是不具有以国家强制力保证其实施的效力。所以，对行之有效的医疗政策，我们还应当通过一定的立法程序，将其上升为具有权威性、强制性和普遍性的医疗法律规范。医疗法是党和国家医疗政策的集中体现。通过贯彻实施医疗法，可以加强党和政府对医疗工作的领导，使我国的医疗工作有法可依，进而维护广大人民群众的医疗利益。

二、规范、指引医疗行为

医疗活动的主要表现形式是医疗行为。对医者而言，实施医疗行为有时是行使一种权利，有时是履行一种义务。但无论是行使权利还是履行义务，都需要遵守一定的规范，包括程序性规范和实体性规范。这是医疗行为获得法律保护的基础。医疗法基于医疗机构及其医务人员的主体身份和职能定位，将其所应遵循的专业领域的最低行为标准，设定为法律规范，其中包括价值观，作为调整医疗行为的准绳。主要目的是保护医疗机构及其医务人员依法履行职责，确保医疗行为在内容、方式和程序上合规，同时维护病人对医疗行为的信任，以建立自律与他律相结合的有利于和谐医患关系发展的医疗秩序。

三、充实、完善医患关系

医患关系说到底就是医患之间的权利义务关系。就一般关系而言，有什么样的权利就有什么样的义务。但医患关系具有特殊性，一是在医患关系中，权利与义务并不对等。医者的义务或者责任远多于权利，而病人的权利则远多于义务或者责任；二是在医患关系中，双方权益实现方式上有相似之处。通常病人的权益主要是通过医者履行义务或者责任来实现的，医者的权益也主要是通过医者履行义务或者责任来实现的。因为医者的权益是建立在执业行为之上的，而执业行为在大多数情况下表现为履行义务或者责任。虽然医者在履行义务或者责任的过程中，需要病人的大力配合和支持，但这并不改变医者的权利与义务是相辅相成的特性。由此可见，病人的利益是建立在医者利益之上的。或者说，没有医者利益就难以有良好的病人利益。为此，医疗法为切实保障病人权益，除了对医务人员的任职条件提出了专业、能力、人品等各方面较高的要求外，也体现了医务人员履职受保护、权益享保障、待遇相配备、生活有尊严的职业愿景。

四、保护、促进医学发展

发展医学的根本目的是治病救人。但医学上还有许许多多未知领域需要探索。目前不少疾病是如何具体产生的在很大程度上还不为人知。可以这样说，疾病的发展总是比医学的发展“先行一步”。即使是已经成熟的医疗技术也可能因个体差异而存在一定的不确定性。因此，医疗风险不仅是表征，也是问题的本身。要鼓励和支持医疗机构及其医务人员发扬“有百分之一的希望就要尽百分之一百的努力”精神，首先必须解决他们的“后顾之忧”。也就是说，医疗机构及其医务人员只有得到充分有效的保护，他们在依法履行职责时，才能敢于担当。医疗法为医疗机构及其医务人员提供了与其职业特点和职业风险相匹配的法律保障，尤其是确立了以“过错”作为医疗责任定性标准，并给予病人比较充分的最大利益的政策保证，从而为病人的健康和生命设置了一道最有力的防护线。

第四章　医疗法与医德、医学伦理

第一节　医疗法与医德

一、医德的概念

医德，是医务人员职业道德的简称，是指医务人员职业范围内的特殊道德要求。具体来说，医德是从事医疗职业的人应当遵循的、与其执业活动紧密联系的、具有医务人员职业特征并反映医务人员自身特殊要求的道德准则和规范。

医德是社会道德体系中的一个重要组成部分，是一种特定的职业道德。医德是在长期的医疗环境和医疗实践中形成和发展起来的。其内容包括两部分：一部分是作为医务人员共同的职业道德，另一部分是作为医务人员不同种类的职业道德。前者如"救死扶伤""尊重病人""保守病人隐私"等；后者如医师职业道德、护士职业道德、药师职业道德和技师职业道德等。

二、医疗法与医德的关系

常言道，法律是最低程度的道德。从这一角度说，医疗法是医德的一部分。事实上不少医疗法律规范直接来源于医德。但不能否认的是，两者虽然有很高的交集性，其内涵和外延还是有明显的不同。这是两个不同的领域。简单地说，符合医疗法律规范的并不一定就符合医德，不符合医德的并不一定就违反医疗法律规范。两者的主要区别是：

1. 产生方法不同。医疗法是由法定的机关经过一定的程序制定出来的，且修改、废止等有严格的要求。而医德一般没有这方面的严格要求，而且医德是可以由个人提出大家认可的。

2. 表现形式不同。医疗法都有具体的表现形式，如法律、法规、规章等。医德可以表现为具体的文字，也可以存在于人的内心，有较强的主观性。

3. 承载内容不同。医疗法是权利与义务相伴而生的，以权利义务为内容。但医德专注义务，以义务为重心，通常只有义务人存在，而无所谓权利人。

4. 实施方式不同。医疗法是以国家强制力为后盾的，其实施具有强制性。但医德不是，医德不具备医疗法的强制性，其实施诉诸内心信念、社会舆论和传统习惯等。

5. 调整范围不同。医疗法的作用在于约束人的外部行为，即使人有主观过错，但如果没有违法行为存在，医疗法一般并不惩罚。而医德的作用不仅在于调整人的外部行为，还在于调整人的行为动机和内心活动。医德要求人根据高尚的情操追求真、善、美。

三、医疗法对医德的要求

在我国，遵守医德是一项法律要求。《执业医师法》将“遵守职业道德”作为医师的义务，并把“职业道德状况”列为医师定期考核的内容，同时将“医德高尚”纳入表彰和奖励的范围。《医疗事故处理条例》第 5 条规定，医疗机构及其医务人员在医疗活动中，除了必须严格遵守医疗卫生管理法律、行政法规、部门规章和诊疗护理规范、常规外，还必须“恪守医疗服务职业道德”。

对医务人员进行医德教育是医疗机构的法定责任。《医疗机构管理条例》第 29 条规定，医疗机构应当加强对医务人员的医德教育。《医疗事故处理条例》第 6 条也规定，医疗机构应当对其医务人员进行医疗卫生管理法律、行政法规、部门规章和诊疗护理规范、常规的培训和医疗服务职业道德教育。

四、《中国医师道德准则》

2014 年中国医师协会制定了《中国医师道德准则》。其目的是通过确立医师的道德底线，促使医师把职业谋生手段升华为职业信仰，遵从行业自律的要求，以医师职业为荣，赢得社会的尊重，让医学的文化得以传承和发扬。该道德准则分基本准则、医师与患者、医师与同行、医师与社会、医师与企业五个部分，共 40 条。

“基本准则”部分有 7 条，包括：坚持患者至上，给予患者充分尊重；敬畏生命，以悲悯之心给予患者恰当的关怀与照顾；不因任何因素影响自己的职业行为，拒绝参与或支持违背人道主义的行为；在临床实践、教学、研究、管理或宣传倡导中，承担符合公众利益的社会责任；终身学习，不断提高专业知识和技能；以公平、公正的原则分配医疗资源，使其发挥最大效益；维护职业荣耀与尊严，保持良好执业状态。

“医师与患者”部分内容最多，有 21 条，包括：不因患者年龄、性别、婚姻状况、政治关系、种族、宗教信仰、国籍、出身、身体或精神状况、性取向或经济地位等原因拒绝收治或歧视患者；耐心倾听患者陈述，建立相互尊重的合作式医患关系；以患者可以理解的语言或方式与之进行交流，并尽可能回答患者提出的问题。不以不实的宣传或不正当的手段误导、吸引患者；不以所学的医学知识和专业技术危害患者或置患者于不必要的风险处境；医师不应将手术、特殊检查和治疗前的知情同意视为免责或自我保护的举措，更不应流于形式或视为负担，而应重视与患者的沟通和宣教；医师享有对患者处方、治疗或转诊等技术决策的自主权，当患者利益可能受到损害而医师本人无力解决时，应主动通过相关途径寻求解决；选择适宜的医疗措施，对于经济困难的患者尽量给予医疗帮助或协助其寻找救助途径；追随医学进步，不断更新知识，通过自我提升，更好帮助患者；在医疗实践中，严格区分治疗行为与实验行为，恪守职业道德；正确评价自己的医疗能力，在个人技术有局限性时，应与同事商讨或寻求帮助，以求得到合理诊疗方案；在临床实践中应时刻关注可能威胁患者安全的危险因素，并积极向管理者提出危险预警和改进建议；在指导医学生临床诊疗活动中应避免给患者带来身心损害；慎重对待患者对于维持生命治疗的选择。尊重丧失能力患者在其丧失能力之前所表达的意愿，可通过生前遗嘱、替代同意等方式，最大限度地保护患者的权益；为患者保守秘密，避免在公共场合讨论或评论涉及患者隐私或有身份识别的信息；除信息公开可能对患者造成伤害而需要隐瞒信息的情况外，患者有权知道病历上与其相关的信息及健康状况，但病历上如涉及第三者的保密信息，医师则应征得第三者同意才可以告知患者；尊重患者的合理要求和选择，尊重其接受或拒绝任何医疗建议的权利；面对失去意识的急危患者，应寻求法定代理人的同意，在无法联系患者法定代理人时，医师可默认为患者同意，报经医疗机构管理者或授权负责人同意后施救。对自杀患者，也应挽救其生命；对行为能力受限的患者，应尽量让其在诊疗过程中参与决策；如果患者法定代理人或授权人禁止为患者提供必要的治疗时，医师有义务提出异议，如在危急时则以患者利益至上而从事医疗行为；发现患者涉嫌伤害事件或者非正常死亡时，应向有关部门报告，并应特别关注对未成年人、妇女和精神障碍者的人身保护；在宣告患者死亡时，要严格按照临床死亡标准和相关医疗程序施行。在患者死亡后，应当安慰家属，告知其善后事宜。

“医师与同行”部分有 4 条，包括：医师应彼此尊重，相互信任和支持；正确对待中医、西医各自的理论与实践；公正、客观评价同行医师的品格和能力，不包庇和袒护同行,积极参与医疗技术鉴定和出庭作证等法律程序;医师不应相互诋毁,更不得以不正当方法妨碍患者对其他同行的信赖;医师应与同行相互学习与交流,并将自己的技术和知识无私地传授给年轻或下级医师。

"医师与社会"部分也有 4 条,包括:给予急需医疗帮助的人提供适当的医疗帮助并负有专业责任;对社会负有解释科学知识的专业责任,医师应成为公众健康的倡导者、健康知识的传播者和公众健康危险的警示者;要意识到团体、社会和环境在患者个人健康方面的重要影响因素。要在公共健康、健康教育、环境保护、生态平衡、社会福利以及相关立法等方面发挥积极作用;应确保所参与的项目研究符合科学和伦理道德要求。

"医师与企业"部分也有 4 条,包括:不得因医药企业的资助而进行有悖科学和伦理的研究,不能为个人利益推销任何医疗产品或进行学术推广;对于医药企业资助的研究,医师应该在公布、展示研究成果或宣教时声明资助事实;医师不得参与或接受影响医疗公正性的宴请、礼品、旅游、学习、考察或其他休闲社交活动,对于企业的公益资助、临床研究或学术推广应按规定申报和说明;应当抵制医药企业假借各种名义向医师推介的处方药品搭售、附赠等促销活动。

第二节 医疗法与医学伦理

一、医学伦理的概念

与"医德"经常交替使用的是"医学伦理"。实际上,医学伦理是医德的一部分。换句话说,医学伦理均为医德。但医学伦理与其他医德相比,有自己独特的角色。当医疗行为与一般医德发生冲突时,评价医疗行为好坏、是非、对错、善恶的标准,就是医学伦理。因此,一般认为,医学伦理比较偏重于理论,而一般医德则偏重于实践。从这个意义上说,医学伦理是一门有关医学人性的学问,探讨的是在医学的知识、技术或者行为里,哪些是应该、可以的,哪些是不应该、不可以的;哪些是合适、适当的,哪些是不合适、不适当的。

二、医疗法对医学伦理的要求

医学伦理审查是我国一项新的医疗法律制度。《人体器官移植条例》第 15 条规定,医疗机构及其医务人员从事人体器官移植,"应当遵守伦理原则"。第 18 条要求医疗机构的人体器官移植技术临床应用与伦理委员会对"人体器官的配型和接受人的适应症是否符合伦理原则”等进行“审查”。《精神卫生法》第43条规定，医疗机构对精神障碍患者实施“导致人体器官丧失功能的外科手术”“与精神障碍治疗有关的实验性临床医疗”的，应当“经本医疗机构伦理委员会批准”。

三、医学伦理的基本原则

我国在20世纪末建立了医师资格考试制度，并将尊重原则、不伤害原则、有利原则和公正原则作为医学伦理的基本原则，纳入了医师资格考试大纲。

国家医师资格考试医学综合指导用书《医学人文概要》对医学伦理的基本原则进行了解读：

1. 尊重原则。尊重原则是指对患者的人格尊严及其自主性的尊重。患者的人格尊严是生下来即享有并应该得到肯定和保护的，并且具有主体性，而不能仅被当作工具或手段。患者的自主性是指患者对有关自己的医护问题，经过深思熟虑所作出的合乎理性的决定并据以采取的行动。像知情同意、知情选择、要求保守秘密和隐私等均是患者自主性的体现。

2. 不伤害原则。不伤害原则是指在诊疗、护理过程中不使患者的身心受到损伤。不伤害原则并不是要求医务人员绝对不能对患者有任何伤害，而强调医务人员不应当有故意伤害患者的行为，其重点是医务人员行为的动机，必须是出于善意的。一般来说，凡是在医疗、护理上必需的或者是属于适应症范围的，那么所实施的诊治、护理手段是符合不伤害原则的。相反，如果实施的诊治、护理手段对患者是无益、不必要的或者是禁忌的，而有意或无意地去勉强实施，从而使患者受到伤害，也就违背了不伤害原则。

3. 有利原则。有利原则，也称有益原则，有狭义和广义之分。狭义的有利原则是指医务人员履行对患者有利的德行，即医务人员的诊治、护理行为对患者确有助益，既能减轻痛苦同时又能促进健康；广义的有利原则不仅对患者有利，而且医务人员的行为有利于医学事业和医学科学的发展，有利于促进人群、人类的健康和福利。通常有利原则首先是指狭义的说法。有利原则比不伤害原则的内容广泛，层次也高。

4. 公正原则。公正原则包括报偿性公正、程序性公正和分配性公正，而分配性公正又包括公正的形式原则和公正的实质原则。公正的形式原则是指分配负担和收益时，相同的人同样对待，不同的人不同对待。在医疗实践中，公正的形式原则是指类似的个案以同样的准则处理，不同的个案以不同的准则处理，在我国仅限于基本的医疗和护理。公正的实质原则是指根据哪些方面来分配负担和收益，如人们提出公正分配时可根据需要、个人能力、对社会的贡献、在家庭中的角色地位等分配负担和收益。现阶段我国稀有卫生资源的分配，根据公正的实质原则。

需要指出的是，上述四项医学伦理基本原则在具体运用中，相互之间有可能发生冲突。因此，应当视具体情况进行权衡，以确定哪项原则更为重要，对病人更为有利。一般而言，尊重原则与不伤害原则是底线原则。

第二篇

医疗机构法

第五章　医疗机构概说

《医疗机构管理条例》对医疗机构没有下定义。医疗机构的最早定义出自《医疗机构管理条例实施细则》第 2 条,“是指依据条例和本细则的规定,经登记取得《医疗机构执业许可证》的机构”。这一定义得到了后制定的卫生法律、行政法规的肯定。例如,《传染病防治法》第 78 条,指按照《医疗机构管理条例》取得医疗机构执业许可证,从事疾病诊断、治疗活动的机构;《医疗事故处理条例》第 60 条,是指依照《医疗机构管理条例》的规定取得《医疗机构执业许可证》的机构;《母婴保健法实施办法》第 44 条,是指依照《医疗机构管理条例》取得卫生行政部门医疗机构执业许可的各级各类医疗机构等。这些规定虽然表述不一,但口径一致,即都以取得医疗机构执业许可证为准。

医疗机构是医务人员从事医疗活动的主要场所,也是病人接受医疗服务的主要场所,在医疗法中占有重要位置。

第一节　医疗机构法的历史发展

医疗机构法是医疗法律制度的重要组成部分。目前我国还没有全国人民代表大会及其常务委员会制定的有关医疗机构的专门法律。所以,我国现行的形式意义上的“医疗机构法”是《医疗机构管理条例》。但现有法律、法规和规章等规范性文件中有关医疗机构的法律规范,基本覆盖了医疗机构管理的各个方面。

一、起步发展阶段

我国早期医疗机构立法的特点是数量多、条款少、内容简洁,以行政法规为主。这些立法对推动医疗机构快速发展,促进医疗服务稳步增长,曾起到了非常重要的作用。1951 年 3 月,政务院(现在的国务院,下同)就出台了《医院诊所管理暂行条例》,对医院(包括普通医院、疗养院及各种专科医院)和诊所(包括门诊部、门诊所、普通诊所、专科诊所及助产所)的开业、业务和处罚等进行了规定。根据条例规定,医院诊所分为公立、公私合营和私立三个类别。同年卫生部制定的《医院诊所管理暂行条例施行细则》明确,各级人民政府及其所属机构团体设立的医院诊所为公立医院诊所;其他教会、团体、私人经营者设立的医院诊所为私立医院诊所。对于私立医院诊所,《医院诊所管理暂行条例》除规定须向当地市、县人民政府领取开业执照外,在其他方面的要求与公立医院诊所是完全一致的。《医院诊所管理暂行条例施行细则》在总共5章28条中,对医疗业务作了细致规定,占了15条,其中包括:医院诊所遇有紧急病患之病人时,应即时负责急救,救护终了,再办理收费及其他手续(第11条);医院诊所无正当理由不得拒绝诊疗。对诊疗之病人,应积极负责处理。倘限于设备或技术不能处理之病人,应告其家属或关系人另行延医诊治,不得故意欺瞒或敷衍(第14条);医院诊所非由医师或牙医师亲自负责诊查,不得施行治疗、开方、出具疾病诊断书、健康证明书或死亡诊断书。非由医师或助产士亲自接产,不得出具出生报告书或死产报告书(第16条);医院诊所对病人需要施行大手术,或在病情危笃,须施行特殊应急治疗时,须取得病人及关系人同意签字后,始得施行;对不能自立之未成年病人,或病人已失知觉,且无关系人时,可不取得同意,但医院诊所负责人及负责施行手术医师,应据情共同签字鉴证之(第17条)等。

在《医院诊所管理暂行条例》制定之前,国家还先行出台了两项重大政策。1950年12月,卫生部经政务院批准印发了《关于医院诊所免征工商业税的规定的通知》,明确公立医院诊所和符合条件的私立医院诊所"免纳工商业税"。私立医院诊所"免纳工商业税"需要具备的条件是:(1)接受一定之战勤、防疫、保健等任务,及负担一部分免费病床,免费门诊者;(2)确实按卫生行政机关规定之标准收费者;(3)不对非就诊之病人售药者。该通知还明确,公立医院诊所的范围是政府机关、公营企业及工、青、妇、学联、红十字会等人民团体设立的医院诊所,其他概为私立医院诊所。1951年2月,卫生部经政务院批准印发了《关于公私立医院诊所一律不进行工商业登记的通知》。该通知指出,公私立医院诊所不能作为纯营利事业,无论是否纳工商业税,一律不进行工商业登记。

1951年11月,卫生部发布了《中医医院诊所管理暂行条例》及其实施细则。"因对中医开业的地区与设备限制过严,规定取得开业执照的手续异常繁复,为多数中医所不能办到,起了限制和排斥中医的作用",1956年12月卫生部又予以废止。

为加快医疗机构发展,经政务院批准,卫生部陆续发布了一系列医疗机构的通则或者简则，明确相应的组织、任务和编制。1952 年 8 月，卫生部发布了《县卫生院暂行组织通则》和《县属区卫生所暂行组织通则》。根据规定，县卫生院隶属于县人民政府，担任全县卫生、防疫、医疗预防及初级卫生人员训练工作，监督与领导所属区卫生所及其他卫生机构的业务。根据各县人口多寡、交通条件、经济情况、卫生状况与卫生设施基础，将县卫生院编制分为四等。原则上，普通病床应占总病床数二分之一，传染病床及产科病床应各占总病床数四分之一。县卫生院院长得出席县人民政府行政会议及列席县人民政府委员会议。由全院工作人员选出代表组织院务委员会，经县人民政府批准，民主管理全院工作。在必要时，院务委员会议须邀请病员代表参加。县属区卫生所隶属于区人民政府，担负全区卫生、防疫及简易医疗工作。县属区卫生所设医师、中医师、医士、助产士、护士、环境卫生员、妇幼保健员等三至九名。根据需要，经县人民政府报请省人民政府批准，适当增加编制。县属区卫生所工作人员之任免升迁，由县人民政府决定。1955 年 2 月，卫生部又发布《儿童医院组织试行简则》，规定儿童医院是对 14 足岁以下的儿童进行医疗预防的机构。分多科性的儿童医院和专科性的儿童医院两种。同年 3 月，卫生部再发布《妇幼保健院组织试行简则》《产院组织试行简则》《妇儿保健所组织试行简则》《儿童保健所组织试行简则》《妇幼保健所组织试行简则》《妇幼保健站组织试行简则》《妇幼卫生工作队组织试行简则》等。

20 世纪 60 年代初，医疗机构发展面临新的机遇。为鼓励和规范集体办与个体办医疗机构，1962 年卫生部印发《农村联合医疗机构和开业医生暂行管理办法》。将个体开业医生定位为独立脑力劳动者，是全民所有制和集体所有制卫生事业的补充和助手。可以允许开业的人员包括：1958 年以后参加国家或集体举办的医疗机构工作的开业医生，现在要求退职开业，经本单位同意者；原在国家办或集体办的医疗机构工作，现已退职、退休的中西医；中医学徒学习期满经过技术考核合格者。根据规定，半农半医和能治某种疾病有一技之长的人员，应该允许他们给群众看病，并允许他们取得合理的报酬。但是不必让他们脱产行医，一般也不发给开业执照。医生集体举办的医疗机构和开业医生，结合医疗任务，均有担负一定的卫生防疫、妇幼保健、卫生宣传等义务。在抽调他们脱产参加季节性传染病的防治、预防注射、医疗抢救等工作而影响收入时，应酌情给予适当报酬，所需费用由交给任务的部门支付。医生集体举办的医疗机构，可以附设药柜，为就诊病人配方，当地没有药铺的，也可以对外配方。开业医生一般可不附设药柜，他们的处方，当地医药机构应予配方。在没有药铺或医疗机构的地区的，则可允许他们带药箱，主要是配备一些急救药品、成药和自采自用的中、草药。

1963 年卫生部对《农村联合医疗机构和开业医生暂行管理办法》的部分内容进行了修改和完善,印发了新的《农村医生集体办的医疗机构和开业医生暂行管理办法》。将可允许开业的人员调整为:未参加国家和集体办的医疗机构的中医和西医,或因当地群众居住分散,目前不能组织集体办的医疗机构,因而要求开业者;原在国家或集体办的医疗机构工作,现已退职退休的中医和西医;中医学徒学习满五年以上,能够独立应诊,经过技术考核合格,国家和集体医疗机构不能安排工作需要自谋职业者。对半农半医的人员,要求进行登记审查。对确有一技之长、能治某种疾病的人员,仍维持不让他们脱产行医,也不发给开业执照。根据规定,开业医生应在指定的地点,设有固定的执业地址,除了进行正当的巡回医疗外,不得到处流动行医。

二、恢复发展阶段

改革开放后,百业待兴。为适应医疗机构发展的新形势,医疗机构立法将重点放在了医疗机构的组织建设、制度建设和人员队伍建设上,为医疗事业的发展夯实基础。这一阶段的医疗机构立法形式单一,基本上都是部门规章;内容也比较局限,侧重在卫生部的职责内。但这些立法基本确立了医疗机构在医疗服务中的中心地位,确保了医疗机构的巩固和发展。

1978 年 12 月,经国务院批准,卫生部发布《综合医院组织编制原则(试行草案)》,同时废止了 1956 年国务院编制委员会和卫生部联合发布的《医院、门诊部组织编制原则(草案)》。新编制将医院业务技术人员的比例由过去的 60% -70% 提高到 70% -72%;综合医院增加了 5% -7% 的科研教学编制,医学院校附属医院和教学医院另增加了 12% -15% 的科研教学编制;另外,还配备了 10% 的执行下基层、支边、援外医疗等院外任务需要的人员编制。1986 年 4 月,卫生部、劳动人事部联合发布《全国中医医院组织机构及人员编制标准(试行)》。制定该标准的目的是“要把中医和西医摆在同等重要的地位”。中医医院人员编制按病床与工作人员 1∶1.3 -1∶1.7 计算。在人员编制上,卫生技术人员占总编的 70% -72%;在医药人员中,中医、药人员要逐步达到 70% 以上。这两个编制规定对医疗机构的发展影响深远。

1979 年 12 月,卫生部发布《全国城市街道卫生院工作条例(试行草案)》,对街道卫生院的性质和任务、领导体制、规章制度、后勤财务、工资福利、政治工作等进行了规范。街道卫生院分全民和集体两种所有制，是城市医疗预防网的基层医疗卫生机构。负责指导本街道范围内居委会群防站及有医疗挂钩关系的厂、校、机关、企事业单位的卫生工作等。根据规定，街道卫生院必须在区医院、卫生防疫站、妇幼保健站的业务指导下进行工作，国家对街道卫生院的补助可以略低于国家对农村卫生院的补助办法执行。

为了发挥散在社会上的医生的技术作用，方便群众看病，继续执行允许个体开业行医的政策，1980 年 8 月，经国务院批准，卫生部印发《关于允许个体开业行医问题的请示报告》。允许三种人员申请个体开业：一是过去领有开业执照，现无工作，仍能继续行医者；二是由于各种原因，目前未在国家或者集体医疗机构工作的中医（包括民族医）、西医、助产士和牙科技工；三是一部分原在国家或者集体医疗机构工作现已退休的医生、助产士和牙科技工。但有三种情况的人员不能申请个体开业：一是现在国家或者集体办的医疗机构工作的医务人员；二是国家培养的医务人员不服从分配者；三是农村生产大队的赤脚医生。为了进一步明确个体开业行医政策，强化审批程序和条件，规范其诊疗行为，1988 年 11 月，卫生部、国家中医药管理局联合发布《医师、中医师个体开业暂行管理办法》。该办法对医师、中医师个体开业的性质、开业资格、执业管理和奖惩等作出了规定。根据规定，不得申请开业的人员包括：精神病患者；被撤销医师、中医师资格者；全民所有制和集体所有制卫生机构的在职人员等。个体开业医师、中医师必须获得开业执照方得开业，并应当严格按照批准的地点、诊疗科目及业务范围执业。1989 年 5 月，国家中医药管理局又印发了《中医人员个体开业管理补充规定》。

1982 年 1 月，卫生部发布《全国医院工作条例》。该条例是在 1978 年 7 月卫生部《全国医院工作条例（试行草案）》基础上修订完善的。内容包括总则、领导体制、医疗预防、教学科研、技术管理、经济管理和总务工作、政治思想工作等。其适用范围为地市以上综合医院，其他医院可以参照执行。根据规定，医院必须以医疗工作为中心，在提高医疗质量的基础上，保证教学和科研任务的完成，同时做好扩大预防、指导基层和计划生育的技术工作。除国家统一规定的节假日外，任何医院未经卫生行政部门批准不得停诊。同年 5 月，卫生部又发布《全国中医医院工作条例（试行）》，分总则、组织体制、医疗工作、教学科研、管理工作、思想政治工作等 6 章 27 条。该条例规定，中医医院的技术队伍由中医、中药和其他卫生技术人员组成，中医中药人员应占医药人员的多数。中医医院的医疗工作必须以四诊八纲，理、法、方、药，辨证论治为指导，并积极采用现代科学技术，不断提高诊治水平。

为了加强对医院的科学管理，建立正常工作秩序，改善服务态度，提供医疗护理质量，防止医疗差错事故，以及为了加强各级工作人员的责任心，实行岗位责任制，做好医院工作，1982 年 4 月，卫生部在 1958 年的《综合医院工作制度》《综合医院工作人员职责》基础上，重新修订发布《医院工作制度》《医院工作人员职责》。《医院工作制度》涉及医院 64 项制度，《医院工作人员职责》涉及医院各级工作人员 97 个岗位职责。1986 年 1 月，卫生部又发布《中医医院工作制度(试行)》《中医医院工作人员职责(试行)》。《中医医院工作制度(试行)》涉及中医医院 63 项制度，《中医医院工作人员职责(试行)》涉及中医医院各级工作人员 94 个岗位职责。1992 年 3 月，卫生部发布《医院工作制度的补充规定(试行)》，增加了质量管理制度、社会监督制度、医德教育和医德考核制度、岗前教育制度、逐级技术指导制度和医院感染管理制度等。

为改善与加强医疗卫生工作的宏观管理，调整与健全三级医疗预防体系，充分合理地利用卫生资源，提高医院科学管理水平和医疗卫生服务质量，更好地为保障人民健康服务，1989 年 11 月，卫生部发布《医院分级管理办法(试行)》，建立医院分级制度。一级医院是直接向一定人口的社区提供预防、医疗、保健、康复服务的基层医院、卫生院；二级医院是向多个社区提供综合医疗卫生服务和承担一定教学、科研任务的地区性医院；三级医院是向几个地区提供高水平专科性医疗卫生服务和执行高等教学、科研任务的区域性以上的医院。各级医院经过评审，按照《医院分级管理标准》确定为甲、乙、丙三等，三级医院增设特等，共三级十等。根据规定，三级特等医院由卫生部审批；二、三级甲、乙、丙等医院由省级卫生行政部门审批；一级甲、乙、丙等医院由设区的市级卫生行政部门审批。

1989 年 1 月，国家中医药管理局发布《中医医疗机构管理办法(试行)》，统一了中医医疗机构必须具备的条件、申请开业需要提交的材料以及审批职权等规定。该办法适用于国家、集体、个体开办的中医医疗机构，包括中医医院、中医门诊部、中医诊所、中医诊室等。

三、完善发展阶段

1994 年国务院颁布的《医疗机构管理条例》是医疗机构立法从单一到综合、从分散到集中的标志，也是医疗机构立法从产生到发展再进而走向完善的基石。

《医疗机构管理条例》是在 1951 年的《医院诊所管理暂行条例》的基础上制定的。新条例的出台为从根本上解决我国医疗机构布局不合理、多头审批、基本条件千差万别、无法按科学的方法进行标准化管理等问题提供了依据，为促进多层次、多形式和多渠道办医铺平了道路。《医疗机构管理条例》根据新的形势，对医疗机构的管理方式和业务要求作了比较大的调整、充实和完善，尤其在医疗机构的宏观规划、设置审批、基本标准、登记注册、监督管理等方面建立了一系列新的法律制度。如将医疗机构的准入分为设置审批和执业登记两个阶段，对医疗机构的业务管理实行经常性的检查指导和定期的综合性评价两种制度，并不论医疗机构的性质，采取一视同仁的态度。新条例分总则、规划布局和设置审批、登记、执业、监督管理、罚则和附则，共7章55条。

为贯彻实施《医疗机构管理条例》，卫生部单独或者会同有关部门先后制定了一系列部门规章或者规范性文件。例如，1994年卫生部发布《医疗机构管理条例实施细则》《医疗机构监督管理行政处罚程序》《医疗机构设置规划指导原则》《医疗机构基本标准（试行）》《医疗机构诊疗科目名录》《医疗机构评审委员会章程》等。1995年卫生部印发《医疗机构评审办法》。2002年卫生部发布《医疗美容服务管理办法》。2006年卫生部、国家中医药管理局印发《城市社区卫生服务机构管理办法（试行）》，卫生部印发《妇幼保健机构管理办法》。2009年卫生部印发《医疗机构校验管理办法（试行）》。2011年卫生部、国家发展改革委、财政部、人力资源和社会保障部、农业部印发《乡镇卫生院管理办法（试行）》，卫生部印发《医院评审暂行办法》。

虽然《医疗机构管理条例》自发布以来，对其条文本身并未直接进行过修改，但实际上根据变化了的新情况，在制（修）订其他方面的卫生法律、行政法规中，已经有意识地对其所欠缺的内容进行了补充，对其不足部分进行了完善。

为了促进医疗机构之间公平、有序地竞争，2000年卫生部、国家中医药管理局、财政部和国家计委联合印发《关于城镇医疗机构分类管理的实施意见》，对医疗机构按非营利性和营利性不同性质进行分类管理。该意见要求，医疗机构按《医疗机构管理条例》进行设置审批、登记注册和校验时，需要书面向卫生行政部门申明其性质，由接受其登记注册的卫生行政部门会同有关部门根据医疗机构投资来源、经营性质等有关分类界定的规定予以核定，在执业登记中注明“非营利性”或“营利性”。取得《医疗机构执业许可证》的营利性医疗机构，按有关法律法规还需要到工商行政管理、税务等有关部门办理相关登记手续。2012年，为了进一步鼓励和引导社会资本举办医疗机构，卫生部下发《关于社会资本举办医疗机构经营性质的通知》，再次强调社会资本可以按照经营目的，自主申办营利性或非营利性医疗机构。同时,废止了《关于城镇医疗机构分类管理的实施意见》中"城镇个体诊所、股份制、股份制合作制和中外合资合作医疗机构一般定性为营利性医疗机构"的规定。

为适应改革开放的需要,2000年卫生部、对外贸易经济合作部联合发布《中外合资、合作医疗机构管理暂行办法》,对中外合资、合作医疗机构的设置条件、设置审批与登记、变更和延期及终止、执业、监督等进行了规定。2007年和2008年,卫生部、商务部又联合发布了《〈中外合资、合作医疗机构管理暂行办法〉的补充规定》《〈中外合资、合作医疗机构管理暂行办法〉的补充规定二》。

2010年,为落实《〈内地与香港关于建立更紧密经贸关系的安排〉补充协议七》、《〈内地与澳门关于建立更紧密经贸关系的安排〉补充协议七》以及《海峡两岸经济合作框架协议》,卫生部、商务部联合制定了《香港和澳门服务提供者在内地设立独资医院管理暂行办法》和《台湾服务提供者在大陆设立独资医院管理暂行办法》等。

第二节 医疗机构的分类

我国医疗机构是由一系列开展疾病诊断、治疗活动的卫生机构构成的。医院、社区卫生服务中心(站)、卫生院、村卫生室、诊所等是我国医疗机构的主要组织形态。此外,还有门诊部、急救站、疗养院等,共同构成了我国的医疗机构体系。

一、按机构类别分

1994年9月1日开始实施的《医疗机构管理条例实施细则》,将医疗机构分为十二个类别,包括:综合医院、中医医院、中西医结合医院、民族医医院、专科医院、康复医院;妇幼保健院;中心卫生院、乡(镇)卫生院、街道卫生院;疗养院;综合门诊部、专科门诊部、中医门诊部、中西医结合门诊部、民族医门诊部;诊所、中医诊所、民族医诊所、卫生所、医务室、卫生保健所、卫生站;村卫生室(所);急救中心、急救站;临床检验中心;专科疾病防治院、专科疾病防治所、专科疾病防治站;护理院、护理站和其他诊疗机构。

2006年,为推动社区卫生发展,卫生部印发《关于修订〈医疗机构管理条例实施细则〉第三条有关内容的通知》,对医疗机构类别进行了调整,增加了社区卫生服务机构类别,包括社区卫生服务中心、社区卫生服务站。

为了保障盲人医疗按摩人员的合法权益，规范盲人医疗按摩活动，2009 年卫生部、人力资源和社会保障部、国家中医药管理局、中国残疾人联合会印发《盲人医疗按摩管理办法》，又增加了盲人医疗按摩所。

2017 年，国家卫生计生委作出《关于修改〈医疗机构管理条例实施细则〉的决定》，其中对医疗机构类别再次进行了调整，在妇幼保健院类别增加妇幼保健计划生育服务中心，并新增加一个类别，包括：医学检验实验室、病理诊断中心、医学影像诊断中心、血液透析中心、安宁疗护中心。

二、按所有制形式分

根据《医疗机构管理条例》的规定，所有制形式是医疗机构执业登记的主要事项之一。所谓所有制形式简单来说就是生产资料归谁所有的问题。也就是医疗机构到底是公有还是私有的问题。从医疗机构所有者的组成关系划分，医疗机构可以分为公有制医疗机构、私有制医疗机构和混合所有制医疗机构。

公有制医疗机构，包括全民所有制医疗机构和集体所有制医疗机构。全民所有制医疗机构也称国有医疗机构。私有制医疗机构，包括公有制医疗机构以外的医疗机构。如个人资本、境外资本以及民营企业等举办的医疗机构。混合所有制医疗机构是指由多种所有制组合所产生的医疗机构。如全民所有制与集体所有制之间、公有制与私有制之间等混合所产生的医疗机构。

三、按举办主体分

我国法律鼓励多种形式兴办医疗机构。按医疗机构所有者的身份，大致可以将医疗机构分为公立医疗机构和私立医疗机构。公立医疗机构，是指全民所有制医疗机构和集体所有制医疗机构。公立医疗机构主要是指中央和地方各级国家机关举办的医疗机构，也包括企业事业单位、社会团体和其他社会组织使用国有资产或者集体资产所举办的医疗机构，还包括村集体办的村卫生室等。

与公立医疗机构相对应的是私立医疗机构，现在通常称为非公立医疗机构，也称民营医疗机构或者社会力量举办的医疗机构。包括个体诊所、股份制、股份合作制和中外合资合作医疗机构等。

四、按经营目的分

2000 年 2 月，国务院体改办等八部门联合印发《关于城镇医药卫生体制改革的指导意见》,提出“将医疗机构分为非营利性和营利性两类进行管理”。同年7月,卫生部、国家中医药管理局、财政部和国家计委《关于城镇医疗机构分类管理的实施意见》对非营利性医疗机构和营利性医疗机构进行了界定。非营利性医疗机构,是指为社会公众利益服务而设立和运营的医疗机构,不以营利为目的,其收入用于弥补医疗服务成本,实际运营中的收支结余只能用于自身的发展,如改善医疗条件、引进技术、开展新的医疗服务项目等。营利性医疗机构,是指医疗服务所得收益可用于投资者经济回报的医疗机构。

根据规定,非营利性医疗机构执行政府规定的医疗服务指导价格,享受相应的税收优惠政策。非营利性医疗机构分政府举办的非营利性医疗机构和非政府举办的非营利性医疗机构。政府举办的非营利性医疗机构,享受同级政府给予的财政补助;非政府举办的其他非营利性医疗机构,不享受政府财政补助。非营利性医疗机构在我国医疗服务体系中应当占主体和主导地位。

2010年11月,经国务院同意,国务院办公厅转发的发展改革委等五部门《关于进一步鼓励和引导社会资本举办医疗机构的意见》明确,营利性医疗机构按国家规定缴纳企业所得税,提供的医疗服务实行自主定价,免征营业税。营利性医疗机构除应当取得《医疗机构执业许可证》外,还需要到工商行政管理、税务等有关部门办理相关登记手续。根据规定,政府不举办营利性医疗机构。

2000年12月,民政部、卫生部印发《关于城镇非营利性医疗机构进行民办非企业单位登记有关问题的通知》,要求下列非营利性医疗机构在取得《医疗机构执业许可证》后,依法到民政部门进行民办非企业单位登记:社会捐资兴办的非营利性医疗机构;社会团体和其他社会组织举办的非营利性医疗机构;企事业单位设立的对社会开放的,且其总资产中的非国有资产份额占三分之二以上的非营利性医疗机构;国有或集体资产与医疗机构职工集资合办的,且其总资产中的非国有资产份额占三分之二以上的非营利性医疗机构;自然人举办的合伙或个体非营利性医疗机构。

五、按体系层次分

我国医疗服务体系分为两个层次,即医院体系和基层医疗机构体系。医院体系由县级以上各级各类医疗机构构成,包括以医院命名的医疗机构和其他虽不以医院命名但具有医院特征的医疗机构。2010年财政部《医院会计制度》规定,该制度适用的医院包括综合医院、中医院、专科医院、门诊部(所)、养老院等。从广义上说，医院体系还应当包括专科疾病防治院、妇幼保健院等。

基层医疗机构，也称基层医疗卫生机构，主要是指农村乡镇和城市街道以下的医疗机构。2013 年国家卫生计生委《基层医疗机构医院感染管理基本要求》规定，该要求适用于社区卫生服务中心（站）、诊所、乡镇卫生院、村卫生室等基层医疗机构。

六、按功能任务分

1989 年卫生部印发《医院分级管理办法（试行）》，对医院实行分级管理制度。医院共分三级。在一级医院和二级医院中，分甲、乙、丙三等；在三级医院中，除分甲、乙、丙三等外，再设特等。分级和分等，通过评审确定。根据规定，一级医院是指直接向一定人口的社区提供预防、医疗、保健、康复服务的基层医院、卫生院；二级医院是指向多个社区提供综合医疗卫生服务和承担一定教学、科研任务的地区性医院；三级医院是指向几个地区提供高水平专科性医疗卫生服务和执行高等教学、科研任务的区域性以上的医院。

1995 年卫生部根据《医疗机构管理条例》制定了《医疗机构评审办法》，要求各级各类医疗机构都应当参加医疗机构评审。其中，将一级医院、卫生院、县级专科疾病防治机构、门诊部、诊所、村卫生室（所）、卫生所（室）、医务室、卫生保健所、护理站、卫生站等纳入了县级医疗机构评审范围。

第三节　血　　站

根据我国医疗机构的分类，血站不属于医疗机构。但血站是因医疗机构而成立的，其使命是为医疗机构服务。所以，血站与医疗机构的关系十分密切。医疗机构临床所使用的血液，原则上都必须由血站提供。因此，血站所提供的血液质量直接关系到医疗安全。

一、血站的概念

《献血法》第 8 条规定："血站是采集、提供临床用血的机构，是不以营利为目的的公益性组织。"这一规定表明，血站的职责是采集、提供临床用血，血站的宗旨是不以营利为日的，血站的性质是公益性组织。

血站是采集、提供临床用血的机构的统称。根据卫生部《血站管理办法》，血站分一般血站和特殊血站。一般血站包括血液中心、中心血站和中心血库。特殊血站包括脐带血造血干细胞库和卫生部根据医学发展需要批准、设置的其他类型血库。但无特殊说明时,所称血站是指一般血站。

二、血站的采血供血要求

血站从献血者身上采血,再提供给医疗机构用于病人身上,所体现的重要医疗目标是满足临床用血需要。在这里,献血者行使的是献血权,用血者享受的是用血权。但是,就献血者的献血权和用血者的用血权的法律性质而言,无论是献血权还是用血权都不是独立于健康权或者与健康权毫不相干的一种特殊权利,而是包含于健康权之中的一种权利,或者说是健康权的一部分。所以,《献血法》要求保障献血者和用血者的身体健康。安全原则在采血供血中至关重要。因为没有安全,献血者的健康没有保证,就不会愿意献血,那样的话,用血者所需要的临床用血没有落实,健康也就得不到保障。《献血法》为在采血供血上保证安全制定了多项政策措施。

1. 血站只能从无偿献血者身上采血。我国实行无偿献血制度。所以,献血者必须是无偿献血者。我国曾实行过个体输血和义务献血。个体输血和义务献血都不同程度地存在有偿现象。前者是公民通过向血站提供自身血液而获取一定报酬,后者是单位为完成献血任务而给献血者包括现金在内的一定奖励。无偿献血是公民自愿、无报酬向血站提供自身血液的行为。无偿献血排除了金钱利益的诱惑,不仅使献血动机变得单纯了,更重要的是血液质量有了可靠保证的前提。

2. 血站必须对献血者免费进行必要的健康检查。尽管无偿献血制度调动了公民献血的积极性,但并不是每一个人的健康状况都适合献血的。《献血法》规定,身体状况不符合献血条件的,血站应当向其说明情况,不得采集血液。献血者的身体健康条件由国务院卫生行政部门制定。卫生部、国家标准化管理委员会发布的《献血者健康检查要求(GB 18467 - 2011)》对献血者知情同意、健康征询、一般检查、献血前后血液检测以及献血量及献血间隔等内容作了详细规定。

3. 血站应当从适龄的献血者身上采血。无偿献血是公民的权利,尤其是对身体状况符合献血条件的公民来说还关系到荣誉。所以,《献血法》规定,国家提倡18周岁至55周岁的健康公民自愿献血。这一规定表明,无偿献血的动员对象应当是18周岁至55周岁年龄段的公民。对于年龄超过55周岁的公民,不再作为动员对象,但这并不意味着法律限制55周岁以上的公民献血。20世纪70年代,我国曾规定，男20至50岁，女20至45岁，身体健康者，都有献血义务。为保护献血者的积极性，《献血者健康检查要求（GB 18467－2011）》规定，自2012年7月1日起，既往无献血反应、符合健康检查要求的多次献血者主动要求再次献血的，年龄可延长至60周岁。

4. 血站不得对献血者超量、频繁采集血液。《献血法》对血站每次采集献血者血液量作出明确规定，一般为200毫升，最多不得超过400毫升，两次采集间隔期间不少于6个月。这一规定参照了我国过去的实际情况，也参考了国际经验。早在20世纪70年代我国就规定，一次献血量为200毫升，最多不超过400毫升。两次献血间隔时间不短于4个月。一般情况下，每天可有40毫升血液中的红细胞衰老和死亡，同时又有相应数量的红细胞得到新生。红细胞的平均寿命为120天。因此，两次献血间隔期在3个月以上就可以了。为满足临床的特殊需要，《献血者健康检查要求（GB 18467－2011）》规定，单采血小板献血间隔从以往的不少于4周改为不少于2周，不大于24次/年。因特殊配型需要，由医生批准，最短间隔时间不少于1周。

5. 血站必须严格按照要求采集血液。献血者无偿献血是为社会献爱心，所以，首先必须保证其自身健康不受外来因素的伤害。《献血法》规定，采血必须由具有采血资格的医务人员进行，而且必须严格遵守有关操作规程和制度。采血是采血器材与人体发生直接接触的过程，为彻底避免采血器材污染，根据法律要求，采血必须使用一次性采血器材，换句话说，不得使用可重复使用的采血器材，而且一次性采血器材一次性使用后必须销毁。

6. 血站对采集的血液必须进行检测。血站采集的血液是用来治病救人的，所以，血液质量对用血者来说意义重大。《献血法》规定，未经检测或者检测不合格的血液，血站不得向医疗机构提供。2015年国家卫生计生委印发《关于做好血站核酸检测工作的通知》，要求血站全面开展核酸检测，缩短病毒检测"窗口期"，以进一步提高我国临床用血安全水平，降低经输血传播疾病的风险。核酸检测将艾滋病病毒的检测窗口期缩短至11天，并且核酸检测这项技术目前可将乙肝、丙肝病毒的检测"窗口期"分别由原来的50天、72天缩短到25天、59天。

7. 血站应当将采集的血液全部用于临床。血站采集的血液是献血者无偿提供的，所以，不能作为商品进行买卖，既包括不能将无偿献血的血液出售给医疗机构，也包括不能将无偿献血的血液出售给单采血浆站或者血液制品生产单位。《献血法》规定，血站出售无偿献血的血液的，由县级以上地方卫生行政部门予以取缔，没收违法所得,可以并处十万元以下的罚款;构成犯罪的,依法追究刑事责任。

三、血站的设置

由于血站的特殊性,血站的设置并不开放。换句话说,并不是任何单位和个人都可以申请举办血站。根据规定,血液中心、中心血站和中心血库只有地方人民政府可以设立。

1. 血站的设置条件。《献血法》规定,血站的设立条件由国务院卫生行政部门制定。这里的设立条件既指血站作为一个机构应当具备的标准,也指血站作为体系的一部分应当符合的要求。卫生部《血站管理办法》对血站的总体布局作出了明确规定。血液中心应当设置在直辖市、省会市和自治区首府市;中心血站应当设置在设区的市,但直辖市、省会市和自治区首府市已经设置血液中心的,不再设置中心血站。而中心血库应当设置在中心血站服务覆盖不到的县级综合医院内。

2. 血站的审批。《献血法》规定,设立血站必须经国务院卫生行政部门或者省、自治区、直辖市人民政府卫生行政部门批准。卫生部《血站管理办法》规定,血站由省、自治区、直辖市人民政府卫生行政部门批准,并发给《血站执业许可证》,同时报卫生部备案。

四、各级血站的职责

(一)血液中心

由省、自治区、直辖市人民政府设置的血站为血液中心。血液中心集血液采集、制备、供应、科研与教学为一体,代表了所在省、自治区、直辖市最高的综合质量评价技术能力。

其主要职责是:按照省级卫生行政部门的要求,在规定范围内开展无偿献血者的招募、血液的采集与制备、临床用血供应以及医疗用血的业务指导等工作;承担所在省、自治区、直辖市血站的质量控制与评价;承担所在省、自治区、直辖市血站的业务培训与技术指导;承担所在省、自治区、直辖市血液的集中化检测任务;开展血液相关的科研工作;承担卫生行政部门交办的任务。

(二)中心血站

由设区的市人民政府设置的血站为中心血站。其主要职责是:按照省级卫生行政部门的要求,在规定范围内开展无偿献血者的招募、血液的采集与制备、临床用血供应以及医疗用血的业务指导等工作;承担供血区域范围内血液储存的质量控制；对所在行政区域内的中心血库进行质量控制；承担卫生行政部门交办的任务。

（三）中心血库

由县级人民政府设置的血站为中心血库。法律不要求每一个县都要设置中心血库。根据规定，中心血站服务覆盖不到的县可以设置中心血库，且应当设置在县级综合医院内。其主要职责是，按照省级人民政府卫生行政部门的要求，在规定范围内开展无偿献血者的招募、血液的采集与制备、临床用血供应以及医疗用血业务指导等工作。

五、关于脐带血造血干细胞库

脐带血是血液的一种。所谓脐带血，是指与孕妇和新生儿血容量和血循环无关的，由新生儿脐带扎断后的远端所采集的胎盘血。其储存、使用涉及生命安全、生物安全等诸多方面。为确保脐带血造血干细胞应用的安全性和有效性，卫生部曾于1999年制定了《脐带血造血干细胞库管理办法（试行）》，将脐带血造血干细胞库定位为特殊血站，并明确任何单位和个人不得以营利为目的进行脐带血采供活动。2005年卫生部发布新的《血站管理办法》，明确包括脐带血造血干细胞库和卫生部根据医学需要批准、设置的其他类型血库为特殊血站，并再次重申，国家不批准设置以营利为目的的脐带血造血干细胞库等特殊血站。

脐带血造血干细胞库，是指以人体造血干细胞移植为目的，具有采集、处理、保存和提供造血干细胞的能力，并具有相当研究实力的特殊血站。根据规定，脐带血造血干细胞库等特殊血站采集脐带血等特殊血液成分，必须符合医学伦理的有关要求，遵循自愿和知情同意的原则，并与捐献者签署知情同意书。脐带血造血干细胞库等特殊血站只能向有造血干细胞移植经验和基础，并装备有造血干细胞移植所需的无菌病房和其他必需设施的医疗机构提供脐带血造血干细胞。出于人道主义、救死扶伤的目的，必须向境外医疗机构提供脐带血造血干细胞等特殊血液成分的，应当严格按照国家有关人类遗传资源管理规定办理手续。脐带血等特殊血液成分必须用于临床。

第六章　医疗机构的设立

第一节　医疗机构设立概说

一、医疗机构设立的概念

医疗机构设立，是指为成立医疗机构，使其取得医疗机构执业资格，依照法定条件和程序所进行的一系列筹建行为的总称。根据这一定义，医疗机构设立具有以下特征：

首先，医疗机构设立是医疗机构成立前的法律行为。医疗机构设立只有符合法定条件和程序才能产生预期的法律效力，也就是既需要行为能力适格、意思表示真实等实质要件，也需要具备行为方式得当、申请事项合法等形式要件。否则，相应的设立行为即属无效。

其次，医疗机构设立的目标是取得医疗机构执业资格。医疗机构设立的目的是成立医疗机构，而成立医疗机构的标志是取得《医疗机构执业许可证》。医疗机构只有取得了《医疗机构执业许可证》，才具有开展医疗活动的法律地位，也就是拥有了开展医疗活动的权利能力和行为能力。

二、医疗机构设立的性质

医疗机构设立不同于医疗机构成立。医疗机构设立是医疗机构成立的必经程序，而医疗机构成立则是医疗机构设立的法律后果。两者意义明显不同。

医疗机构在设立阶段，并不具有医疗机构的主体资格，也就是并不享受法律规定的医疗机构的权利或者承担有关的义务。医疗机构一旦办理了执业登记手续，即取得了法律上的人格地位，便可以自己的名义开展医疗活动，并承担相应的法律责任。

三、医疗机构设立的原则

医疗机构设立原则是指与医疗机构设立有关的当事人在医疗机构设立过程中必须遵循的基本原则。医疗机构设立原则作为规范医疗机构设立行为的准则，对促进医疗机构在数量、质量以及规模方面的健康发展具有重要的指导意义。

（一）总量控制原则

医疗机构作为医疗服务体系的主要组成部分，是市场发挥医疗资源配置决定性作用的重要方面，也是国家对医疗资源进行宏观调控的重要领域。由于医疗资源总量的有限性，以及医疗服务的公平性，加上医疗机构大部分运行成本最终需要财政负担或者医疗保险基金埋单，客观上要求政府“量入为出”，加强对医疗机构数量、规模以及区域布局的调控力度，以避免医疗机构的无序发展，防止医疗机构体系结构性失衡，确保医疗服务领域既有市场活力又有市场效率。

根据《医疗机构管理条例》的规定，我国对医疗机构实行总量控制的主要措施是，由县级以上地方人民政府卫生行政部门根据本行政区域内的人口、医疗资源、医疗需求和现有医疗机构的分布情况，制定本行政区域医疗机构设置规划；再由县级以上地方人民政府把医疗机构设置规划纳入当地的区域卫生发展规划和城乡建设发展总体规划。对于国家统一规划设置的医疗机构，则由国务院卫生行政部门决定。任何单位和个人申请设置医疗机构，必须符合医疗机构设置规划。

（二）分类管理原则

对医疗机构实行总量控制的目的是，促进医疗服务稳定和医疗保障可持续发展。考虑到城乡情况不同、医疗机构性质各异和医疗资源配置效率，国家在加强医疗服务体系结构性顶层设计的同时，也充分展示政策措施的灵活性和开放态度，对医疗机构实行分类管理，以照顾各方利益和关系，并通过制定医疗机构基本标准等量化指标在投资和发展需求上发挥一定的引导作用，为管理体制的不断完善留下空间。

根据《医疗机构管理条例》及其实施细则等规定，我国对医疗机构实行分类管理的主要措施是，在申请材料上，对申请设置门诊部、诊所、卫生所、医务室、卫生保健所、卫生站、村卫生室（所）、护理站等医疗机构，允许根据情况适当简化设置可行性研究报告内容；在准入方式上，对机关、企业和事业单位设置为内部职工服务的门诊部、诊所、卫生所（室）等，不实行设置审批，报所在地县级卫生行政部门备案即可;在申请资格上,对申请在中西部地区或者老、少、边、穷地区设置中外合资、合作医疗机构或者申请设置的中外合资、合作医疗机构所提供的医疗服务范围和内容属于国家鼓励的服务领域的,给予适当放宽设置条件等优惠。

(三)平等对待原则

医疗机构虽然在申请设置审批、执业登记和校验时,按照要求,需要书面向卫生行政部门申明其"非营利性"或者"营利性",而且营利性医疗机构在取得《医疗机构执业许可证》后,还需要到工商行政管理、税务等有关部门办理相关登记手续,但作为医疗机构,无论是非营利性的还是营利性的,在申请设置审批、办理执业登记和进行校验上的程序与要求是相同的,且在提供医疗服务上所享有的权利和应当履行的义务也是相同的。换句话说,医疗机构虽然因所有制不同而分为公立医疗机构和非公立医疗机构两种性质,非公立医疗机构还分非营利性和营利性两种类型,但它们在法律上受到平等保护。

《医疗机构管理条例实施细则》第10条规定,医疗机构不分类别、所有制形式、隶属关系、服务对象,其设置必须符合当地《医疗机构设置规划》。

第二节 医疗机构设立的条件

医疗机构设立的条件,是医疗机构作为医疗活动主体必须具备的最基本条件。医疗机构设立的条件是法定的。根据《医疗机构管理条例》第10条、第16条、第18条等的规定,总体上设立医疗机构应当具备以下条件:

一、有符合规定的名称

医疗机构的名称是一个医疗机构区别于其他医疗机构的专用文字标志,是医疗机构得以开展医疗活动的名义,所以,也是医疗机构医疗信誉的组成部分。医疗机构原则上只允许拥有一个名称,而且不能与同辖区内已经登记的其他医疗机构名称相同或者相近。医疗机构对于其核准登记的名称享有名称专用权,受法律保护。医疗机构的名称一般应由识别名称和通用名称依次组成。可以作为医疗机构识别名称的有:地名、单位名称、个人姓名、医学学科名称、医学专业和专科名称、诊疗科目名称和其他批准使用的名称等。医疗机构的通用名称也就是医疗机构的组织形式,如医院、社区卫生服务中心、卫生院、诊所等。根据规定,医疗机构的名称应当与其类别或者诊疗科目相适应,不得含有国家禁止使用的文字和内容。

二、有合适的组织机构

医疗机构的组织机构既包括对内进行行政管理的部分，也包括对外开展医疗服务的部分，还包括为医疗服务提供后勤保障的部分。因此，设立的医疗机构必须依照《医疗机构基本标准（试行）》建立符合其类别、规模要求的组织机构。医疗机构的医疗服务能力、管理水平以及行为方式是通过组织机构来展示的，所以，组织机构代表了医疗机构的形象，也决定了医疗机构所开展的医疗活动的基本面。换句话说，组织机构在一定程度上也反映了医疗机构可以申请登记的诊疗科目范围。

三、有相应的规章制度

医疗机构要有相应的规章制度，这是医疗机构申请执业登记的法定条件。换句话说，医疗机构没有规章制度，就不能获准成立。虽然法律并没有列举规章制度所应涉及的事项，但一般认为应当包括行政管理、业务管理和后勤保障管理等各方面。医疗机构的规章制度应当自觉对接各项法律法规。从一定意义上说，医疗机构的规章制度是医疗机构对卫生行政部门作出的书面承诺，也是卫生行政部门对医疗机构进行监督管理的主要方面之一。

四、有固定的医疗活动场所

医疗机构是医务人员从事医疗活动的地方，也是病人接受医疗服务的地方，所以，医疗机构必须要有固定的场所。否则，医务人员就无法从事医疗活动，病人也无法接受医疗服务。更何况医疗机构若无固定场所，则无法配置必要的医疗设备。这里的固定场所应当是医疗机构从事医疗活动的所在地，因而在一定期限内应当固定不变，并且已经由医疗机构设立者依法取得了合法使用权。《医疗机构管理条例》将医疗机构的地址列为主要的登记事项，并规定医疗机构改变场所必须向原登记机关办理变更登记。

五、有必要的医疗设备

医疗设备是医疗活动最基本要素。所谓医疗设备，是指单独或者组合使用于病人的仪器、设备、器材、材料或者其他物品，包括所需要的软件。大致分为三类，即诊断设备类、治疗设备类和辅助设备类。它们在医疗安全和质量上发挥着不可替代的作用。医疗的发展已经在很大程度上取决于医疗设备。从某种程度上可以说，没有医疗设备就没有医疗质量，甚至就没有医疗活动。所以，医疗机构必须具备与其医疗活动相适应的医疗设备。《执业医师法》规定，医师在执业活动中有权获得与本人执业活动相当的医疗设备基本条件。

六、有专业的卫生技术人员

医疗活动是专业的卫生活动，所以，从事医疗活动的人员必须是专业的卫生技术人员。专业的卫生技术人员包括医、药、护、技四个方面的卫生技术人员。根据规定，医疗机构所使用的卫生技术人员不仅在资质上要符合相应的法律要求，而且在数量上要符合相应的配备比例。这个条件不但在医疗机构设立时必须具备，在医疗机构运营过程中也应当遵守。《医疗机构管理条例》规定，医疗机构不得使用非卫生技术人员从事医疗卫生技术工作。《护士条例》规定，医疗卫生机构配备护士的数量不得低于国务院卫生主管部门规定的护士配备标准。

七、有相当的注册资金

资金是医疗机构赖以运营的物质基础。医疗机构应当具备与其医疗活动的内容和规模相适应的资金，这对于确保医疗机构成立后医疗活动的顺利进行和保障病人以及第三人的合法权益是十分重要的。《医疗机构管理条例》将注册资金纳入了登记事项。注册资金包括流动资金和固定资金，换句话说，注册资金是医疗机构实有资产的总和。它主要反映医疗机构的资产规模。根据《中外合资、合作医疗机构管理暂行办法》规定，设置中外合资、合作医疗机构的投资总额不得低于2000万元人民币。

八、有能够独立承担民事责任的能力

医疗行为是民事行为。所以，医疗机构对自己有过错的医疗行为给病人造成损害的，依法承担民事责任。为了避免出现民事责任能力不足的问题，医疗机构在办理执业登记时，要证明自己具有承担民事责任的能力。所谓承担民事责任的能力，简单地说，就是医疗机构具有履行赔偿义务或者责任所必要的财产或者经费。这也是医疗机构必须进行资金注册的原因之一。《侵权责任法》规定，患者在诊疗活动中受到损害，医疗机构及其医务人员有过错的，由医疗机构承担赔偿责任。

第三节　医疗机构设立的程序

根据《医疗机构管理条例》第二章和第三章的有关规定，在我国设立医疗机构需要经过批准，其程序分为两个阶段，即设置阶段和登记阶段。

一、医疗机构的设置阶段

在我国，并非所有医疗机构的设立都需要经过设置审批。机关、企业和事业单位按照国家医疗机构基本标准设置的为内部职工服务的门诊部、诊所、卫生所（室）等医疗机构，只需要向所在地的县级卫生行政部门备案。

（一）提出设置申请

应当提出设置申请的医疗机构，不分类别、所有制、隶属关系、服务对象，都必须向卫生行政部门提出设置申请。其中：政府设置的医疗机构，由政府指定或者任命的医疗机构筹建负责人申请；法人或者其他组织设置的医疗机构，由其代表人申请；个人设置的医疗机构，由其本人申请；两人以上合伙设置的医疗机构，由合伙人共同申请。

但下列单位或者个人不能申请：不能独立承担民事责任的单位；正在服刑或者不具有完全民事行为能力的个人；医疗机构在职、因病退职或者停薪留职的医务人员；发生二级以上医疗事故未满 5 年的医务人员；因违反有关法律、法规和规章，已被吊销执业证书的医务人员；被吊销《医疗机构执业许可证》的医疗机构法定代表人或者主要负责人等。根据规定，上述人员也不得充任医疗机构的法定代表人或者主要负责人。

（二）提交申请文件

向卫生行政部门提出设置申请的，应当一并提交所需要的文件，包括设置申请书、设置可行性研究报告、选址报告和建筑设计平面图等，并附申请人包括单位或者个人的资信证明。

设置可行性研究报告的内容包括：申请单位名称、基本情况以及申请人姓名、年龄、专业履历、身份证号码；所在地区的人口、经济和社会发展等概况；所在地区人群健康状况和疾病流行以及有关疾病患病率；所在地区医疗资源分布情况以及医疗服务需求分析；名称、选址、功能、任务、服务半径；服务方式、时间、诊疗科目和床位编制；组织结构、人员配备；仪器、设备配备；与服务半径区域内其他医疗机构的关系和影响；污水、污物、粪便处理方案；通讯、供电、上下水道、消防设施情况；资金来源、投资方式、投资总额、注册资金（资本）；投资预算；五年内的成本效益预测分析。但申请设置的医疗机构是门诊部、诊所、卫生所、医务室、卫生保健所、卫生站、村卫生室（所）、护理站等，可以根据情况适当简化设置可行性研究报告内容。

选址报告的内容包括：选址的依据；选址所在地区的环境和公用设施情况；选址与周围托幼机构、中小学校、食品生产经营单位布局的关系；占地和建筑面积。

由两个以上法人、其他组织共同申请设置医疗机构，或者由两个以上自然人合伙申请设置医疗机构的，还必须提交由各方共同签署的协议书。

（三）提请审查批准

由于医疗机构设置涉及医疗资源统筹配置，且前期投入比较大，再加上医疗本身的特殊性，为避免重复建设或者建设不合理，造成浪费，客观上要求政府必须加强对医疗机构的调控力度。根据《医疗机构管理条例》第 9 条的规定，设置医疗机构，必须经县级以上地方人民政府卫生行政部门审查批准，并取得设置医疗机构批准书。否则，便不能设立。

根据规定，床位在一百张以上的综合医院、中医医院、中西医结合医院、民族医医院以及专科医院、疗养院、康复医院、妇幼保健院、急救中心、临床检验中心和专科疾病防治机构的设置审批，按照省级卫生行政部门划分的权限执行；其他医疗机构的设置审批，由县级卫生行政部门负责。

二、医疗机构的登记阶段

（一）提出执业登记申请

医疗机构的设置申请经卫生行政部门审查批准后，申请人应当按照所提交文件中的承诺积极开展筹建工作，认为符合开业条件时，应当及时向卫生行政部门提出执业登记申请。

申请执业登记的，应当填写《医疗机构申请执业登记注册书》，并提交下列材料：《设置医疗机构批准书》或者《设置医疗机构备案回执》；医疗机构用房产权证明或者使用证明；医疗机构建筑设计平面图；验资证明、资产评估报告；医疗机构规章制度；医疗机构法定代表人或者主要负责人以及各科室负责人名录和有关资格证书、执业证书复印件；省、自治区、直辖市卫生行政部门规定提交的其他材料。

申请执业登记的医疗机构是门诊部、诊所、卫生所、医务室、卫生保健所和卫生站的，还应当提交附设药房（柜）的药品种类清单、卫生技术人员名录及其有关资格证书、执业证书复印件以及省、自治区、直辖市卫生行政部门规定提交的其他材料。

(二)进行实地审查考核

卫生行政部门接到执业登记申请后,除了在规定的时限内按要求进行形式审查外,还应当对其真实性进行实地审查。实地审查内容主要包括机构真实性核实和人员操作性考核。人员操作性考核包括对有关执业人员进行消毒、隔离和无菌操作等基本知识和技能的现场抽查考核。

(三)核准执业登记申请

卫生行政部门对申请人的执业登记申请,经审核合格的,发给《医疗机构执业许可证》;审核不合格的,将审核结果和不予批准的理由以书面形式通知申请人。

卫生行政部门签发《医疗机构执业许可证》之日,即为医疗机构的成立之日。

第七章　医疗机构的登记

第一节　医疗机构登记概说

一、医疗机构登记的概念

医疗机构登记，是指筹建中的医疗机构为了实现执业的目的，依照法定程序，向卫生行政部门申请核准取得《医疗机构执业许可证》的行为。

在我国，医疗机构必须经登记才能成立。未经登记的医疗机构，并不属于法律意义上的医疗机构，所以，不得开展医疗活动。

二、医疗机构登记的意义

《医疗机构管理条例》第 15 条规定，医疗机构执业，必须进行登记，领取《医疗机构执业许可证》。第 19 条规定，县级以上地方人民政府卫生行政部门自受理执业登记申请之日起 45 日内，根据本条例和医疗机构基本标准进行审核。审核合格的，予以登记，发给《医疗机构执业许可证》；审核不合格的，将审核结果以书面形式通知申请人。第 44 条规定，未取得《医疗机构执业许可证》擅自执业的，由县级以上地方人民政府卫生行政部门责令其停止执业活动，没收非法所得和药品、器械，并可以根据情节处以 1 万元以下的罚款。上述规定说明：

1. 医疗机构登记是医疗机构执业必经的法定程序。无论是公立医疗机构还是非公立医疗机构，无论是非营利性医疗机构还是营利性医疗机构，无论是对外服务的医疗机构还是对内服务的医疗机构，除法律另有规定外，都要依法进行医疗机构登记。

2.《医疗机构执业许可证》是医疗机构执业的唯一凭证。《医疗机构执业许可证》既是医疗机构成立的法律依据，又是对外表明医疗机构是有权利从事医疗活动的资格证书。所以，医疗机构要按照要求在其执业场所悬挂《医疗机构执业许可证》。换句话说,《医疗机构执业许可证》具有公示性。《医疗机构执业许可证》上载明的事项是法定的,对医疗机构具有约束力,其变更应当依法进行。

3. 医疗机构登记制度是打击违法医疗行为的保障。医疗机构依法经登记取得医疗机构执业资格,其医疗行为受到法律的承认和保护。也就是说,依法应当办理登记而未办理登记的医疗机构,不是合法的医疗机构,其开展的医疗行为是非法的,应当予以惩治。

三、医疗机构的登记机关

医疗机构的登记机关是县级以上地方卫生行政部门。根据《医疗机构管理条例》的有关规定,医疗机构的登记机关分为两种情况:

(1)登记审核机关和设置审批机关为同一机关。在大多数情况下,医疗机构登记的审核机关与医疗机构设置的审批机关是同一机关,即负责医疗机构设置审批的机关同时也是负责该医疗机构登记审核的机关。属于这一情形的,取得医疗机构设置审批的医疗机构在正式执业前,应当到批准其设置的卫生行政部门办理医疗机构执业登记手续。

(2)登记审核机关和设置审批机关为不相同的机关。在某些特殊情况下,医疗机构登记的审核机关与医疗机构设置的审批机关是不相同的,即根据有关规定,医疗机构设置审批机关是医疗机构登记审核机关的上一级机关甚至是国务院卫生行政部门。属于这一情形的,取得医疗机构设置审批的医疗机构在正式执业前,应当根据规定,到应当办理其登记的卫生行政部门办理医疗机构执业登记手续。

第二节　医疗机构登记的种类

除依法不需要进行登记的医疗机构外,医疗机构登记通常包括医疗机构执业登记、医疗机构执业变更登记和医疗机构执业注销登记。

一、医疗机构执业登记

医疗机构执业登记是医疗机构依法成立、取得执业权的要件。根据《医疗机构管理条例》的规定,医疗机构应当依法进行执业登记。唯一例外的是中医诊所。为鼓励和促进名副其实的中医诊所的发展,《中医药法》第 14 条第 2 款规定,举办中医诊所的,将诊所的名称、地址、诊疗范围、人员配备情况等报所在地县级人民政府中医药主管部门备案后即可开展执业活动。

医疗机构申请执业登记,应当按照规定提交有关材料。负责办理登记的卫生行政部门应当自受理执业登记申请后,按照规定的条件和期限对提交的材料进行审查和实地考察、核实,并对有关执业人员进行消毒、隔离和无菌操作等基本知识和技能的现场抽查考核。经审核符合下列条件的,发给《医疗机构执业许可证》:(1)有设置医疗机构批准书;(2)符合医疗机构基本标准;(3)有适合的名称、组织机构和场所;(4)有与其开展的业务相适应的经费、设备和专业卫生技术人员;(5)有相应的规章制度;(6)能够独立承担民事责任。

经审核认为不符合条件的,卫生行政部门不予登记。不予登记是卫生行政部门对已审核完毕,认为申请人不符合医疗机构执业登记条件所作的终止受理的处理决定。根据《医疗机构管理条例实施细则》第 27 条的规定,不予登记的情形有:(1)不符合《设置医疗机构批准书》核准的事项;(2)不符合《医疗机构基本标准》;(3)投资不到位;(4)医疗机构用房不能满足诊疗服务功能;(5)通讯、供电、上下水道等公共设施不能满足医疗机构正常运转;(6)医疗机构规章制度不符合要求;(7)消毒、隔离和无菌操作等基本知识和技能的现场抽查考核不合格;(8)省、自治区、直辖市卫生行政部门规定的其他情形。

二、医疗机构执业变更登记

医疗机构执业变更登记,是指医疗机构将其登记事项的变化情况依法向卫生行政部门办理变更手续。根据《医疗机构管理条例》的规定,法定的登记事项的变化都要办理变更登记手续。换句话说,非法定的登记事项的变动一般不需要办理变更登记手续。

根据规定,医疗机构有下列情形之一的,应当向卫生行政部门申请办理变更登记:(1)医疗机构改变名称、场所、主要负责人、诊疗科目、床位,包括变更地址、法定代表人或者主要负责人、所有制形式、服务对象、服务方式、注册资金(资本)、牙椅的;(2)机关、企业和事业单位设置的为内部职工服务的医疗机构向社会开放的;(3)医疗机构因分立或者合并而保留的。

医疗机构申请办理变更登记应当向卫生行政部门提交必要的资料,包括:医疗机构法定代表人或者主要负责人签署的《医疗机构申请变更登记注册书》、申请变更登记的原因和理由以及登记机关规定提交的其他材料等。卫生行政部门在受理变更登记申请后,应当按照执业登记程序,并依据有关规定以及当地《医疗机构设置规划》进行审核,作出核准变更登记或者不予变更登记的决定。

卫生行政部门办理变更登记应当遵循下列原则:(1)变更登记事项在原登记的卫生行政部门管辖范围内的,由原登记的卫生行政部门办理变更登记;(2)变更登记事项超出原登记的卫生行政部门管辖权限的,由有管辖权的卫生行政部门办理变更登记;(3)医疗机构在原登记的卫生行政部门管辖区域内迁移的,由原登记的卫生行政部门办理变更登记。

有两种情形不适用变更登记程序:(1)医疗机构因分立或者合并而成立新医疗机构的;(2)医疗机构向原登记的卫生行政部门管辖区域外迁移的。按照规定,有上述情形之一的,应当按照医疗机构设立程序要求申请设置许可和执业登记。

三、医疗机构执业注销登记

医疗机构执业注销登记,是依法终止医疗机构执业资格的法律行为。就注销登记性质来说,卫生行政部门可以应当事人要求,被动终止其执业资格;卫生行政部门也可以依据法定情形,主动终止其执业资格。对注销登记的医疗机构,卫生行政部门应当收缴其《医疗机构执业许可证》。根据规定,医疗机构应当依法办理注销登记的情形是:

(1)因歇业。歇业是永久性停业。《医疗机构管理条例》第 21 条第 1 款规定,医疗机构歇业,必须向原登记机关办理注销登记。《香港和澳门服务提供者在内地设立独资医院管理暂行办法》和《台湾服务提供者在大陆设立独资医院管理暂行办法》规定,港澳独资医院、台资独资医院终止运营,应当在终止运营 90 天前申请办理注销手续。

(2)因停业。停业是临时性的,但临时性停业一般不得超过 1 年。《医疗机构管理条例》第 21 条第 2 款规定,医疗机构非因改建、扩建、迁建原因停业超过 1 年的,视为歇业。因此,视为歇业的医疗机构应当向原登记的卫生行政部门办理注销登记手续。

(3)因迁移。医疗机构迁移可以区域内即本地迁移,也可以区域外即异地迁移。根据《医疗机构管理条例实施细则》第 32 条第 2 款的规定,医疗机构向原登记机关管辖区域外迁移的,应当经原登记的卫生行政部门核准办理注销登记。

(4)因合并。这里的合并是指两个以上医疗机构的重组。重组可以是产生一个新的医疗机构,也可以保留其中一个医疗机构。根据《医疗机构管理条例实施细则》第 29 条的规定,因合并而终止的医疗机构,应当申请注销登记。

(5)因校验。校验结论分为校验合格和暂缓校验。暂缓校验的,还有再次校验机会。《医疗机构校验管理办法(试行)》第20条规定,医疗机构应当于暂缓校验期满后5日内向卫生行政部门提出再次校验申请,由卫生行政部门再次进行校验。再次校验合格的,允许继续执业;再次校验不合格的,由登记机关注销其《医疗机构执业许可证》。医疗机构暂缓校验期满后规定时间内未提出再次校验申请的,由卫生行政部门注销其《医疗机构执业许可证》。

(6)因违法。对违法行为除可以依法实施吊销《医疗机构执业许可证》的行政处罚外,还可以依法采取注销《医疗机构执业许可证》的管理措施,可以起到异曲同工的作用。如《盲人医疗按摩管理办法》第15条规定,盲人医疗按摩所有下列情形之一的,由原发证机关予以注销,并收回《医疗机构执业许可证》:①聘用非盲人开展医疗、预防、保健活动的;②开展盲人医疗按摩以外的医疗、预防、保健活动的;③出卖、转让、出借《医疗机构执业许可证》的;④开具药品处方的;⑤设床位、药房(柜)的;⑥《医疗机构执业许可证》有效期届满未延续的;⑦不具备开办盲人医疗按摩所条件的。

第三节 医疗机构登记的内容

一、执业登记内容

根据《医疗机构管理条例》第18条的规定,医疗机构执业登记的事项是:

(1)名称。任何一个医疗机构都必须有自己的名称,并以这个名称对外进行医疗活动。如不以登记的名称对外进行医疗活动,而是以其他名义对外开展医疗活动,其行为则不为法律所保护。

(2)地址。医疗机构开展医疗活动的必要条件是有长期固定的场所。地址就是医疗机构开展医疗活动的场所的所在地。既包括医疗机构主体机构的医疗活动的场所,也包括其分支机构的医疗活动的场所。

(3)主要负责人。主要负责人是指代表医疗机构行使职权的人。医疗机构是法人的,主要负责人就是该医疗机构的法定代表人。

(4)所有制形式。所有制形式大致分为公有制和非公有制两种。其中公有制又可以分为全民所有制和集体所有制。除此之外基本上都可以归类为非公有制。公有制医疗机构都是非营利性质;非公有制医疗机构可以是非营利性质,也可以是营利性质。

(5)诊疗科目。诊疗科目是医疗机构获准开展的医疗活动的范围。诊疗科目分为一级科目和二级科目。一般只填写一级科目,但在一级科目下只开展个别二级科目的,应当直接填写所开展的二级科目。《医疗机构诊疗科目名录》收载一级科目52个,二级科目130个。2007年卫生部对《医疗机构诊疗科目名录》部分二级科目进行了修订,在外科的普通外科专业下,增补肝脏移植项目、胰腺移植项目、小肠移植项目;泌尿外科专业下,增补肾脏移植项目;胸外科专业下,增补肺脏移植项目;心脏大血管外科专业下,增补心脏移植项目;将医学检验科下的临床生化检验专业修订为临床化学检验专业,并增补临床细胞分子遗传学专业。同年,还增加一级诊疗科目"疼痛科"。2009年又增加一级诊疗科目"重症医学科"。

(6)床位。医疗机构可以设床位,也可以不设床位。但设床位的,要符合床位与医务人员配备比要求。开展口腔科业务的,同时要登记牙椅数量。

(7)注册资金。注册资金是医疗机构实有资产的总和。医疗机构的注册资金,除法律另有规定外,应与实有资金相一致。

为了全面掌握医疗机构的基本情况,《医疗机构管理条例实施细则》第28条对上述登记事项进行了细化,增加:类别、法定代表人;服务方式;房屋建筑面积、牙椅;服务对象;职工人数;执业许可证登记号(医疗机构代码)等。同时规定,门诊部、诊所、卫生所、医务室、卫生保健所、卫生站还应当核准附设药房(柜)的药品种类。

为了便于诊疗科目的登记,卫生部曾对部分医疗机构可以登记的诊疗科目进行了规范,例如:

2002年《医疗美容服务管理办法》规定,美容医疗机构或者增设医疗美容科目的医疗机构登记的医疗美容科为一级诊疗科目,美容外科、美容牙科、美容皮肤科和美容中医科为二级诊疗科目。

2006年《城市社区卫生服务机构管理办法(试行)》规定,社区卫生服务中心可以登记的诊疗科目为预防保健科、全科医疗科、中医科(含民族医学)、康复医学科、医学检验科、医学影像科。有条件的社区卫生服务中心还可以登记口腔医学科、临终关怀科。其他诊疗科目,原则上不应登记。社区卫生服务站可以登记的诊疗科目为预防保健科、全科医疗科。有条件的社区卫生服务站还可以登记中医科(含民族医学)。其他诊疗科目,一般不应登记。

2006年《妇幼保健机构管理办法》规定,妇幼保健机构可以登记的保健科室包括妇女保健科、儿童保健科、生殖健康科、健康教育科、信息管理科等;临床科室包括妇科、产科、儿科、新生儿科、计划生育科等;医技科室包括医学检验科、医学影像科等。

2009 年《盲人医疗按摩管理办法》规定，盲人医疗按摩所登记的诊疗科目为推拿科（盲人医疗按摩）。盲人医疗按摩所不登记推拿科（盲人医疗按摩）以外的诊疗科目，不设床位，不设药房（柜）。非盲人不得在盲人医疗按摩所从事医疗、预防、保健活动。

2011 年《乡镇卫生院管理办法（试行）》规定，乡镇卫生院可以登记的临床科室包括全科医学科、内（儿）科、外科、妇产科、中医科、急诊科和医技科。规模较小的卫生院也可以登记为综合性科室。

2014 年国家卫生计生委、国家发展改革委、教育部、财政部、国家中医药管理局印发的《村卫生室管理办法（试行）》规定，村卫生室登记的诊疗科目为预防保健科、全科医疗科和中医科（民族医学科）。村卫生室原则上不得登记其他诊疗科目。

二、执业变更登记内容

根据《医疗机构管理条例》第 20 条的规定，医疗机构改变名称、场所、主要负责人、诊疗科目、床位，必须向原登记机关办理变更登记。

《医疗机构管理条例实施细则》第 30 条更进一步明确规定，医疗机构变更名称、地址、法定代表人或者主要负责人、所有制形式、服务对象、服务方式、注册资金（资本）、诊疗科目、床位（牙椅）的，必须向登记机关申请办理变更登记。

第四节 医疗机构的校验

一、医疗机构校验的概念

医疗机构校验是医疗机构登记的组成部分。所谓医疗机构校验，是指卫生行政部门依法对医疗机构的基本条件和执业状况进行检查、评估、审核，并依法作出相应结论的法律行为。

对医疗机构进行校验的主要目的是确认已经登记的医疗机构是否合法执业、是否具有继续执业的能力。医疗机构经执业登记取得《医疗机构执业许可证》后，都应当按照规定的期限参加校验。

二、医疗机构校验的意义

1. 医疗机构校验是法律要求。医疗机构校验是《医疗机构管理条例》所设置的一项专门制度。其具有以下特征:(1)强制性。医疗机构参加校验是其义务,不得拒绝。(2)严格性。医疗机构应当依照规定的要求和程序办理校验手续。(3)处罚性。医疗机构逾期不校验仍从事医疗活动的,责令其限期补办校验手续;拒不校验的,吊销《医疗机构执业许可证》。

2. 医疗机构校验是医疗机构延展执业资格的条件。在《医疗机构执业许可证》的有效期内,医疗机构的执业资格受法律保护。但《医疗机构管理条例》对《医疗机构执业许可证》的有效期附带了条件,即医疗机构应当在规定的期限内进行校验,否则,其执业资格并不受法律保护。

3. 医疗机构校验是医疗机构及时修正其行为的机会。医疗机构校验本身只是一种管理方式,其目的是及时发现和制止医疗安全和质量的隐患。医疗机构可以通过校验这一环节对自己进行全面的、系统的评价,并对发现的医疗能力问题、医疗水平问题以及医疗管理问题等及时进行改正或者弥补。

4. 医疗机构校验是卫生行政部门一种医疗监管手段。医疗机构的校验,实质上是卫生行政部门从法律、医德、技术等角度,对医疗机构的守法情况、执业情况、医疗纠纷处理情况等进行综合性审查。及时发现问题,及时督促整改,包括及时采取预防性措施,如暂停其执业活动直至注销《医疗机构执业许可证》,防止发生危害性后果。

三、医疗机构校验的周期

由于医疗机构有不同的类型,有关校验的周期分为3年和1年两种。

1. 校验期限为3年的医疗机构。根据规定,床位在100张以上的综合医院、中医医院、中西医结合医院、民族医医院以及专科医院、疗养院、康复医院、妇幼保健院、急救中心、临床检验中心和专科疾病防治机构的校验期为3年。《香港和澳门服务提供者在内地设立独资医院管理暂行办法》和《台湾服务提供者在大陆设立独资医院管理暂行办法》也将港澳独资医院、台资独资医院的校验期定为3年。

2. 校验期限为1年的医疗机构。3年校验期以外的医疗机构,校验期为1年。卫生部《医疗机构校验管理办法》将暂缓校验后再次校验合格的医疗机构的校验期、中外合资合作医疗机构的校验期,也确定为1年。

四、医疗机构校验应当提交的材料

医疗机构办理校验手续,应当在校验期满前3个月向卫生行政部门提出校验申请,并提交下列材料:(1)《医疗机构校验申请书》;(2)《医疗机构执业许可证》及其副本;(3)各年度工作总结;(4)诊疗科目、床位(牙椅)等执业登记项目以及卫生技术人员、业务科室和大型医用设备变更情况;(5)校验期内接受卫生行政部门检查、指导结果及整改情况;(6)校验期内发生的医疗民事赔偿(补偿)情况(包括医疗事故)以及卫生技术人员违法违规执业及其处理情况;(7)特殊医疗技术项目开展情况;(8)省、自治区、直辖市人民政府卫生行政部门规定提交的其他材料。

五、医疗机构校验的审查形式

卫生行政部门对医疗机构进行校验分为书面审查和现场审查两部分。

1. 书面审查。书面审查的主要内容包括:(1)校验申请材料;(2)日常监督管理和不良执业行为记分情况;(3)省、自治区、直辖市人民政府卫生行政部门规定的其他校验内容。

2. 现场审查。现场审查的主要内容包括:(1)医疗机构基本标准符合情况;(2)与医药卫生相关的法律、法规、规章执行情况;(3)医疗质量和医疗安全保障措施的落实情况;(4)省、自治区、直辖市人民政府卫生行政部门规定的其他内容。

现场审查并不是校验的必经程序。但有下列情形之一的,必须进行现场审查:(1)2个校验期内未曾进行现场审查的;(2)医疗机构在执业登记后首次校验的;(3)暂缓校验后再次校验的;(4)省、自治区、直辖市人民政府卫生行政部门规定的其他情形。

六、医疗机构校验的结论

医疗机构校验结论分为校验合格和暂缓校验。卫生行政部门应当在受理校验申请之日起30日内完成校验,并作出校验结论。对校验合格的医疗机构,卫生行政部门应当在其《医疗机构执业许可证》副本上加盖校验合格章;对暂缓校验的医疗机构,卫生行政部门应当下达整改通知书,并根据情况给予1~6个月的暂缓校验期。

根据规定,医疗机构有下列情形之一的,卫生行政部门应当作出暂缓校验的结论:(1)校验审查所涉及的有关文件、病案和材料存在隐瞒、弄虚作假情况;(2)不符合医疗机构基本标准;(3)限期整改期间;(4)停业整顿期间;(5)省、自治区、直辖市人民政府卫生行政部门规定的其他情形。

七、医疗机构暂缓校验的后果

卫生行政部门对医疗机构作出暂缓校验结论的,该医疗机构除应当向卫生行政部门提交其法定代表人或主要负责人签署的书面检查外,在暂缓校验期内还应当遵守下列要求:(1)不得发布医疗服务信息和医疗广告;(2)未设床位的医疗机构不得执业;(3)除急救外,设床位的医疗机构不得开展门诊业务、收治新病人。

在暂缓校验期内的医疗机构违反规定,有下列情形之一的,卫生行政部门可以依法注销其《医疗机构执业许可证》:(1)违反规定擅自开展诊疗活动;(2)发布医疗服务信息和广告;(3)省、自治区、直辖市人民政府卫生行政部门规定的其他情形。

医疗机构自注销《医疗机构执业许可证》之日起停止开展医疗活动。根据规定,设床位的医疗机构应当妥善做好已有病人的转、出院工作。

八、医疗机构的再次校验

医疗机构在暂缓校验期满后,应当按照规定的时限及时向卫生行政部门提出再次校验申请。再次校验合格的,允许继续执业;再次校验不合格的,由卫生行政部门注销其《医疗机构执业许可证》。对于暂缓校验期满后医疗机构未在规定时限内提出再次校验申请的,由卫生行政部门注销其《医疗机构执业许可证》。

第八章　医疗机构的名称

第一节　医疗机构名称概说

一、医疗机构名称的概念

医疗机构名称就是医疗机构的称谓。医疗机构在执业中需要使自己区别于其他医疗机构,这既是为了避免混淆,也是为了防止不正当竞争。所以,医疗机构名称应当是医疗机构执业中所使用的名称。我国法律不仅要求作为法人的医疗机构要有自己的名称,而且要求作为非法人的医疗机构也要有自己的名称。医疗机构名称是设立医疗机构的条件之一。

二、医疗机构名称的选定原则

医疗机构的名称应当名副其实,也就是要与其类别或者诊疗科目相适应。所以,医疗机构在选定名称时,应当遵循以下两项原则:

1. 真实原则。医疗机构选定的名称必须与医疗机构的性质、规模、业务等相一致,否则将被视为不可以接受的医疗机构名称。为了确保医疗机构名称的真实性,《医疗机构管理条例》及其实施细则对医疗机构名称的选定作了严格的限制。

2. 单一原则。一个医疗机构原则上只准使用一个名称,确有特殊需要的,经有权批准的卫生行政部门批准,可以在规定的范围内使用从属名称。《医疗机构管理条例实施细则》第47条规定,医疗机构只准使用一个名称。确有需要,经核准机关核准可以使用两个或者两个以上名称,但必须确定一个第一名称。而且使用两个以上名称的医疗机构,其印章、银行账户、牌匾以及医疗文件中使用的名称,应当与第一名称相同。

三、医疗机构名称权的保护

医疗机构名称权，是指医疗机构名称经依法登记而取得的专用权。在我国，医疗机构名称经卫生行政部门核准登记即取得在规定范围内的专用权。登记是医疗机构取得名称权的唯一途径。根据规定，医疗机构名称只有在核准登记后才可以使用。使用未经登记的医疗机构名称从事医疗活动，属于非法行为。从法律效力上说，医疗机构名称权具有以下特征：

1. 双重性。医疗机构名称权有人身权和财产权的双重属性。医疗机构的名称是与特定的医疗机构相联系的，所以有人身权的属性。但医疗机构的名称又不同于自然人的姓名，它代表着医疗机构的医疗活动及其信誉，具有一定的物质内容或者直接体现为一定的物质利益，因此，又有财产权的属性。

2. 排他性。医疗机构对经过法定程序获得的名称除享有独占使用的权利外，还有排斥他人干涉、盗用、假冒等权利。这种排他性，既可以表现为排斥其他医疗机构登记同一名称或者相近名称；也可以表现为排斥其他医疗机构不正当使用同一名称或者相近名称，包括对擅自使用其名称的行为，要求停止侵害，赔偿损失。

3. 可转让性。医疗机构名称权作为一种人身权是不能转让的，但作为一种财产权，可以依法转让。鉴于医疗活动的特殊性，法律对医疗机构名称权的转让，附加了一定的限制条件，即未经核准机关许可，医疗机构名称不得转让。

第二节　医疗机构名称的组成

一、医疗机构的一般名称

通常情况下，医疗机构的名称由识别名称和通用名称依次组成。识别名称是医疗机构用来区别其他医疗机构的称谓。可以作为医疗机构识别名称的有：地名、单位名称、个人姓名、医学学科名称、医学专业和专科名称、诊疗科目名称和其他批准使用的名称。为了增强识别度，上述识别名称可以合并使用，但必须遵循下列规定：(1)地方各级人民政府设置的医疗机构的识别名称中应当含有省、市、县、区、街道、乡、镇、村等行政区划名称，其他医疗机构的识别名称中不得含有行政区划名称；(2)国家机关、企业和事业单位、社会团体或者个人设置的医疗机构的识别名称中应当含有设置单位名称或者个人的姓名；(3)除专科疾病防治机构外，其他医疗机构原则上不得以具体疾病名称作为识别名称。

通用名称是医疗机构的法定名称。医疗机构使用通用名称,即同一种类的医疗机构使用相同的名称,有利于对医疗机构的监管,有利于患者选用医疗机构,也有利于医疗机构之间展开公平竞争。常用的医疗机构通用名称有:医院、妇幼保健院、社区卫生服务中心(站)、卫生院、疗养院、门诊部、诊所、卫生所(站)、医务室、村卫生室、急救中心(站)、防治院(所、站)以及各种类型的中心等。

二、医疗机构有标准格式的名称

除了《医疗机构管理条例》及其实施细则对医疗机构名称作出规定外,还有一些部门规章等规范性文件对特定的医疗机构的名称进行了规范,其中有:

《城市社区卫生服务机构管理办法(试行)》规定,社区卫生服务中心的命名原则是:所在区名(可选)+所在街道办事处名+识别名(可选)+社区卫生服务中心;社区卫生服务站的命名原则是:所在街道办事处名(可选)+所在社区名+社区卫生服务站。

《乡镇卫生院管理办法(试行)》规定,乡镇卫生院的命名原则是:县(市、区)名+乡镇名+(中心)卫生院(分院)。

《村卫生室管理办法(试行)》规定,村卫生室的命名原则是:乡镇名+行政村名+卫生室(所、站)。

《盲人医疗按摩管理办法》规定,盲人医疗按摩所登记名称为识别名称+盲人医疗按摩所。

此外,港澳独资医院、台资独资医院以及中外合资、合作医疗机构的名称由所在地地名、识别名称和通用名称依次组成,并符合医疗机构命名的有关规定。

三、医疗机构需要经特别核准的名称

《医疗机构管理条例实施细则》第43条规定,以下医疗机构名称由国家卫生计生委核准;属于中医、中西医结合和民族医医疗机构的,由国家中医药管理局核准:(1)含有外国国家(地区)名称及其简称、国际组织名称的;(2)含有“中国”“全国”“中华”“国家”等字样以及跨省地域名称的;(3)各级地方人民政府设置的医疗机构的识别名称中不含有行政区划名称的。

2006年卫生部印发《关于进一步规范医疗机构命名有关问题的通知》,对《医疗机构管理条例实施细则》第43条第1项规定执行中遇到的问题作出解释,明确只有四类医疗机构才可以在申请的名称中含有外国国家(地区)名称及其简称、国际组织名称。包括：(1)医疗机构的设置或命名具有中国政府(卫生部)与其他国家政府(卫生部)友好合作协议或技术合作协议背景；(2)医疗机构的设置或命名具有中国政府(卫生部)同意与国际组织友好合作或技术合作项目背景；(3)医疗机构的设置或命名具有中国政府(卫生部)指定的国际多边或双边诊疗服务业务项目背景；(4)具有历史沿革的习惯名称。

四、医疗机构冠以红十字(会)的名称

为维护红十字标志的严肃性，2007年卫生部、中国红十字会联合印发《关于医疗机构冠名红十字(会)的规定》，对医疗机构冠名“红十字(会)”进行了规范。要求申请冠名“红十字(会)”的医疗机构必须是：(1)由红十字会创办(包括历史上创办)的医疗机构；(2)由红十字会设置的医疗机构；(3)国内、外红十字会提供资助援建的医疗机构；(4)历史上与红十字会关系密切或对红十字事业做过特殊贡献的医疗机构等。

根据规定，符合“红十字(会)”冠名的医疗机构，应当在地区名称等识别名称后、医疗机构通用名称前，增加“红十字(会)”字样。其中，由红十字会创办和设置的医疗机构，可以将冠以“红十字会”的医疗机构名称作为医疗机构的第一名称，其他医疗机构则不能作为医疗机构第一名称。

五、医疗机构不得使用的名称

医疗机构不得使用下列名称：(1)有损于国家、社会或者公共利益的名称；(2)侵犯他人利益的名称；(3)以外文字母、汉语拼音组成的名称；(4)以医疗仪器、药品、医用产品命名的名称；(5)含有“疑难病”“专治”“专家”“名医”或者同类含义文字的名称以及其他宣传或者暗示诊疗效果的名称；(6)超出登记的诊疗科目范围的名称等。

第九章　医疗机构的义务

为了保证医疗机构正确、适当地开展医疗活动，保障病人权益，维护正常的医疗秩序，《医疗机构管理条例》和相关法律、行政法规对医疗机构设置了一系列义务或者责任。

第一节　执业资质信息上的义务

医疗机构作为提供医疗服务的主体，不仅要具备合法的执业资格，而且还要将有关执业信息向社会公示，以方便病人就医。

一、执业资格具备方面

1. 执业必须进行登记。《医疗机构管理条例》第 15 条规定，医疗机构执业，必须进行登记，领取《医疗机构执业许可证》。

2. 变更必须办理登记。《医疗机构管理条例》第 20 条规定，医疗机构改变名称、场所、主要负责人、诊疗科目、床位，必须向原登记机关办理变更登记。

3. 歇业必须办理注销登记。《医疗机构管理条例》第 21 条第 1 款规定，医疗机构歇业，必须向原登记机关办理注销登记。经登记机关核准后，收缴《医疗机构执业许可证》。

4. 按时进行校验。《医疗机构管理条例》第 22 条规定，床位不满 100 张的医疗机构，其《医疗机构执业许可证》每年校验 1 次；床位在 100 张以上的医疗机构，其《医疗机构执业许可证》每 3 年校验 1 次。

5. 登记的诊疗科目不再具备条件时应当及时停止业务并报告。《人体器官移植条例》第 13 条规定，已经办理人体器官移植诊疗科目登记的医疗机构不再具备本条例第 11 条规定条件的，应当停止从事人体器官移植，并向原登记部门报告。原登记部门应当自收到报告之日起2日内注销该医疗机构的人体器官移植诊疗科目登记，并予以公布。

6. 不伪造、涂改、出卖、转让、出借许可证。《医疗机构管理条例》第23条第1款规定，《医疗机构执业许可证》不得伪造、涂改、出卖、转让、出借。

7. 许可证遗失应当及时申明补领。《医疗机构管理条例》第23条第2款规定，《医疗机构执业许可证》遗失的，应当及时申明，并向原登记机关申请补发。

二、执业信息公示方面

1. 在明显处所悬挂执业许可证等信息。《医疗机构管理条例》第26条规定，医疗机构必须将《医疗机构执业许可证》、诊疗科目、诊疗时间和收费标准悬挂于明显处所。

2. 向社会公示常用药品价格信息。《药品管理法》第57条规定，医疗保险定点医疗机构应当按照规定的办法如实公布其常用药品的价格。

3. 向社会公示预防接种信息。《疫苗流通和预防接种管理条例》第24条规定，接种单位接种疫苗，应当遵守预防接种工作规范、免疫程序、疫苗使用指导原则和接种方案，并在其接种场所的显著位置公示第一类疫苗的品种和接种方法。

4. 向社会公示精神障碍医学鉴定机构信息。《精神卫生法》第32条第3款规定，医疗机构应当公示经公告的鉴定机构名单和联系方式。

第二节 医务人员使用上的义务

医疗机构是通过医务人员向社会提供医疗服务的，所以，医务人员的配备、业务培训、福利保障和健康保护等攸关医疗的安全和质量。

一、医务人员配备方面

1. 不得使用非卫生技术人员从事医疗卫生技术工作。《医疗机构管理条例》第28条规定，医疗机构不得使用非卫生技术人员从事医疗卫生技术工作。《药品管理法》第22条规定，非药学技术人员不得直接从事药剂技术工作。《护士条例》第21条第1款规定，医疗机构不得允许下列人员在本机构从事诊疗技术规范规定的护理活动：未取得护士执业证书的人员；未依照规定办理执业地点变更手续的护士；护士执业注册有效期届满未延续执业注册的护士。

2. 按规定配备卫生技术人员。《药品管理法》第 22 条规定,医疗机构必须配备依法经过资格认定的药学技术人员。《护士条例》第 20 条规定,医疗机构配备护士的数量不得低于国务院卫生主管部门规定的护士配备标准。

3. 按规定使用卫生技术人员。《执业医师法》第 30 条规定,执业助理医师应当在执业医师的指导下,在医疗、预防、保健机构中按照其执业类别执业。在乡、民族乡、镇的医疗、预防、保健机构中工作的执业助理医师,可以根据医疗诊治的情况和需要,独立从事一般的执业活动。《药品管理法实施条例》第 25 条规定,医疗机构审核和调配处方的药剂人员必须是依法经资格认定的药学技术人员。《乡村医生从业管理条例》第 15 条规定,乡村医生经注册取得执业证书后,方可在聘用其执业的村医疗卫生机构从事预防、保健和一般医疗服务。未经注册取得乡村医生执业证书的,不得执业。

二、医务人员业务培训方面

1. 对医务人员进行医德教育。《医疗机构管理条例》第 29 条规定,医疗机构应当加强对医务人员的医德教育。《医疗事故处理条例》第 6 条规定,医疗机构应当对其医务人员进行医疗服务职业道德教育。《母婴保健法实施办法》第 37 条第 1 款规定,医疗、保健机构应当对从事母婴保健工作的人员加强职业道德教育,并定期对其进行检查考核。

2. 对医务人员进行法律法规和诊疗规范培训。《医疗事故处理条例》第 6 条规定,医疗机构应当对其医务人员进行医疗卫生管理法律、行政法规、部门规章和诊疗护理规范、常规的培训。《精神卫生法》第 66 条规定,医疗机构应当组织医务人员学习相关法律、法规、政策。

3. 对医务人员进行专业知识和技能培训。《传染病防治法》第 10 条第 4 款规定,医疗机构应当定期对其工作人员进行传染病防治知识、技能的培训。《精神卫生法》第 66 条规定,医疗机构应当组织医务人员学习精神卫生知识。《母婴保健法实施办法》第 37 条第 1 款规定,医疗、保健机构应当对从事母婴保健工作的人员加强岗位业务培训,并定期对其进行检查、考核。《医疗废物管理条例》第 9 条规定,医疗卫生机构应当对本单位从事医疗废物收集、运送、贮存、处置等工作的人员和管理人员,进行相关法律和专业技术、安全防护以及紧急处理等知识的培训。《放射性同位素与射线装置安全和防护条例》第 28 条规定,医疗机构应当对直接从事放射性同位素和射线装置工作的人员进行安全和防护知识教育培训。

三、医务人员福利保障方面

1. 保障医师应有的工资等福利。《执业医师法》第 21 条第 6 项规定，医师有权获取工资报酬和津贴，享受国家规定的福利待遇。

2. 保障护士应有的工资等福利。《护士条例》第 12 条规定，护士执业，有按照国家有关规定获取工资报酬、享受福利待遇、参加社会保险的权利。任何单位或者个人不得克扣护士工资，降低或者取消护士福利等待遇。第 23 条规定，医疗卫生机构应当执行国家有关工资、福利待遇等规定，按照国家有关规定为在本机构从事护理工作的护士足额缴纳社会保险费用，保障护士的合法权益。对在艰苦边远地区工作，或者从事直接接触有毒有害物质、有感染传染病危险工作的护士，所在医疗卫生机构应当按照国家有关规定给予津贴。

3. 提高精神卫生工作人员待遇水平。《精神卫生法》第 71 条第 2 款规定，医疗机构应当采取措施，提高精神卫生工作人员待遇水平，并按照规定给予适当的津贴。精神卫生工作人员因工致伤、致残、死亡的，其工伤待遇以及抚恤按照国家有关规定执行。

4. 给予传染病预防、医疗等人员适当津贴。根据《传染病防治法》第 64 条的规定，对从事传染病预防、医疗等人员，以及在工作中接触传染病病原体的其他人员，有关单位应当按照国家规定，给予适当的津贴。

四、医务人员健康保护方面

1. 对从事传染病预防、医疗等工作的人员提供健康保护。《传染病防治法》第 64 条规定，对从事传染病预防、医疗等人员，以及在工作中接触传染病病原体的其他人员，有关单位应当按照国家规定，采取有效的卫生防护措施和医疗保健措施。《艾滋病防治条例》第 32 条规定，医疗机构对卫生技术人员应当采取有效的卫生防护措施和医疗保健措施。

2. 对从事护理工作的人员提供健康保护。《护士条例》第 22 条规定，医疗卫生机构应当为护士提供卫生防护用品，并采取有效的卫生防护措施和医疗保健措施。

3. 对从事放射工作的人员提供健康保护。《放射性同位素与射线装置安全和防护条例》第 29 条规定，使用放射性同位素和射线装置的单位，应当严格按照国家关于个人剂量监测和健康管理的规定，对直接从事使用活动的工作人员进行个人剂量监测和职业健康检查，建立个人剂量档案和职业健康监护档案。

4. 对从事医疗废物处理工作的人员提供健康保护。《医疗废物管理条例》第 10 条规定，医疗卫生机构应当采取有效的职业卫生防护措施，为从事医疗废物收集、运送、贮存、处置等工作的人员和管理人员，配备必要的防护用品，定期进行健康检查；必要时，对有关人员进行免疫接种，防止其受到健康损害。

第三节 医疗业务上的义务

医疗机构的医疗业务可以是单一的也可以是综合的，但开展的医疗业务无论是形式还是内容都必须遵守相应的法律规定。

一、医疗业务依据方面

1. 按照核准登记的诊疗科目开展医疗业务。《医疗机构管理条例》第 27 条规定，医疗机构必须按照核准登记的诊疗科目开展诊疗活动。《人体器官移植条例》第 11 条第 1 款规定，医疗机构从事人体器官移植，应当依照《医疗机构管理条例》的规定，向所在地省、自治区、直辖市人民政府卫生主管部门申请办理人体器官移植诊疗科目登记。

2. 依法依规开展医疗业务。《医疗机构管理条例》第 25 条规定，医疗机构执业，必须遵守有关法律、法规和医疗技术规范。《医疗事故处理条例》第 5 条规定，医疗机构及其医务人员在医疗活动中，必须严格遵守医疗卫生管理法律、行政法规、部门规章和诊疗护理规范、常规，恪守医疗服务职业道德。《疫苗流通和预防接种管理条例》第 24 条规定，接种单位接种疫苗，应当遵守预防接种工作规范、免疫程序、疫苗使用指导原则和接种方案。《人体器官移植条例》第 15 条规定，医疗机构及其医务人员从事人体器官移植，应当遵守伦理原则和人体器官移植技术管理规范。

二、接诊转诊方面

1. 对危重病人应当立即抢救。《医疗机构管理条例》第 31 条规定，医疗机构对危重病人应当立即抢救。

2. 对因突发事件致病的人员必须接诊治疗。根据《突发公共卫生事件应急条例》第 39 条第 1 款的规定，医疗卫生机构应当对因突发事件致病的人员提供医疗救护和现场救援，对就诊病人必须接诊治疗。

3. 对传染病病人应当接诊治疗。《传染病防治法》第 52 条第 1 款规定，医疗机构应当对传染病病人或者疑似传染病病人提供医疗救护、现场救援和接诊治疗。根据《病原微生物实验室生物安全管理条例》第 43 条的规定，实验室工作人员出现与本实验室从事的高致病性病原微生物相关实验活动有关的感染临床症状或者体征的，接诊的医疗机构应当及时救治。

4. 不推诿或者拒绝治疗病人。《精神卫生法》第 28 条第 3 款规定，医疗机构接到送诊的疑似精神障碍患者，不得拒绝为其作出诊断。第 48 条规定，医疗机构不得因就诊者是精神障碍患者，推诿或者拒绝为其治疗属于本医疗机构诊疗范围的其他疾病。《艾滋病防治条例》第 41 条第 2 款规定，医疗机构不得因就诊的病人是艾滋病病毒感染者或者艾滋病病人，推诿或者拒绝对其其他疾病进行治疗。根据《病原微生物实验室生物安全管理条例》第 43 条的规定，具备相应传染病救治条件的医疗机构应当接诊治疗，不得拒绝救治。

5. 对不能诊治的病人应当及时转诊。根据《医疗机构管理条例》第 31 条的规定，医疗机构对限于设备或者技术条件不能诊治的病人，应当及时转诊。《传染病防治法》第 52 条第 2 款规定，医疗机构不具备相应救治能力的，应当将患者及其病历记录复印件一并转至具备相应救治能力的医疗机构。根据《突发公共卫生事件应急条例》第 39 条第 1 款规定，医疗卫生机构对需要转送的病人，应当按照规定将病人及其病历记录的复印件转送至接诊的或者指定的医疗机构。根据《病原微生物实验室生物安全管理条例》第 43 条的规定，医疗机构不具备相应救治条件的，应当依照规定将感染的实验室工作人员转诊至具备相应传染病救治条件的医疗机构。

6. 不得违反规定实施手术。《精神卫生法》第 42 条规定，禁止对依法实施住院治疗的精神障碍患者实施以治疗精神障碍为目的的外科手术。

7. 不得因抢救费用拖延救治。《道路交通安全法》第 75 条规定，医疗机构对交通事故中的受伤人员应当及时抢救，不得因抢救费用未及时支付而拖延救治。

三、病历资料书写保管方面

1. 按规定书写病历资料。根据《侵权责任法》第 61 条第 1 款的规定，医疗机构及其医务人员应当按照规定填写住院志、医嘱单、检验报告、手术及麻醉记录、病理资料、护理记录、医疗费用等病历资料。根据《医疗事故处理条例》第 8 条第 1 款的规定，医疗机构应当按照国务院卫生行政部门规定的要求，书写病历资料。《精神卫生法》第 47 条规定,医疗机构及其医务人员应当在病历资料中如实记录精神障碍患者的病情、治疗措施、用药情况、实施约束、隔离措施等内容。根据《突发公共卫生事件应急条例》第 39 条第 1 款规定,医疗卫生机构对因突发事件致病的人员进行接诊治疗,应当书写详细、完整的病历记录。

2. 按时据实补记病历资料。《医疗事故处理条例》第 8 条第 1 款规定,因抢救急危患者,未能及时书写病历的,有关医务人员应当在抢救结束后 6 小时内据实补记,并加以注明。

3. 妥善保管病历资料。根据《侵权责任法》第 61 条第 1 款的规定,医疗机构及其医务人员应当按照规定妥善保管住院志、医嘱单、检验报告、手术及麻醉记录、病理资料、护理记录、医疗费用等病历资料。根据《医疗事故处理条例》第 8 条第 1 款的规定,医疗机构应当按照国务院卫生行政部门规定的要求,妥善保管病历资料。根据《精神卫生法》第 47 条的规定,病历资料保存期限不得少于 30 年。

4. 不得涂改、伪造、隐匿、销毁病历资料。《医疗事故处理条例》第 9 条规定,严禁涂改、伪造、隐匿、销毁或者抢夺病历资料。

四、医学文书出具方面

1. 未经诊查、接产不得出具医学文书。《医疗机构管理条例》第 32 条规定,未经医师(士)亲自诊查病人,医疗机构不得出具疾病诊断书、健康证明书或者死亡证明书等证明文件;未经医师(士)、助产人员亲自接产,医疗机构不得出具出生证明书或者死产报告书。

2. 按规定出具婚前医学检查证明。《母婴保健法》第 8 条第 2 款规定,经婚前医学检查,医疗保健机构应当出具婚前医学检查证明。

3. 出具统一的新生儿出生医学证明。《母婴保健法》第 23 条规定,医疗保健机构和从事家庭接生的人员按照国务院卫生行政部门的规定,出具统一制发的新生儿出生医学证明。

五、病人信息保密方面

1. 对患者隐私保密。《侵权责任法》第 62 条规定,医疗机构及其医务人员应当对患者的隐私保密。《传染病防治法》第 12 条第 1 款规定,医疗机构不得泄露涉及个人隐私的有关信息、资料。

2. 对个人资料保密。《人体器官移植条例》第 23 条规定,从事人体器官移植的医务人员应当对人体器官捐献人、接受人和申请人体器官移植手术的患者的个人资料保密。

3. 对身份信息保密。《精神卫生法》第 4 条第 3 款规定，有关单位和个人应当对精神障碍患者的姓名、肖像、住址、工作单位、病史资料以及其他可能推断出其身份的信息予以保密；但是，依法履行职责需要公开的除外。《艾滋病防治条例》第 39 条第 2 款规定，未经本人或者其监护人同意，任何单位或者个人不得公开艾滋病病毒感染者、艾滋病病人及其家属的姓名、住址、工作单位、肖像、病史资料以及其他可能推断出其具体身份的信息。

六、医源性感染和医院感染控制方面

1. 严格执行管理制度和操作规范。《传染病防治法》第 21 条第 1 款规定，医疗机构必须严格执行国务院卫生行政部门规定的管理制度、操作规范，防止传染病的医源性感染和医院感染。

2. 确定专门部门或者人员承担防止医院感染工作。《传染病防治法》第 21 条第 2 款规定，医疗机构应当确定专门的部门或者人员，承担医疗活动中与医院感染有关的危险因素监测、安全防护、消毒、隔离和医疗废物处置工作。

3. 防止因医疗废物导致传染病传播。《医疗废物管理条例》第 7 条规定，医疗卫生机构应当建立、健全医疗废物管理责任制，其法定代表人为第一责任人，切实履行职责，防止因医疗废物导致传染病传播。

4. 防止传染病病原体的实验室感染和病原微生物的扩散。《传染病防治法》第 22 条规定，医疗机构的实验室应当符合国家规定的条件和技术标准，建立严格的监督管理制度，对传染病病原体样本按照规定的措施实行严格监督管理，严防传染病病原体的实验室感染和病原微生物的扩散。

第四节　服从医疗管理上的义务

一、接受调遣和承担指定任务方面

1. 必须承担政府任务。《医疗机构管理条例》第 38 条规定，医疗机构必须承担相应的预防保健工作，承担县级以上人民政府卫生行政部门委托的支援农村、指导基层医疗卫生工作等任务。《传染病防治法》第 7 条第 2 款规定，医疗机构承担与医疗救治有关的传染病防治工作和责任区域内的传染病预防工作。城市社区和农

村基层医疗机构在疾病预防控制机构的指导下，承担城市社区、农村基层相应的传染病防治工作。

2. 紧急情况时必须服从调遣。《医疗机构管理条例》第39条规定，发生重大灾害、事故、疾病流行或者其他意外情况时，医疗机构及其卫生技术人员必须服从县级以上人民政府卫生行政部门的调遣。

二、接受监督方面

1. 配合传染病监督检查。《传染病防治法》第54条规定，医疗机构对卫生行政部门的调查取证、查阅或者复制有关的资料和采集样本，应当予以配合，不得拒绝、阻挠。

2. 配合中医药服务监督检查。《中医药法》第20条第2款规定，中医药主管部门依法开展监督检查，有关单位和个人应当予以配合，不得拒绝或者阻挠。

3. 配合母婴保健监督检查。《母婴保健法实施办法》第36条第2款规定，卫生监督人员可以向医疗、保健机构了解情况，索取必要的资料，对母婴保健工作进行监督、检查，医疗、保健机构不得拒绝和隐瞒。

4. 配合医疗废物监督检查。《医疗废物管理条例》第41条规定，医疗卫生机构对有关部门的检查、监测、调查取证，应当予以配合，不得拒绝和阻碍，不得提供虚假材料。

第五节 病人知情同意上的义务

医疗行为离不开病人的配合和支持，但病人的配合和支持必须建立在知情同意之上。法律为了保障病人的知情同意权，对医疗机构规定了一系列义务。

一、病历资料查阅复制方面

1. 为病人查阅病历资料提供方便。根据《侵权责任法》第61条第2款的规定，患者要求查阅住院志、医嘱单、检验报告、手术及麻醉记录、病理资料、护理记录、医疗费用等病历资料的，医疗机构应当提供。《精神卫生法》第47条规定，患者及其监护人可以查阅、复制病历资料；但是，患者查阅、复制病历资料可能对其治疗产生不利影响的除外。

2. 为病人复印或者复制病历资料提供方便。根据《侵权责任法》第61条第2款的规定，患者要求复制住院志、医嘱单、检验报告、手术及麻醉记录、病理资料、护理记录、医疗费用等病历资料的，医疗机构应当提供。根据《医疗事故处理条例》第10条第2款规定，患者要求复印或者复制其门诊病历、住院志、体温单、医嘱单、化验单(检验报告)、医学影像检查资料、特殊检查同意书、手术同意书、手术及麻醉记录单、病理资料、护理记录以及国务院卫生行政部门规定的其他病历资料的，医疗机构应当提供复印或者复制服务，并在复印或者复制的病历资料上加盖证明印记。且复印或者复制病历资料时，应当有患者在场。

二、医疗告知方面

1. 告知病人享有的权利。《精神卫生法》第37条规定，医疗机构及其医务人员应当将精神障碍患者在诊断、治疗过程中享有的权利，告知患者或者其监护人。

2. 告知病人医疗信息。《侵权责任法》第55条第1款规定，医务人员在诊疗活动中应当向患者说明病情和医疗措施。《医疗事故处理条例》第11条规定，在医疗活动中，医疗机构及其医务人员应当将患者的病情、医疗措施、医疗风险等如实告知患者，及时解答其咨询；但是，应当避免对患者产生不利后果。根据《精神卫生法》第39条的规定，医疗机构及其医务人员应当向精神障碍患者或者其监护人告知治疗方案和治疗方法、目的以及可能产生的后果。第40条规定，医疗机构及其医务人员对病人实施约束、隔离等保护性医疗措施后应当告知患者的监护人。第47条规定，医疗机构及其医务人员应当在病历资料中如实记录精神障碍患者的病情、治疗措施、用药情况、实施约束、隔离措施等内容，并如实告知患者或者其监护人。《职业病防治法》第55条第1款规定，医疗卫生机构发现疑似职业病病人时，应当告知劳动者本人。《艾滋病防治条例》第42条规定，对确诊的艾滋病病毒感染者和艾滋病病人，医疗卫生机构的工作人员应当将其感染或者发病的事实告知本人；本人为无行为能力人或者限制行为能力人的，应当告知其监护人。

3. 向病人通报、解释医疗事故争议。根据《医疗事故处理条例》第13条的规定，医务人员在医疗活动中发生或者发现医疗事故、可能引起医疗事故的医疗过失行为或者发生医疗事故争议的，应当立即向所在科室负责人报告，科室负责人应当及时向本医疗机构负责医疗服务质量监控的部门或者专(兼)职人员报告；负责医疗服务质量监控的部门或者专(兼)职人员接到报告后，应当立即进行调查、核实，将有关情况如实向本医疗机构负责人报告，并向患者通报、解释。

4. 向病人提供医疗收费清单。《医疗机构管理条例》第37条规定，医疗机构必须按照人民政府或者物价部门的有关规定收取医疗费用，详列细项，并出具收据。

5. 向病人提供药品价格清单。根据《药品管理法》第 57 条的规定，医疗机构应当向患者提供所用药品的价格清单。

三、医疗同意方面

1. 一般病人的医疗同意。《侵权责任法》第 55 条第 1 款规定，需要实施手术、特殊检查、特殊治疗的，医务人员应当及时向患者说明医疗风险、替代医疗方案等情况，并取得其书面同意；不宜向患者说明的，应当向患者的近亲属说明，并取得其书面同意。《医疗机构管理条例》第 33 条规定，医疗机构施行手术、特殊检查或者特殊治疗时，必须征得患者同意，并应当取得其家属或者关系人同意并签字；无法取得患者意见时，应当取得家属或者关系人同意并签字；无法取得患者意见又无家属或者关系人在场，或者遇到其他特殊情况时，经治医师应当提出医疗处置方案，在取得医疗机构负责人或者被授权负责人员的批准后实施。

2. 特殊病人的医疗同意。《精神卫生法》第 43 条规定，医疗机构对精神障碍患者实施导致人体器官丧失功能的外科手术或者与精神障碍治疗有关的实验性临床医疗等治疗措施，应当向患者或者其监护人告知医疗风险、替代医疗方案等情况，并取得患者的书面同意；无法取得患者意见的，应当取得其监护人的书面同意，并经本医疗机构伦理委员会批准。

第六节 医疗报告上的义务

医疗机构按规定履行医疗报告义务，对于公共卫生安全、医疗安全和药品安全等来说具有重要意义。这既有利于有关部门或者单位及时掌握有关情况，也有利于及时采取应对措施，并为及时采取应对措施赢得宝贵时间。

一、疫情信息方面

1. 发现的传染病疫情报告。根据《传染病防治法》第 30 条第 1 款的规定，医疗机构发现本法规定的传染病疫情或者发现其他传染病暴发、流行以及突发原因不明的传染病时，应当遵循疫情报告属地管理原则，按照国务院规定的或者国务院卫生行政部门规定的内容、程序、方式和时限报告。根据《突发公共卫生事件应急条例》第 39 条第 4 款的规定，医疗机构收治传染病病人、疑似传染病病人，应当依法报告所在地的疾病预防控制机构。

2. 发现的实验室感染引起的传染病疫情报告。根据《病原微生物实验室生物安全管理条例》第 47 条的规定，医疗机构发现由于实验室感染而引起的与高致病性病原微生物相关的传染病病人、疑似传染病病人，诊治的医疗机构应当在 2 小时内报告所在地的县级人民政府卫生主管部门。

二、突发公共卫生事件应急信息方面

发现的突发公共卫生事件报告。根据《突发公共卫生事件应急条例》第 20 条第 1 款的规定，医疗机构发现下列情形之一的，应当在 2 小时内向所在地县级人民政府卫生行政主管部门报告：(1) 发生或者可能发生传染病暴发、流行的；(2) 发生或者发现原因不明的群体性疾病的；(3) 发生传染病菌种、毒种丢失的；(4) 发生或者可能发生重大食物和职业中毒事件的。

三、不良(异常)反应(事件)信息方面

1. 药品不良反应报告。《药品管理法》第 70 条第 1 款规定，医疗机构必须经常考察本单位所使用的药品质量、疗效和反应。发现可能与用药有关的严重不良反应，必须及时向当地省、自治区、直辖市人民政府药品监督管理部门和卫生行政部门报告。

2. 医疗器械不良事件报告。《医疗器械监督管理条例》第 47 条第 1 款规定，医疗机构应当对所使用的医疗器械开展不良事件监测，发现医疗器械不良事件或者可疑不良事件，应当按照国务院药品监督管理部门的规定，向医疗器械不良事件监测技术机构报告。

3. 预防接种异常反应报告。《疫苗流通和预防接种管理条例》第 42 条规定，医疗机构发现预防接种异常反应、疑似预防接种异常反应或者接到有关报告的，应当依照预防接种工作规范及时处理，并立即报告所在地的县级人民政府卫生主管部门、药品监督管理部门。

四、事故信息方面

1. 医疗事故报告。《医疗事故处理条例》第 14 条规定，发生医疗事故的，医疗机构应当按照规定向所在地卫生行政部门报告。发生下列重大医疗过失行为的，医疗机构应当在 12 小时内向所在地卫生行政部门报告：(1) 导致患者死亡或者可能为二级以上的医疗事故；(2) 导致 3 人以上人身损害后果；(3) 国务院卫生行政部门和省、自治区、直辖市人民政府卫生行政部门规定的其他情形。

2. 辐射事故报告。《放射性同位素与射线装置安全和防护条例》第42条第1款规定，发生辐射事故时，使用放射性同位素和射线装置的单位应当立即启动本单位的应急方案，采取应急措施，并立即向当地环境保护主管部门、公安部门、卫生主管部门报告。

3. 食物中毒事故报告。《食品安全法》第104条第1款规定，医疗机构发现其接收的病人属于食源性疾病病人或者疑似病人的，应当按照规定及时将相关信息向所在地县级人民政府卫生行政部门报告。

五、医疗信息方面

1. 人体器官移植实施情况报告。《人体器官移植条例》第24条规定，从事人体器官移植的医疗机构应当定期将实施人体器官移植的情况向所在地省、自治区、直辖市人民政府卫生主管部门报告。

2. 产妇死亡、婴儿死亡和新生儿出生缺陷报告。《母婴保健法》第23条规定，医疗保健机构和从事家庭接生的人员，有产妇和婴儿死亡以及新生儿出生缺陷情况的，应当向卫生行政部门报告。

3. 职业病报告。《职业病防治法》第50条规定，医疗卫生机构发现职业病病人或者疑似职业病病人时，应当及时向所在地卫生行政部门报告。

第七节 医疗广告上的义务

医疗机构可以通过一定媒介和形式直接或者间接地介绍自己或者所提供的医疗服务，但应当符合相关的法律规定，并对其后果承担法律责任。

一、医疗广告发布主体方面

1. 未取得《医疗广告审查证明》的医疗机构不得发布医疗广告。《中医药法》第19条规定，医疗机构发布中医医疗广告，应当经所在地省、自治区、直辖市人民政府中医药主管部门审查批准；未经审查批准，不得发布。发布的中医医疗广告内容应当与经审查批准的内容相符合，并符合《中华人民共和国广告法》的有关规定。2006年国家工商行政管理总局和卫生部联合发布的《医疗广告管理办法》第3条规定，医疗机构发布医疗广告，应当在发布前申请医疗广告审查。未取得《医疗广告审查证明》的，不得发布医疗广告。

2. 医疗机构不得以内部科室名义发布医疗广告。《医疗广告管理办法》第 5 条规定，医疗机构不得以内部科室名义发布医疗广告。

二、医疗广告内容方面

1. 医疗广告内容要符合规定。《广告法》第 16 条第 1 款规定，医疗广告不得含有下列内容：(1) 表示功效、安全性的断言或者保证；(2) 说明治愈率或者有效率；(3) 与其他医疗机构比较；(4) 利用广告代言人作推荐、证明；(5) 法律、行政法规规定禁止的其他内容。

2. 医疗广告不得超出规定内容。《医疗广告管理办法》第 6 条规定，医疗广告内容仅限于以下项目：(1) 医疗机构第一名称；(2) 医疗机构地址；(3) 所有制形式；(4) 医疗机构类别；(5) 诊疗科目；(6) 床位数；(7) 接诊时间；(8) 联系电话。根据规定，前 6 项内容必须与《医疗机构执业许可证》或其副本载明的内容一致。

三、医疗广告表现形式方面

1. 医疗广告的表现形式应当符合规定。《医疗广告管理办法》第 7 条规定，医疗广告的表现形式不得含有以下情形：(1) 涉及医疗技术、诊疗方法、疾病名称、药物的；(2) 保证治愈或者隐含保证治愈的；(3) 宣传治愈率、有效率等诊疗效果的；(4) 淫秽、迷信、荒诞的；(5) 贬低他人的；(6) 利用患者、卫生技术人员、医学教育科研机构及人员以及其他社会社团、组织的名义、形象作证明的；(7) 使用解放军和武警部队名义的；(8) 法律、行政法规规定禁止的其他情形。

2. 不得发布或者变相发布医疗广告。《医疗广告管理办法》第 16 条规定，禁止利用新闻形式、医疗资讯服务类专题节(栏)目发布或者变相发布医疗广告。有关医疗机构的人物专访、专题报道等宣传内容，可以出现医疗机构名称，但不得出现有关医疗机构的地址、联系方式等医疗广告内容；不得在同一媒介的同一时间段或者版面发布该医疗机构的广告。

除上述内容外，部门规章也对医疗机构设置了一系列义务或者责任。这里不再一一列举。

第十章　医疗机构评审

第一节　医疗机构评审概说

一、医疗机构评审的发展

我国医疗机构评审制度发轫于20世纪80年代末。为统筹规划医疗机构体系，合理配置医疗资源，提高医院管理水平，确保医疗服务质量，1989年卫生部制定了《医院分级管理办法(试行)》，建立起医院评审制度。医院评审制度的核心是对医院实行分级分等管理。医院按功能、任务分为一、二、三级。在一、二、三级医院水平上，每级医院又分出甲、乙、丙三等，三级医院还增设特等，总共三级十等。根据规定，基层医院、卫生院一般为一级医院；地区性医院一般为二级医院；区域性以上的医院一般为三级医院。为确保医院评审工作顺利进行，卫生部印发了《医院分级管理标准》。1991年国家中医药管理局制定《中医医院分级管理办法(试行草案)》，在中医医疗机构同步推行评审制度和医院分级管理制度。

1994年国务院发布的《医疗机构管理条例》对医院评审制度予以了肯定，并将医院评审制度扩大到所有医疗机构，第41条明确规定"国家实行医疗机构评审制度"，并要求"由专家组成的评审委员会按照医疗机构评审办法和评审标准，对医疗机构的执业活动、医疗服务质量等进行综合评价"，同时授权国务院卫生行政部门制定医疗机构评审办法和评审标准。为此，1995年卫生部发布《医疗机构评审办法》，要求"各级各类医疗机构均应按本办法参加评审"。为纠正医疗机构评审中出现的偏离医疗机构评审本意的行为，1996年卫生部印发《关于进一步搞好医院分级管理和医院评审工作的通知》，强调："决不允许组织医务人员修改病历和其它医疗文件。不允许借医院分级管理名义购置高精设备。更不允许借机盲目扩大医院床位，置区域医疗规划或卫生行政部门的要求于不顾，争上级别。"

1997年卫生部又对《医疗机构评审办法》第38条进行了修改，将"床位在20张以上的乡(镇)卫生院”纳入康复医院、疗养院及职业病防治院(所)的分等评定,并明确“村卫生室只设‘甲等’与‘合格’”。2011 年卫生部制定《医院评审暂行办法》,对《医疗机构评审办法》进行了修订,规定:“1995 年 7 月 21 日卫生部发布的《医疗机构评审办法》(卫医发[1995]第 30 号)与本办法不符的,以本办法为准。”

二、医疗机构评审的概念

《医疗机构评审办法》对医疗机构评审的定义是,由有关专家组成的医疗机构评审委员会,依照医疗机构评审办法、医疗机构评审标准和医疗机构基本标准等,对医疗机构的执业活动、服务质量和管理水平等进行综合评价的专业技术性活动。医院评审,是指医院按照《医院评审暂行办法》要求,根据医疗机构基本标准和医院评审标准,开展自我评价,持续改进医院工作,并接受卫生行政部门对其规划级别的功能任务完成情况进行评价,以确定医院等级的过程。

从上述定义来看,医疗机构评审和医院评审有比较明显的区别。两者角度不同,侧重点不同,方法也不同。

三、医疗机构评审的标准

医疗机构分不同种类,因此评审标准各异。目前主要有:1992 年的《肿瘤医院分级管理标准》;1996 年的《精神病医院评审标准(试行)》《三级妇幼保健机构等级评审细则》;1997 年的《乡(镇)卫生院评审标准》《综合医院评审标准》《医院、乡(镇)卫生院评审结论判定标准》;1998 年的《口腔医院评审标准(试行)》;2011 年的《三级综合医院评审标准》《三级心血管病医院评审标准》《三级儿童医院评审标准》《三级肿瘤医院评审标准》《三级妇产医院评审标准》《三级眼科医院评审标准》等。

第二节 医疗机构评审的方式与内容

一、医疗机构评审的方式

医疗机构评审方式分为周期性评审和不定期重点检查。根据《医院评审暂行办法》的规定,医院的周期性评审是指卫生行政部门在评审期满时对医院进行的综合评审。不定期重点检查是指卫生行政部门在评审周期内适时对医院进行的检查和抽查。

《医疗机构评审办法》将医院、妇幼保健院、疗养院、卫生院、急救医疗机构、临床检验中心、专科疾病防治机构、护理院及床位数在20张以上的其他医疗机构的评审周期确定为三年，上述以外的医疗机构的评审周期确定为二年。《医院评审暂行办法》将各级各类医院的评审周期统一调整为四年。

二、医疗机构评审的内容

医疗机构评审内容分为周期性评审内容和不定期重点检查内容。《医院评审暂行办法》对医院周期性评审内容作出了规定。医院周期性评审的内容包括对医院的书面评价、医疗信息统计评价、现场评价和社会评价等方面的综合评审。其中：

书面评价的内容和项目包括：(1)评审申请材料；(2)不定期重点评价结果及整改情况报告；(3)接受省级以上卫生行政部门组织的专科评价、技术评估等的评价结果；(4)接受地市级以上卫生行政部门设立的医疗质量评价控制组织检查评价结果及整改情况；(5)省级卫生行政部门规定的其他内容和项目。

医疗信息统计评价的内容和项目包括：(1)各年度出院患者病案首页等诊疗信息；(2)医院运行、患者安全、医疗质量及合理用药等监测指标；(3)利用疾病诊断相关分组(DRGs)等方法评价医院绩效；(4)省级卫生行政部门规定的其他内容和项目。

医院现场评价的主要内容包括：(1)医院基本标准符合情况；(2)医院评审标准符合情况；(3)医院围绕以病人为中心开展各项工作的情况；(4)与公立医院改革相关工作开展情况；(5)省级卫生行政部门规定的其他内容。

社会评价的主要内容和项目包括：(1)地方政府开展的医疗机构行风评议结果；(2)卫生行政部门开展或者委托第三方社会调查机构开展的患者满意度调查结果；(3)省级卫生行政部门规定的其他内容和项目。

第三节 医疗机构评审报告和评审结论

一、医疗机构的评审报告

医疗机构评审报告是医疗机构评审小组在评审结束后就评审的结果向组织医疗机构评审的机构提交的书面文件。《医院评审暂行办法》对医院评审小组完成评审报告的程序和内容进行了规定。

根据规定，医院评审报告应当包括下列内容：(1)评审工作概况；(2)书面评价、医疗信息统计评价、现场评价及社会评价结果；(3)被评审医院的总分及评审结论建议；(4)被评审医院存在的主要问题、整改意见及期限；(5)应当说明的其他问题；(6)省级卫生行政部门规定的其他内容。

二、医疗机构的评审结论

医疗机构评审的基本结论是“合格”和“不合格”两种，并对部分类别的医疗机构实行分等评定。《医院评审暂行办法》将各级医院评审结论调整为“甲等”“乙等”“不合格”三种。并规定，对评审结论为甲等、乙等的医院，由省级卫生行政部门发给统一格式的等级证书及标识。

评审结论为不合格的医院，经整改后应当申请再次评审。再次评审结论中不包括甲等，只分乙等和不合格两种。《医院评审暂行办法》规定，医院在评审过程中有下列情形之一的，评审结论直接判定为不合格：(1)提供虚假评审资料，有伪造、涂改病历及有关档案资料等弄虚作假行为的；(2)有群众来信、来访反映医院重大违法、违规、违纪行为，并提供明确线索，已经查实的；(3)借评审盲目扩大规模，滥购设备，浪费资源的；(4)存在医院评审标准中规定的“一票否决”情况的；(5)省级卫生行政部门规定的其他情形。

医院在等级证书有效期内有下列情形之一的，卫生行政部门应当撤销原评审结论，取消评审等次，并收回证书和标识：(1)医院在医德医风、医疗质量和医疗安全等方面存在重大缺陷的；(2)经查实在接受评审过程中弄虚作假的；(3)拒不配合评审工作的；(4)拒绝参加对口支援工作或者未按照要求完成对口支援任务的；(5)未按照第42条的规定，提前申请评审的；(6)省级卫生行政部门规定的其他情形。

第三篇

医务人员法

第十一章　医务人员法概说

通常，我们将在医疗机构工作的卫生技术人员称为医务人员。而卫生技术人员主要指从事医、药、护、技四个职业的专业人员。因此，所谓医务人员法，是指有关医、药、护、技等专业人员的法律规范的总称。在医疗活动中，虽然他们扮演着不同的角色，但作为一个整体医务人员履行着救死扶伤的共同使命。所以，对医务人员的管理模式具有很强的相似性。

第一节　医务人员法的历史发展

我国目前还没有一部名称为医务人员法的综合性法律。有关医务人员的法律规范分散在不同层级的法律、行政法规和规章之中。从内容来看，主要包括学历要求、健康条件、执业准入、职务责任、权利义务、考核培训、奖励惩戒等。从整体上说，医务人员法的发展进程还不能满足实际需要。

一、多结构搭建医务人员法的框架

我国有关医务人员的立法起步比较早，涉及面也比较广。在 20 世纪 50 年代初，我国就初步建立了医务人员准入体制，如 1951 年经政务院批准，卫生部就制定了《医师暂行条例》《中医师暂行条例》《牙医师暂行条例》《药师暂行条例》等。1952 年卫生部又发布了《医士、药剂士、助产士、护士、牙科技士暂行条例》等。

1956 年经国务院批准，卫生部发布了《国家卫生技术人员职务名称和职务晋升暂行条例》，建立了医务人员职务体系。经过几年试行，卫生部于 1963 年又进行了修订，并将该条例名称改为《卫生技术人员职务名称及晋升暂行条例》。

因法律虚无主义的影响，这些条例中，有的在出台不久就被停止执行，如 1956 年卫生部废除了《中医师暂行条例》；有的虽然没有明令废止但事实上也没有得到很好地执行。但这些条例都为后来的医务人员法的立法工作提供了十分有益的经验和示范。

二、多层次推进医务人员法的建设

改革开放后,有关医务人员法的立法工作重新被提上议事日程,并加快了建设步伐。1979 年 2 月经国务院同意,卫生部颁发了新的《卫生技术人员职称及晋升条例(试行)》,并印发《卫生技术人员技术考核标准》,全面恢复了卫生技术人员职称的确定和晋升工作。1986 年 3 月中央职称改革工作领导小组转发卫生部《卫生技术人员职务试行条例》,进一步明确任职基本条件,使我国医务人员的职务体系日臻完善。

1989 年国家中医药管理局制定《中医师、士管理办法(试行)》,对取得中医师、士资格以及职责、奖励等进行了规定。1989 年卫生部制定《农村助产人员管理条例(试行)》,明确农村助产人员的范围包括受过助产专业训练的乡村医生、接生员、妇幼保健员、卫生员、已获得技术职称的个体开业接生人员。1993 年卫生部制定《护士管理办法》,实行护士资格考试和执业注册制度。其明确规定,凡申请护士执业者必须通过卫生部统一执业考试,取得护士执业证书者,方可申请护士执业注册。

为了加强医师队伍的建设,提高医师的职业道德和业务素质,保障医师的合法权益,保护人民健康,1998 年 6 月 26 日第九届全国人民代表大会常务委员会第三次会议审议通过《执业医师法》。自 1999 年 5 月 1 日起施行。该法分为总则、考试和注册、执业规则、考核和培训、法律责任和附则,共 6 章 48 条。为全面实施《执业医师法》,卫生部制定发布了一系列规章,如《具有医学专业技术职务任职资格人员认定医师资格及执业注册办法》《医师资格考试暂行办法》《医师执业注册暂行办法》《传统医学师承和确有专长人员医师资格考核考试办法》《医师定期考核管理办法》等。2017 年国家卫生计生委对《医师执业注册暂行办法》进行了修订,发布了新的《医师执业注册管理办法》。

三、多方面提高医务人员法的质量

进入 21 世纪后,医务人员法的立法工作着重强调服务基层和提升服务能力等理念,将重点放在社会关注高的薄弱环节上,并根据医疗对各类专业人员的需求量越来越大、专业素质要求越来越高的新形势,把技能型队伍和骨干力量的建设有机结合起来,以激励为主,突出优势,不断提升医务人员在医疗服务体系建设发展中的地位和作用。

乡村医生是我国特有的一支卫生队伍。为了提高乡村医生的职业道德和业务水平，加强乡村医生从业管理，保护乡村医生的合法权益，保障村民获得初级卫生保健服务，国务院于 2003 年 8 月 5 日以第 386 号令公布了《乡村医生从业管理条例》，自 2004 年 1 月 1 日起施行。该条例分总则、执业注册、执业规则、培训与考核、法律责任和附则，共 6 章 49 条。《乡村医生从业管理条例》是《执业医师法》的配套法规。为了保证该条例的实施，2003 年卫生部下发《关于印发乡村医生执业证书格式的通知》，统一了乡村医生执业证书的格式；2004 年卫生部办公厅下发《关于印发〈乡村医生在岗培训基本要求〉的通知》，并转发了《财政部、国家发展改革委关于不宜收取乡村医生执业注册费的复函》；2006 年卫生部、国家中医药管理局下发《关于印发〈乡村医生中医药知识与技能基本要求〉的通知》；2008 年卫生部出台《乡村医生考核办法》。

在我国，护士人数达 350 万。为了维护护士的合法权益，规范护理行为，促进护理事业发展，保障医疗安全和人体健康，在原卫生部《护士管理办法》基础上，国务院于 2008 年 1 月 31 日以第 517 号令公布了《护士条例》，并于同年 5 月 12 日起施行。该条例分为总则、执业注册、权利和义务、医疗卫生机构的职责、法律责任和附则，共 6 章 35 条。为保障《护士条例》的实施，2008 卫生部发布了《护士执业注册管理办法》，2010 年卫生部、人力资源和社会保障部发布了《护士执业资格考试办法》。

《药师法》已经列入国务院和全国人大立法计划。起草工作正在抓紧进行。在医务人员中，药师人数相对较少，在医疗机构工作的药师近 50 万。但药师在医疗中的作用越来越受到重视。《药品管理法》及其实施条例对药师等药学技术人员的职责都提出了具体要求。2007 年卫生部制定了《处方管理办法》，对药师的处方调剂行为作出了全面性规定。2011 年卫生部又制定了《医疗机构药事管理规定》，对药师的具体职责从制度角度作出了明确规定。

为了加强港澳台医师在内地（大陆）短期行医的管理，2008 年卫生部制定了《香港、澳门特别行政区医师在内地短期行医管理规定》和《台湾地区医师在大陆短期行医管理规定》。2009 年针对港澳台医师获得内地（大陆）医师资格问题，卫生部出台了《香港和澳门特别行政区医师获得内地医师资格认定管理办法》和《台湾地区医师获得大陆医师资格认定管理办法》。2010 年卫生部还发布了《香港和澳门特别行政区医疗专业技术人员在内地短期执业管理暂行规定》。

为了解决以师承方式学习中医或者经多年实践，医术确有专长人员的行医资格问题，2016 年第十二届全国人大常委会第二十五次会议通过的《中医药法》确立了中医医师资格考核制度。根据规定,实践技能和效果考核合格的,可以取得中医医师资格。为此,2017年国家卫生计生委制定了《中医医术确有专长人员医师资格考核注册管理暂行办法》。

第二节 医务人员的范围

一、医务人员的概念

医务人员有狭义和广义之分。狭义的医务人员是指在医疗机构工作的卫生技术人员。根据《医疗机构管理条例实施细则》定义,卫生技术人员是指按照国家有关法律、法规和规章规定取得卫生技术人员资格或者职称的人员。广义的医务人员是指在医疗机构工作的卫生人员。包括取得卫生技术人员资格或者职称的人员和没有取得卫生技术人员资格或者职称的人员。

在医疗机构,非医务人员不得从事卫生技术工作。

二、医务人员的分类

医疗机构虽然种类、规模不同,但业务性质基本相同,即以医疗为主。所以,医疗机构的医务人员主要是围绕医疗开展相应的活动。医疗活动按业务性质,大致可以分为医、药、护、技四个方面。因此,相应的形成了四支主要卫生人员队伍:医师、护士、药师、技师。由于医师队伍数量严重不足等原因,我国还形成了一支一百多万人的乡村医生队伍。

根据规定,医师、护士、药师、技师原则上可以在任何种类、任何规模、任何地方的医疗机构工作,乡村医生只可以在村卫生室工作。医师中的执业助理医师在乡镇卫生院、村卫生室等基层医疗机构以外的医疗机构工作,其权限受一定限制。

第三节 医务人员的技术职务

一、医务人员技术职务的概念

医务人员技术职务,也就是卫生技术人员职务,是指以医疗卫生技术应用为主要职责,根据医疗卫生工作的实际需要设置的专业技术工作岗位。

卫生技术人员职务有明确的职责和履行相应职责必须具备的任职基本条件。现行规定对医疗机构的高、中、初三级专业技术职务人员有结构比例要求。

二、医务人员技术职务的分类

按照卫生技术职务，医务人员的卫生技术职务分为医、药、护、技四类：(1)医。对象为从事医疗、疾病预防控制、妇幼保健、计划生育等工作的专业人员，包括中医(含民族医)、西医、中西结合医等技术人员。分为主任医师、副主任医师、主治(主管)医师、医师、医士。(2)药。对象为从事药剂、药检工作的专业人员，包括中药、西药技术人员。分为主任药师、副主任药师、主管药师、药师、药士。(3)护。对象为从事护理工作的专业人员。分为主任护师、副主任护师、主管护师、护师、护士。(4)技。对象为从事检验、理疗、病理、口腔、同位素、放射、营养等技术操作、器械维修等工作的专业人员。分为主任技师、副主任技师、主管技师、技师、技士。

上述卫生技术职务中：主任医师、主任药师、主任护师、主任技师和副主任医师、副主任药师、副主任护师、副主任技师为高级技术职务；主治(主管)医师、主管药师、主管护师、主管技师为中级技术职务；医师、医士、药师、药士、护师、护士、技师、技士为初级技术职务。

第十二章　医　　师

第一节　医 师 概 说

一、医师的概念

所谓医师，根据《执业医师法》第 2 条的规定，是指依法取得执业医师资格或者执业助理医师资格，经注册在医疗、预防、保健机构中执业的专业医务人员。这一概念表明，医师是执业医师和执业助理医师的统称。

医师不仅是一种称谓或者说一种身份，而且还是一种职业。根据概念，作为一个医师必须同时具备三个条件：一是资格，“依法取得执业医师资格或者执业助理医师资格”；二是注册，“经注册”；三是场所，“在医疗、预防、保健机构中执业”。换句话说，仅取得执业医师资格或者执业助理医师资格并不是法律意义上的医师，取得资格经注册但不在医疗、预防、保健机构中执业也不受法律保护。

作为医师最大的责任是给病人以最好的照顾，做任何事情都要以病人的利益为重，帮助病人是医师义不容辞的责任。《执业医师法》第 5 条规定，国家对在医疗、预防、保健工作中作出贡献的医师，给予奖励。第 33 条规定，医师有下列情形之一的，县级以上人民政府卫生行政部门应当给予表彰或者奖励：(1) 在执业活动中，医德高尚，事迹突出的；(2) 对医学专业技术有重大突破，作出显著贡献的；(3) 遇有自然灾害、传染病流行、突发重大伤亡事故及其他严重威胁人民生命健康的紧急情况时，救死扶伤、抢救诊疗表现突出的；(4) 长期在边远贫困地区、少数民族地区条件艰苦的基层单位努力工作的；(5) 国务院卫生行政部门规定应当予以表彰或者奖励的其他情形的。

二、医师的分类

医疗卫生业务非常广泛，而从事医疗卫生业务的医师能力又有显著不同。所以，医师既可以按业务性质进行分类，又可以从能力角度进行分类。按业务性质进行分类，是一种横向上的分类；从能力角度进行分类，是一种纵向上的分类，也可以称为层级上的分类。

（一）从纵向上分类

《执业医师法》将我国医师分为执业医师和执业助理医师。虽同为医师，但两者处在不同级别上，不仅执业范围有差异，而且执业权限也有明显区别。

1. 执业医师

执业医师，是指取得执业医师资格后经注册在医疗、预防、保健机构中从事执业医师工作的人员。执业医师是我国医师队伍的主体。从法律上说，执业医师具有完整的执业权，在医疗卫生服务中居于不可替代的地位。

2. 执业助理医师

执业助理医师，是指取得执业助理医师资格后经注册在医疗、预防、保健机构中从事执业助理医师工作的人员。执业助理医师是对执业医师数量不足的一种补充。在我国基层医疗卫生机构中，执业助理医师发挥着重要作用。法律鼓励和支持执业助理医师经过能力提升成为执业医师。

（二）从横向上分类

根据医师资格的考试类别和医师注册的执业类别，我国医师可以分别称为临床医师、中医（包括民族医、中西医结合）医师、口腔医师和公共卫生医师。将医师分为四类，是因为他们的业务在内容和形式上有比较明显的区别，换句话说，他们有各自的医学体系，但在法律方面他们的地位是平等的。

1999 年卫生部《医师资格考试暂行办法》将医师资格的考试类别分为临床、中医（包括中医、民族医、中西医结合）、口腔和公共卫生。同年卫生部《医师执业注册暂行办法》将临床、中医（包括中医、民族医、中西医结合）、口腔和公共卫生确定为执业类别。根据规定，取得《医师资格证书》的，按照考试类别注册相应的执业类别。也就是说，医师参加的考试类别是确定医师执业类别的依据。

三、医师的基本要求

《执业医师法》第 3 条第 1 款规定："医师应当具备良好的职业道德和医疗执业水平，发扬人道主义精神，履行防病治病、救死扶伤、保护人民健康的神圣职责。"

1. 医师应当具备良好的职业道德

医师的职业道德是指医师从事医师职业所应信奉的道德准则和履行医师职务

所应遵守的道德规范。由于医师职业的特殊性，仅靠法律约束是远远不够的，因为职业道德始终比法律更具有引领作用。因此，国家在将医师职业道德中最基本部分作为法律规范进行要求的同时，也将与医师职业素质、职业习惯、职业心理等密切相关的道德规范作为医师职业守则或者医师职业标准，纳入医师必须具备的条件之一，从而将职业道德与强制性联系在一起。所以，医师应当具备良好的职业道德，既是道德义务也是法律义务。

2. 医师应当具备良好的医疗执业水平

医疗执业水平是指医师在执业中发现问题、解决问题的知识和能力所达到的高度。医师是医疗服务的主体，相对于其他医务人员，医师在医疗活动中居于核心角色。因此，医师的医疗执业水平影响着医疗服务的质量，甚至决定着病人的生命安全。一个合格的医师，应当具备其专业相应的知识体系，有科学的思维方式、较强的实践技能，同时还要有良好的与病人沟通交流的能力。

3. 医师应当发扬人道主义精神

所谓发扬人道主义精神就是以人道主义作为价值判断标准来衡量医疗活动。倡导以病人为中心是人道主义的精髓。尽管医疗活动千头万绪、医疗技术日新月异，但概括起来都是为了实现病人利益最大化。而病人利益的基础就是人的价值得到尊重，人的尊严和权利得到维护。医疗法奉行人道主义精神，在许多方面实现了对病人人道主义保护的法律化。在医疗实践中，人道主义不仅是作为一种人文主义的表现形式，而且已经转化为一种人道主义待遇。因此，医师在其中所发挥的作用至关重要。

4. 医师应当履行防病治病、救死扶伤、保护人民健康的神圣职责

卫生工作可以概括为两个方面：一个方面是防病，另一个方面是治病。防病治病的出发点和落脚点都是保护人民健康。而救死扶伤是防病治病的重要组成部分。法律将防病治病、救死扶伤、保护人民健康并列作为医师的神圣职责，其目的就是凸显医师职责的重点，确保手段与目标的统一、形式与内容的统一。所以，医师在履行职责中必须牢牢把握这两个统一，将病人健康利益放在一切之上。

四、医师的社会保护

《执业医师法》第 3 条第 2 款规定：“全社会应当尊重医师。医师依法履行职责，受法律保护。”

1. 全社会应当尊重医师

人与人之间应当相互尊重。《执业医师法》在要求医师尊重病人的同时，也要求全社会尊重医师。这里所讲的尊重医师，除了指从公民角度尊重医师外，还指从职业角度尊重医师。从职业角度尊重医师，应当主要体现在以下三个方面：(1)尊重医师的执业权利。非经法定程序不得剥夺医师的执业权。(2)尊重医师的执业行为。医师在依法履职过程中享有执业的自主权。(3)尊重医师的执业利益。医师的劳动应当获得合理的报酬和福利待遇。

2. 医师依法履行职责受法律保护

医师职业的特殊性，不仅在于所使用的技术，更重要的在于所服务的对象。要使医师千方百计地为病人着想，就必须解除其后顾之忧。对医师依法履职进行法律保护，从根本上说是为了最大限度地保护病人利益。目前对医师依法履职的法律保护主要体现在以下三个方面：(1)医师依法履职不受非法干扰。《执业医师法》第40条规定，阻碍医师依法执业、侮辱、诽谤、威胁、殴打医师或者侵犯医师人身自由、干扰医师正常工作、生活的，依照治安管理处罚法的规定处罚；构成犯罪的，依法追究刑事责任。(2)医师对侵害其工作、生活的当事人可以依法要求承担民事法律责任。《侵权责任法》第64条规定，医疗机构及其医务人员的合法权益受法律保护。干扰医疗秩序、妨碍医务人员工作、生活的，应当依法承担法律责任。(3)医师只对过错行为承担法律责任，其中损害赔偿责任由医疗机构承担。《侵权责任法》第54条规定，患者在诊疗活动中受到损害，医疗机构及其医务人员有过错的，由医疗机构承担赔偿责任。

五、医师的管理

我国在医师管理上，实行行政部门管理为主、行业协会参与管理的模式。《执业医师法》第4条规定，国务院卫生行政部门主管全国的医师工作。县级以上地方人民政府卫生行政部门负责管理本行政区域内的医师工作。

《执业医师法》同时又规定，医师可以依法组织和参加医师协会。目前，医师既有全国性的医师协会，也有地方性的医师协会，还有以女医师为主体的女医师协会。它们以“服务、协调、自律、维权、监督”等为宗旨，在团结、带领医师等方面发挥着重要作用。

第二节 医师资格

一、医师资格的概念

医师资格是指从事医师职业的人员必须具备的形式条件。在我国,医师资格的取得主要有两条途径:通过考试程序取得和通过确认或者考核程序取得。考试是取得医师资格的基本形式,确认或者考核是取得医师资格的补充形式。取得医师资格者,说明具有了可以依法申请从事医师职业的身份特征。

医师职业的服务对象是人。因此,法律要求从事医师职务的人员必须熟知医学,精通业务,并且具有较高的道德水准。医师资格制度对于确保医师素质,进而对于确保医疗服务质量,具有重要意义。

二、经考试取得医师资格

1. 医师资格考试的概念

医师资格考试是评价申请医师资格者是否具备执业所必需的专业知识与技能的考试。

《执业医师法》建立了国家医师资格考试制度。根据规定,医师资格考试由国务院卫生行政部门统一组织。每年举行一次。

2. 医师资格考试的种类

医师资格考试分为执业医师资格考试和执业助理医师资格考试两种。每种又分为临床、中医、口腔和公共卫生四类。其中:中医类包括中医、民族医和中西医结合,民族医含蒙医、藏医和维医等。

3. 医师资格考试的方式

医师资格考试的方式分为实践技能考试和医学综合笔试。

实践技能考试主要是考知识水平、动手操作能力和解决问题能力,以确定参加医师资格考试的人员是否具备必不可少的实践技能。只有通过了实践技能考试才可以继续参加医学综合笔试。医学综合笔试主要是考基础理论、基本知识和基本技能,以确定参加医师资格考试的人员是否具有能够安全有效地从事医师工作的综合运用能力。

根据《医师资格考试违纪违规处理规定》,参加医师资格考试的人员在考试中有违纪违规行为的,轻则单元考试成绩无效,重则全部考试成绩无效,甚至在2年内不得报考医师资格;如果参与有组织作弊的,不仅考试成绩无效,而且终身不得报考医师资格。

4. 参加医师资格考试的条件

(1)参加执业医师资格考试的条件

根据《执业医师法》第 9 条规定,申请参加执业医师资格考试必须符合下列条件之一:①具有高等学校医学专业本科以上学历,在执业医师指导下,在医疗、预防、保健机构中试用期满 1 年的。②取得执业助理医师执业证书后,具有高等学校医学专科学历,在医疗、预防、保健机构中工作满 2 年的;具有中等专业学校医学专业学历,在医疗、预防、保健机构中工作满 5 年的。

这里所称的高等学校医学专业本科以上学历,是指国务院教育行政部门认可的各类高等学校医学专业本科以上的学历;高等学校医学专科学历,是指省级以上教育行政部门认可的各类高等学校医学专业专科学历;中等专业学校医学专业学历,是指经省级以上教育行政部门认可的各类中等专业学校医学专业中专学历。

对于不具备医学专业学历,以师承方式学习传统医学或者经多年传统医学临床实践医术确有专长的人员,2006 年卫生部《传统医学师承和确有专长人员医师资格考核考试办法》第 28 条规定,在取得执业助理医师执业证书后,在医疗机构中从事传统医学医疗工作满 5 年,可以申请参加执业医师资格考试。

根据卫生部、国家中医药管理局《医师资格考试报名资格规定(2006 版)》,临床医学、口腔医学、中医学(含民族医)、中西医结合医学专业的临床博士、硕士和 7 年制及以上的长学制毕业生,在学期间具有相当于大学本科的一年毕业实习和一年以上的临床工作实践,可以在毕业当年参加执业医师资格考试。

(2)参加执业助理医师资格考试的条件

《执业医师法》第 10 条规定,具有高等学校医学专科学历或者中等专业学校医学专业学历,在执业医师指导下,在医疗、预防、保健机构中试用期满 1 年的,可以参加执业助理医师资格考试。

卫生部《传统医学师承和确有专长人员医师资格考核考试办法》第 27 条规定,师承和确有专长人员取得《传统医学师承出师证书》或《传统医学医术确有专长证书》后,在执业医师指导下,在授予《传统医学师承出师证书》或《传统医学医术确有专长证书》的省(自治区、直辖市)内的医疗机构中试用期满 1 年并考核合格,可以申请参加执业助理医师资格考试。

显而易见,执业医师资格考试条件高于执业助理医师资格考试条件。一般而言,符合执业医师资格考试条件的,可以报名参加执业助理医师资格考试,但符合执业助理医师资格考试条件的,不可以报名参加执业医师资格考试。

5. 考试成绩合格者取得医师资格

《执业医师法》第 12 条规定,医师资格考试成绩合格,取得执业医师资格或者执业助理医师资格。

对取得执业医师资格和执业助理医师资格的人员,由省级卫生行政部门颁发国务院卫生行政部门统一印制的《医师资格证书》。《医师资格证书》是取得执业医师资格或者执业助理医师资格的证明文件。

《医师资格证书》其实也是医师资格考试成绩合格的证明文件。对于参加医师资格考试的人员来说,考试成绩是终身有效的。所以,《医师资格证书》对持有者而言,也是终身有效的。《执业医师法》没有规定任何可以吊销或者注销《医师资格证书》的情形。但当事人在取得《医师资格证书》的过程中存在违法行为,依法可以撤销。

三、经认定或者考核取得医师资格

1.《执业医师法》颁布前医师资格的认定

《执业医师法》第 43 条规定,本法颁布之日前按照国家有关规定取得医学专业技术职称和医学专业技术职务的人员,由所在机构报请县级以上人民政府卫生行政部门认定,取得相应的医师资格。其中在医疗、预防、保健机构中从事医疗、预防、保健业务的医务人员,依照本法规定的条件,由所在机构集体核报县级以上人民政府卫生行政部门,予以注册并发给医师执业证书。具体办法由国务院卫生行政部门会同国务院人事行政部门制定。

根据 1999 年卫生部、人事部制定的《具有医学专业技术职务任职资格人员认定医师资格及执业注册办法》规定,已取得医师以上专业技术职务任职资格的,可以申请执业医师资格;已取得医士专业技术职务任职资格,以及 1995 年、1996 年大学专科毕业生已经转正但未取得医师专业技术职务任职资格的,可以申请执业助理医师资格。省级卫生行政部门对审核合格的,予以认定,授予执业医师资格或执业助理医师资格,并颁发卫生部统一印制的《医师资格证书》。

2. 港澳台医师资格的认定

(1)港澳台医师的概念

港澳台医师是香港和澳门特别行政区医师和台湾地区医师的统称。

根据 2009 年卫生部《香港和澳门特别行政区医师获得内地医师资格认定管理

办法》第 2 条第 1 款的规定,香港和澳门特别行政区医师,是指具有香港和澳门特别行政区合法行医资格并且是上述地区永久性居民的中国公民。

根据 2009 年卫生部《台湾地区医师获得大陆医师资格认定管理办法》第 2 条第 1 款的规定,台湾地区医师,是指具有台湾地区合法行医资格并且是台湾地区永久性居民的医师。

(2)可以申请获得内地(大陆)医师资格认定的医师类别

根据规定,香港和澳门特别行政区、台湾地区的临床医师、中医医师和口腔医师可以申请获得内地(大陆)医师资格认定。

(3)申请获得内地(大陆)医师资格认定的条件

港澳台医师申请获得内地(大陆)医师资格认定,应当符合《执业医师法》及其有关规定,除必须是具有中国公民身份的香港和澳门特别行政区永久性居民或者台湾地区永久性居民外,还必须同时具备下列条件:①2007 年 12 月 31 日前已取得香港和澳门特别行政区或者台湾地区合法行医资格满 5 年;②具有香港和澳门特别行政区或者台湾地区专科医师资格证书;③在香港和澳门特别行政区或者台湾地区医疗机构中执业。

(4)申请获得内地(大陆)医师资格认定需要提交的材料

申请获得内地(大陆)医师资格认定的,需要提交在香港和澳门特别行政区、台湾地区行医的相关材料,主要包括:①内地(大陆)医师资格认定申请审核表;②6 个月内二寸免冠正面半身照片 2 张;③永久性居民身份证明材料;④医学专业学历证明;⑤行医执照或者行医证明;⑥专科医师执照或者专科医师资格证明;⑦医疗机构的在职证明或者执业登记证明;⑧执业期内无不良行为记录的证明;⑨无刑事犯罪记录的证明;⑩省级以上人民政府卫生行政部门规定的其他材料。除第①、②项外,相关材料需要经香港和澳门特别行政区、台湾地区公证机关的公证。

(5)负责港澳台医师内地(大陆)医师资格认定的部门

负责港澳台医师申请内地(大陆)医师资格认定的受理、审核和认定工作的是省级卫生行政部门;负责港澳台中医医师(包括中医、民族医、中西医结合)申请内地(大陆)医师资格认定的受理、审核和认定的是省级中医药管理部门。省级卫生行政部门或者省级中医药管理部门对审核合格的,予以认定,授予执业医师资格,并颁发《医师资格证书》。

3. 中医医师资格的考核

2016 年 12 月,第十二届全国人大常委会第二十五次会议审议通过的《中医药法》对中医医师资格制度作出了重大政策调整,在坚持已有的中医医师通过考试取得医师资格的基础上,又确立了中医医师可以经实践技能和效果考核取得医师资格的制度。第15条第2款规定,以师承方式学习中医或者经多年实践,医术确有专长的人员,由至少两名中医医师推荐,经省、自治区、直辖市人民政府中医药主管部门组织实践技能和效果考核合格后,即可取得中医医师资格。

由于医师资格考试内容的全面性、系统性和规范性,对不少以师承方式学习中医和经多年实践提升能力的考生而言,因知识结构单一,理论相比实践较为不足,要通过综合性的资格考试确实难度很大。为了打通以师承等方式学习中医的考生取得医师资格的"最后一公里路",《中医药法》为以师承等方式学习中医的人员专门开辟了一条新路径,方便他们通过实践技能和效果考核取得医师资格。根据国情,将中医医师资格考试与中医医师资格考核分置并行,是中医医师资格制度改革的重要制度设计。这意味着中医医师既可以经考试取得医师资格也可以经考核取得医师资格。新的规定对于师承、家传等中医教育模式的发展将会产生深刻影响。为此,2017年国家卫生计生委制定了《中医医术确有专长人员医师资格考核注册管理暂行办法》。

(1)申请参加中医医师资格考核的条件

以师承方式学习中医或者经多年实践,医术确有专长的人员,可以申请参加中医医术确有专长人员医师资格考核。其中,以师承方式学习中医的,应当具备下列条件:①连续跟师学习中医满五年,对某些病证的诊疗,方法独特、技术安全、疗效明显,经指导老师评议合格;②由至少两名中医类别执业医师推荐,推荐医师不包括其指导老师。经多年中医医术实践的,应当具备下列条件:①具有医术渊源,在中医医师指导下从事中医医术实践活动满五年或者《中医药法》施行前已经从事中医医术实践活动满五年的;②对某些病证的诊疗,方法独特、技术安全、疗效明显,并得到患者的认可;③由至少两名中医类别执业医师推荐。

(2)申请参加中医医师资格考核需要提交的材料

申请参加中医医术确有专长人员医师资格考核的,应当提交以下材料:①国家中医药管理局统一式样的《中医医术确有专长人员医师资格考核申请表》;②本人有效身份证明;③中医医术专长综述,包括医术的基本内容及特点描述、适应症或者适用范围、安全性及有效性的说明等,以及能够证明医术专长确有疗效的相关资料;④至少两名中医类别执业医师的推荐材料;⑤以师承方式学习中医的,还应当提供跟师学习合同,学习笔记、临床实践记录等连续跟师学习中医满五年的证明材料，以及指导老师出具的跟师学习情况书面评价意见、出师结论；经多年中医医术实践的，还应当提供医术渊源的相关证明材料，以及长期临床实践所在地县级以上中医药主管部门或者所在居委会、村委会出具的从事中医医术实践活动满五年证明，或者至少十名患者的推荐证明。

申请者提交的材料由县级中医药主管部门初审和设区的市级中医药主管部门复审。复审合格的，报省级中医药主管部门审核确认。

(3)中医医师资格考核的方式

中医医术确有专长人员医师资格考核实行专家评议方式，通过现场陈述问答、回顾性中医医术实践资料评议、中医药技术方法操作等形式对实践技能和效果进行科学量化考核。根据参加考核者使用的中医药技术方法，考核分为内服方药和外治技术两类。

内服方药类考核内容包括：医术渊源或者传承脉络、医术内容及特点；与擅长治疗的病证范围相关的中医基础知识、中医诊断技能、中医治疗方法、中药基本知识和用药安全等。考核程序分为医术专长陈述、现场问答、诊法技能操作和现场辨识相关中药等。外治技术类考核内容包括：医术渊源或者传承脉络、外治技术内容及特点；与其使用的外治技术相关的中医基础知识、擅长治疗的病证诊断要点、外治技术操作要点、技术应用规范及安全风险防控方法或者措施等。考核程序分为医术专长陈述、现场问答、外治技术操作等。治疗方法以内服方药为主、配合使用外治技术，或者以外治技术为主、配合使用中药的，应当增加相关考核内容。

(4)中医医师资格考核合格者取得《中医(专长)医师资格证书》

经综合评议后，考核专家对参加考核者作出考核结论，并对其在执业活动中能够使用的中医药技术方法和具体治疗病证的范围进行认定。考核合格者，由省级中医药主管部门颁发《中医(专长)医师资格证书》。

根据规定，省级中医药主管部门每年定期组织中医医术确有专长人员医师资格考核，考核时间提前三个月向社会公告。

第三节 医师执业注册

一、医师执业注册的概念

医师执业注册是指取得医师资格的医师按照《执业医师法》规定的程序和要

求,请求卫生行政部门授予执业资格的法律行为。

我国实行医师执业注册制度。取得医师资格的,可以向所在地县级以上人民政府卫生行政部门申请执业注册。卫生行政部门准予注册的,发给《医师执业证书》。《医师执业证书》是医师执业的有效凭证,也是卫生行政部门核定医师身份的依据。

取得《医师执业证书》的执业医师或者执业助理医师,应当按照注册的执业地点、执业类别和执业范围,从事相应的医疗等业务。未经注册的,不得从事执业活动。

二、医师执业注册的程序

根据《执业医师法》和《医师执业注册管理办法》的有关规定,申请医师执业注册的程序是:

1. 提出申请。取得执业医师资格或者执业助理医师资格的人员申请执业,应当向授予所在单位《医疗机构执业许可证》的卫生行政部门申请执业注册。可以由本人直接申请也可以通过所在单位申请。根据规定,具有执业医师资格的可以申请在多个医疗机构执业。申请在多个医疗机构执业的,必须确定其中一个医疗机构为主要执业机构,并办理执业注册手续,其余医疗机构可以按备案办理。备案效力等同于注册。仅有执业助理医师资格的不可以申请在多个医疗机构执业。

2. 提交材料。申请执业注册应当按照规定提交申请材料。申请材料包括:医师执业注册申请审核表、近6个月2寸白底免冠正面半身照片、医疗机构聘用证明等。对于获得医师资格后二年内未注册的,或者中止医师执业活动二年以上的,以及不予注册的法定情形消失的人员,申请执业注册时,还应当提交在省级以上卫生行政部门指定的机构接受连续6个月以上培训并经考核合格的证明。

3. 审查决定。卫生行政部门收到申请材料后,应当对申请材料的真实性和合法性进行审查,对符合《执业医师法》规定条件的,应当自收到注册申请之日起30日内予以注册,并颁发《医师执业证书》;对不符合《执业医师法》规定条件的,不予注册,并应当自收到注册申请之日起30日内书面通知申请人,并说明理由。

三、医师执业注册的内容

根据《执业医师法》的规定,医师执业注册应当包括执业地点、执业类别和执业范围等内容。

所谓执业地点，根据1999年《医师执业注册暂行办法》的规定，是指医师执业的医疗、预防、保健机构及其登记注册的地址。2017年《医师执业注册管理办法》将执业地点改为：是指执业医师执业的医疗、预防、保健机构所在地的省级行政区划和执业助理医师执业的医疗、预防、保健机构所在地的县级行政区划。

执业类别是指临床、中医（包括中医、民族医和中西医结合）、口腔和公共卫生。

执业范围是指医师在医疗、预防、保健活动中从事的与其执业能力相适应的专业。

在我国，医师其实并不是以行政区划为单位执业的，而是以医疗机构为单位执业的。因此，医师无论是单点执业还是多点执业，在执业时都必须以具体的医疗机构名义。否则，其医疗行为不受法律保护。《医师执业注册管理办法》第9条规定，拟在医疗、保健机构中执业的人员，应当向批准该机构执业的卫生计生行政部门申请注册。

四、医师执业注册的管理

1. 不予注册

不予注册是卫生行政部门经审核，认为申请人不符合医师执业注册条件，依法不授予医师执业资格。

《执业医师法》第15条第1款规定，有下列情形之一的，不予注册：(1)不具有完全民事行为能力的；(2)因受刑事处罚，自刑罚执行完毕之日起至申请注册之日止不满2年的；(3)受吊销医师执业证书行政处罚，自处罚决定之日起至申请注册之日止不满2年的；(4)有国务院卫生行政部门规定不宜从事医疗、预防、保健业务的其他情形的。

根据上述第(4)项规定，《医师执业注册管理办法》增加了四项不予注册情形：(1)甲类、乙类传染病传染期、精神病发病期以及身体残疾等健康状况不适宜或者不能胜任医疗、预防、保健业务工作的；(2)重新申请注册，经考核不合格的；(3)在医师资格考试中参与有组织作弊的；(4)被查实曾使用伪造医师资格或者冒名使用他人医师资格进行注册的等。

2. 注销注册

注销注册是卫生行政部门依据法定情形终止医师执业资格。

《执业医师法》第16条第1款规定，医师注册后有下列情形之一的，其所在的医疗、预防、保健机构应当在30日内报告准予注册的卫生行政部门，卫生行政部门应当注销注册，收回医师执业证书：(1)死亡或者被宣告失踪的；(2)受刑事处罚的；(3)受吊销医师执业证书行政处罚的；(4)医师定期考核不合格，暂停执业活动期满，经培训后再次考核仍不合格的；(5)中止医师执业活动满2年的；(6)有国务院卫生行政部门规定不宜从事医疗、预防、保健业务的其他情形的。

根据上述第(6)项规定，《医师执业注册管理办法》增加了五项注销注册情形：(1)连续两个考核周期未参加医师定期考核的；(2)身体健康状况不适宜继续执业的；(3)出借、出租、抵押、转让、涂改《医师执业证书》的；(4)在医师资格考试中参与有组织作弊的；(5)本人主动申请注销的等。

3. 变更注册

变更注册是医师在《医师执业证书》有效期内就注册事项变化情况向卫生行政部门办理变更手续。

《执业医师法》第17条规定，医师变更执业地点、执业类别、执业范围等注册事项的，应当到准予注册的卫生行政部门依照申请注册程序的规定办理变更注册手续。

《医师执业注册管理办法》第20条第1款规定，医师变更执业地点、执业类别、执业范围等注册事项的，应当通过国家医师管理信息系统提交医师变更执业注册申请及省级以上卫生计生行政部门规定的其他材料。

根据规定，医师因参加培训需要注册或者变更注册的，应当按照规定办理相关手续。医师变更主要执业机构的，应当按照规定重新办理注册。医师承担经主要执业机构批准的卫生支援、会诊、进修、学术交流、政府交办事项等任务和参加卫生计生行政部门批准的义诊，以及在签订帮扶或者托管协议医疗机构内执业等，不需要办理执业地点变更和执业机构备案手续。

医师更换医疗机构要办理变更注册手续，其中一个很重要的原因是要从法律上重新确认承担其民事责任的医疗机构。《侵权责任法》第54条规定，患者在诊疗活动中受到损害，医疗机构及其医务人员有过错的，由医疗机构承担赔偿责任。所以，凡医师新执业的医疗机构与原承担其民事责任的医疗机构是脱节的，原则上都需要办理变更注册手续。

4. 重新注册

重新注册是医师按照《执业医师法》规定，请求卫生行政部门重新授予执业资格。

《执业医师法》第18条规定了两种情形可以申请办理重新注册手续：(1)中止

医师执业活动2年以上,申请重新执业的;(2)不予注册情形消失,申请重新执业的。

申请办理重新注册手续,除需要按照医师执业注册的规定提交材料外,还应当提交在县级以上卫生行政部门指定的医疗、预防、保健机构或组织接受3至6个月培训并经考核合格的证明。

重新注册实质上是新的执业注册。所以,重新注册应当按照执业注册程序进行。

五、医师执业注册的法律救济

卫生行政部门办理医师执业注册应当依照法定权限、条件和程序,并在规定的时限内作出决定。申请人发现卫生行政部门及其工作人员有违反规定行为的,有权检举或者控告;对卫生行政部门作出的不予注册、不予变更注册、不予重新注册以及注销注册的决定有异议的,可以依法申请行政复议或者提起行政诉讼。

第四节 港澳台医师在内地(大陆)短期行医执业注册

一、港澳台医师在内地(大陆)短期行医的概念

根据卫生部《香港、澳门特别行政区医师在内地短期行医管理规定》和《台湾地区医师在大陆短期行医管理规定》,港澳台医师在内地(大陆)短期行医,是指港澳台医师应聘在内地(大陆)医疗机构从事不超过3年的临床诊疗活动。

二、港澳台医师办理在内地(大陆)短期行医执业注册的条件

港澳台医师在内地(大陆)短期行医应当按照规定进行执业注册,取得《港澳医师短期行医执业证书》或者《台湾医师短期行医执业证书》。港澳台医师在内地(大陆)短期行医,应当符合内地(大陆)有关港澳特别行政区人员、台湾地区人员的就业规定,由内地(大陆)具有独立法人资格的医疗机构邀请并作为聘用单位。申请注册的执业类别可以为临床、中医、口腔3个类别之一,执业范围应当符合《执业医师法》等相关规定。

港澳台医师申请在内地(大陆)短期行医执业注册,应当提交下列材料:(1)港澳台医师在内地(大陆)短期行医执业注册申请;(2)港澳台永久居民身份证明材料;(3)近6个月内的2寸免冠正面半身照片2张;(4)与拟申请执业范围相适应的

医学专业最高学历证明；(5)港澳台医师的行医执照或者行医资格证明；(6)近3个月内的体检健康证明；(7)无刑事犯罪记录的证明；(8)内地(大陆)聘用医疗机构与港澳台医师签订的协议书；(9)内地(大陆)省级以上人民政府卫生行政部门规定的其他材料。

港澳台医师可以自行办理或者书面委托内地(大陆)的聘用医疗机构代其办理短期行医执业注册手续。

三、负责港澳台医师在内地(大陆)短期行医执业注册的机关

港澳台医师在内地(大陆)短期行医的执业注册机关为医疗机构所在地设区的市级以上地方人民政府卫生行政部门和中医药管理部门。负责受理港澳台医师短期行医执业注册申请的执业注册机关应当自受理申请之日起20日内进行审核。对审核合格的予以注册,并发给《港澳医师短期行医执业证书》或者《台湾医师短期行医执业证书》。《港澳医师短期行医执业证书》和《台湾医师短期行医执业证书》有效期应与港澳台医师在内地(大陆)医疗机构应聘的时间相同,最长为3年。有效期满后,如继续执业的,应当重新办理短期行医执业注册手续。

四、注销港澳台医师在内地(大陆)短期行医执业注册的情形

港澳台医师在内地(大陆)短期行医必须遵守医疗卫生管理法律、行政法规、部门规章及诊疗护理规范、常规,尊重当地的风俗习惯,按照注册的执业地点、执业类别、执业范围从事相应的诊疗活动,并接受定期考核。有下列情形之一的,聘用的医疗机构应当在30日内报告准予其执业注册的卫生行政部门,由卫生行政部门注销注册,并收回《港澳医师短期行医执业证书》或者《台湾医师短期行医执业证书》:(1)医疗机构和港澳台医师解除聘用关系的;(2)身体健康状况不适宜继续执业的;(3)在考核周期内因考核不合格,被责令暂停执业活动,并在暂停执业活动期满经培训后再次考核仍不合格的;(4)违反《执业医师法》有关规定,被吊销《港澳医师短期行医执业证书》或者《台湾医师短期行医执业证书》的;(5)出借、出租、抵押、转让、涂改《港澳医师短期行医执业证书》或者《台湾医师短期行医执业证书》的;(6)死亡或者被宣告失踪的;(7)受刑事处罚的;(8)被公安机关取消内地(大陆)居留资格的;(9)卫生部规定不宜从事医疗、预防、保健业务的其他情形的。

根据规定,港澳台医师因上述(3)、(4)、(7)、(8)项情形而被注销执业注册的,2年内不得再次申请在内地(大陆)短期行医。

第五节 外国医师来华短期行医执业注册

一、外国医师来华短期行医的概念

根据1992年卫生部《外国医师来华短期行医暂行管理办法》,外国医师来华短期行医,是指在外国取得合法行医权的外籍医师,应邀、应聘或申请来华从事不超过1年期限的临床诊断、治疗业务活动。

外国医师来华短期行医,应当事先依法获得入境签证,入境后按有关规定办理居留或停留手续。

二、外国医师来华短期行医执业注册需要提交的材料

外国医师来华短期行医必须经过注册,取得《外国医师短期行医许可证》。外国医师申请来华短期行医执业注册,可以委托在华的邀请或聘用单位代其办理注册手续,需要提交的材料包括:(1)申请表;(2)外国医师的学位证书;(3)外国行医执照或行医证明;(4)外国医师的健康证明;(5)邀请或聘请单位证明以及协议书或承担有关民事责任的声明书。

协议书是外国医师与聘用单位之间的权利义务的约定,内容包括来华短期行医的目的、具体项目、地点、时间和责任的承担等。按照规定,外国医师来华短期行医,必须与聘用单位签订协议,有多个聘用单位的,要分别签订协议。但外国医师应邀、应聘来华短期行医,可以根据情况由双方决定是否签订协议。未签订协议的,所涉及的有关民事责任由邀请或聘用单位承担。

三、负责外国医师来华短期行医执业注册的机关

外国医师来华短期行医的注册机关为设区的市级以上卫生行政部门。邀请或聘用单位分别在不同地区的,应当分别向当地设区的市级以上卫生行政部门申请注册。注册机关应当在受理申请后30日内进行审核,并将审核结果书面通知申请人或代理申请的单位。对审核合格的予以注册,并发给《外国医师短期行医许可证》。外国医师来华短期行医注册的有效期不超过1年。注册期满需要延期的,可以按规定重新办理注册。

第六节 医师考核与培训

一、医师考核

1. 医师考核的概念

医师考核是卫生行政部门对医师执业情况进行了解、核实和评价的重要方法。医师考核分定期考核和不定期考核。根据《医师定期考核管理办法》的规定，医师定期考核是指受县级以上地方人民政府卫生行政部门委托的机构或组织按照医师执业标准对医师的业务水平、工作成绩和职业道德进行的考核。

2. 医师考核的内容

医师定期考核包括业务水平测评、工作成绩和职业道德评定等内容。业务水平测评内容包括医师掌握医疗卫生管理相关法律、法规、部门规章和应用本专业的基本理论、基础知识、基本技能解决实际问题的能力以及学习和掌握新理论、新知识、新技术和新方法的能力；工作成绩内容包括医师执业过程中，遵守有关规定和要求，一定阶段完成工作的数量、质量和政府指令性工作的情况；职业道德内容包括医师执业中坚持救死扶伤，以病人为中心，以及医德医风、医患关系、团结协作、依法执业状况等。

根据规定，业务水平测评由县级以上地方卫生行政部门委托的医疗机构或者医疗行业、学术组织等(统称考核机构)承担；工作成绩、职业道德评定由医师所在的医疗、预防、保健机构负责，考核机构复核。

3. 医师考核的结果

医师考核的结果分为合格和不合格。业务水平测评、工作成绩和职业道德评定等全部通过的，为合格；其中任何一项不能通过的，为不合格。根据规定，医师在考核周期内按照规定通过住院医师规范化培训或者通过晋升上一级专业技术职务考试的，可以视为业务水平测评合格，考核时仅考核工作成绩和职业道德。

医师在考核周期内有下列情形之一的，考核机构应当认定为考核不合格：(1)在发生的医疗事故中负有完全或主要责任的；(2)未经所在机构或者卫生行政部门批准，擅自在注册地点以外的医疗、预防、保健机构进行执业活动的；(3)跨执业类别进行执业活动的；(4)代他人参加医师资格考试的；(5)在医疗卫生服务活动中索要患者及其亲友财物或者牟取其他不正当利益的；(6)索要或者收受医疗器械、药品、试剂等生产、销售企业或其工作人员给予的回扣、提成或者谋取其他不正当利益的；(7)通过介绍病人到其他单位检查、治疗或者购买药品、医疗器械等收取回扣或者提成的;(8)出具虚假医学证明文件,参与虚假医疗广告宣传和药品医疗器械促销的;(9)未按照规定执行医院感染控制任务,未有效实施消毒或者无害化处置,造成疾病传播、流行的;(10)故意泄露传染病人、病原携带者、疑似传染病病人、密切接触者涉及个人隐私的有关信息、资料的;(11)疾病预防控制机构的医师未依法履行传染病监测、报告、调查、处理职责,造成严重后果的;(12)考核周期内,有一次以上医德考评结果为医德较差的;(13)无正当理由不参加考核,或者扰乱考核秩序的;(14)违反《执业医师法》有关规定,被行政处罚的。

对考核不合格的医师,卫生行政部门应当责令其暂停执业活动3个月至6个月,并接受培训和继续医学教育。暂停执业活动期满后,由考核机构再次对医师进行考核。再次考核合格的,允许其继续执业,但该医师在本考核周期内不得评优和晋升;再次考核不合格的,由卫生行政部门注销注册,并收回其医师执业证书。

二、医师培训

1. 医师培训的内容

医师培训主要是医师业务知识、技能的培训。医师是一个实践性很强的职业,所以,培训课程的设计应当贴近实际,突出实用性,缺什么培训什么。医师培训除业务知识、技能外,还应当包括先进的医疗理念的培训,尤其要着力培育医师的“专业”理念和“尊重病人、保护生命”理念。先进的医疗理念在任何培训课程中都应当占据重要位置,也就是说,所有的培训课程都应当从不同角度加以阐述,并贯穿培训始终。

《执业医师法》第34条第1款规定,县级以上人民政府卫生行政部门负责制定医师培训计划,对医师进行多种形式的培训,为医师接受继续医学教育提供条件。

2. 医师培训的实施

卫生行政部门应当采取有力措施,对在农村和少数民族地区的医务人员实施培训。《执业医师法》第35条规定,医疗机构应当按照规定和计划保证本机构医师的培训和继续医学教育。县级以上人民政府卫生行政部门委托的承担医师考核任务的医疗卫生机构,应当为医师的培训和接受继续医学教育提供和创造条件。

第七节 医师的权利和义务

一、医师的权利

医师权利,是指国家规定的医师在执业方面的权利。医师权利是医师因具有医师身份而随之而来的权利，是相对于医疗卫生机构而言的医师个人所享有的权利。医师权利由法律确认、设定，并为法律所保护。当医师权利受到侵害时，医师有权请求国家依法施用强制手段予以恢复，或者请求获得相应补偿。

需要注意的是，医师权利与医师权力的区别。可以简单地将医师权利分为医师权力和医师利益两部分。医师利益是相对于医师而言的，属于医师个人，医师可以自由支配，而且医师可以放弃。但医师权力是相对于病人而言的，实为医师职权。为了保护病人利益，法律不允许医师随意支配，更不允许任意放弃。在法律面前，医师利益基本相同，但不同类别的医师其权力并不完全相同。因此，医师的权利和权力不能混淆。

《执业医师法》第21条规定，医师在执业活动中享有下列权利：(1)在注册的执业范围内，进行医学诊查、疾病调查、医学处置、出具相应的医学证明文件，选择合理的医疗、预防、保健方案；(2)按照国务院卫生行政部门规定的标准，获得与本人执业活动相当的医疗设备基本条件；(3)从事医学研究、学术交流，参加专业学术团体；(4)参加专业培训，接受继续医学教育；(5)在执业活动中，人格尊严、人身安全不受侵犯；(6)获取工资报酬和津贴，享受国家规定的福利待遇；(7)对所在机构的医疗、预防、保健工作和卫生行政部门的工作提出意见和建议，依法参与所在机构的民主管理。

二、医师的义务

医师义务是指国家规定的医师在执业方面必须履行的责任。医师义务可以源于法律也可以源于道德。法律义务同基于道德或者其他社会规范产生的义务不同，法律义务是由国家制定的法律规范所产生的，并由国家以强制力保障其履行。医师应当自觉履行法律义务，否则将受到制裁。一般来说，医师的大部分义务随着医师身份的丧失而消灭，但也有部分义务，如病人隐私的保密义务等，在医师身份丧失后，医师仍应遵守或者履行。

《执业医师法》第22条规定，医师在执业活动中履行下列义务：(1)遵守法律、法规，遵守技术操作规范；(2)树立敬业精神，遵守职业道德，履行医师职责，尽职尽责为患者服务；(3)关心、爱护、尊重患者，保护患者的隐私；(4)努力钻研业务，更新知识，提高专业技术水平；(5)宣传卫生保健知识，对患者进行健康教育。

除上述原则性的医师义务之外，《执业医师法》和其他相关法律、行政法规对医师义务进行了细化，使其更具有可操作性。主要包括：

1. 在注册的医疗机构执业

《执业医师法》第 14 条规定，医师应当在卫生行政部门注册的医疗机构中执业。

2. 亲自诊疗

《执业医师法》第 23 条规定，医师实施医疗、预防、保健措施，签署有关医学证明文件，必须亲自诊查、调查。《医疗机构管理条例》第 32 条规定，未经医师（士）亲自诊查病人，医疗机构不得出具疾病诊断书、健康证明书或者死亡证明书等证明文件；未经医师（士）、助产人员亲自接产，医疗机构不得出具出生证明书或者死产报告书。

3. 按规定制作病历

《执业医师法》第 23 条规定，医师必须按照规定及时填写医学文书，不得出具与自己执业范围无关或者与执业类别不相符的医学证明文件，不得隐匿、伪造或者销毁医学文书及有关资料。类似规定还有：《侵权责任法》第 61 条第 1 款，医疗机构及其医务人员应当按照规定填写住院志、医嘱单、检验报告、手术及麻醉记录、病理资料、护理记录、医疗费用等病历资料。《精神卫生法》第 47 条，医疗机构及其医务人员应当在病历资料中如实记录精神障碍患者的病情、治疗措施、用药情况、实施约束、隔离措施等内容。《医疗事故处理条例》第 8 条第 2 款，因抢救急危患者未能及时书写病历的，有关医务人员应当在抢救结束后 6 小时内据实补记，并加以注明等。

4. 如实告知和说明

《执业医师法》第 26 条规定，医师应当如实向患者或者其家属介绍病情，但应注意避免对患者产生不利后果。类似规定还有：《精神卫生法》第 37 条，医务人员应当将精神障碍患者在诊断、治疗过程中享有的权利，告知患者或者其监护人。《侵权责任法》第 55 条第 1 款，医务人员在诊疗活动中应当向患者说明病情和医疗措施。《医疗事故处理条例》第 11 条，在医疗活动中，医务人员应当将患者的病情、医疗措施、医疗风险等如实告知患者，及时解答其咨询；但是，应当避免对患者产生不利后果。《精神卫生法》第 39 条，医务人员应当向精神障碍患者或者其监护人告知治疗方案和治疗方法、目的以及可能产生的后果。第 40 条，医务人员对病人实施约束、隔离等保护性医疗措施后应当告知患者的监护人。第 47 条，医务人员应当将精神障碍患者的病情、治疗措施、用药情况、实施约束、隔离措施等内容，如实告知患者或者其监护人。《艾滋病防治条例》第 42 条，对确诊的艾滋病病毒感染者和艾滋病病人,医疗卫生机构的工作人员应当将其感染或者发病的事实告知本人;本人为无行为能力人或者限制行为能力人的,应当告知其监护人。《医疗事故处理条例》第13条,医疗活动中发生或者发现医疗事故、可能引起医疗事故的医疗过失行为或者发生医疗事故争议的,负责医疗服务质量监控的部门或者专(兼)职人员接到报告后,应当立即进行调查、核实,并向患者通报、解释等。

5. 实施特定医疗行为要获得病人或者其家属书面同意

《执业医师法》第26条第2款规定,医师进行实验性临床医疗,应当经医院批准并征得患者本人或者其家属同意。《侵权责任法》第55条第1款规定,需要实施手术、特殊检查、特殊治疗的,医务人员应当及时向患者说明医疗风险、替代医疗方案等情况,并取得其书面同意;不宜向患者说明的,应当向患者的近亲属所明,并取得其书面同意。

6. 按规定报告相关信息

《执业医师法》第29条规定,医师发生医疗事故或者发现传染病疫情时,应当按照有关规定及时向所在机构或者卫生行政部门报告。医师发现患者涉嫌伤害事件或者非正常死亡时,应当按照有关规定向有关部门报告。

7. 按规定填写、保管和出具医学文书

《执业医师法》第23条规定,医师实施医疗、预防、保健措施,签署有关医学证明文件,必须亲自诊查、调查,并按照规定及时填写医学文书,不得隐匿、伪造或者销毁医学文书及有关资料。医师不得出具与自己执业范围无关或者与执业类别不相符的医学证明文件。《侵权责任法》第61条第1款规定,医务人员应当按照规定填写并妥善保管住院志、医嘱单、检验报告、手术及麻醉记录、病理资料、护理记录、医疗费用等病历资料。

8. 正确使用药品

《执业医师法》第25条规定,医师应当使用经国家有关部门批准使用的药品、消毒药剂和医疗器械。除正当诊断治疗外,不得使用麻醉药品、医疗用毒性药品、精神药品和放射性药品。

9. 按规定采取紧急处置措施

《执业医师法》第24条规定,对急危患者,医师应当采取紧急措施进行诊治;不得拒绝急救处置。《医疗机构管理条例》第33条规定,无法取得患者意见又无家属或者关系人在场,或者遇到其他特殊情况时,经治医师应当提出医疗处置方案,在取得医疗机构负责人或者被授权负责人员的批准后实施。

10. 紧急情况时服从调遣

《执业医师法》第 28 条规定,遇有自然灾害、传染病流行、突发重大伤亡事故及其他严重威胁人民生命健康的紧急情况时,医师应当服从县级以上人民政府卫生行政部门的调遣。

11. 不泄露病人隐私

《侵权责任法》第 62 条规定,医务人员应当对患者的隐私保密。泄露患者隐私或者未经患者同意公开其病历资料,造成患者损害的,应当承担侵权责任。类似规定还有:《人体器官移植条例》第 23 条,从事人体器官移植的医务人员应当对人体器官捐献人、接受人和申请人体器官移植手术的患者的个人资料保密。《精神卫生法》第 4 条第 3 款,有关单位和个人应当对精神障碍患者的姓名、肖像、住址、工作单位、病史资料以及其他可能推断出其身份的信息予以保密;但是,依法履行职责需要公开的除外。《艾滋病防治条例》第 39 条第 2 款,未经本人或者其监护人同意,任何单位和个人不得公开艾滋病病毒感染者、艾滋病病人及其家属的姓名、住址、工作单位、肖像、病史资料以及其他可能推断出其具体身份的信息。

12. 不实施不必要检查

《侵权责任法》第 63 条规定,医务人员不得违反诊疗规范实施不必要的检查。

《放射性同位素与射线装置安全和防护条例》第 38 条规定,使用放射性同位素和射线装置进行放射诊疗的医疗卫生机构应当依据国务院卫生主管部门有关规定和国家标准,制定与本单位从事的诊疗项目相适应的质量保证方案,遵守质量保证监测规范,按照医疗照射正当化和辐射防护最优化的原则,避免一切不必要的照射,并事先告知患者和受检者辐射对健康的潜在影响。

13. 不索取、收受病人财物或者牟取不正当利益

《执业医师法》第 27 条规定,医师不得利用职务之便,索取、非法收受患者财物或者牟取其他不正当利益。

14. 不收受药品生产经营企业及其代理人给予的财物或者其他利益

《药品管理法》第 58 条第 2 款规定,禁止医疗机构的负责人、药品采购人员、医师等有关人员以任何名义收受药品的生产企业、经营企业或者其代理人给予的财物或者其他利益。

15. 不为药品广告作证明

《药品管理法》第 60 条第 2 款规定,药品广告不得利用国家机关、医药科研单位、学术机构或者专家、学者、医师、患者的名义和形象作证明。

第十三章　药　　师

我国虽然还没有药师的专门法律或者行政法规，但药师与医师、护士等一样，已经建立起了完整的专业技术职务职称体系。目前，《药师法》也已经列入了国务院和全国人大的立法计划。现行的《药品管理法》及其实施条例等虽然不是专门规范药师的法律、行政法规，但其中的一些规定对于确定药师职责、加强药师管理起了十分重要的作用。

第一节　药师的称谓

所谓药师，有狭义和广义之分。狭义的药师是指有权开展药师业务的人员；广义的药师是指药学技术人员的统称。由于我国有关药师的规定分散在不同的法律、行政法规之中，所以，相关称谓也不一致。

一、药师

将药师作为一部分卫生技术人员的专用名称进行立法，历史最长。早在1951年，经政务院批准，卫生部就针对医师、中医师、牙医师和药师分别制定了《医师暂行条例》《中医师暂行条例》《牙医师暂行条例》《药师暂行条例》。1952年经政务院批准，卫生部又制定了《医士、药剂士、助产士、护士、牙科技士暂行条例》。同年，卫生部还制定了《医师、中医师、牙医师、药师考试暂行办法》。

二、药剂人员

将药剂人员作为一类卫生技术人员进行划分，变化最少。20世纪50年代，根据业务性质，经国务院批准发布的《国家卫生技术人员职务名称和职务晋升暂行条例》将卫生技术人员分为六大类：医疗人员、公共卫生人员、药剂人员、护理人员、检验人员（包括药检、公共卫生检验人员）、其他技术人员（包括理疗、放射线、牙、公卫、营养等科);到20世纪60年代,经国务院批准发布的《卫生技术人员职务名称及晋升暂行条例(修订草案)》又将其分为九大类:医疗人员、中医人员、卫生防疫人员、妇幼保健人员、药剂人员、中药人员、护理助产人员、检验人员和其他技术人员;20世纪70年代后,经国务院批准发布的《卫生技术人员职称及晋升条例(试行)》调整为四大类:医疗防疫人员(含中医、西医,卫生防疫,寄生虫、地方病防治,工业卫生,妇幼保健等)、药剂人员(含中药、西药)、护理助产人员和其他技术人员(含检验、理疗、病理、口腔、同位素、放射、营养、生物制品生产等)。1986年经国务院批准发布的《卫生技术人员职务试行条例》保留了四大类划分,但其中将医疗防疫人员改称"医疗、防疫、保健人员"、药剂人员改称"中药、西药人员"、护理助产人员改称"护理人员"、其他技术人员改称"其他卫生技术人员",并取消原括号内的补充内容。

三、药学技术人员

药学技术人员作为一个专用名称出现于法律之中,可以溯源至1984年的《药品管理法》。第11条规定,开办药品经营企业必须具有与所经营药品相适应的药学技术人员。第16条规定,医疗单位必须配备与其医疗任务相适应的药学技术人员。但法律没有给出药学技术人员的定义。

2001年新修订的《药品管理法》继续沿用了药学技术人员的称谓,并将必须具有药学技术人员的范围扩大到了药品生产企业。第8条规定,开办药品生产企业必须具有依法经过资格认定的药学技术人员。但法律仍然没有给出药学技术人员的定义。

四、执业药师

执业药师作为特定人员的专门名称没有出现在2001年的《药品管理法》,而是出现于2002年的《药品管理法实施条例》。在表述上,《药品管理法实施条例》将执业药师与药学技术人员的地位作了同等处理。第15条第2款规定,经营处方药、甲类非处方药的药品零售企业,应当配备执业药师或者其他依法经资格认定的药学技术人员。但该实施条例没有对执业药师作出定义。

第二节 药师资格的认定

一、通过卫生技术职务评审获得资格认定

我国从1956年开始实行卫生技术人员职务晋升制度,对药剂人员的职务分高、

中、初三级:高级为主任药师(包括中药主任药师)、药师(包括中药师);中级为药剂士(包括中药士);初级为药剂员(包括中药药剂员)。现行的中药、西药人员的卫生技术人员职务分为主任药师、副主任药师、主管药师、药师和药士。

《卫生技术人员职务试行条例》规定,中药、西药人员申请参加卫生技术职务评审,其任职基本条件除政治要求外,还需要具备相应的专业基础理论和技术操作能力,同时要达到一定的工作年限。比如:(1)药士,必须中专毕业见习一年期满。(2)药师,中专毕业,必须从事药士工作五年以上;大学专科毕业,必须见习一年期满后从事专业技术工作二年以上;大学本科毕业,必须见习一年期满。(3)主管药师,必须大学毕业或取得学士学位,从事药师工作四年以上;研究生班结业或取得第二学士学位,必须从事药师工作三年左右;取得硕士学位,必须从事药师工作二年左右。(4)副主任药师,必须具有大学本科以上学历,从事药师工作五年以上;取得博士学位,从事主管药师工作二年以上。(5)主任药师,必须从事副主任药师工作五年以上。卫生技术职务评审的办法包括考核、考试。通过评审的,取得相应的卫生技术职务,并赋予相应的职责。

2007 年卫生部《处方管理办法》将按照《卫生技术人员职务试行条例》规定,取得药学专业技术职务任职资格人员,包括主任药师、副主任药师、主管药师、药师和药士,称为药学专业技术人员,并简称为药师。

二、通过执业药师资格考试获得资格认定

1994 年人事部和国家医药管理总局联合印发《执业药师资格制度暂行规定》,在药品生产和药品流通领域实施执业药师资格制度。要求凡从事药品生产、经营活动的企事业单位,在其关键岗位必须配备有相应的执业药师资格人员。其规定,执业药师通过资格考试取得执业资格,依法独立执行业务。

次年,人事部和国家中医药管理局联合印发《执业中药师资格制度暂行规定》,在中药生产和中药流通领域实施执业中药师资格制度。要求凡从事中药(中药材、中成药、中药饮片、中医药保健品)生产、经营活动的企事业单位,在其关键岗位必须配备有执业中药师资格的人员。其规定,执业中药师通过资格考试取得执业资格,依法独立执行业务。

1999 年人事部和国家药品监督管理局印发通知,出台了重新修订的《执业药师资格制度暂行规定》和《执业药师资格考试实施办法》,并废止了 1994 年的《执业药师资格制度暂行规定》和 1995 年的《执业中药师资格制度暂行规定》等文件。新规

定要求,凡从事药品生产、经营、使用的单位应配备相应的执业药师资格,并以此作为开办药品生产、经营、使用单位的必备条件之一。根据规定,凡我国公民和获准在我国境内就业的外国人具备条件的,均可申请参加执业药师资格考试。执业药师资格考试合格者,由各省、自治区、直辖市人事(职改)部门颁发人事部统一印制的、人事部与国家药品监督管理局用印的《中华人民共和国执业药师资格证书》。该证书在全国范围内有效。

目前,执业药师制度主要在药品生产企业和药品经营企业实施。

第三节 药师的职责

我国现行的《药品管理法》虽然要求药品的生产企业、经营企业和医疗机构必须具备依法经过资格认定的药学技术人员,但从内容上看,主要规定了医疗机构和药品零售企业的药学技术人员的职责,而且相关规定比较原则。

一、医疗机构药师的法定职责

1. 医疗机构药师的职责是专属职责。《药品管理法》虽然对医疗机构药师的具体职责规定不多,但它明确了医疗机构药剂技术工作的专属性。《药品管理法》第22 条规定,非药学技术人员不得直接从事药剂技术工作。《药品管理法实施条例》第25 条规定,医疗机构审核和调配处方的调剂人员必须是依法经资格认定的药学技术人员。所以,非药学技术人员直接从事药剂技术工作是违法行为。医疗机构聘用非药学技术人员直接从事药剂技术工作,可以按照《医疗机构管理条例》第48 条规定予以处罚。

2. 医疗机构药师的职责是保障病人及时用药、安全用药和有效用药。药师的职责应当由法律或者行政法规规定。但由于还没有专门的药师法或者药师条例,再加上现行法律、行政法规中有关药师职责的规定并不多,因此,有关药师的职责目前主要是由部门规章等规范性文件规定的。2011 年卫生部《医疗机构药事管理规定》第36 条对药师职责作了八个方面的规定:(1)负责药品采购供应、处方或者用药医嘱审核、药品调剂、静脉用药集中调配和医院制剂配制,指导病房(区)护士请领、使用与管理药品。(2)参与临床药物治疗,进行个体化药物治疗方案的设计与实施,开展药学查房,为患者提供药学专业技术服务。(3)参加查房、会诊、病例讨论和疑难、危重患者的医疗救治,协同医师做好药物使用遴选,对临床药物治疗提出意见或调整建议，与医师共同对药物治疗负责。(4)开展抗菌药物临床应用监测，实施处方点评与超常预警，促进药物合理使用。(5)开展药品质量监测，药品严重不良反应和药品损害的收集、整理、报告等工作。(6)掌握与临床用药相关的药物信息，提供用药信息与药学咨询服务，向公众宣传合理用药知识。(7)结合临床药物治疗实践，进行药学临床应用研究；开展药物利用评价和药物临床应用研究；参与新药临床试验和新药上市后安全性与有效性监测。(8)其他与医院药学相关的专业技术工作。

3. 医疗机构药师调配处方职责的具体要求。《药品管理法》第 27 条规定，医疗机构的药剂人员调配处方，必须经过核对，对处方所列药品不得擅自更改或者代用。对有配伍禁忌或者超剂量的处方，应当拒绝调配；必要时，经处方医师更正或者重新签字，方可调配。《麻醉药品和精神药品管理条例》第 40 条第 2 款规定，对麻醉药品和第一类精神药品处方，处方的调配人、核对人应当仔细核对，签署姓名，并予以登记；对不符合本条例规定的，处方的调配人、核对人应当拒绝发药。

法律和行政法规之所以对处方调剂作出特别规定，是因为药师在调剂药品时把好安全关、发挥好指导用药作用，对医疗安全和医疗质量起着十分关键的作用。为了保证药品调剂、药品使用管理以及照顾病人正确适当用药的临床药学服务，《处方管理办法》对上述规定进行了细化，就处方调剂对药师提出了明确、具体的要求。主要包括：(1)药师在执业的医疗机构取得处方调剂资格。(2)具有药师以上专业技术职务任职资格的人员负责处方审核、评估、核对、发药以及安全用药指导；药士从事处方调配工作。(3)药师应当凭医师处方调剂处方药品，非经医师处方不得调剂。(4)药师应当按照操作规程调剂处方药品：认真审核处方，准确调配药品，正确书写药袋或粘贴标签，注明患者姓名和药品名称、用法、用量，包装；向患者交付药品时，按照药品说明书或者处方用法，进行用药交代与指导，包括每种药品的用法、用量、注意事项等。(5)药师应当认真逐项检查处方前记、正文和后记书写是否清晰、完整，并确认处方的合法性。(6)药师应当对处方用药适宜性进行审核，审核内容包括：①规定必须做皮试的药品，处方医师是否注明过敏试验及结果的判定；②处方用药与临床诊断的相符性；③剂量、用法的正确性；④选用剂型与给药途径的合理性；⑤是否有重复给药现象；⑥是否有潜在临床意义的药物相互作用和配伍禁忌；⑦其他用药不适宜情况。(7)药师经处方审核后，认为存在用药不适宜时，应当告知处方医师，请其确认或者重新开具处方。药师发现严重不合理用药或者用药错误，应当拒绝调剂，及时告知处方医师，并应当记录，按照有关规定报告。

(8)药师调剂处方时必须做到“四查十对”:查处方,对科别、姓名、年龄;查药品,对药名、剂型、规格、数量;查配伍禁忌,对药品性状、用法用量;查用药合理性,对临床诊断。(9)药师在完成处方调剂后,应当在处方上签名或者加盖专用签章。(10)药师应当对麻醉药品和第一类精神药品处方,按年月日逐日编制顺序号。(11)药师对于不规范处方或者不能判定其合法性的处方,不得调剂。

二、药品零售企业药师的法定职责

1. 经营处方药、甲类非处方药的药品零售企业应当配备药师。我国将药品经营企业销售的药品分为处方药和非处方药。处方药是指凭执业医师和执业助理医师处方方可购买、调配和使用的药品。相对于处方药,非处方药是指不需要凭执业医师和执业助理医师处方,消费者可以自行判断、购买和使用的药品。考虑到用药的安全性和有效性,国家又将非处方药分为甲类、乙类两种。要求甲类非处方药只能在药品零售药店销售,且消费者应当在执业药师或者药师指导下购买和使用。为此,《药品管理法实施条例》第 15 条第 2 款特别规定,经营处方药、甲类非处方药的药品零售企业,应当配备执业药师或者其他依法经过资格认定的药学技术人员。

2. 执业药师的职责。目前对执业药师的职责并没有法律规定。有关执业药师的职责主要体现在《执业药师资格制度暂行规定》。基本要求是:执业药师必须遵守职业道德,忠于职守,以对药品质量负责、保证人民用药安全有效为基本准则。具体职责是:必须严格执行《药品管理法》及国家有关药品研究、生产、经营、使用的各项法规及政策;对违反《药品管理法》及有关法规的行为或决定,有责任提出劝告、制止、拒绝执行并向上级报告;在执业范围内负责对药品质量的监督和管理,参与制定、实施药品全面质量管理及对本单位违反规定的处理;负责处方的审核及监督调配,提供用药咨询与信息,指导合理用药,开展治疗药物的监测及药品疗效的评价等临床药学工作。

3. 药品经营企业销售药品调配处方的具体要求。药品经营企业是所销售药品的法律责任的承担者,所以,《药品管理法》将药品经营企业销售药品、调配处方的全部责任落在了药品经营企业身上。但实际上,销售药品尤其是调配处方的职权还是由药师行使的。第 19 条第 1 款规定,药品经营企业销售药品必须准确无误,并正确说明用法、用量和注意事项;调配处方必须经过核对,对处方所列药品不得擅自更改或者代用。对有配伍禁忌或者超剂量的处方,应当拒绝调配;必要时,经处方医师更正或者重新签字,方可调配。

第十四章　护　　士

第一节　护 士 概 说

一、护士的概念

根据《护士条例》第 2 条的规定，护士是指经执业注册取得护士执业证书，依照规定从事护理活动，履行保护生命、减轻痛苦、增进健康职责的卫生技术人员。

这一概念表明了护士的职业资质、职业范围、职业职责和职业身份。也就是说，护士的职业资质是取得护士执业证书；护士的职业范围是从事护理活动；护士的职业职责是保护生命、减轻痛苦、增进健康；护士的职业身份是卫生技术人员。

《护士条例》第 6 条规定，国务院有关部门对在护理工作中做出杰出贡献的护士，应当授予全国卫生系统先进工作者荣誉称号或者颁发白求恩奖章，受到表彰、奖励的护士享受省部级劳动模范、先进工作者待遇；对长期从事护理工作的护士应当颁发荣誉证书。县级以上地方人民政府及其有关部门对本行政区域内做出突出贡献的护士，按照省、自治区、直辖市人民政府的有关规定给予表彰、奖励。

二、护士的政府责任

1. 改善护士的工作条件。护理是一项事务繁杂但责任重大的工作。护士能否胜任工作，除了要具有专业素质外，还需要拥有一定的工作条件。因此，《护士条例》第 4 条明确要求，国务院有关部门、县级以上地方人民政府及其有关部门以及乡（镇）人民政府应当采取措施，改善护士的工作条件。

2. 保障护士待遇。护士在卫生技术人员中，人数比例可以说最高。据统计，到 2016 年年底，我国注册护士人数达 350 万。但相对于医师、药师或者技师等，护士收入是偏低的。因此，《护士条例》第 4 条明确要求，国务院有关部门、县级以上地方人民政府及其有关部门以及乡（镇）人民政府应当采取措施，保障护士待遇。

三、护士的社会保护

1. 护士人格尊严、人身安全不受侵犯。我国法律保护包括护士在内的所有公民的人格尊严和人身安全。因此，这里所称的护士人格尊严、人身安全不受侵犯，应当是指与护士这一职业身份相联系的人格尊严、人身安全不受侵犯。如果护士的人格尊严、人身安全得不到有效保护，那么，病人的人格尊严、人身安全也就不可能得到有力维护。

2. 护士依法履行职责，受法律保护。护士履行职责的目的是保护病人的生命、减轻病人的痛苦、增进病人的健康。所以，从根本上说，保护护士依法履行职责就是保护病人利益。《护士条例》第 33 条规定，扰乱医疗秩序，阻碍护士依法开展执业活动，侮辱、威胁、殴打护士，或者有其他侵犯护士合法权益行为的，由公安机关依照治安管理处罚法的规定给予处罚；构成犯罪的，依法追究刑事责任。

3. 全社会应当尊重护士。《护士条例》在要求护士尊重病人的同时，也要求全社会尊重护士。这里所讲的尊重护士，除了指从公民角度要求尊重护士外，还指从职业角度要求尊重护士。从职业角度尊重护士，主要包括三个方面：(1)尊重护士的执业权。非经法定程序不得剥夺护士的执业权。(2)尊重护士的执业行为。护士在依法履行职责过程中享有执业的自由权。(3)尊重护士的执业利益。护士的劳动应当获得合理的报酬和福利待遇。

第二节　护士执业资格考试

一、护士执业资格考试的概念

护士执业资格考试是评价申请护士执业资格的人员是否具备执业所必需的护理专业知识与工作能力的考试。

《护士条例》规定的申请护士执业注册的条件之一，是通过国务院卫生行政部门组织的护士执业资格考试。《护士条例》同时规定，护士执业资格考试办法由国务院卫生行政部门会同国务院人事部门制定。根据卫生部、人力资源和社会保障部联合发布的《护士执业资格考试办法》，护士执业资格考试实行国家统一考试制度，包括统一考试大纲，统一命题和统一合格标准。原则上护士执业资格考试每年举行一次，分专业实务和实践能力两个科目。一次考试通过两个科目为考试成绩合格。考试成绩合格者，可以申请护士执业注册。

二、申请参加护士执业资格考试的条件

护理是一门专业,因此,从事护理工作应当具有相关专业教育学历。根据规定,在中等职业学校、高等学校完成国务院教育主管部门和国务院卫生行政部门规定的普通全日制3年以上的护理、助产专业课程学习,包括在教学、综合医院完成8个月以上护理临床实习,并取得相应学历证书的,都可以申请参加护士执业资格考试。

香港特别行政区、澳门特别行政区和台湾地区居民符合有关规定条件,包括符合《内地与香港关于建立更紧密经贸关系的安排》和《内地与澳门关于建立更紧密经贸关系的安排》等规定的,可以申请参加护士执业资格考试。

三、申请参加护士执业资格考试需要提交的材料

报名参加护士执业资格考试的人员,应当在规定的期限内按要求提交下列材料:护士执业资格考试报名申请表、本人身份证明、近6个月二寸免冠正面半身照片3张、本人毕业证书以及报考所需的其他材料。

为了方便应届毕业生申请人参加护士执业资格考试,根据规定,可以由所在学校办理集体报名。

四、护士执业资格考试成绩合格者的待遇

护士执业资格考试成绩合格线由全国护士执业资格考试委员会确定并公布。考试成绩合格者,取得考试成绩合格证明,作为申请护士执业注册的有效证明。

根据规定,参加护士执业资格考试并成绩合格的,可以同时获得护理初级(士)专业技术资格证书。其中:具有护理、助产专业本科以上学历的人员,在达到《卫生技术人员职务试行条例》规定的护师专业技术职务任职资格年限后,可以直接聘任护师专业技术职务;而具有护理、助产专业中专和大专学历的人员,要取得相应专业技术职务任职资格则应当按照有关规定通过全国卫生专业技术资格考试。

第三节 护士执业注册

一、护士执业注册的概念

护士执业注册是指护士按照《护士条例》规定,请求卫生行政部门授予执业资

格的法律行为。

我国实行护士执业注册制度。根据《护士条例》,护士经执业注册取得《护士执业证书》后,方可按照注册的执业地点从事护理工作。未经执业注册取得《护士执业证书》的,不得从事诊疗技术规范规定的护理活动。

二、申请护士执业注册的条件

《护士条例》第7条第2款规定,申请护士执业注册,应当具备下列条件:(1)具有完全民事行为能力;(2)在中等职业学校、高等学校完成国务院教育主管部门和国务院卫生主管部门规定的普通全日制3年以上的护理、助产专业课程学习,包括在教学、综合医院完成8个月以上护理临床实习,并取得相应学历证书;(3)通过国务院卫生主管部门组织的护士执业资格考试;(4)符合国务院卫生主管部门规定的健康标准。

护士执业注册申请,原则上应当在通过护士执业资格考试后3年内提出。对超过3年提出护士执业注册申请的,《护士条例》附加了一个条件,即应当在符合国务院卫生主管部门规定条件的医疗卫生机构接受3个月临床护理培训并考核合格。

对于健康标准,卫生部《护士执业注册管理办法》第6条进行了列举,是指:(1)无精神病史;(2)无色盲、色弱、双耳听力障碍;(3)无影响履行护理职责的疾病、残疾或者功能障碍。

三、申请护士执业注册需要提交的材料

申请护士执业注册,应当按照要求提交相关材料,主要包括:(1)护士执业注册申请审核表;(2)申请人身份证明;(3)申请人学历证书及专业学习中的临床实习证明;(4)护士执业资格考试成绩合格证明;(5)省、自治区、直辖市人民政府卫生行政部门指定的医疗机构出具的申请人6个月内健康体检证明;(6)医疗卫生机构拟聘用的相关材料。

通过护士执业资格考试3年后提出护士执业注册申请的,还应当提交在省、自治区、直辖市人民政府卫生行政部门规定的教学、综合医院接受3个月临床护理培训并考核合格的证明。

四、负责护士执业注册的部门

负责护士执业注册的部门是省、自治区、直辖市人民政府卫生行政部门。

申请护士执业注册的，应当向执业地的省、自治区、直辖市人民政府卫生行政部门提出申请。收到申请的省、自治区、直辖市人民政府卫生行政部门应当自收到申请之日起20个工作日内作出决定：对具备规定条件的，准予注册，并发给《护士执业证书》；对不具备规定条件的，不予注册，并书面说明理由。

《护士执业证书》上应当注明的信息包括：护士的姓名、性别、出生日期、证书编号、注册日期和执业地点等。《护士执业证书》有效期为5年。

五、护士执业注册的管理

1. 变更注册

变更注册是护士在护士执业注册有效期内将有关执业注册项目变化情况向卫生行政部门办理变更手续。

根据规定，护士在其执业注册有效期内，因个人原因改变执业地点等注册项目，应当办理变更注册手续。换句话说，承担卫生行政部门交办或者批准的任务以及履行医疗卫生机构职责的护理活动，包括经医疗卫生机构批准的进修、学术交流等，并不需要办理变更注册手续。

护士办理变更注册手续，应当向执业地的省、自治区、直辖市人民政府卫生行政部门报告，并提交下列材料：(1)护士变更注册申请审核表；(2)申请人的《护士执业证书》。收到报告的省、自治区、直辖市人民政府卫生行政部门应当自收到报告之日起7个工作日内为其办理变更手续。

护士跨省、自治区、直辖市变更执业地点的，收到报告的省、自治区、直辖市人民政府卫生行政部门还应当向其原执业地的省、自治区、直辖市人民政府卫生行政部门通报。

2. 延续注册

延续注册，也称再注册，是护士在护士执业注册有效期届满前，按照规定向卫生行政部门办理延续执业资格手续。

我国护士执业注册的有效期为5年。护士执业注册有效期届满后需要继续执业的，按照规定，应当办理延续注册。办理延续注册，应当在护士执业注册有效期满前30日向原注册的省、自治区、直辖市人民政府卫生行政部门提出延续注册申请，并提交下列材料：(1)护士延续注册申请审核表；(2)申请人的《护士执业证书》；(3)省、自治区、直辖市人民政府卫生行政部门指定的医疗机构出具的申请人6个月内健康体检证明。

收到申请的省、自治区、直辖市人民政府卫生行政部门对具备规定条件的护士，应当准予延续注册；对不具备规定条件的护士，不予延续注册，并书面说明理由。

《护士执业注册管理办法》第13条规定了两种不予延续注册的情形：（1）不符合规定的健康标准的；（2）被处暂停执业活动处罚期限未满的。

3. 重新申请注册

重新申请注册是护士按照《护士条例》规定，请求卫生行政部门重新授予执业资格。

《护士执业注册管理办法》第15条规定了两种情形需要办理重新申请注册手续：（1）注册有效期届满未延续注册的；（2）受吊销《护士执业证书》处罚，自吊销之日起满2年的。

从性质上说，重新申请注册是为了恢复已经终止的执业资格，属于护士执业注册的范畴。所以，无论是主观原因还是客观原因导致执业资格终止的，都应当按照护士执业注册的程序和要求办理相关手续。比如，在提交材料方面，要按照护士执业注册的规定提交材料；中断护理执业活动超过3年的，还应当提交在省、自治区、直辖市人民政府卫生行政部门规定的教学、综合医院接受3个月临床护理培训并考核合格的证明。

4. 注销注册

注销注册是卫生行政部门依法终止护士执业资格。

《护士条例》第10条第2款规定，护士有行政许可法规定的应当予以注销执业注册情形的，原注册部门应当依照行政许可法的规定注销其执业注册。

《护士执业注册管理办法》规定了三种应当予以注销执业注册的情形：（1）注册有效期届满未延续注册；（2）受吊销《护士执业证书》处罚；（3）护士死亡或者丧失民事行为能力。

5. 护士执业注册的法律救济

卫生行政部门办理护士执业注册应当依据法定权限、条件和程序。护士发现卫生行政部门及其工作人员违法办理护士执业注册的，可以向有关卫生行政部门反映。护士对卫生行政部门作出的不予注册，包括不予变更注册、不予延续注册、不予重新注册或者注销注册等决定有异议的，可以依法申请行政复议或者提起行政诉讼。

第四节 护士的权利和义务

一、护士的权利

护士权利是指国家规定的护士在执业方面享有的权利。根据《护士条例》的规定,护士在执业活动中享有下列权利:

1. 有按照国家有关规定获取工资报酬、享受福利待遇、参加社会保险的权利。为此,《护士条例》第 12 条规定,任何单位或者个人不得克扣护士工资,降低或者取消护士福利等待遇。第 23 条规定,医疗卫生机构应当执行国家有关工资、福利待遇等规定,按照国家有关规定为在本机构从事护理工作的护士足额缴纳社会保险费用,保障护士的合法权益。对在艰苦边远地区工作,或者从事直接接触有毒有害物质、有感染传染病危险工作的护士,所在医疗机构还应当按照国家有关规定给予津贴。

2. 有获得与其所从事的护理工作相适应的卫生防护、医疗保健服务的权利。为此,《护士条例》第 22 条规定,医疗卫生机构应当为护士提供卫生防护用品,并采取有效的卫生防护措施和医疗保健措施。

3. 从事直接接触有毒有害物质、有感染传染病危险工作的,还有依照有关法律、行政法规的规定接受职业健康监护的权利。职业健康监护是对接触职业病危害因素人员的健康状况进行系统的检查和分析,从而发现早期健康损害的重要措施。职业健康监护包括进行职业健康检查和建立职业健康监护档案等内容。《职业病防治法》第 35 条第 1 款规定,对从事接触职业病危害的作业的劳动者,用人单位应当按照国务院卫生行政部门的规定组织上岗前、在岗期间和离岗时的职业健康检查,并将检查结果书面告知劳动者。第 36 条第 1、2 款规定,用人单位应当为劳动者建立职业健康监护档案,并按照规定的期限妥善保存。职业健康监护档案应当包括劳动者的职业史、职业病危害接触史、职业健康检查结果和职业病诊疗等有关个人健康资料。

4. 患职业病的,还有依照有关法律、行政法规的规定获得赔偿的权利。根据 2013 年国家卫生计生委、国家安全生产监管总局、人力资源和社会保障部、中华全国总工会联合印发的《职业病分类和目录》,我国现有职业病 10 类 132 种,其中包括仅限于医疗卫生人员及人民警察的艾滋病。对于护士来说,职业性艾滋病是指在职业活动中,被艾滋病病毒感染者或病人的血液、体液,或携带艾滋病病毒的生物样本，或废弃物污染了皮肤或者黏膜，或者被含有艾滋病病毒的血液、体液污染了的医疗器械或其他锐器刺破皮肤感染的艾滋病。《职业病防治法》第58条规定，职业病病人除依法享有工伤保险外，依照有关民事法律，尚有获得赔偿的权利的，有权向用人单位提出赔偿要求。第59条规定，劳动者被诊断患有职业病，但用人单位没有参加工伤保险的，其医疗和生活保障由该用人单位承担。

5. 有按照国家有关规定获得与本人业务能力和学术水平相应的专业技术职务、职称的权利。专业技术职务是指根据实际工作需要设置的有明确职责、任职条件和任期，并需要具备专门的业务知识和技术水平才能担负的工作岗位。职称是职务名称的简称。根据1986年《卫生技术人员职务试行条例》，护士的专业技术职务分为主任护师、副主任护师、主管护师、护师和护士。通常，评、聘一致的，是职务；评、聘分开的，是职称。

6. 有参加专业培训、从事学术研究和交流、参加行业协会和专业学术团体的权利。《护士条例》第24条规定，医疗卫生机构应当制定、实施本机构护士在职培训计划，并保证护士接受培训。护士培训应当注重新知识、新技术的应用；根据临床专科护理发展和专科护理岗位的需要，开展对护士的专科护理培训。目前，护士还没有专门的行业协会，但有专业学术团体中华护理学会等。护士可以参加的专业学术团体并不限于中华护理学会，还可以参加中华医学会、中华预防医学会等诸多专业学术团体及其学术活动。

7. 有获得疾病诊疗、护理相关信息的权利和其他与履行护理职责相关的权利。《医疗事故处理条例》第11条规定，在医疗活动中，医疗机构及其医务人员应当将患者的病情、医疗措施、医疗风险等如实告知患者，及时解答其咨询。《侵权责任法》第55条也规定，医务人员在诊疗活动中应当向患者说明病情和医疗措施等。护士作为医务人员，要履行其职责，除了自身业务能力外，还应当拥有履职所需要的相关信息。这些相关信息有的直接来自护理本身，但更多的相关信息来自医疗机构及其他医务人员。

8. 可以对医疗机构和卫生行政部门的工作提出意见和建议。我国《执业医师法》规定，医师在执业活动中有权对所在机构的医疗、预防、保健工作和卫生行政部门的工作提出意见和建议，依法参与所在机构的民主管理。护士同医师一样，都是一线医务人员。虽然职责并不完全相同，但在参与民主管理上，他们的权利是相同的。

《护士条例》规定护士权利，从性质上看是为了保障护士的执业权，但从根本上说是为了促进护士更好地为病人服务。所以，社会有责任支持和帮助护士享有这些权利，尤其是医疗机构。为了保障护士权利的实现，《护士条例》第29条规定，医疗卫生机构有下列情形之一的，依照有关法律、行政法规的规定给予处罚；国家举办的医疗机构有下列情形之一、情节严重的，还应当对负有责任的主管人员和其他直接责任人员依法给予处分：(1)未执行国家有关工资、福利待遇等规定的；(2)对在本机构从事护理工作的护士，未按照国家有关规定足额缴纳社会保险费用的；(3)未为护士提供卫生防护用品，或者未采取有效的卫生防护措施、医疗保健措施的；(4)对在艰苦边远地区工作，或者从事直接接触有毒有害物质、有感染传染病危险工作的护士，未按照国家有关规定给予津贴的。第30条规定，对未制定、实施本机构护士在职培训计划或者未保证护士接受培训的医疗卫生机构，由县级以上地方人民政府卫生主管部门依据职责分工责令限期改正，给予警告。

二、护士的义务

护士义务是指国家规定的护士在执业方面必须履行的责任。作为义务，护士应当依法自觉履行，否则将受到制裁。

《护士条例》规定，护士在执业活动中应当履行下列义务：(1)遵守法律、法规、规章和诊疗技术规范的规定。(2)发现患者病情危急，应当立即通知医师；在紧急情况下为抢救垂危患者生命，应当先行实施必要的紧急救护。(3)发现医嘱违反法律、法规、规章或者诊疗技术规范规定的，应当及时向开具医嘱的医师提出；必要时，应当向该医师所在科室的负责人或者医疗机构负责医疗服务管理的人员报告。(4)尊重、关心、爱护患者，保护患者的隐私。(5)参与公共卫生和疾病预防控制工作。(6)发生自然灾害、公共卫生事件等严重威胁公众生命健康的突发事件，服从县级以上人民政府卫生行政部门或者所在医疗机构的安排，参加医疗救护。

为了促进护士依法履行义务，保证护理质量，《护士条例》规定，医疗机构配备护士的数量不得低于国务院卫生行政部门规定的护士配备标准。同时规定，医疗机构不得允许下列人员在本机构从事诊疗技术规范规定的护理活动：(1)未取得护士执业证书的人员；(2)未依照规定办理执业地点变更手续的护士；(3)护士执业注册有效期届满未延续执业注册的护士。在教学、综合医院进行护理临床实习的人员应当在护士指导下开展有关工作。还规定，医疗机构应当按照国务院卫生行政部门的规定，设置专门机构或者配备专(兼)职人员负责护理管理工作，建立护士岗位责任制并进行监督检查。

对护士的配备数量低于国务院卫生行政部门规定的护士配备标准的，或者允许未取得护士执业证书的人员以及允许未依照规定办理执业地点变更手续、延续执业注册有效期的护士在本机构从事诊疗技术规范规定的护理活动的医疗机构，《护士条例》规定，由县级以上地方人民政府卫生行政部门依据职责分工责令限期改正，给予警告；逾期不改正的，根据国务院卫生行政部门规定的护士配备标准和在医疗机构合法执业的护士数量核减其诊疗科目，或者暂停其6个月以上1年以下执业活动；对国家举办的医疗机构，还应当根据情节对负有责任的主管人员和其他直接责任人员依法给予处分。

《护士条例》规定，护士因不履行职责或者违反职业道德受到投诉的，其所在医疗机构应当进行调查。经查证属实的，医疗机构应当对护士作出处理，并将调查处理情况告知投诉人。对未履行护士管理职责的医疗机构，由县级以上地方人民政府卫生行政部门依据职责分工责令限期改正，给予警告。

第十五章　乡 村 医 生

第一节　乡村医生概说

一、乡村医生的概念

乡村医生有狭义和广义之分。狭义的乡村医生，是从职业角度而言的，指取得卫生行政部门颁发的乡村医生证书，并经注册取得乡村医生执业证书，在村医疗卫生机构从事预防、保健和一般医疗服务的卫生人员。广义的乡村医生，是从机构角度而言的，指在村医疗卫生机构从事预防、保健和医疗服务的卫生人员，除乡村医生外，还包括执业医师和执业助理医师。

乡村医生作为法律概念，并不包括取得执业医师资格或者执业助理医师资格，经注册在村医疗卫生机构工作的执业医师和执业助理医师。换句话说，除特别说明外，通常所称的乡村医生，是指狭义上的乡村医生。

乡村医生是对执业助理医师数量不足的一种有力补充。统计数据显示，我国乡村医生人数超过 100 万，在缺少执业医师和执业助理医师的农村地区发挥着重要的作用。乡村医生是具有合法地位的卫生技术人员，其在村医疗卫生机构依法执业受法律保护。

《执业医师法》第 45 条规定，在乡村医疗卫生机构中向村民提供预防、保健和一般医疗服务的乡村医生，符合有关规定的，可以依法取得执业医师资格或者执业助理医师资格。《乡村医生从业管理条例》第 7 条规定，国家鼓励乡村医生通过医学教育取得医学专业学历，并鼓励符合条件的乡村医生申请参加国家医师资格考试。

《乡村医生从业管理条例》第 4 条规定，国家对在农村预防、保健、医疗服务和突发事件应急处理工作中做出突出成绩的乡村医生，给予奖励。

二、乡村医生的由来

乡村医生的前身是“赤脚医生”，产生于20世纪50年代，成熟于20世纪60年代，是一支不脱产的村级卫生队伍，属“半农半医”性质。赤脚医生的发展与当时蓬勃兴起的农村合作医疗制度是紧密联系在一起的。虽然赤脚医生文化程度不高，只经过短期培训，但他们热心为群众服务，深受群众欢迎，在解决广大农村地区缺医少药问题上发挥了重要作用，为保障农村居民健康作出了重大贡献。世界卫生组织曾给予了极高评价。

为合理解决赤脚医生的待遇问题，1981年国务院批转《卫生部关于合理解决赤脚医生补助问题的报告》。在该报告中，卫生部首次提出“乡村医生”称谓，规定：“凡经考核合格，相当于中专水平的赤脚医生，发给‘乡村医生’证书，原则上给予相当于当地民办教师水平的待遇。”1985年卫生部正式决定停止使用“赤脚医生”这个名称。凡经过考试、考核达到相当于中专水平的，改称“乡村医生”；达不到中专水平的，改称“卫生员”。

三、乡村医生的职责

《乡村医生从业管理条例》将乡村医生的职责定位为提供“预防、保健和一般医疗服务”，但并没有一一列出内容或者作出具体解释。2015年国务院办公厅《关于进一步加强乡村医生队伍建设的实施意见》明确，“乡村医生（包括在村卫生室执业的执业医师和执业助理医师）主要负责向村民提供公共卫生和基本医疗服务，并承担卫生计生行政部门委托的其他医疗卫生服务相关工作。”

2014年国家卫生计生委等部门联合印发的《村卫生室管理办法（试行）》第8条列出了村卫生室承担的公共卫生服务内容，主要包括：(1)承担、参与或协助开展基本公共卫生服务；(2)参与或协助专业公共卫生机构落实重大公共卫生服务；(3)县级以上卫生计生行政部门布置的其他公共卫生任务。第9条列出了村卫生室提供的基本医疗服务内容，主要包括：(1)疾病的初步诊查和常见病、多发病的基本诊疗以及康复指导、护理服务；(2)危急重症病人的初步现场急救和转诊服务；(3)传染病和疑似传染病人的转诊；(4)县级以上卫生计生行政部门规定的其他基本医疗服务。根据规定，除为挽救患者生命而实施的急救性外科止血、小伤口处置外，村卫生室原则上不得提供以下服务：(1)手术、住院和分娩服务；(2)与其功能不相适应的医疗服务；(3)县级以上地方卫生计生行政部门明确规定不得从事的其他医疗服务。

乡村医生作为村卫生室人员，其职责显然不能超出上述规定范围，且具体的业务范围还应当与其自身实际能力相一致。

第二节 乡村医生执业注册

一、乡村医生执业注册的概念

乡村医生执业注册，是指乡村医生按照《乡村医生从业管理条例》规定，请求卫生行政部门授予执业资格的法律行为。

我国实行乡村医生执业注册制度。根据《乡村医生从业管理条例》的规定，乡村医生取得乡村医生证书后需要执业的，必须向当地卫生行政部门书面提出乡村医生执业注册申请，经注册取得乡村医生执业证书后，方可在聘用其执业的村医疗卫生机构从事预防、保健和一般医疗服务。换句话说，有乡村医生证书而没有乡村医生执业证书的，并不具有在村医疗卫生机构从事预防、保健和一般医疗服务的权利。简言之，未经注册取得乡村医生执业证书的，不得执业。

所谓村医疗卫生机构，根据《卫生部关于对〈乡村医生从业管理条例〉实施中有关问题的批复》的规定，是指向农村居民提供预防、保健和一般医疗服务的村卫生室（所、站）、村社区卫生服务站。村医疗卫生机构属于非营利性医疗卫生机构。

二、乡村医生执业注册的条件

（一）《乡村医生从业管理条例》实施前的人员

（1）符合条件的直接注册

在《乡村医生从业管理条例》实施前已经取得县级以上地方人民政府卫生行政部门颁发的乡村医生证书，并符合规定条件之一的乡村医生，可以向当地县级人民政府卫生行政部门申请乡村医生执业注册，取得乡村医生执业证书后，继续在村医疗卫生机构执业。

《乡村医生从业管理条例》规定的可以申请乡村医生执业注册的条件是：①已经取得中等以上医学专业学历的；②在村医疗卫生机构连续工作20年以上的；③按照省、自治区、直辖市人民政府卫生行政部门制定的培训规划，接受培训取得合格证书的。

(2)不符合条件的经培训合格后注册

在《乡村医生从业管理条例》实施前已经取得县级以上地方人民政府卫生行政部门颁发的乡村医生证书,但不符合上述规定条件之一的乡村医生,应当参加县级人民政府卫生行政部门组织的有关预防、保健和一般医疗服务基本知识的培训和考试。经培训并考试合格的,可以申请乡村医生执业注册;经培训但考试不合格的,应当再次参加县级人民政府卫生行政部门组织的培训和考试,不参加再次培训或者再次考试不合格的,则不得申请乡村医生执业注册。

(二)《乡村医生从业管理条例》实施后的人员

《乡村医生从业管理条例》实施后进入村医疗卫生机构从事预防、保健和一般医疗服务的人员,根据规定,应当具有执业医师资格或者执业助理医师资格,并按照《执业医师法》进行医师执业注册。但对缺乏医师执业的村医疗卫生机构,《乡村医生从业管理条例》第 12 条第 2 款规定,根据实际需要,可以允许具有中等医学专业学历的人员,或者经过培训达到中等医学专业水平的其他人员申请执业注册,进入村医疗卫生机构执业。具体办法由省、自治区、直辖市人民政府制定。

三、乡村医生执业注册的机关

负责乡村医生执业注册工作的是县级人民政府卫生行政部门。

根据规定,申请乡村医生执业注册的人员,应当持村医疗卫生机构出具的拟聘用证明和相关学历证明、证书,到当地县级人民政府卫生行政部门办理相关手续。收到申请的卫生行政部门应当自受理申请之日起 15 日内完成审核,对符合规定条件的,准予注册,发给乡村医生执业证书;对不符合规定条件的,不予注册,并书面说明理由。

为了保证乡村医生执业注册的公正性,《乡村医生从业管理条例》建立了相应的问责机制。其中,第 44 条规定,县级人民政府卫生行政主管部门对不符合规定条件的人员发给乡村医生执业证书,或者对符合条件的人员不发给乡村医生执业证书的,由本级人民政府或者上一级人民政府卫生行政主管部门责令改正,收回或者补发乡村医生执业证书,并对直接负责的主管人员和其他直接责任人员依法给予行政处分。

四、乡村医生执业注册的管理

1. 不予注册

不予注册是卫生行政部门对已审核完毕,认为申请人不符合乡村医生执业注册条件，依法不授予乡村医生执业资格。

卫生行政部门作出不予注册决定通常是因法定原因。《乡村医生从业管理条例》第14条规定，乡村医生有下列情形之一的，不予注册：(1)不具有完全民事行为能力的；(2)受刑事处罚，自刑罚执行完毕之日起至申请执业注册之日止不满2年的；(3)受吊销乡村医生执业证书行政处罚，自处罚决定之日起至申请执业注册之日止不满2年的。

2. 再注册

再注册是乡村医生在乡村医生执业证书有效期满前，按照规定向卫生行政部门办理延续执业资格手续。

我国乡村医生执业证书的有效期为5年。有效期满需要继续执业的乡村医生，按照规定，应当在有效期满前3个月申请再注册。收到申请的卫生行政部门应当自受理申请之日起15日内进行审核，对符合省、自治区、直辖市卫生行政部门规定条件的，准予再注册，换发乡村医生执业证书；对不符合规定条件的，不予再注册，收回乡村医生执业证书。

3. 变更注册

变更注册是乡村医生在乡村医生执业证书有效期内将有关执业变化情况向卫生行政部门办理变更手续。

根据规定，乡村医生改变执业地点的，应当申请办理变更注册手续。申请办理变更注册手续需要提交的材料包括：村医疗卫生机构出具的拟聘用证明、本人的相关学历证明和乡村医生证书等。卫生行政部门应当在申请人提交的材料齐备后于规定的期限内，作出核准变更注册或者不予核准变更注册的决定。

4. 注销注册

注销注册是卫生行政部门依法终止乡村医生执业资格。

《乡村医生从业管理条例》第18条规定，乡村医生有下列情形之一的，由原注册的卫生行政主管部门注销执业注册，收回乡村医生执业证书：(1)死亡或者被宣告失踪的；(2)受刑事处罚的；(3)中止执业活动满2年的；(4)考核不合格，逾期未提出再次考核申请或者经再次考核仍不合格的。

五、乡村医生执业注册的法律救济

根据规定，乡村医生对卫生行政部门作出的不予注册、不予再注册、不予变更注册或者注销注册等决定有异议的，可以依照行政复议法申请行政复议，或者依照行政诉讼法提起行政诉讼。

为了加强对乡村医生执业注册的社会监督,《乡村医生从业管理条例》要求卫生行政部门办理乡村医生执业注册、再注册、注销注册,应当依据法定权限、条件和程序,遵循便民原则,提供办事效率,并将准予执业注册、再注册和注销注册的人员名单向其执业的村医疗卫生机构所在地的村民公告。村民和乡村医生发现违法办理乡村医生执业注册、再注册、注销注册的,可以向有关卫生行政部门反映。有关卫生行政部门对反映的情况应当及时核实,调查处理,并将调查处理结果予以公布。

县级人民政府卫生行政部门有下列情形之一的,由本级人民政府或者上一级人民政府卫生行政部门责令限期改正;逾期不改正的,对直接负责的主管人员和其他直接责任人员依法给予行政处分:(1)对乡村医生执业注册或者再注册申请,未在规定时间内完成审核工作的;(2)未按照规定将准予执业注册、再注册和注销注册的人员名单向村民予以公告的;(3) 对村民和乡村医生反映的办理乡村医生执业注册、再注册、注销注册的违法活动未及时核实、调查处理的;(4)未公布调查处理结果的。

第三节　乡村医生培训

一、乡村医生培训的性质

乡村医生培训是由国家规定的、乡村医生必须接受的,政府给予一定经费支持的医学继续教育。

乡村医生培训,由省、自治区、直辖市人民政府组织制定乡村医生培训规划,县级人民政府根据所在省、自治区、直辖市的乡村医生培训规划制定本地区乡村医生培训计划,县级人民政府卫生行政部门根据本地区乡村医生培训计划负责组织培训工作。

《乡村医生从业管理条例》第 43 条规定,县级人民政府卫生行政主管部门未按照乡村医生培训规划、计划组织乡村医生培训的,由本级人民政府或者上一级人民政府卫生行政主管部门责令改正;情节严重的,对直接负责的主管人员和其他直接责任人员依法给予行政处分。

二、乡村医生培训的周期

乡村医生培训周期一般为 2 年。根据规定,乡村医生应当至少每 2 年接受一次培训,以更新医学知识,提高业务水平。

乡村医生接受培训是乡村医生可以继续执业的条件之一。所以，乡、镇人民政府以及村民委员会除了应当为乡村医生开展工作和学习提供条件外，还应当保证乡村医生接受培训和继续教育。

三、乡村医生培训的经费

对承担国家规定的预防、保健等公共卫生服务的乡村医生，其培训所需经费列入县级财政预算。对边远贫困地区，设区的市级以上地方人民政府应当给予适当经费支持。

国家鼓励社会组织和个人支持乡村医生培训工作。

第四节 乡村医生考核

一、乡村医生考核的概念

乡村医生考核，是指县级卫生行政部门对乡村医生从业情况进行了解、核实和评价。

根据《乡村医生考核办法》的规定，乡村医生考核包括业务考评和职业道德评定两方面内容。业务考评主要包括：(1)工作任务完成情况；(2)业务水平；(3)学习培训情况；(4)省级卫生行政部门规定的其他内容。职业道德评定主要是医德医风情况。

二、乡村医生考核的周期

根据规定，对乡村医生的考核，每两年组织一次。

对乡村医生的考核应当客观、公正，充分听取乡村医生执业的村医疗卫生机构、乡村医生本人、所在村村民委员会和村民的意见。

三、乡村医生考核的结果

乡村医生考核结果分为合格和不合格。乡村医生经考核合格的，可以继续执业；经考核不合格的，在6个月内可以申请进行再次考核。逾期未提出再次考核申请或者经再次考核仍不合格的乡村医生，负责其注册的卫生行政部门应当注销其执业注册，并收回乡村医生执业证书。

《乡村医生考核办法》规定，乡村医生在考核工作中有下列情形之一的，考核结果为不合格:(1)以不正当手段通过考核的;(2)无正当理由不参加考核的;(3)省级卫生行政部门规定的其他情形。

第五节　乡村医生的权利和义务

一、乡村医生的权利

乡村医生的权利是指国家规定的乡村医生在从业方面可以享有的权利。作为一种职业权利,乡村医生行使或者放弃,均应符合相关法律规定。

《乡村医生从业管理条例》第 23 条规定,乡村医生在执业活动中享有下列权利:(1)进行一般医学处置,出具相应的医学证明;(2)参与医学经验交流,参加专业学术团体;(3)参加业务培训和教育;(4)在执业活动中,人格尊严、人身安全不受侵犯;(5)获取报酬;(6)对当地的预防、保健、医疗工作和卫生行政部门的工作提出意见和建议。

二、乡村医生的义务

乡村医生的义务是指国家规定的乡村医生在从业方面必须履行的责任。作为义务,乡村医生应当依法自觉履行,否则将受到制裁。

《乡村医生从业管理条例》第 24 条规定,乡村医生在执业活动中应当履行下列义务:(1)遵守法律、法规、规章和诊疗护理技术规范、常规;(2)树立敬业精神,遵守职业道德,履行乡村医生职责,为村民健康服务;(3)关心、爱护、尊重患者,保护患者的隐私;(4)努力钻研业务,更新知识,提高专业技术水平;(5)向村民宣传卫生保健知识,对患者进行健康教育。

乡村医生在执业活动中除了应当履行上述义务外,还应当遵守下列要求:(1)协助有关部门做好初级卫生保健服务工作。按照规定及时报告传染病疫情和中毒事件,如实填写并上报有关卫生统计报表,妥善保管有关资料。(2)不重复使用一次性医疗器械和卫生材料。对使用过的一次性医疗器械和卫生材料,按照规定进行处置。(3)如实向病人或者其家属介绍病情,对超出一般医疗服务范围或者限于医疗条件和技术水平不能诊治的病人,及时转诊。对情况紧急不能转诊的,先行进行抢救并及时向有抢救条件的医疗卫生机构求助。(4)不出具与执业范围无关或者与执业范围不相符的医学证明,不进行实验性临床医疗活动。(5)在省、自治区、直辖市人民政府卫生行政部门制定的乡村医生基本用药目录规定的范围内用药。

第十六章 港澳医疗专业技术人员

第一节 港澳医疗专业技术人员概说

一、港澳医疗专业技术人员的概念

港澳医疗专业技术人员，根据2010年卫生部《香港和澳门特别行政区医疗专业技术人员在内地短期执业管理暂行规定》，是指具有香港或澳门特别行政区合法执业资格，从事医疗相关活动的香港和澳门特别行政区永久性居民。

二、港澳医疗专业技术人员的分类

根据医疗业务，港澳医疗专业技术人员分为以下四类：(1)港澳医师。包括香港医疗专业技术人员中的医生、中医、牙医和澳门医疗专业技术人员中的医生、中医生、中医师、牙科医生、牙科医师。(2)港澳药剂师。包括香港医疗专业技术人员中的药剂师和澳门医疗专业技术人员中的药剂师、药房技术助理。(3)港澳护士。包括香港医疗专业技术人员中的护士、助产士和澳门医疗专业技术人员中的护士。(4)其他港澳医疗专业技术人员。包括香港医疗专业技术人员中的医务化验师、职业治疗师、视光师、放射技师、物理治疗师、脊医六类人员和澳门医疗专业技术人员中的治疗师、按摩师、针灸师、诊疗辅助技术员四类人员。

第二节 港澳医疗专业技术人员在内地短期执业注册

一、港澳医疗专业技术人员在内地短期执业的概念

港澳医疗专业技术人员在内地短期执业，是指香港和澳门特别行政区具有合法执业资格的医疗专业技术人员应聘在内地医疗机构从事不超过3年的执业活动。

二、港澳医疗专业技术人员在内地短期执业的条件

港澳医疗专业技术人员在内地短期执业，应当符合内地有关港澳人员的就业规定，由内地具有《医疗机构执业许可证》的医疗机构作为聘用单位，并按照规定的程序和要求提出申请，经注册取得港澳医疗专业技术人员内地短期执业注册凭证。

根据规定，港澳医疗专业技术人员在内地短期执业，应当向聘用其短期执业的医疗机构提交在港澳获准从事的业务范围及与业务有关的权利义务说明。这一规定的目的是便于内地医疗机构在安排港澳医疗专业技术人员工作时按照其业务性质、特点明确具体的职责范围，以有利于发挥他们的作用。

三、港澳医疗专业技术人员在内地短期执业注册的申请

1. 港澳医师来内地短期执业注册申请。港澳医师来内地短期执业的，其注册申请适用《香港、澳门特别行政区医师在内地短期行医管理规定》。因此，港澳医师应当按照《香港、澳门特别行政区医师在内地短期行医管理规定》的程序和要求进行申请，并提交注册所需要的材料。

2. 港澳药剂师、港澳护士和其他港澳医疗专业技术人员来内地短期执业注册申请。港澳药剂师、港澳护士和其他港澳医疗专业技术人员来内地短期执业的，根据规定，由聘用医疗机构向该医疗机构所在地设区的市级以上地方人民政府卫生行政部门或者中医药管理部门申请注册，并提交相关材料。主要包括：(1)港澳医疗专业技术人员在内地短期执业注册申请表；(2)港澳永久居民身份证明材料；(3)近6个月内的2寸免冠正面半身照片2张；(4)专业技术人员的专业执照或者执业资格证明；(5)近6个月内的体检健康证明；(6)无刑事犯罪记录的证明；(7)拟聘用医疗机构与专业技术人员签订的协议书；(8)拟聘用医疗机构《医疗机构执业许可证》副本复印件；(9)该类医疗专业技术人员在港澳执业范围和执业规则说明；(10)拟聘用港澳医疗专业技术人员提交的执业承诺书以及内地省级人民政府卫生行政部门规定的其他材料。其中：第(4)、(5)、(6)、(9)项材料，必须经过香港或者澳门特别行政区公证机关的公证。全部材料应当为中文文本。

四、港澳医疗专业技术人员在内地短期执业注册的审批

根据规定，负责受理港澳医疗专业技术人员在内地短期执业注册申请的卫生行政部门应当自受理申请之日起20日内进行审核。对符合条件的，予以注册，并发

给港澳医疗专业技术人员内地短期执业注册凭证;对不符合条件的,不予注册,并书面说明理由。

第三节 港澳医疗专业技术人员在内地短期执业的管理

一、港澳医疗专业技术人员应当按照注册内容执业

港澳医疗专业技术人员在内地短期执业,必须在执业有效期内,按照相应的执业类别、执业范围在聘用的医疗机构内从事相应的执业活动。执业有效期满后,港澳医疗专业技术人员如需要继续执业的,应当重新办理短期执业注册手续。根据规定,港澳医疗专业技术人员在内地短期执业不得同时受聘于两个以上医疗机构。医疗机构未按照规定为聘用的港澳医疗专业技术人员办理注册手续的,按使用非卫生技术人员处理。

二、港澳医疗专业技术人员应当依法依规执业

港澳医疗专业技术人员在内地短期执业必须遵守医疗卫生管理法律、行政法规、部门规章及诊疗护理规范、常规,尊重当地的风俗习惯。发生医疗损害争议的,按照有关法律法规的规定处理。

根据规定,港澳药剂师、港澳护士和其他港澳医疗专业技术人员在内地短期执业不具有处方权。

卫生行政部门对港澳医疗专业技术人员进行监督管理时,除应当依照有关法律法规和规章外,还应当结合其提交的执业承诺书。

三、港澳医疗专业技术人员应当注销注册的情形

港澳医疗专业技术人员有下列情形之一的,聘用医疗机构应当在30日内报告注册的卫生行政部门,卫生行政部门应当注销其执业注册:(1)与聘用医疗机构解除聘用关系的;(2)身体健康状况不适宜继续执业的;(3)被香港或者澳门特别行政区卫生主管部门或者行业组织取消执业资格的;(4)死亡、被宣告失踪或者丧失民事行为能力的;(5)受刑事处罚的;(6)被公安机关取消内地居留资格的;(7)法律法规规定不宜从事执业的其他情形。其中,有第(3)、(5)、(6)项情形的,2年内不得再次申请在内地短期执业。

第四篇

医疗业务法

第十七章　医疗业务法概说

医疗业务是指医疗机构及其医务人员所提供的医疗服务。在我国医疗业务可以从医疗机构和医务人员两个层面去理解，分为医疗机构的医疗业务和医务人员的医疗业务。从整体上说，医疗机构的医疗业务范围取决于登记的诊疗科目范围，医务人员的医疗业务范围取决于专业资格范围。但实际上，医疗机构和医务人员的医疗业务范围还与特定的许可相关，尤其是医务人员的医疗业务范围更与医疗机构对其的授权相关。

第一节　医疗业务法的历史发展

所谓医疗业务法，是指有关医疗业务的法律规范的总和。医疗业务法调整的对象是医疗服务，所以，医疗业务法也可以称为医疗服务法。医疗业务法旨在规范医疗服务过程中的医疗行为，因此，医疗业务法也可以称为医疗行为法。医疗业务法是以医疗技术为载体的，所以，医疗业务法也可以称为医疗技术法。我国目前并没有一部以医疗业务法为名称的法律。事实上，将范围广阔、形态多异、各具特点的医疗业务囊括于一部法律之内，是十分困难的。现行的医疗业务法是由分散在不同层级的法律、法规和规章等相关法律规范共同构成的。

一、医疗业务法的立法重心趋向专业性

虽说医疗机构、医务人员和病人是医疗法的三大主体，但医疗法的核心是医疗服务。医疗机构、医务人员和病人都是因医疗服务而来，否则医疗机构、医务人员与病人之间就形成不了医患关系。改革开放前 30 年，医疗法的立法重点是构建医疗服务体系，在医疗业务上主要规定了医疗机构及其医务人员的职责性要求，从具体内容看比较原则，而且基本上采用通知的形式。例如，1963 年卫生部、公安部、内务

部《关于加强对精神病人的管理和治疗工作的通知》、1964 年卫生部《关于加强输血管理工作的通知》、1965 年卫生部《关于严格制止滥用青霉素及注射青霉素必须做皮肤敏感试验的通知》、卫生部《关于合理使用药品杜绝浪费的通知》等。近 40 年来，医疗业务法的立法工作将“以病人为中心”的理念贯穿于医疗服务全过程，在疾病诊断、治疗和医疗风险防范等方面有效协调医患之间的关系，以 1987 年国务院《医疗事故处理办法》为先导，以 1994 年《母婴保健法》为里程碑，以 2007 年《人体器官移植条例》为典型，把对病人的保护提升至前所未有的专业高度，为医疗业务的体系化、科学化奠定了坚实基础。

二、医疗业务法的立法形式日益多样性

医疗业务有共同性也有差异性。所以，既可以从共同性角度进行医疗业务立法，也可以从差异性角度进行医疗业务立法。在早期的医疗法立法中，医疗业务方面的立法主要侧重于共同性，而且有关医疗业务的法律规范是融于医疗机构法和医务人员法之中的，以规范一般性医疗行为为主。从实践来看，这样的立法可以说是一种效率比较高、成本比较低的模式，其意义主要体现在法律适用上，比较好地解决了医疗法律、法规数量比较少而实际情况又十分复杂的矛盾。20 世纪 90 年代后，以《母婴保健法》为代表，医疗业务法进入了专门立法的新阶段。在短短的 20 多年时间里，医疗业务法的立法涵盖了医疗业务的各个方面，依法执业由理念变为了现实要求，特别是彰显了医疗行业的法律意识和法律氛围。与此同时，医疗标准也异军突起，发挥了重要的引领和约束作用。但即使这样，有关医疗业务的一般规则在新的医疗法立法中仍然大量存在。根据一般法、特别法的基本原理，在医疗业务上，应当优先适用专门的法律、法规；在缺乏专门法律、法规的医疗业务领域，应当适用作为基本规范的医疗法的一般规则。

三、医疗业务法的立法效果更具包容性

医务人员从事医疗业务，关键是有责、有权，在医学范围内由专业决定。按照法律社会学的观点，医务人员从事医疗业务，是一项有创造性的劳动，不可能完全照搬事先的规定，也就是说，不可避免地会带有个人色彩，包括经验、习惯等。所以，法律没有必要把所有医疗行为的细节都规定得很具体。法律若规定得很死板，很难实现良好的社会效果。法律没有张力，就很容易产生“合理”与“合法”的冲突。为了解决好这一难题，医疗业务法从职责配置和权力运行两个方面入手。职责配置

是建立以权力分离为前提的医务人员相互制约的分工机制。其目的不仅是防止权力滥用，更主要的是防止出现医疗疏漏或者差错。比如规定，医疗机构的药剂人员调配处方时，有责任核对处方，对有配伍禁忌或者超剂量的处方，有权拒绝调配，但没有权利对处方所列的药品擅自进行更改或者代用。权力运行是建立以病人参与为基本特征的医患互动的包容性医疗模式。其目的不仅是对医疗行为进行有效地约束，更主要的是最大限度地保护病人利益，为医务人员的自由执业留下一片合理空间，以达到法律效果和社会效果的有机统一。

第二节　医疗业务的特点

根据相关法律、行政法规的规定，医疗业务具有以下特点：

一、从事医疗业务必须是医疗机构及其医务人员

医疗业务是医疗机构及其医务人员的专属业务。任何单位和个人未经许可，不能开展医疗业务。也就是说，开展医疗业务的主体是依法取得资质的医疗机构及其医务人员。《医疗机构管理条例》第15条规定："医疗机构执业，必须进行登记，领取《医疗机构执业许可证》。"《执业医师法》第14条第2款规定："未经医师注册取得执业证书，不得从事医师执业活动。"《乡村医生从业管理条例》第15条第2款规定："未经注册取得乡村医生执业证书的，不得执业。"《护士条例》第7条第1款规定："护士执业，应当经执业注册取得护士执业证书。"《药品管理法》第22条规定："医疗机构必须配备依法经过资格认定的药学技术人员。非药学技术人员不得直接从事药剂技术工作。"

二、医疗业务必须在医疗机构中开展

在我国，医疗机构是医务人员执业的场所，也是医务人员民事责任的承担者。所以，医务人员不仅是以医疗机构为单位开展医疗业务，而且也是以医疗机构为名义开展医疗业务。因此，医务人员在医疗机构内开展的医疗业务，或者表现形式上虽然未在医疗机构内但以医疗机构名义开展的医疗业务，只要是职务行为，从形式上说，都是合法的。《执业医师法》第14条第1款规定，医师经注册后，可以在医疗、预防、保健机构中按照注册的执业地点、执业类别、执业范围执业，从事相应的医疗、预防、保健业务。第28条规定，遇有自然灾害、传染病流行、突发重大伤亡事故

及其他严重威胁人民生命健康的紧急情况时，医师应当服从县级以上人民政府卫生行政部门的调遣。《侵权责任法》第54条规定，患者在诊疗活动中受到损害，医疗机构及其医务人员有过错的，由医疗机构承担赔偿责任。

三、医疗机构开展的医疗业务限于核准登记的诊疗科目范围

我国有各级各类医疗机构90多万个，他们在规模、设施、力量等方面相差悬殊。为了保证医疗机构开展的医疗业务与其实际能力相一致，我国实行医疗业务登记制，由医疗机构根据自己的情况自愿申报。卫生行政部门按照有关标准核实后予以登记。未经登记的，医疗机构及其医务人员就不能开展医疗业务。《医疗机构管理条例》第27条规定，医疗机构必须按照核准登记的诊疗科目开展诊疗活动。换句话说，医务人员不能超出医疗机构登记的诊疗科目范围开展医疗业务，医疗机构也不能擅自停止与已经登记的诊疗科目所对应的医疗业务。

四、开展医疗业务既要遵守法律法规也要恪守职业道德

一般认为，法律不能要求做不可能做到的行为。所以，法律有其局限性。在实践中，法律的局限性往往是由道德来弥补的。虽然道德与法律在适用上有明显的区别，前者靠自觉，后者靠强制力，但两者的互补作用达到了异曲同工的目的。医疗业务关系人的健康甚至生命。对于人来说，生命只有一次，健康有时具有不可重复性。所以，对医疗业务进行严格要求是必然的。将医疗业务置于法律和道德的双重约束之下，可以更好地体现医务人员的劳动价值，实现医疗的宗旨。《医疗事故处理条例》第5条规定，医疗机构及其医务人员在医疗活动中，必须严格遵守医疗卫生管理法律、行政法规、部门规章和诊疗护理规范、常规，恪守医疗服务职业道德。《执业医师法》第22条要求医师在执业活动中，树立敬业精神，遵守职业道德，履行医师职责，尽职尽责为患者服务。

五、依法开展的医疗业务受法律保护

医疗机构及其医务人员胜任医疗业务离不开两个条件：一个是执业能力，另一个是执业环境。执业能力除了自身原因外，还受制于医学本身的发展。执业环境除了需要给医务人员安全感外，还应当包容医疗的不确定性。否则，医务人员有后顾之忧，就会患得患失，医学将无法战胜疾病。最后受到损失的只会是病人。所以，即使出现最坏的情形不被病人及其家属接受的情况下，也必须确保医务人员的人格

尊严。《执业医师法》第 3 条第 2 款规定，医师依法履行职责，受法律保护。第 40 条规定，阻碍医师依法执业，侮辱、诽谤、威胁、殴打医师或者侵犯医师人身自由、干扰医师正常工作、生活的，依照治安管理处罚法的规定处罚；构成犯罪的，依法追究刑事责任。《护士条例》第 3 条规定，护士人格尊严、人身安全不受侵犯。护士依法履行职责，受法律保护。第 33 条规定，扰乱医疗秩序，阻碍护士依法开展执业活动，侮辱、威胁、殴打护士，或者有其他侵犯护士合法权益行为的，由公安机关依照治安管理处罚法的规定给予处罚；构成犯罪的，依法追究刑事责任。

六、医疗业务中的过错行为造成病人损害的由医疗机构承担赔偿责任

医务人员从事医疗业务是履行职务的行为，且医疗机构对医务人员的医疗行为负有管理责任，再加上医疗机构的赔偿能力远远高于医务人员。因此，法律明确规定，医务人员在医疗业务中不论是故意还是过失给病人造成损害的，都由医疗机构承担赔偿责任。《侵权责任法》第 54 条规定，患者在诊疗活动中受到损害，医疗机构及其医务人员有过错的，由医疗机构承担赔偿责任。

第三节　医疗业务的范围

一、诊疗科目的概念

对具体的医疗机构来说，其医疗业务的范围也就是登记的诊疗科目范围。所谓诊疗科目，是指国务院卫生行政部门制定的用于医疗机构诊疗科目登记的学科及专业名称。

1994 年卫生部发布了《医疗机构诊疗科目名录》，作为卫生行政部门核定医疗机构诊疗科目的标准。医疗机构可以根据自己的情况申请登记全部或者部分诊疗科目，开展相应的医疗业务。

二、诊疗科目的分类

根据《医疗机构诊疗科目名录》，我国的诊疗科目分为一级科目和二级科目。一级科目相当于临床一级学科，如内科、外科等；二级科目相当于临床二级学科，如呼吸内科、消化内科等。

目前一级科目包括：预防保健科、全科医疗科、内科、外科、妇产科、妇女保健科、儿科、小儿外科、儿童保健科、眼科、耳鼻咽喉科、口腔科、皮肤科、医疗美容科、精神

科、传染科、结核病科、地方病科、肿瘤科、急诊医学科、康复医学科、运动医学科、职业病科、临终关怀科、特种医学与军事医学科、麻醉科、疼痛科、重症医学科、医学检验科、病理科、医学影像科、中医科、民族医学科、中西医结合科等。

根据规定,医疗机构实际设置的临床专业科室名称不受名录限制,可以使用习惯名称和跨学科科室名称,如围产医学科、五官科等。

第四节 医疗业务的分类

根据不同的标准,可以将医疗业务分为以下几类:

一、门诊医疗业务和住院医疗业务

以医疗业务是否与住院有关,可以将其分为门诊医疗业务和住院医疗业务。门诊医疗业务是指对不需要或者尚未住院的病人所提供的医疗服务。具体分为一般门诊、保健门诊、急诊门诊等。一般门诊又包括专科门诊等。住院医疗业务是指对住院病人所提供的医疗服务。

二、国内医疗业务和涉外医疗业务

以医疗业务是否具有涉外因素,可以将其分为国内医疗业务和涉外医疗业务。国内医疗业务是指不具有涉外因素的医疗业务。涉外医疗业务是指具有涉外因素的医疗业务。包括病人是外国人,或者提供医疗服务的医务人员来自国外。援外医疗是最主要的涉外医疗业务。

三、强制性医疗业务和自愿性医疗业务

以医疗业务发生的前提条件,可以将其分为强制性医疗业务和自愿性医疗业务。强制性医疗业务是指基于法律规定主动为病人提供的医疗业务。自愿性医疗业务是指基于病人意愿提供的医疗业务。绝大部分医疗业务是自愿性医疗业务。

四、特定医疗业务和非特定医疗业务

以医疗业务是否需要取得特定许可,可以将其分为特定医疗业务和非特定医疗业务。特定医疗业务是指除取得一般许可外,还需要取得特定许可才可以开展的医疗业务。非特定医疗业务是指取得一般许可后即可开展的医疗业务。大部分

医疗业务属于非特定医疗业务。

五、收费医疗业务和免费医疗业务

以医疗业务是否收费,可以将其分为收费医疗业务和免费医疗业务。收费医疗业务是指向病人收费的医疗业务。免费医疗业务是指不向病人收费的医疗业务。

第十八章　传染病防治

第一节　传染病防治概说

一、传染病的概念

传染病,顾名思义,是指一类具有传染性的疾病。传染病的“祸首”是具有传染性的致病性微生物,如细菌、病毒、立克次体、寄生虫等。它们可以通过不同方式,直接或者间接地造成人群中传染病的发生与流行。所以,控制传染源是传染病防治的基本方法。

传染病种类很多。由于《传染病防治法》并不调整所有传染病。所以,《传染病防治法》没有对传染病作出定义,而是采取列举和兜底的方式划定传染病范围,将具体和抽象结合起来,既突出了当前工作重点,又为今后可能出现的新情况提供了应对机制。

二、法定传染病的范围

所谓法定传染病,是指《传染病防治法》规定的传染病。根据传染病发生、流行情况和危害程度等,《传染病防治法》将法定传染病病种分为甲、乙、丙三类:

甲类传染病是指:鼠疫、霍乱。

乙类传染病是指:传染性非典型肺炎、艾滋病、病毒性肝炎、脊髓灰质炎、人感染高致病性禽流感、麻疹、流行性出血热、狂犬病、流行性乙型脑炎、登革热、炭疽、细菌性和阿米巴性痢疾、肺结核、伤寒和副伤寒、流行性脑脊髓膜炎、百日咳、白喉、新生儿破伤风、猩红热、布鲁氏菌病、淋病、梅毒、钩端螺旋体病、血吸虫病、疟疾。

丙类传染病是指:流行性感冒、流行性腮腺炎、风疹、急性出血性结膜炎、麻风病、流行性和地方性斑疹伤寒、黑热病、包虫病、丝虫病,除霍乱、细菌性和阿米巴性痢疾、伤寒和副伤寒以外的感染性腹泻病。

根据规定，国务院卫生行政部门根据传染病暴发、流行情况和危害程度，可以决定增加、减少或者调整乙类、丙类传染病病种并予以公布。2008 年卫生部决定将手足口病列入丙类传染病。2009 年卫生部经国务院批准，将甲型 HIN1 流感纳入乙类传染病，并采取甲类传染病的预防、控制措施。2013 年国家卫生计生委决定将人感染 H7N9 禽流感纳入乙类传染病，将甲型 HIN1 流感从乙类传染病调整为丙类传染病，并纳入流行性感冒进行管理。

三、传染病防治是医疗机构的重要职责

传染病防治是医疗服务的重要组成部分。最早的卫生法规之一，1954 年《卫生防疫站暂行办法》就规定："利用所有医疗卫生机构（医院、门诊部、保健站）开展卫生防疫工作。"1955 年《传染病管理办法》将"诊治病人的医师（包括中医师）、医士"列为传染病的"法定报告人"。第 13 条规定："遇有传染病流行，当地卫生行政机关认为必要时，可以动员医疗卫生人员参加防疫工作，并可以商借公私医疗机构，作隔离收治病人用。"

1978 年经国务院批准，卫生部对《传染病管理办法》进行了修订，并将名称改为《急性传染病管理条例》。明确要求"城乡各级卫生医疗单位都应把传染病管理工作列为一项主要任务"。第 8 条第 1 款规定："各级医院要做好卫生防疫工作，要建立健全门诊预检、消毒、隔离等制度，严格执行，防止交叉感染。县（区、旗）以上的医院和相对于县级和县级以上的厂矿、企事业医院应设传染病房，公社卫生院应设传染病室。"

1989 年第七届全国人大常委会第六次会议通过了《传染病防治法》。该法首次提出"各级各类医疗保健机构承担责任范围内的传染病防治管理任务，并接受有关卫生防疫机构的业务指导"，并对医疗保健机构发现传染病时应当采取的控制措施提出了明确要求。

2003 年我国发生非典型肺炎疫情。次年 8 月第十届全国人大常委会第十一次会议通过了经过修订的《传染病防治法》。新《传染病防治法》大幅度增加了医疗机构在传染病防治工作中的责任和义务等内容。并设立专门的"医疗救治"一章，对医疗机构开展医疗救护、现场救援和接诊治疗等进行规范。明确规定："医疗机构承担与医疗救治有关的传染病防治工作和责任区域内的传染病预防工作。城市社区和农村基层医疗机构在疾病预防控制机构的指导下，承担城市社区、农村基层相应的传染病防治工作。"

为贯彻落实《传染病防治法》,国务院制定了一系列配套法规。例如,《突发公共卫生事件应急条例》《医疗废物管理条例》《病原微生物实验室生物安全管理条例》《疫苗流通和预防接种管理条例》《艾滋病防治条例》等。与此同时,国务院卫生行政部门也发布了一系列配套规章。如《传染性非典型肺炎防治管理办法》《突发公共卫生事件与传染病疫情监测信息报告管理办法》《传染病病人或疑似传染病病人尸体解剖查验规定》《医疗机构传染病预检分诊管理办法》《医院感染管理办法》《性病防治管理办法》《结核病防治管理办法》等。这些法规和规章,对医疗机构在传染病防治中的医疗行为作了进一步细化。

第二节 传染病防治原则

医疗机构在传染病防治中身兼预防和治疗双重职责,角色十分特殊,而且所涉及的利益关系也十分复杂。为此,必须把握好以下三项原则:

一、防治结合原则

医疗机构在坚持预防为主方针的前提下,必须坚持防治结合原则。防治结合原则的基本含义,就是防中有治,治中有防,该防时防,该治时治,以防促治,以治促防,实现防治优势互补。医疗机构是传染病病人和疑似传染病病人最容易"集中"的地方,也是易感人群最容易受到"侵袭"的地方。所以,防止传染病的医源性感染和医院感染,是体现医疗机构"防"的功底的最好镜子。医疗机构对于传染病病人和疑似传染病病人来说,又是他们的"精神支柱"。因为传染病病人和疑似传染病病人把疾病诊断、治疗的全部希望都寄托在了医疗机构及其医务人员身上。所以,做好疫情控制和医疗救治,是医疗机构亮出"治"的家底的最好平台。

二、不歧视原则

传染病因其传染性,不仅非专业人员会恐慌,有时专业人员也会恐慌。所以,传染病病人、病原携带者甚至疑似传染病病人,容易受到歧视。尊重、关心、帮助他们,是不歧视原则最起码的要求。医疗机构的使命就是不分长幼、男女、疾病,对有需要的病人按照自己的能力提供相应的诊断治疗服务。平等对待病人,尤其是平等对待传染病病人、病原携带者和疑似传染病病人,是检验医疗机构履行人道主义精神的试金石。对医疗机构来说,不歧视原则的具体表现就是,对待传染病病人、病原携带者和疑似传染病病人,同对待其他病人一样,不推诿、不拒诊,包括对传染病病人、病原携带者和疑似传染病病人治疗其他疾病,不推诿、不拒诊。

三、隐私保密原则

医疗机构及其医务人员在传染病防治中,会接触到大量的涉及传染病病人、病原携带者和疑似传染病病人隐私的有关信息、资料。这部分涉及个人隐私的信息、资料,对于医疗机构及其医务人员采取"早发现、早报告、早隔离、早治疗"措施具有十分重要的意义。法律要求,任何人都必须如实向医疗机构提供有关情况。因为在专业面前,有关涉及个人隐私的信息、资料都是专业问题,否则就无法跟进相应的专业措施。但在专业之外,法律对涉及个人隐私的信息、资料实行严格的保护。任何泄露涉及个人隐私的信息、资料的,都是违法行为。除了要承担侵权责任外,还要承担行政责任;造成严重后果的,还要承担刑事责任。

第三节 传染病的预防

医疗机构在传染病预防上的主要责任是,防止发生传染病的医源性感染和医院感染。医源性感染,是指在医疗服务中因病原体传播引起的感染;医院感染,是指住院病人在医院内获得的感染,包括在住院期间发生的感染和在医院内获得出院后发生的感染,但不包括入院前已开始或者入院时已处于潜伏期的感染。医院工作人员在医院内获得的感染也属于医院感染。为此,《传染病防治法》第 21 条第 1 款规定,医疗机构必须严格执行国务院卫生行政部门规定的管理制度、操作规范,防止传染病医源性感染和医院感染。

一、提高预防传染病医院感染的能力

我国传染病医疗救治网络中,大部分是政府指定的具备传染病救治条件和能力的医疗机构,小部分是政府根据传染病救治需要专门设置的传染病医院。但承担传染病医疗救治任务与做好传染病预防工作不是一回事。换句话说,医疗机构要做好传染病预防工作,与是否属于传染病医疗救治网络无关,也与是否开展传染病医疗救治业务无关。只要是医疗机构,就有防止发生传染病医院感染的责任。《传染病防治法》第 51 条第 1 款规定,医疗机构的基本标准、建筑设计和服务流程,应当符合预防传染病医院感染的要求。因此,医疗机构在新建、改建和扩建中,其建

筑设计必须符合预防传染病医院感染的要求。同时,医疗机构也要将预防传染病医院感染措施纳入服务流程。

二、确定专门部门或者人员负责传染病预防工作

传染病预防工作涉及医疗机构的方方面面,需要由专门的部门或者人员统一组织、统筹协调、综合指挥、具体落实。否则,传染病预防工作就形成不了合力,容易顾此失彼,甚至流于形式。《传染病防治法》第 21 条第 2 款规定,医疗机构应当确定专门的部门或者人员,承担传染病疫情报告、本单位的传染病预防、控制以及责任区域内的传染病预防工作;承担医疗活动中与医院感染有关的危险因素监测、安全防护、消毒、隔离和医疗废物处置工作。组织建设是医疗机构重视传染病预防工作的具体体现,也是传染病预防措施落到实处的基本保障。

三、按照属地管理原则及时报告传染病疫情

医疗机构是传染病病人最容易集中的地方,因此,也是最早发现传染病病人的地方。所以,医疗机构是传染病疫情报告的主要来源。我国对传染病疫情报告实行属地管理原则。所谓属地管理原则,通俗来讲,就是传染病疫情发生在哪里就向哪里的卫生行政部门或者有义务接受传染病疫情报告的机构报告。《传染病防治法》第 30 条第 1 款规定,医疗机构及其执行职务的人员发现法律规定的传染病疫情或者发现其他传染病暴发、流行以及突发原因不明的传染病时,应当遵循疫情报告属地管理原则,按照国务院规定的或者国务院卫生行政部门规定的内容、程序、方式和时限报告。第 37 条规定,医疗机构及其工作人员,不得隐瞒、谎报、缓报传染病疫情。

四、及时妥善处置被传染病病原体污染的场所、物品以及医疗废物

传染病病原体是能引起传染病的微生物和寄生虫的统称。传染病病原体绝大多数是微生物,包括细菌、衣原体、支原体、立克次体、螺旋体、放线菌、真菌、病毒等。寄生虫包括原虫、蠕虫、医学昆虫等。《传染病防治法》第 39 条第 4 款规定,医疗机构对本单位内被传染病病原体污染的场所、物品以及医疗废物,必须依照法律、法规的规定实施消毒和无害化处置。这里所指的"场所"包括对病人开放的地方和只供医务人员活动的地方;"物品"包括医务人员使用的物品和病人使用的物品;"医疗废物"包括具有直接或者间接感染性、毒性以及其他危害性的废物。

根据2003年国务院《医疗废物管理条例》的规定，医疗废物实行集中处置。医疗废物中病原体的培养基、标本和菌种、毒种保存液等高危险废物，在交医疗废物集中处置单位处置前应当就地消毒。不具备集中处置医疗废物的农村医疗机构，对使用后的一次性医疗器具和容易致人损伤的医疗废物，应当消毒并作毁形处理。能够焚烧的，及时予以焚烧。不能焚烧的，消毒后集中填埋。

五、按照规定对使用过的医疗器械进行严格消毒

医疗器械直接作用于人体，许多可以重复使用，易发生感染事件。所以，严格消毒十分重要。为此，国务院卫生行政部门对医疗器械消毒工作提出了一系列技术要求。《传染病防治法》第51条第2款规定，医疗机构应当按照规定对使用的医疗器械进行消毒；对按照规定一次使用的医疗器具，应当在使用后予以销毁。2014年新修订的《医疗器械监督管理条例》对这一规定进行了细化。第35条规定，医疗器械使用单位对重复使用的医疗器械，应当按照国务院卫生计生主管部门制定的消毒和管理规范进行处理。一次性使用的医疗器械不得重复使用，对使用过的应当按照国家有关规定销毁并记录。

六、严防传染病病原体实验室感染和病原微生物扩散

医疗机构的实验室在研究、教学、检测、诊断等活动中，工作人员会接触到不少病原微生物菌（毒）种、样本，所以，实验室的生物安全是传染病预防工作的重要环节。《传染病防治法》第22条规定，医疗机构的实验室，应当符合国家规定的条件和技术标准，建立严格的监督管理制度，对传染病病原体样本按照规定的措施实行严格监督管理，严防传染病病原体的实验室感染和病原微生物的扩散。2004年国务院《病原微生物实验室生物安全管理条例》第33条第1款规定，从事高致病性病原微生物相关实验活动的实验室的设立单位，应当建立健全安全保卫制度，采取安全保卫措施，严防高致病性病原微生物被盗、被抢、丢失、泄漏，保障实验室及其病原微生物的安全。

七、防止因输入血液、使用血液制品引起经血传播疾病的发生

在传染病中，有些传染病病原体是以血液作为主要传播途径的。经血传播的疾病中，包括艾滋病、乙型肝炎、丙型肝炎、疟疾、梅毒等。医疗机构在医疗活动中，会经常使用血液和血液制品。血液由血浆和血细胞组成。血细胞包括红细胞、白细

胞和血小板三类细胞。临床使用血液包括使用全血和使用成份血。血液制品是指各种人血浆蛋白制品。血液和血液制品使用不当,有可能导致经血液传播疾病的发生。为此,国家对采血和输血有严格的法律规定。《传染病防治法》第23条第2款规定,医疗机构使用血液和血液制品,必须遵守国家有关规定,防止因输入血液、使用血液制品引起经血液传播疾病的发生。

第四节 传染病的预防接种

预防接种的目的是通过接种疫苗使接种对象获得对疫苗所针对传染病的免疫力。预防接种是控制乃至消灭传染病的有效手段。《传染病防治法》规定,我国实行有计划的预防接种制度。通过预防接种等,我国在20世纪60年代初消灭了天花,并于2000年实现了无脊髓灰质炎目标。

一、开展预防接种应当具备的条件

《疫苗流通和预防接种管理条例》第26条第1款规定,在儿童出生后1个月内,其监护人应当到儿童居住地承担预防接种工作的接种单位为其办理预防接种证。所谓接种单位,是指开展预防接种业务的医疗机构。为保证接种单位全覆盖,我国对接种单位不实行申请制,而是实行指定制,即由县级卫生行政部门在现有的医疗机构中指定医疗机构开展预防接种业务,包括指定其承担预防接种工作的责任区域。

《疫苗流通和预防接种管理条例》第21条规定,被指定的接种单位应当具备下列条件:(1)具有医疗机构执业许可证件;(2)具有经过县级人民政府卫生主管部门组织的预防接种专业培训并考核合格的执业医师、执业助理医师、护士或者乡村医生;(3)具有符合疫苗储存、运输管理规范的冷藏设施、设备和冷藏保管制度。此外,在城镇的医疗机构承担预防接种工作的,还应当是设立了预防接种门诊的医疗机构。

二、疫苗的分类

疫苗是将病原微生物(如细菌、病毒、立克次体等)及其代谢产物,经过人工减毒、灭活或者利用基因工程等方法制成的用于预防传染病的自动免疫制剂。

在我国,疫苗分为两类。第一类疫苗,是指政府免费向公民提供,公民应当依照政府的规定受种的疫苗。俗称一类疫苗或者免费疫苗。其范围包括:(1)国家免疫规划确定的疫苗;(2)省、自治区、直辖市人民政府在执行国家免疫规划时增加的疫苗;(3)县级以上人民政府或者卫生行政部门组织的应急接种或者群体性预防接种所使用的疫苗。目前国家免疫规划确定的疫苗有14种,预防15种疾病。如乙肝疫苗、卡介苗、脊灰灭活疫苗、脊灰减毒活疫苗、百白破疫苗、白破疫苗、麻风疫苗或麻腮风疫苗、A群流脑多糖疫苗、A群C群流脑多糖疫苗、乙脑减毒活疫苗或乙脑灭活疫苗、甲肝减毒活疫苗或甲肝灭活疫苗、出血热疫苗、炭疽疫苗、钩体疫苗等。

第二类疫苗,是指由公民自费并且自愿受种的其他疫苗。俗称二类疫苗或者自费疫苗。其中包括自费接种可以替代第一类疫苗的疫苗。常见的第二类疫苗有:流感疫苗、人用狂犬病疫苗等。

三、接种单位不得自行向企业采购疫苗

根据2015年《国务院关于修改〈疫苗流通和预防接种管理条例〉的决定》,无论是第一类疫苗还是第二类疫苗,接种单位都不可以自行采购。对接种单位来说,所使用的疫苗都必须来自疾病预防控制机构,或由其“分发”,或由其“供应”,而不能直接来自生产经营企业。

根据规定,除传染病暴发、流行时设区的市级以上疾病预防控制机构可以直接向接种单位分发第一类疫苗外,通常情况下,第一类疫苗由县级疾病预防控制机构按照使用计划分发到接种单位。为确保及时分发到位,村卫生室所使用的疫苗,可以经由乡镇卫生院分发。但疾病预防控制机构向接种单位分发第一类疫苗,或者乡镇卫生院向村卫生室分发第一类疫苗,不得收取任何费用。第二类疫苗由县级疾病预防控制机构向疫苗生产企业采购后供应给接种单位。对第二类疫苗,县级疾病预防控制机构可以按照采购价格向接种单位收取疫苗费用,并可以按照省、自治区、直辖市的规定收取储存、运输费用。

四、医务人员接种疫苗时应当履行告知与询问程序

预防接种虽具有较强的行政主导性,但本质上还是医疗服务。所以,必须尊重受种者的知情同意权。法律在要求接种单位包括医务人员应当遵守预防接种工作规范、免疫程序、疫苗使用指导原则和接种方案的同时,还要求接种单位应当在其接种场所的显著位置公示第一类疫苗的品种和接种方法。尤其是要求医务人员,

在实施接种前，应当告知受种者或者其监护人所接种疫苗的品种、作用、禁忌、不良反应以及注意事项，询问受种者的健康状况以及是否有接种禁忌等情况，并如实记录告知和询问情况。受种者为儿童的，还应当查验预防接种证。

根据规定，医务人员只能对符合接种条件的受种者实施接种，对有接种禁忌而不能接种的受种者，医务人员应当对受种者或者其监护人提出医学建议。另外，为了可能的溯源需要，法律要求医务人员记录与接种相关的信息，包括疫苗的品种、生产企业、最小包装单位的识别信息、有效期、接种时间、实施接种的医务人员、受种者等内容。有关记录保存时间不得少于5年。

五、预防接种异常反应争议的处理

所谓预防接种异常反应，是指合格的疫苗在实施规范接种过程中或者实施规范接种后造成受种者机体组织器官、功能损害，相关各方均无过错的药品不良反应。根据定义，有过错方的药品不良反应，显然不属于预防接种异常反应。比如：(1)因疫苗质量不合格给受种者造成的损害；(2)因接种单位违反预防接种工作规范、免疫程序、疫苗使用指导原则、接种方案给受种者造成的损害；(3)受种者有疫苗说明书规定的接种禁忌，在接种前受种者或者其监护人未如实提供受种者的健康状况和接种禁忌等情况，接种后受种者原有疾病急性复发或者病情加重。根据规定，有下列情形之一的，也不属于预防接种异常反应：(1)因疫苗本身特性引起的接种后一般反应；(2)受种者在接种时正处于某种疾病的潜伏期或者前驱期，接种后偶合发病；(3)因心理因素发生的个体或者群体的心因性反应。

发生预防接种异常反应争议的，接种单位或者受种者可以请求接种单位所在地的县级人民政府卫生行政部门处理。预防接种异常反应的鉴定，按照2008年卫生部参照《医疗事故处理条例》制定的《预防接种异常反应鉴定办法》执行。认为疫苗质量不合格给受种者造成损害的，依照药品管理法的有关规定处理。认为接种单位违反预防接种工作规范、免疫程序、疫苗使用指导原则、接种方案给受种者造成损害的，依照《医疗事故处理条例》的有关规定处理。

根据规定，接种单位及其医务人员发现预防接种异常反应、疑似预防接种异常反应的，应当依照预防接种工作规范及时处理，并立即报告所在地的县级人民政府卫生行政部门、药品监督管理部门。

六、预防接种异常反应的补偿

因预防接种异常反应，造成受种者死亡、严重残疾或者器官组织损伤的，根据规定，给予一次性补偿。因第一类疫苗引起的补偿，补偿费用由省、自治区、直辖市人民政府财政部门在预防接种工作经费中安排。因第二类疫苗引起的补偿，补偿费用由相关的疫苗生产企业承担。具体规定由省、自治区、直辖市人民政府制定。

第五节　传染病的治疗

对疑似传染病病人及时作出诊断，对确诊的传染病病人及时进行救治，是体现医疗机构传染病医疗救治能力的主要方面。虽然人的个体存在差异，致病原因不一，但总体而言，传染病的诊断有其规律性，治疗有其规范性。所以，医疗机构在传染病医疗救治能力建设方面，应当把工作重点放在规律的把握上、规范的提高上。《传染病防治法》第51条第3款规定，医疗机构应当按照国务院卫生行政部门规定的传染病诊断标准和治疗要求，采取相应措施，提高传染病医疗救治能力。这里所称的“采取相应措施”，包括定期对工作人员进行传染病防治知识、技能的培训。其中，最为重要的是对已出台的和新出台的“传染病诊断标准和治疗要求”开展培训。

一、按病种采取相应措施

传染病病种分为甲乙丙三类。其处置措施有比较大的区别。根据规定，医疗机构发现甲类传染病时应当采取的措施是：（1）对病人、病原携带者，予以隔离治疗，隔离期限根据医学检查结果确定；（2）对疑似病人，确诊前在指定场所单独隔离治疗；（3）对医疗机构内的病人、病原携带者、疑似病人的密切接触者，在指定场所进行医学观察和采取其他必要的预防措施。这里所称的隔离治疗具有强制性。对于拒绝隔离治疗或者隔离期未满擅自脱离隔离治疗的，医疗机构可以提请公安机关协助医疗机构采取强制隔离治疗措施。我国除鼠疫、霍乱为甲类传染病外，根据《传染病防治法》的规定，还有3种乙类传染病，即传染性非典型肺炎、炭疽中的肺炭疽和人感染高致病性禽流感，为需要采取甲类传染病预防、控制措施的传染病。为适应新情况，经国务院批准，2013年国家卫生计生委决定解除对人感染高致病性禽流感采取甲类传染病预防、控制措施。

由于乙类传染病和丙类传染病的发病率、死亡率以及传播烈度都低于甲类传染病，所以，《传染病防治法》对乙类和丙类传染病并没有列出具体的措施，只是作出原则性规定，要求医疗机构发现乙类或者丙类传染病病人，应当根据病情采取必要的治疗和控制传播措施。

二、按规定进行尸体解剖查验

为了能够及时采取正确的预防控制措施，防止疫情扩散，并为救治其他病人赢得宝贵时间，法律允许医疗机构在紧急情况下，可以不经病人家属同意，对病因不明的传染病病人或者疑似传染病病人的尸体进行解剖查验。《传染病防治法》第46条第2款规定，为了查找传染病病因，医疗机构在必要时可以按照国务院卫生行政部门的规定，对传染病病人尸体或者疑似传染病病人尸体进行解剖查验，并应当告知死者家属。为慎重起见，2005年卫生部制定的《传染病病人或疑似传染病病人尸体解剖查验规定》对开展“传染病病人尸体或者疑似传染病病人尸体解剖查验”的医疗机构进行了限制，除必须“具有独立病理解剖能力”外，还必须经卫生行政部门指定。其中，从事甲类传染病和采取甲类传染病预防、控制措施的其他传染病病人或者疑似传染病病人尸体解剖查验的医疗机构，由省级以上卫生行政部门指定。该规定还明确要求，对在医疗机构死亡的传染病病人或者疑似传染病病人进行尸体解剖查验，须经所在地设区的市级卫生行政部门批准。

三、按情况提供医疗救治

医疗救治大致可以分为医疗救护、现场救援和接诊治疗。医疗机构应当根据不同情况，向传染病病人或者疑似传染病病人提供相应的医疗救护、现场救援和接诊治疗等服务，并根据卫生部《病历书写基本规范》的要求，客观、真实、准确、及时、完整、规范地书写病历等资料。《传染病防治法》第52条第1款规定，医疗机构应当对传染病病人或者疑似传染病病人提供医疗救护、现场救援和接诊治疗，书写病历记录以及其他有关资料，并妥善保管。

四、按实际实行预检、分诊

对传染病病人或者疑似传染病病人实行预检和分诊，对于有效控制传染病疫情具有十分重要的意义，也是防止医疗机构内发生交叉感染的一项重要措施。因此，医疗机构应当根据传染病的流行季节、周期和流行趋势等做好特定传染病的预检、分诊工作。《传染病防治法》第52条第2款规定，医疗机构应当实行传染病预检、分诊制度；对传染病病人或者疑似传染病病人，应当引导至相对隔离的分诊点进行初诊。根据2005年卫生部《医疗机构传染病预检分诊管理办法》的规定，医疗机构感染性疾病科负责传染病分诊工作，没有设立感染性疾病科的医疗机构应当设立传染病分诊点。医疗机构各科室的医师在接诊过程中，通过询问病人有关的流行病史、职业史，并结合病人的主诉、病史、症状和体征等对来诊的病人进行传染病的预检。经预检为传染病病人或者疑似传染病病人的，将病人分诊至感染性疾病科或者分诊点就诊。必要时，医疗机构应当设立相对独立的针对特定传染病的预检处，引导就诊病人首先到预检处检诊，初步排除特定传染病后，再到相应的普通科室就诊。

五、按要求转诊病人

传染病的诊断和治疗具有专业性、复杂性，并不是所有的医疗机构都具备救治传染病的能力。所以，当发现本单位不具备相应救治能力时，医疗机构应当及时将病人转诊到具备救治能力的医疗机构诊疗。为确保诊疗的连续性，也为诊疗赢得宝贵时间，医疗机构在转诊病人的同时，也应当将病人的病历资料复印件一并转至接诊的医疗机构。医疗机构转诊传染病病人或者疑似传染病病人时，应当按照当地卫生行政部门的规定使用专用车辆。《传染病防治法》第 52 条第 2 款规定，医疗机构不具备相应救治能力的，应当将患者及其病历记录复印件一并转至具备相应救治能力的医疗机构。

第十九章　母 婴 保 健

第一节　母婴保健法概说

一、母婴保健法的立法过程

党和政府历来高度重视母亲和儿童的健康。1949 年《共同纲领》要求"保护母亲、婴儿和儿童的健康"。1954 年《宪法》就已经明确规定："婚姻、家庭、母亲和儿童受国家的保护。"早在 20 世纪 50 年代，我国就开始建立独立的妇幼医疗保健服务体系。目前，全国有妇幼保健机构 3000 多个，人员数量近 50 万人。

1986 年卫生部启动母婴保健立法工作，并成立了跨 23 个部门的领导小组。最初法律草案名称为《优生优育法》。经过广泛征求意见，并借鉴了日本《优生保护法》、韩国《母子保健法》等国外立法，先后形成 20 多稿，法律名称最终确定为《母婴保健法》。1991 年卫生部将《母婴保健法（审议稿）》上报国务院。1992 年国务院审议通过后提交全国人大常委会审议。1994 年 10 月 27 日，第八届全国人大常委会第十次会议通过了《母婴保健法》，自 1995 年 6 月 1 日起施行。该法分总则、婚前保健、孕产期保健、技术鉴定、行政管理、法律责任和附则，共 7 章 39 条。

二、母婴保健法的范围

母婴保健法有狭义和广义之分。狭义的母婴保健法，专指《母婴保健法》；广义的母婴保健法，泛指有关母婴保健的法律规范。

《母婴保健法实施办法》是《母婴保健法》最主要的配套法规。2001 年国务院制定的《母婴保健法实施办法》对《母婴保健法》作了全面的细化，尤其是补充增加了"婴儿保健"一章，使母婴保健法律制度更加完善。该实施办法将享有母婴保健的知情选择和获得适宜的母婴保健服务作为公民的权利，规定："公民享有母婴保健的知情选择权。国家保障公民获得适宜的母婴保健服务的权利。"并提出："母婴保健工作以保健为中心，以保健生殖健康为目的，实行保障和临床相结合，面向群体、面向基层和预防为主的方针。”

卫生部围绕《母婴保健法》及其实施办法，先后制定了一系列配套规章和规范性文件。其中包括：《母婴保健专项技术服务许可及人员资格管理办法》《母婴保健医学技术鉴定管理办法》《产前诊断技术管理办法》《新生儿疾病筛查管理办法》《婚前保健工作规范》《孕前保健服务工作规范（试行）》《孕产期保健工作管理办法》《孕产期保健工作规范》《关于禁止非医学需要的胎儿性别鉴定和选择性别的人工终止妊娠的规定》等。

与母婴保健有关的内容还体现在《妇女权益保障法》《未成年人保护法》《女职工劳动保护特别规定》等其他法律、法规之中。

第二节　母婴保健原则

一、预防性保健措施优先原则

母婴保健服务对象主要是准备结婚的男女、准备和已经怀孕的妇女以及新出生的婴儿等。其目的是保护婚姻的稳定、母亲的安全和新生婴儿的健康。婚姻稳定主要包括男女双方未患有不宜结婚或者生育的疾病。母亲安全主要包括怀孕期间的安全和分娩过程的安全等；新生婴儿健康主要包括没有遗传性疾病和出生缺陷等。要做到这些，必须将预防性保健措施作为优先考虑，防患于未然。所以，法律将早期预防、早期发现和早期治疗作为母婴保健的基本工作方法。

二、当事人自主原则

结婚生子是个人的自由。只要符合法律规定，任何组织或者个人都应当尊重当事人的决定。作为医疗保健机构和医务人员在提供母婴保健服务时，对发现的问题，或者当事人提出的问题，都应当从专业角度提供医学意见和建议；对需要采取的医学措施，应当履行知情同意的程序。也就是说，除非法律对此有特别规定，一般情况下，都应当由当事人经过深思熟虑后自己作出选择。当然，当事人对自己作出的决定承担法律责任。医疗保健机构和医务人员对当事人作出的、符合法律规定的决定，有义务予以配合。

第三节 医疗保健机构与人员

一、医疗保健机构的性质

《母婴保健法》将从事母婴保健服务的机构表述为“医疗保健机构”,《母婴保健法实施办法》将其表述为“医疗、保健机构”。从范围来看,前者似乎更倾向于指妇幼保健机构,后者既指一般的医疗机构也指专门的妇幼保健机构。但从性质来看,两者实际上指的都是医疗机构。在医疗机构分类上,妇幼保健机构是其中的一种。《母婴保健法实施办法》第 44 条规定:“母婴保健法及本办法所称的医疗、保健机构,是指依照《医疗机构管理条例》取得卫生行政部门医疗机构执业许可的各级各类医疗机构。”因此,医疗保健机构或者医疗、保健机构,可以直接称为医疗机构。为方便起见,本章统一用医疗保健机构表述。

二、医疗保健机构的特定业务资质

母婴保健具有特殊性。其特殊性不仅在于服务对象,更在于服务内容。在这些服务中,有的直接涉及当事人适合不适合结婚、适宜不适宜怀孕生子等重大人生问题。所以,法律采取了审慎态度,对开展特定业务的机构实行了资质管理。特定业务包括:婚前医学检查、遗传病诊断、产前诊断以及施行结扎手术和终止妊娠手术等。

按照这些特定业务所涉及的医疗机构的数量和层次以及管理的难易程度,法律将机构资质管理分为三种类型:(1)由省级卫生行政部门许可,如开展遗传病诊断和产前诊断;(2)由设区的市级卫生行政部门许可,如从事婚前医学检查;(3)由县级卫生行政部门许可,如从事结扎手术和终止妊娠手术。经卫生行政部门许可的,发给《母婴保健技术服务执业许可证》,有效期为 3 年。

三、医疗保健机构的特定人员资质

医疗保健机构开展特定业务,除了要取得专项资格外,还应当具有取得特定资质的人员。对从事特定业务的人员进行资质管理,是促进母婴保健服务规范化发展的重要措施。根据规定,需要取得特定资质的主要是从事婚前医学检查、遗传病诊断、产前诊断、施行结扎手术和终止妊娠手术以及家庭接生的人员等。

按照这些特定业务所涉及的技术难度和对健康的影响,法律将人员资质管理也分为三种类型:(1)由省级卫生行政部门许可,如从事遗传病诊断和产前诊断的人员;(2)由设区的市级卫生行政部门许可,如从事婚前医学检查的人员;(3)由县级卫生行政部门许可,如从事结扎手术和终止妊娠手术的人员,经卫生行政部门考核合格的,发给《母婴保健技术考核合格证》。

第四节　婚前医学检查

一、婚前医学检查的概念

婚前医学检查是指对准备结婚的男女进行的健康检查。其目的在于查明当事人是否患有不能结婚或者不宜生育的疾病。

婚前医学检查是婚前保健的重要内容。除婚前医学检查外,婚前保健还包括婚前卫生指导和婚前卫生咨询。婚前卫生指导是关于性卫生知识、生育知识和遗传病知识的教育。包括:(1)有关性卫生的保健和教育;(2)新婚避孕知识及计划生育指导;(3)受孕前的准备、环境和疾病对后代影响等孕前保健知识;(4)遗传病的基本知识;(5)影响婚育的有关疾病的基本知识;(6)其他生殖健康知识。

婚前卫生咨询是对有关婚配、生育保健等问题提供医学意见。婚前卫生咨询旨在为准备结婚的男女提供科学的信息,对可能产生的后果进行指导,并提出适当的建议。

二、婚前医学检查的演变

我国婚姻法一直将健康作为婚姻登记的条件之一。早在1950年,《婚姻法》即规定,“患花柳病或精神失常未经治愈,患麻风或其他在医学上认为不应结婚之疾病者”,禁止结婚。1980年的《婚姻法》将禁止结婚的疾病概括为“患有医学上认为不应当结婚的疾病”。1985年经国务院批准、民政部发布的《婚姻登记办法》把“患有医学上认为不应当结婚的疾病”具体为“患麻风病或性病未治愈的”。

婚前医学检查以前称为婚前健康检查。为落实《婚姻法》规定,我国从20世纪50年代初就开始在有条件的地方开展婚前健康检查。1963年卫生部印发《关于停止婚前健康检查的通知》,婚前健康检查曾一度中断。1986年卫生部和民政部联合印发《关于婚前健康检查问题的通知》,明确:“结婚当事人在结婚登记前进行健康检查,目的是诊断当事人是否患有禁止结婚的疾病。”并将婚前健康检查作为减少出生缺陷,提高人口健康素质的一项重要措施。1994年民政部经国务院批准发布了新的《婚姻登记管理条例》，其中明确规定，在实行婚前健康检查的地方，申请结婚登记的当事人，必须到指定的医疗保健机构进行婚前健康检查，向婚姻登记管理机关提交婚前健康检查证明。

《母婴保健法》把婚前健康检查表述为婚前医学检查，并确立了婚前医学检查制度。第 12 条规定，男女双方在结婚登记时，应当持有婚前医学检查证明或者医学鉴定证明。2001 年《母婴保健法实施办法》对婚前医学检查的内容作出规定，其中要求婚前医学检查证明应当列明是否患有下列疾病：(1)在传染期内的指定传染病；(2)在发病期内的有关精神病；(3)不宜生育的严重遗传性疾病；(4)医学上认为不宜结婚的其他疾病。这里的指定传染病，是指《中华人民共和国传染病防治法》中规定的艾滋病、淋病、梅毒、麻风病以及医学上认为影响结婚和生育的其他传染病；有关精神病，是指精神分裂症、躁狂抑郁型精神病以及其他重型精神病；严重遗传性疾病，是指由于遗传因素先天形成，患者全部或者部分丧失自主生活能力，后代再现风险高，医学上认为不宜生育的遗传性疾病。

2003 年国务院《婚姻登记管理条例》对办理结婚登记时应当提交的材料进行了调整，不再要求当事人在办理婚姻登记时向婚姻登记管理机关提交婚前健康检查证明，但仍明确规定，办理婚姻登记当事人患有医学上认为不应当结婚的疾病的，婚姻登记机关不予登记。

三、医疗保健机构开展婚前医学检查业务的条件

在我国，婚前医学检查由医疗保健机构进行。根据规定，医疗保健机构开展婚前医学检查，应当具备的条件是：(1)分别设置专用的男、女婚前医学检查室，配备常规检查和专科检查设备；(2)设置婚前生殖健康宣传教育室；(3)具有符合条件的进行男、女婚前医学检查的执业医师。

四、对发现的不宜结婚或者生育情形的处理

医疗保健机构开展婚前医学检查业务，应当遵守婚前保健工作规范，按照国务院卫生行政部门规定的婚前医学检查项目进行，并向接受婚前医学检查的当事人出具婚前医学检查证明。经婚前医学检查，发现准备结婚的当事人有不宜结婚或者不宜生育情形的，按以下两种方法处理：

一是建议当事人暂缓结婚。根据规定，对患指定传染病在传染期内或者有关精神病在发病期内的当事人，医师应当提出暂缓结婚的医学意见，并向当事人说明

情况，提出预防、治疗以及采取相应医学措施的建议。从法律角度说，在传染期内的指定传染病和在发病期内的有关精神病，都是禁止结婚的疾病。当事人患有上述疾病之一的，应当接受医师提出的暂缓结婚建议。

二是建议当事人暂缓生育。根据规定，对患医学上认为不宜生育的严重遗传疾病的当事人，医师应当提出暂缓生育的医学意见，并向当事人说明情况，提出预防、治疗以及采取相应医学措施的建议。当事人可以暂缓结婚，也可以自愿采取长效避孕措施或者结扎手术后结婚。从法律角度说，当事人患医学上认为不宜生育的严重遗传疾病，并不影响结婚，而是影响生育。所以，当事人自愿采取长效避孕措施或者结扎手术后是可以结婚的。当然也可以理性选择不结婚。

五、对婚前医学检查结果有异议的处理

婚前医学检查证明记载的是医学检查结果。当事人对婚前医学检查结果有异议，为进一步确诊，可以自行另找一家医疗保健机构再做一次婚前医学检查，也可以按照法律设置的专门程序申请医学技术鉴定。

根据规定，当事人申请对婚前医学检查结果进行医学技术鉴定的，应当在接到婚前医学检查证明之日起 15 日内向所在地母婴保健技术鉴定委员会提出书面鉴定申请。该委员会接到鉴定申请后应当在 30 日内作出医学技术鉴定意见，并及时通知当事人。当事人对该委员会作出的医学技术鉴定意见仍有异议的，还可以自接到医学技术鉴定意见通知书之日起 15 日内向上一级母婴保健技术鉴定委员会提出再次鉴定书面申请。

第五节 孕产期保健

孕产期保健，是指为准备妊娠至产后 42 天的妇女及胎婴儿提供全程系列的医疗保健服务。具体可以分为孕前保健、孕期保健、分娩期保健及产褥期保健等。根据《母婴保健法实施办法》第 18 条的规定，医疗保健机构应当为孕产妇提供下列医疗保健服务：(1)为孕产妇建立保健手册(卡)，定期进行产前检查；(2)为孕产妇提供卫生、营养、心理等方面的医学指导与咨询；(3)对高危孕妇进行重点监护、随访和医疗保健服务；(4)为孕产妇提供安全分娩技术服务；(5)定期进行产后访视，指导产妇科学喂养婴儿；(6)提供避孕咨询指导和技术服务；(7)对产妇及其家属进行生殖健康教育和科学育儿知识教育；(8)其他孕产期保健服务。

一、孕前保健

孕前保健是为准备妊娠的夫妇提供的，包括健康教育与咨询、孕前医学检查、健康情况评估和健康指导等。孕前保健一般在计划受孕前6个月进行。

《母婴保健法实施办法》第17条规定，医疗保健机构应当为育龄夫妇提供有关避孕、节育、生育、不育和生殖健康的咨询和医疗保健服务。医师发现或者怀疑育龄夫妻患有严重遗传性疾病的，应当提出医学意见；限于现有医疗技术水平难以确诊的，应当向当事人说明情况。育龄夫妻可以选择避孕、节育、不孕等相应的医学措施。

二、孕期保健

孕期保健是为怀孕的妇女提供的，包括建立孕产期保健手册（卡）、提供产前检查、筛查危险因素、诊治妊娠合并症和并发症以及提供心理、营养、卫生指导等。

根据规定，曾生育过严重遗传性疾病或者严重缺陷患儿的，在再次妊娠前，夫妻双方应当主动到医疗保健机构进行医学检查。医疗保健机构应当向就诊的夫妻双方介绍有关遗传性疾病的知识，给予咨询、指导。对诊断患有医学上认为不宜生育的严重遗传性疾病的，医师应当向当事人说明情况，并提出医学意见。

医疗保健机构发现孕妇患有下列严重疾病或者接触物理、化学、生物等有毒、有害因素，可能危及孕妇生命安全或者可能严重影响孕妇健康和胎儿正常发育，应当对孕妇进行医学指导和必要的医学检查：(1)严重的妊娠合并症或者并发症；(2)严重的精神性疾病；(3)国务院卫生行政部门规定的严重影响生育的其他疾病。

孕妇有下列情形之一的，医师应当对其进行产前诊断：(1)羊水过多或者过少的；(2)胎儿发育异常或者胎儿有可疑畸形的；(3)孕早期接触过可能导致胎儿先天缺陷的物质的；(4)有遗传病家族史或者曾经分娩过先天性严重缺陷婴儿的；(5)初产妇年龄超过35周岁的。根据规定，经产前诊断，有下列情形之一的，医师应当向夫妻双方说明情况，并提出终止妊娠的医学意见：(1)胎儿患严重遗传性疾病的；(2)胎儿有严重缺陷的；(3)因患严重疾病，继续妊娠可能危及孕妇生命安全或者严重危害孕妇健康的。《母婴保健法》第19条规定，依照本法规定施行终止妊娠手术或者结扎手术，应当经本人同意，并签署意见。本人无行为能力的，应当经其监护人同意，并签署意见。依照本法规定施行终止妊娠手术或者结扎手术的，接受免费服务。

三、分娩期保健

分娩期保健是为妇女提供的，包括对产妇和胎儿进行全产程监护、安全助产及对新生儿进行评估等。

《母婴保健法实施办法》第 24 条规定，国家提倡住院分娩。医疗保健机构应当按照国务院卫生行政部门制定的技术操作规范，实施消毒接生和新生儿复苏，预防产伤及产后出血等产科并发症，降低孕产妇及围产儿发病率、死亡率。没有条件住院分娩的，应当由经县级卫生行政部门许可并取得家庭接生员技术证书的人员接生。高危孕妇应当在医疗保健机构住院分娩。

四、产褥期保健

产褥期保健是为产妇和新生儿提供的，包括为产妇和新生儿进行健康评估，开展母乳喂养、产后营养、心理、卫生及避孕指导，为新生儿进行预防接种和新生儿疾病筛查等。

五、禁止非医学需要的胎儿性别鉴定

除医学上确有需要外，国家严禁采用技术手段对胎儿进行性别鉴定。所谓医学上确有需要，主要是指怀疑胎儿可能为伴性遗传病。对怀疑胎儿可能为伴性遗传病，需要做胎儿性别鉴定的，由省级卫生行政部门指定的医疗保健机构按照国务院卫生行政部门的规定进行。

根据规定，违反规定进行胎儿性别鉴定的，由卫生行政部门给予警告，责令停止违法行为；对医疗保健机构直接负责的主管人员和其他直接责任人员，依法给予行政处分。进行胎儿性别鉴定两次以上的或者以营利为目的进行胎儿性别鉴定的，并由原发证机关撤销相应的母婴保健技术执业资格或者医师执业证书。

六、对遗传病诊断、产前诊断结果有异议的处理

当事人对遗传病诊断、产前诊断结果有异议，为进一步确诊，可以自行另找一家医疗保健机构再做一次遗传病诊断、产前诊断，也可以按照法律设置的专门程序申请医学技术鉴定。

根据规定，当事人申请对遗传病诊断、产前诊断结果进行医学技术鉴定的，应当在接到婚前医学检查证明之日起 15 日内向所在地母婴保健技术鉴定委员会提出

书面鉴定申请。该委员会接到鉴定申请后应当在30日内作出医学技术鉴定意见，并及时通知当事人。当事人对该委员会作出的医学技术鉴定意见仍有异议的，还可以自接到医学技术鉴定意见通知书之日起15日内向上一级母婴保健技术鉴定委员会提出再次鉴定书面申请。

第六节 婴儿保健

婴儿是指小于1周岁的儿童。婴儿保健的内容主要包括开展新生儿疾病筛查、诊断、治疗和监测；进行新生儿访视；对婴儿进行预防接种；为实施母乳喂养的母亲提供技术指导等。医疗保健机构应当按照国家有关规定，并结合自己的能力，开展相应的业务。

一、开展新生儿疾病筛查

《母婴保健法实施办法》第25条规定，医疗保健机构应当按照国家有关规定开展新生儿先天性、遗传性代谢病筛查、诊断、治疗和监测。所谓新生儿疾病筛查，就是在新生儿期对严重危害新生儿健康的先天性、遗传性疾病施行专项检查，提供早期诊断和治疗的母婴保健技术。新生儿疾病筛查是提高出生人口素质，减少出生缺陷的预防措施之一。

根据2009年卫生部《新生儿疾病筛查管理办法》，纳入新生儿疾病筛查的病种分国家规定的病种和地方规定的病种。在全国范围内开展的新生儿疾病筛查病种是先天性甲状腺功能减低症、苯丙酮尿症等新生儿遗传代谢病和听力障碍。新生儿遗传代谢病筛查程序包括血片采集、送检、实验室检测、阳性病例确诊和治疗；新生儿听力筛查程序包括初筛、复筛、阳性病例确诊和治疗。

对新生儿疾病筛查，遵循自愿和知情选择的原则。医疗保健机构在实施新生儿疾病筛查前，应当将新生儿疾病筛查的项目、条件、方式、灵敏度和费用等情况如实告知新生儿的监护人，并取得签字同意。

省级卫生行政部门应当指定具备能力的医疗机构为本行政区域新生儿遗传代谢病筛查中心和新生儿听力筛查中心（统称新生儿疾病筛查中心）。从事新生儿疾病筛查的医疗机构及其医务人员，应当严格执行新生儿疾病筛查技术规范，保障筛查质量。发现新生儿患有遗传代谢病和听力障碍的，应当及时告知其监护人，并提出治疗和随诊建议。

二、进行新生儿访视

《母婴保健法实施办法》第 26 条规定,医疗保健机构应当按照规定进行新生儿访视,建立儿童保健手册(卡),定期对其进行健康检查,提供有关预防疾病、合理膳食、促进智力发育等科学知识,做好婴儿多发病、常见病防治等医疗保健服务。新生儿访视对于降低新生儿患病率和死亡率,促进新生儿健康成长,具有重要意义。医疗保健机构应当按照规定的次数和内容对辖区内新生儿进行访视。访视内容应当包括:问诊;测量体重、体温;体格检查;对居住环境、护理、疾病预防、伤害预防进行指导;对发现的健康问题及时进行转诊或者建议转诊等。

三、对婴儿进行预防接种

我国对儿童实行预防接种制度。《疫苗流通和预防接种管理条例》第 26 条规定,在儿童出生后 1 个月内,其监护人应当到儿童居住地承担预防接种工作的接种单位为其办理预防接种证。《母婴保健法实施办法》第 27 条规定,医疗保健机构应当按照规定的程序和项目对婴儿进行预防接种。婴儿的监护人应当保证婴儿及时接受预防接种。

四、为实施母乳喂养的母亲提供技术指导

母乳含有婴儿所需要的丰富营养,是任何乳制品不可替代的。母乳喂养有利于增强婴儿抵抗力、免疫力。世界卫生组织认为,母乳喂养可以降低儿童的死亡率,且对健康带来的益处可以延续到成人期。《母婴保健法实施办法》第 28 条规定,国家推行母乳喂养。医疗保健机构应当为实施母乳喂养提供技术指导,为住院分娩的产妇提供必要的母乳喂养条件。根据规定,医疗保健机构不得向孕产妇和婴儿家庭宣传、推荐母乳代用品,母乳代用品生产者、销售者也不得向医疗保健机构赠送产品样品或者以推销为目的有条件地提供设备、资金和资料。

第七节 母婴保健医学技术鉴定

一、母婴保健医学技术鉴定的概念

母婴保健医学技术鉴定,简称医学技术鉴定,是指接受母婴保健服务的公民或者提供母婴保健服务的医疗保健机构,对婚前医学检查、遗传病诊断和产前诊断结果

或者医学技术鉴定结论持有异议所进行的医学技术鉴定。母婴保健医学技术鉴定所要证明的是相关检查或者诊断是否正确,所以,从性质上说,是一种确诊性鉴定。

通常情况下,接受母婴保健服务的公民对婚前医学检查、遗传病诊断和产前诊断结果或者医学技术鉴定结论有异议,可以申请医学技术鉴定;提供母婴保健服务的医疗保健机构,对医学技术鉴定结论有异议,可以申请医学技术鉴定。

医学技术鉴定由母婴保健医学技术鉴定委员会负责组织。母婴保健医学技术鉴定委员会作出鉴定结论的,应当向当事人出具《母婴保健医学技术鉴定证明》。当事人对鉴定结论仍然有异议的,可以申请上一级母婴保健医学技术鉴定委员会重新鉴定,称为"再次鉴定"。相对于"再次鉴定",原鉴定为"首次鉴定"。根据规定,省级母婴保健医学技术鉴定委员会的医学技术鉴定结论为最终鉴定结论。

二、母婴保健医学技术鉴定委员会的组成

母婴保健医学技术鉴定委员会在组织体系上设为三级,即县级、设区的市级和省级。其成员由具有认真负责精神、良好医德风尚的妇产科、儿科、妇女保健、儿童保健、生殖保健、医学遗传、神经病学、精神病学、传染病学等医学专家组成。为保证医学技术鉴定的权威性,又兼顾中高级卫生专业技术人员分布的地区差异性,法律要求,母婴保健医学技术鉴定委员会的医学专家,县级的应当具有主治医师以上专业技术职务,设区的市级的应当具有副主任以上的专业技术职务,省级的应当具有主任或教授技术职务。

三、母婴保健医学技术鉴定委员会的鉴定程序

接受母婴保健服务的公民对婚前医学检查、遗传病诊断和产前诊断结果有异议,需要进一步确诊的,可以自接到相关检查或者诊断结果之日起15日内向所在地县级或者设区的市级母婴保健医学技术鉴定委员会提出书面鉴定申请,同时提供与鉴定有关的材料。母婴保健医学技术鉴定委员会在接到《母婴保健医学技术鉴定申请表》和有关材料后30日内作出医学技术鉴定结论,如有特殊情况,可延长至90日。当事人对鉴定结论有异议的,可以自接到《母婴保健医学技术鉴定证明》之日起15日内向上一级母婴保健医学技术鉴定委员会申请重新鉴定。

为保证医学技术鉴定的客观性、科学性和公正性,根据规定,鉴定时必须有5个以上相关专业的医学专家参加;可以要求当事人及有关人员到会陈述理由和事实经过;可以重新进行临床检查、检验;与当事人有利害关系的鉴定人员应当回避等。

第二十章　精神障碍的诊治

第一节　精神卫生概说

一、精神卫生的体制

精神卫生是重大的公共卫生问题。我国一直高度重视精神卫生工作。1958 年卫生部、民政部、公安部在南京召开了“第一次全国精神疾病防治现场工作会议”，提出了“积极防治，就地管理，重点收容，开放治疗”的工作指导原则，并确定卫生部门负责社会精神病人救治、民政部门负责“三无”精神病人收容和救治、公安部门负责肇事肇祸精神病人救治的工作框架。1986 年中国残疾人联合会加入精神疾病防治工作，承担精神病人社区康复组织工作。2002 年卫生部、民政部、公安部和中国残联联合制定《中国精神卫生工作规划(2002－2010 年)》，提出“预防为主，防治结合，重点干预，广泛覆盖，依法管理”的工作指导原则。2004 年国务院办公厅转发卫生部等 7 部门《关于进一步加强精神卫生工作的指导意见》，内容包括：重点人群心理行为干预、加强精神疾病的治疗与康复工作、加快精神卫生工作队伍建设、加强精神卫生科研和疾病监测工作、依法保护精神疾病患者的合法权益等。2006 年国务院批准建立包括卫生部等 18 个部门参加的“精神卫生工作部际联席会议制度”。2006 年民政部等 6 部门联合印发《关于进一步做好城市流浪乞讨人员中的危重病人、精神病人救治工作的指导意见》，提出对街头发现的生活无着的精神疾病患者实行“先救治、后付钱”的要求。2008 年卫生部等 17 个部门联合印发《全国精神卫生工作体系发展指导纲要(2008 年－2015 年)》，明确各部门精神卫生工作的责任和分工。

二、精神卫生的立法

精神卫生立法工作历经 20 余年。早在 20 世纪 80 年代，卫生部就启动了精神卫生立法准备工作,组织开展了相关专题研究,并积极推动地方先行立法。2001 年上海市人大常委会审议通过了我国第一部精神卫生的地方性法规《上海市精神卫生条例》。随后宁波、北京、杭州等地也制定了精神卫生地方性法规。进入 21 世纪后,精神卫生法被正式列入了国家的立法计划。2007 年 12 月底,卫生部向国务院报送了《精神卫生法(草案)(送审稿)》。2011 年 9 月,经国务院第 172 次常务会议讨论通过,提请全国人大常委会审议。2012 年 10 月 26 日,第十一届全国人大常委会第二十九次会议通过了《精神卫生法》。《精神卫生法》分总则、心理健康促进和精神障碍预防、精神障碍的诊断和治疗、精神障碍的康复、保障措施、法律责任和附则,共 7 章 85 条。自 2013 年 5 月 1 日起施行。

第二节 精神障碍的诊治原则

一、慎重原则

慎重原则主要体现在精神障碍的诊断上。社会上对精神障碍具有较高的敏感性,所以,在精神障碍诊断上,医疗机构和医务人员必须谨慎持重,不发生疏忽。为此,法律除了对开展精神障碍诊断和治疗业务的医疗机构和医务人员进行必要的资质管理外,还对精神障碍诊断的医学救济作出了专门的制度性安排。目的就是确保精神障碍诊断结果的客观性、合理性和科学性。

二、积极原则

积极原则主要体现在精神障碍的治疗上。对于确诊的病人来说,及时得到治疗是关键。治疗是改变精神障碍病人生存状态最有效的措施。尤其是严重精神障碍病人容易发生伤害自己或者危害他人的行为,对他们实施住院治疗,不仅有利于他们自己和公共安全,而且提高了他们的生活质量,有助于他们尽快恢复健康重返社会。因此,法律鼓励和引导病人家属配合对病人的规范化治疗。

三、尊重原则

尊重原则主要体现在精神障碍病人的利益保护上。精神障碍病人同样享有其他疾病病人所具有的权利,但他们与其他疾病病人有所不同的是,在维护自己权利上有时难以正确或者全面表达自己的意愿。为此,在精神障碍病人利益保护制度的设计上,法律在保证实体性利益优先的前提下,增加程序性利益的“可识别性”。

无论是病人的监护人还是医疗机构及其医务人员都不得减损病人的权利。

第三节 精神障碍的诊断

一、精神障碍的概念

精神障碍的法律定义，是指由各种原因引起的感知、情感和思维等精神活动的紊乱或者异常，导致患者明显的心理痛苦或者社会适应等功能损害。法律又将“疾病症状严重，导致患者社会适应等功能严重损害、对自身健康状况或者客观现实不能完整认识，或者不能处理自身事务的精神障碍”，定义为严重精神障碍。

常见的精神障碍除包括精神分裂症、偏执性精神病、分裂情感障碍、双向情感障碍、癫痫所致精神障碍、精神发育迟滞等严重精神障碍外，还包括抑郁症、躁狂症、焦虑症、失眠症、偏执型人格障碍、儿童孤独症、注意缺陷多动障碍等。导致精神障碍的因素，既有先天遗传、个性特征及体质因素、器质因素，也有社会性环境因素等。

现行的国际疾病诊断分类(ICD－10)将精神疾病分为10大类72小类近400种。10大类为:(1)器质性精神障碍。如老年期痴呆。(2)使用精神活性物质所致的精神和行为障碍。如酒精依赖综合征。(3)精神分裂症、分裂型障碍和妄想性障碍。(4)心境(情感)障碍。如抑郁症和躁狂症。(5)神经症性、应激相关的及躯体形式障碍。如焦虑症。(6)伴有生理紊乱及躯体因素的行为综合征。如失眠症。(7)成人人格与行为障碍。如偏执型人格障碍。(8)精神发育迟滞。即通常所说的智力低下。(9)心理发育障碍。如儿童孤独症。(10)通常起病于童年与少年期的行为和情绪障碍。如注意缺陷多动障碍。

医疗机构及其医务人员在日常的医疗活动中，不能擅自对就诊者的精神健康状况进行包括诊断在内的医学检查。《精神卫生法》第17条规定，医务人员发现就诊者可能患有精神障碍的，应当建议其到符合本法规定的医疗机构就诊。第27条第2款规定，除法律另有规定外，不得违背本人意志进行确定其是否患有精神障碍的医学检查。

二、精神障碍诊断机构与人员

1. 诊断机构

开展精神障碍诊断的机构必须是医疗机构，但并不是所有的医疗机构都可以开展精神障碍的诊断业务。医疗机构开展精神障碍诊断业务，应当按照《医疗机构管理条例》规定办理精神科诊疗科目的登记。其中,综合性医疗机构申请办理精神科诊疗科目登记,应当具备下列三个条件:(1)有与从事的精神障碍诊断、治疗相适应的精神科执业医师、护士;(2)有满足开展精神障碍诊断、治疗需要的设施和设备;(3)有完善的精神障碍诊断、治疗管理制度和质量监控制度。专科性医疗机构申请办理精神科诊疗科目登记,除需要具备上述条件外,还应当配备从事心理治疗的人员。

2. 诊断人员

从事精神障碍诊断的应当是执业医师,但并不是所有的执业医师都可以从事精神障碍的诊断业务。由于精神障碍诊断具有专业性,法律要求只有精神科执业医师才可以进行精神障碍诊断。即使是按照当事人要求进行再次诊断或者鉴定,也应当由精神科执业医师做出。

三、精神障碍诊断的就诊形式

通常情况下,对精神障碍的诊断是由病人主动要求的,即"由个人自行到医疗机构进行精神障碍诊断"。但也有例外,为了保护病人和公众安全,法律分了三种情形,赋予了疑似精神障碍病人的近亲属、所在单位和有关职能部门一定的"送医"权利或者责任:(1)近亲属送医。疑似精神障碍病人的近亲属可以将其送往医疗机构进行精神障碍诊断。(2)民政等有关部门帮助送医。对查找不到近亲属的流浪乞讨疑似精神障碍病人,由当地民政等有关部门按照职责分工,帮助送往医疗机构进行精神障碍诊断。(3)近亲属、所在单位、公安机关采取措施后送医。疑似精神障碍病人发生伤害自身、危害他人安全的行为,或者有伤害自身、危害他人安全的危险的,其近亲属、所在单位、当地公安机关应当立即采取措施予以制止,并将其送往医疗机构进行精神障碍诊断。

根据规定,医疗机构接到送诊的疑似精神障碍病人,不得拒绝为其作出诊断。对近亲属、所在单位、公安机关采取措施后送医的疑似精神障碍病人,应当予以留院,立即指派精神科执业医师进行诊断,并及时出具诊断结论。

四、再次诊断

对疑似精神障碍病人来说,在一个医疗机构诊断后,可以根据自己的意愿再找一个医疗机构进行诊断,或者在一段时间后再回到原诊断的医疗机构进行诊断。这是完全自由的。但这不属于法律意义上的再次诊断。

再次诊断是一种救济机制。它只适用于已经发生危害他人安全的行为或者有危害他人安全的危险的严重精神障碍病人。当诊断结论表明,应当对上述情形的病人实施住院治疗时,病人或者其监护人对需要住院治疗的诊断结论有异议,不同意对病人实施住院治疗的,可以要求再次诊断。

再次诊断可以在原医疗机构进行,也可以在其他具有合法资质的医疗机构进行,由病人或者其监护人自己选择。根据规定,要求再次诊断的,应当自收到诊断结论之日起3日内提出。承担再次诊断的医疗机构应当在接到再次诊断要求后指派2名初次诊断医师以外的精神科执业医师进行再次诊断,并及时出具再次诊断结论。按照规定,承担再次诊断的执业医师应当到收治病人的医疗机构面见、询问患者,该医疗机构应当予以配合。

五、精神障碍医学鉴定

为切实保护病人利益,法律在再次诊断机制的基础上,还设置了精神障碍医学鉴定这一环节。根据规定,病人或者其监护人对再次诊断结论仍有异议的,可以自主委托依法取得执业资质的鉴定机构进行精神障碍医学鉴定。所谓鉴定机构,指的是司法鉴定机构。从性质上说,司法鉴定机构不是医疗机构。实践中,有的医疗机构经过申请取得了司法鉴定机构的资质,但鉴定并不能以医疗机构的名义进行,出具的鉴定报告必须以司法鉴定机构的身份。

根据规定,接受委托的鉴定机构应当指定本机构具有该鉴定事项执业资格的2名以上鉴定人共同进行鉴定,并及时出具鉴定报告。鉴定人应当到收治精神障碍病人的医疗机构面见、询问病人,相关医疗机构应当予以配合。鉴定人本人或者其近亲属与鉴定事项有利害关系,可能影响其独立、客观、公正进行鉴定的,应当回避。

法律要求鉴定机构、鉴定人应当遵守有关法律、法规、规章的规定,尊重科学,恪守职业道德,按照精神障碍鉴定的实施程序、技术方法和操作规范,依法独立进行鉴定,出具客观、公正的鉴定报告。鉴定人应当对鉴定过程进行实时记录并签名。记录的内容应当真实、客观、准确、完整,记录的文本或者声像载体应当妥善保存。

第四节 精神障碍的治疗

一、自愿住院治疗

精神障碍病人可以在门诊治疗,也可以住院治疗。我国对精神障碍病人的住院治疗实行自愿原则。诊断结论表明需要住院治疗的精神障碍病人，由当事人自己决定是否住院治疗。决定住院治疗的，应当按照规定办理住院手续。病人本人没有能力办理住院手续的，法律规定了两种办理方式：(1)由病人监护人办理住院手续；(2)查找不到病人监护人，且病人属于流浪乞讨人员的，由其送诊的民政等有关部门办理住院手续。

二、实施住院治疗

相对于自愿住院治疗，实施住院治疗带有一定的强制性。但这种强制性是柔性的，不具有任何惩罚性质。其目的是防止在治疗过程中发生伤害自身或者危害他人的情况。所以，医疗机构及其医务人员对疑似严重精神障碍病人应当及时进行检查评估并根据检查评估作出处理。法律规定，诊断结论、病情评估表明，就诊者为严重精神障碍病人并有下列情形之一的，应当对其实施住院治疗：(1)已经发生伤害自身的行为，或者有伤害自身的危险的；(2)已经发生危害他人安全的行为，或者有危害他人安全的危险的。

考虑到伤害自身与危害他人的性质不完全相同，为最大限度地扩大自愿住院治疗的范围，法律对这两类精神障碍病人采取了有区别的政策：(1)对已经发生伤害自身的行为，或者有伤害自身的危险的严重精神障碍病人，经其监护人同意，医疗机构应当对病人实施住院治疗；监护人不同意的，医疗机构不对病人实施住院治疗。(2)已经发生危害他人安全的行为，或者有危害他人安全的危险的严重精神障碍病人，其监护人应当同意对病人实施住院治疗。监护人阻碍实施住院治疗或者病人擅自脱离住院治疗的，可以由公安机关协助医疗机构采取措施对病人实施住院治疗。

对上述后一种情形的病人或者其监护人申请再次诊断或者鉴定的，法律规定了两种处理方法：(1)在相关机构出具再次诊断结论、鉴定报告前，收治精神障碍病人的医疗机构应当按照诊疗规范的要求对病人实施住院治疗。(2)再次诊断结论或者鉴定报告表明，不能确定就诊者为严重精神障碍病人，或者病人不需要住院治疗的，医疗机构不得对其实施住院治疗。

三、可以实施保护性医疗措施的情形

保护性医疗措施既具有治疗性又带有一定的风险性，所以，法律对实施保护性医疗措施进行了严格的限制。首先，它只适用于三种情形：(1)发生或者将要发生伤害自身的行为;(2)发生或者将要发生危害他人安全的行为;(3)发生或者将要发生扰乱医疗秩序的行为。其次,它只能在万不得已的条件下才可以实施,也就是没有其他可替代措施。否则,医疗机构及其医务人员对精神障碍病人不可以实施约束、隔离等保护性医疗措施。实施保护性医疗措施应当遵循诊断标准和治疗规范,并在实施后告知病人的监护人。但禁止利用约束、隔离等保护性医疗措施惩罚精神障碍病人。

四、对精神障碍病人的特殊保护

1. 医疗安全方面的保护

医疗机构及其医务人员对精神障碍病人制订治疗方案,应当遵循精神障碍诊断标准和治疗规范,并遵守以下规定:(1)在使用药物上。对精神障碍病人使用药物,应当以诊断和治疗为目的,使用安全、有效的药物,不得为诊断或者治疗以外的目的使用药物。(2)在治疗方法上。禁止对依照规定实施住院治疗的严重精神障碍病人实施以治疗精神障碍为目的的外科手术。(3)在实验性临床医疗上。禁止对严重精神障碍病人实施与治疗其精神障碍无关的实验性临床医疗。

2. 人身安全方面的保护

精神障碍病人的自我保护能力较差,为防止他们受到伤害,法律要求医疗机构应当配备适宜的设施、设备,保护就诊和住院治疗的精神障碍病人的人身安全。同时,为有助于精神障碍病人重返社会,法律还要求医疗机构要为住院病人创造尽可能接近正常生活的环境和条件。医疗机构可以组织开展有利于病人康复的活动,但不得强迫精神障碍病人从事生产劳动。

3. 知情同意权方面的保护

精神障碍病人的权利与一般病人的权利是相同的,但法律考虑到精神障碍病人的特殊性,突出强调了他们的知情同意权:(1)权利告知。医疗机构及其医务人员应当将精神障碍病人在诊断、治疗过程中享有的权利,告知病人或者其监护人。(2)治疗方案告知。医疗机构及其医务人员应当遵循精神障碍诊断标准和治疗规范,制定治疗方案,并向精神障碍病人或者其监护人告知治疗方案和治疗方法、目的以及可能产生的后果。(3)医疗风险等告知。医疗机构对精神障碍病人实施下列治疗措施,应当向病人或者其监护人告知医疗风险、替代医疗方案等情况,并取得病人的书面同意;无法取得病人意见的,应当取得其监护人的书面同意,并经本医疗机构伦理委员会批准:①导致人体器官丧失功能的外科手术;②与精神障碍治疗有关的实验性临床医疗。实施导致人体器官丧失功能的外科手术的治疗措施，因情况紧急查找不到监护人的，应当取得本医疗机构负责人和伦理委员会批准。(4)病历资料告知。医疗机构及其医务人员应当在病历资料中如实记录精神障碍病人的病情、治疗措施、用药情况、实施约束、隔离措施等内容，并如实告知病人或者其监护人。病人及其监护人可以查阅、复制病历资料；但是，病人查阅、复制病历资料可能对其治疗产生不利影响的除外。病历资料保存期限不得少于30年。

4. 出院方面的保护

自愿住院治疗原则包括出院自由。其分两种情形：(1)自愿住院治疗的精神障碍病人可以随时要求出院。(2)因有伤害自身行为或者有伤害自身危险情形而实施住院治疗的，病人监护人可以随时要求病人出院。对上述两种情形，医疗机构认为不宜出院的，告知不宜出院的理由；病人或者其监护人仍要求出院的，执业医师应当在病历资料中详细记录告知的过程，同时提出出院后的医学建议，由病人或者其监护人签字确认。医疗机构予以办理出院手续。

对因有危害他人安全的行为或者有危害他人安全的危险情形而实施住院治疗的，医疗机构认为精神障碍病人可以出院的，应当立即告知病人及其监护人。医疗机构应当根据精神障碍病人病情，及时组织精神科执业医师对依照规定实施住院治疗的病人进行检查评估。评估结果表明病人不需要继续住院治疗的，医疗机构应当立即通知病人及其监护人。

精神障碍病人出院，本人没有能力办理出院手续的，由监护人为其办理出院手续。

5. 通讯和会见探访者方面的保护

医疗机构及其医务人员应当尊重住院精神障碍病人的通讯和会见探访者等权利。除在急性发病期或者为了避免妨碍治疗可以暂时性限制外，不得限制患者的通讯和会见探访者等权利。

6. 其他疾病治疗方面的保护

精神障碍病人的治疗权是完整的，法律除了保护其及时得到精神障碍的治疗外，也保护其患其他疾病时及时得到治疗。所以，医疗机构不得因就诊者是精神障碍病人，推诿或者拒绝为其治疗属于本医疗机构诊疗范围的其他疾病。

五、心理咨询人员不能从事心理治疗活动

心理咨询人员不是医师，所以，不能从事心理治疗或者精神障碍的诊断、治疗。

但心理咨询人员从事的是为社会公众提供专业化的心理咨询服务，因此，应当努力提高业务素质，遵守执业规范。在心理咨询过程中，发现接受咨询的人员可能患有精神障碍的，应当建议其到符合规定的医疗机构就诊。尤其要尊重接受咨询人员的隐私，并为其保守秘密。

六、心理治疗人员不能从事精神障碍诊断

心理治疗是借助心理学的、非药物的技术和方法改变患者的心理状态来达到治疗精神障碍患者的目的。临床上心理治疗最常见的对象是神经症等轻度精神障碍患者，同时也包括需配合药物治疗进行心理治疗的严重精神障碍患者。因此，法律规定，心理治疗活动应当在医疗机构内开展。专门从事心理治疗的人员不得从事精神障碍的诊断，不得为精神障碍患者开具处方或者提供外科治疗。

第五节　精神障碍的康复

一、为在家居住的严重精神障碍病人提供精神科基本药物维持治疗

精神障碍的一个显著特点就是治疗过程长，且易复发，所以，让病人按时按量服用一定的药品十分关键。即使病人是在康复过程中，基本药物治疗也应当继续坚持。一般而言，严重精神障碍病人病情稳定后坚持服药时间不应少于两年。由于严重精神障碍病人康复过程中的用药具有较强的专业性、科学性，精神卫生医疗机构应当担负起重要责任。为此，法律规定，医疗机构应当为在家居住的严重精神障碍病人提供精神科基本药物维持治疗。

二、为社区康复机构提供有关精神障碍康复的技术指导和支持

康复是精神障碍病人最终摆脱疾病，走向健康的重要环节。社区康复机构承担着对病人进行生活自理能力和社会适应能力等方面的康复训练。为了保证精神障碍病人康复效果，法律规定，医疗机构应当为社区康复机构提供有关精神障碍康复的技术指导和支持。

三、为在家居住的严重精神障碍病人提供健康管理

精神障碍病人回归社会首先是回归到自己居住的社区。而在家居住的精神障碍病人在康复过程中，要提高生活质量，就离不开专业的健康管理和康复训练。为

此，法律要求社区卫生服务机构、乡镇卫生院、村卫生室应当建立严重精神障碍病人的健康档案，对在家居住的严重精神障碍病人进行定期随访，指导病人服药和开展康复训练，并对病人的监护人进行精神卫生知识和看护知识的培训。

四、为精神障碍病人的监护人提供看护技术指导

多数精神障碍病人在康复过程中自知力较差，缺乏自我生活能力，需要监护人长期照顾。为了帮助监护人尽快熟练掌握护理技术，法律规定，精神障碍患者的监护人在看护患者过程中需要技术指导的，社区卫生服务机构或者乡镇卫生院、村卫生室应当提供。

第二十一章　职业病防治

第一节　职业病防治法概说

一、职业病的概念

职业病，是指企业、事业单位和个体经济组织等用人单位的劳动者在职业活动中，因接触粉尘、放射性物质和其他有毒、有害因素而引起的疾病。

我国职业病概念有过几次变化。1957 年卫生部《职业病范围和职业病患者处理办法的规定》将职业病定义为："职业病系指工人、职员在生产环境中由于工业毒物，不良气象条件，生物因素，不合理的劳动组织，以及一般卫生条件的恶劣等职业性毒害而引起的疾病。"1987 年卫生部、劳动人事部、财政部和中华全国总工会联合发布的新《职业病范围和职业病患者处理办法的规定》，将职业病定义修改为："职业病系指劳动者在生产劳动及其他职业活动中，接触职业性有害因素引起的疾病。"2001 年第九届全国人大常委会第二十四次会议通过的《职业病防治法》第 2 条第 2 款规定："本法所称职业病，是指企业、事业单位和个体经济组织（以下统称用人单位）的劳动者在职业活动中，因接触粉尘、放射性物质和其他有毒、有害物质等因素而引起的疾病。"2011 年第十一届全国人大常委会第二十四次会议通过了修正的《职业病防治法》，其中对职业病定义进行了微调，形成了目前的概念。

二、职业病的范围

我国职业病病种范围经历了由少到多的过程。1957 年卫生部《职业病范围和职业病患者处理办法的规定》确定的职业病仅为 14 种。1987 年卫生部、劳动人事部、财政部和中华全国总工会《职业病范围和职业病患者处理办法的规定》将职业病调整为职业中毒、尘肺、物理因素职业病、职业性传染病、职业性皮肤病、职业性眼病、职业性耳鼻喉疾病、职业性肿瘤和其他职业病等九大类 99 种。2002 年卫生部、劳动和社会保障部制定的《职业病目录》将职业病增加为十大类 115 种。

目前我国职业病是十大类 132 种。2013 年国家卫生计生委、国家安全生产监管总局、人力资源社会保障部和全国总工会《关于印发〈职业病分类和目录〉的通知》,将《职业病目录》改名为《职业病分类和目录》,并将职业病病种扩大为 132 种。其中:职业性尘肺病及其他呼吸系统疾病 19 种,职业性皮肤病 9 种,职业性眼病 3 种,职业性耳鼻喉口腔疾病 4 种,职业性化学中毒 60 种,物理因素所致职业病 7 种,职业性放射性疾病 11 种,职业性传染病 5 种,职业性肿瘤 11 种和其他职业病 3 种。

三、职业病防治法的立法

职业卫生一直是卫生立法的重点,尤其是职业健康检查和职业病诊断。早在 1956 年,卫生部、劳动部印发了《关于实行“职业中毒和职业病报告试行办法”的联合通知》,卫生部印发了《关于试行“接触矽尘工人健康检查实施办法”的通知》。1957 年卫生部还制定了《职业病范围和职业病患者处理办法的规定》。

改革开放后,国家加快了相关立法。1984 年卫生部发布《职业病诊断管理办法》,明确规定:“职业病的诊断,应根据患者的职业史、既往史、现场劳动卫生学调查、临床症状及相应的理化检查结果进行综合分析后,作出诊断。”1993 年卫生部出台《国家职业病诊断鉴定委员会章程》。1997 年卫生部又出台新的《国家职业病诊断鉴定委员会章》。同年卫生部还制定了《职业性健康检查管理规定》。

2001 年 10 月 27 日第九届全国人大常委会第二十四次会议通过了《职业病防治法》,分总则、前期预防、劳动过程中的防护与管理、职业病诊断与职业病病人保障、监督检查、法律责任和附则,共 7 章 79 条。其中明确规定,获得职业健康检查、职业病诊疗、康复等职业病防治服务,是劳动者享有的职业卫生保护权利之一。2011 年 12 月 31 日第十一届全国人大常委会第二十四次会议对《职业病防治法》进行了修正,将第 4 章“职业病诊断与职业病病人保障”篇幅由原来的 16 条增加为 19 条。2016 年 7 月 2 日第十二届全国人大常委会第二十一次会议再次对《职业病防治法》进行了修正,增加了有关“医疗机构建设项目可能产生放射性职业病危害”方面的规定。2017 年 11 月 4 日,第十二届全国人大常委会第三十次会议对《职业病防治法》作出了新的修改,取消了对医疗机构开展职业健康检查的审批和职业病集体诊断制。根据规定,职业健康检查由取得《医疗机构执业许可证》的医疗卫生机构承担,职业病诊断证明书由参与诊断的取得职业病诊断资格的执业医师签署,并经承担职业病诊断的医疗卫生机构审核盖章。

为贯彻实施《职业病防治法》,2013 年卫生部对 2002 年的《职业病诊断与鉴定管理办法》进行了修改,出台了新的《职业病诊断与鉴定管理办法》。2015 年国家卫生计生委对 2002 年卫生部《职业健康监护管理办法》进行了调整,制定了新的《职业健康检查管理办法》。

第二节 职业健康检查

一、职业健康检查的概念

职业健康检查,是指医疗卫生机构按照国家有关规定,对从事接触职业病危害作业的劳动者进行的上岗前、在岗期间、离岗时的健康检查。

职业健康检查是为保护劳动者健康而采取的特别措施。根据《职业病防治法》的规定,职业健康检查由用人单位负责组织,并承担相关费用。

二、医疗卫生机构开展职业健康检查的条件

为了促进医疗卫生机构开展职业健康检查业务,2016 年新修正的《职业病防治法》将医疗卫生机构开展职业健康检查由审批制改为义务制。《职业病防治法》第 35 条第 3 款规定,职业健康检查应当由取得《医疗机构执业许可证》的医疗卫生机构承担。根据这一规定,具有《医疗机构执业许可证》的医疗卫生机构都有义务开展职业健康检查。但事实上职业健康检查不同于一般的健康体检,其结果不仅将影响劳动者一系列权益,而且将导致用人单位一系列法律后果。所以,确保职业健康检查质量至关重要。为此,《职业病防治法》明确要求"卫生行政部门应当加强对职业健康检查工作的规范管理"。

从准入角度而言,《职业病防治法》其实只是改变了准入方式,而没有降低准入条件。即开展职业健康检查的医疗卫生机构不再由省级以上卫生行政部门批准,但仍然必须具备规定的基本条件。根据 2015 年国家卫生计生委《职业健康检查管理办法》第 5 条规定,承担职业健康检查的医疗卫生机构应当具备的条件是:(1)持有《医疗机构执业许可证》,涉及放射检查项目的还应当持有《放射诊疗许可证》;(2)具有相应的职业健康检查场所、候检场所和检验室,建筑总面积不少于 400 平方米,每个独立的检查室使用面积不少于 6 平方米;(3)具有与开展的职业健康检查类别和项目相适应的执业医师、护士等医疗卫生技术人员;(4)至少具有 1 名取得职业病诊断资格的执业医师;(5)具有与开展的职业健康检查类别和项目相适应

的仪器、设备；开展外出职业健康检查，应当具有相应的职业健康检查仪器、设备、专用车辆等条件；(6)建立职业健康检查质量管理制度等。需要说明的是，持有《医疗机构执业许可证》的医疗卫生机构其实就是医疗机构。

三、医疗卫生机构应当按照类别和项目开展相应的职业健康检查

根据劳动者接触的职业病危害因素，国家将职业健康检查分为六类：(1)接触粉尘类；(2)接触化学因素类；(3)接触物理因素类；(4)接触生物因素类；(5)接触放射因素类；(6)其他类(特殊作业等)。

医疗卫生机构应当结合自己的实际能力，按照职业健康检查类别和项目，开展相应的职业健康检查，并建立相应的职业健康检查档案。

四、医疗卫生机构应当及时将职业健康检查结果书面报告用人单位

职业健康检查结果是反映劳动者健康状况的主要来源，也是用人单位采取针对性的职业卫生措施的重要依据。医疗卫生机构应当在职业健康检查结束之日起30个工作日内将职业健康检查结果，包括劳动者个人职业健康检查报告和用人单位职业健康检查总结报告，书面告知用人单位。

但医疗卫生机构在职业健康检查中，发现疑似职业病病人或者职业禁忌的，除告知用人单位外，还应当告知劳动者本人，并按照规定向卫生行政部门报告。

第三节 职业病诊断

一、具备条件的医疗卫生机构应当开展职业病诊断

职业病诊断是职业病病人依法享有国家规定的职业病待遇的先决条件。为确保劳动者及时获得职业病诊断，国家鼓励具备条件的医疗卫生机构开展职业病诊断业务。根据2013年卫生部《职业病诊断与鉴定管理办法》第6条规定，开展职业病诊断业务的医疗卫生机构应当具备的条件是：(1)持有《医疗机构执业许可证》；(2)具有与开展职业病诊断相适应的医疗卫生技术人员；(3)具有与开展职业病诊断相适应的仪器、设备；(4)具有健全的职业病诊断质量管理制度。

为了方便劳动者进行职业病诊断，在职业病诊断机构的配置上，国家实行申请制和指定制相结合的灵活政策。在医疗卫生机构资源比较多的地方，实行职业病诊断业务申请制。医疗卫生机构开展职业病诊断，应当向省级卫生行政部门提出

申请，并提交规定的材料。获得批准的，由卫生行政部门发给职业病诊断机构批准证书，有效期为五年。在没有医疗卫生机构申请开展职业病诊断的地方，则实行职业病诊断业务指定制。由省级卫生行政部门根据职业病诊断工作的需要，指定具备条件的公立医疗卫生机构承担职业病诊断任务。

二、职业病诊断应当有利于保护劳动者权益

职业病诊断是分析、判断、提出诊断意见的过程。《职业病防治法》第 46 条第 1 款规定，职业病诊断应当综合分析下列因素：(1)病人的职业史；(2)职业病危害接触史和工作场所职业病危害因素情况；(3)临床表现以及辅助检查结果等。分析是职业病诊断的中心阶段。在这个阶段，要对调查收集到的证据进行审查，包括询问劳动者和用人单位，以查清事实，分清性质。判断则是在查清事实真相的基础上，应用职业病诊断标准作出诊断意见。《职业病防治法》第 46 条第 2 款规定，没有证据否定职业病危害因素与病人临床表现之间的必然联系的，应当诊断为职业病。

对于用人单位不配合职业病诊断的，《职业病防治法》也作了制度性安排。《职业病防治法》第 48 条第 1 款规定，职业病诊断、鉴定过程中，用人单位不提供工作场所职业病危害因素检测结果等资料的，诊断、鉴定机构应当结合劳动者的临床表现、辅助检查结果和劳动者的职业史、职业病危害接触史，并参考劳动者的自述、监督管理部门提供的日常监督检查信息等，作出职业病诊断、鉴定结论。

三、依法处理职业病诊断资料争议

职业病诊断的特殊性在于要确认劳动者的健康状况与其所曾从事的职业、职业环境等之间的因果关系及其程度。所以，离不开对相关“历史”的回顾，而这些“历史”的回顾需要相关资料性的“证据”支持。为了保证职业病诊断的顺利进行，《职业病防治法》对有关证据的“举证”或者“查证”责任进行了“分配”。

1. 劳动关系、工种、工作岗位或者在岗时间争议。在确认劳动者职业史、职业病危害接触史时，劳动者和用人单位对劳动关系、工种、工作岗位或者在岗时间发生争议的，当事人可以向当地的劳动人事争议仲裁委员会申请仲裁。

2. 职业病危害因素检测资料争议。劳动者对用人单位提供的工作场所职业病危害因素检测结果等资料有异议，或者因劳动者的用人单位解散、破产，无用人单位提供上述资料的，医疗卫生机构应当提请监督管理部门进行调查。

3. 需要了解工作场所职业病危害因素情况。医疗卫生机构需要了解工作场所

职业病危害因素情况时,可以对工作场所进行现场调查,也可以向监督管理部门提出组织现场调查。

四、完整出具职业病诊断证明书

医疗卫生机构作出职业病诊断结论后,应当出具职业病诊断证明书。根据规定,职业病诊断证明书应当由参与诊断的取得职业病诊断资格的执业医师签署,并经承担职业病诊断的医疗卫生机构审核盖章。职业病诊断证明书应当包括以下内容:(1)劳动者、用人单位基本信息;(2)诊断结论,确诊为职业病的,应当载明职业病的名称、程度(期别)、处理意见;(3)诊断时间。

职业病诊断证明书一式三份,劳动者、用人单位各一份,作出职业病诊断结论的医疗卫生机构存档一份并与职业病诊断档案一起永久保存。

第四节 职业病诊断鉴定

一、职业病诊断鉴定的概念

职业病诊断鉴定,也称职业病鉴定,是指对有异议的职业病诊断结论的鉴定。根据规定,当事人,包括劳动者和用人单位,如果对医疗卫生机构作出的职业病诊断结论有异议,可以在接到职业病诊断证明书之日起30日内,向作出职业病诊断结论的医疗卫生机构所在地设区的市级卫生行政部门申请职业病诊断鉴定。

当事人申请职业病诊断鉴定,应当按规定提交职业病诊断鉴定申请书、职业病诊断证明书等职业病诊断鉴定所需要的有关资料。

二、职业病诊断鉴定组织

职业病诊断鉴定工作由职业病诊断鉴定委员会负责。职业病诊断鉴定委员会由设区的市级卫生行政部门和省级卫生行政部门分别设立。设区的市级职业病诊断鉴定委员会负责职业病诊断争议的首次鉴定。劳动者或者用人单位对设区的市级职业病诊断鉴定委员会作出的职业病诊断鉴定结论不服,可以在接到职业病诊断鉴定书之日起15日内,向省级卫生行政部门申请再鉴定。省级职业病诊断鉴定委员会作出的职业病诊断鉴定结论为最终鉴定。

根据规定,职业病诊断鉴定委员会组成人员应当遵守职业道德,客观、公正地进行诊断鉴定,并承担相应的责任。职业病诊断鉴定委员会组成人员不得私下接触当事人,不得收受当事人的财物或者其他好处,与当事人有利害关系的,应当回避。

三、职业病诊断鉴定专家组

职业病诊断鉴定委员会受理职业病诊断鉴定申请后,应当按照规定组建职业病诊断鉴定专家组,负责具体的职业病诊断鉴定工作。职业病诊断鉴定专家组由当事人从省级卫生行政部门统一建立的专家库中按照专业类别以随机抽取的方式产生。职业病诊断鉴定专家组成员应当为单数,且不少于五人,其中相关专业的专家应当为专家组成员的半数以上。疑难病例应当增加专家组人数。经当事人同意,还可以根据鉴定需要,聘请本省、自治区、直辖市以外的相关专业专家,作为专家组成员参加鉴定。

为防止利益冲突,参与职业病诊断鉴定的专家有下列情形之一的,应当回避:(1)是职业病鉴定当事人或者当事人近亲属的;(2)已参加当事人职业病诊断或者首次鉴定的;(3)与职业病鉴定当事人有利害关系的;(4)与职业病鉴定当事人有其他关系,可能影响鉴定公正的。

四、职业病诊断鉴定结论

职业病诊断鉴定结论是职业病诊断鉴定委员会在职业病诊断鉴定终结时就实体问题所作的处理决定。其目的在于确定劳动者是否患职业病、何种职业病以及程度(期别)等。

为保证职业病诊断鉴定客观、公正,职业病诊断鉴定专家组在进行职业病诊断鉴定时,应当认真审阅鉴定资料,听取当事人的陈述和申辩,必要时可以组织进行医学检查,在事实清楚的基础上,进行综合分析,经充分合议后,依照有关规定和职业病诊断标准,作出职业病诊断鉴定结论,并制作职业病诊断鉴定书。职业病诊断鉴定结论应当经职业病诊断鉴定专家组三分之二以上成员通过。职业病诊断鉴定书应当于职业病诊断鉴定结论作出之日起20日内送达当事人,包括劳动者、用人单位以及作出职业病诊断结论的医疗卫生机构等。

职业病诊断鉴定书有统一的格式。其主要内容包括:(1)劳动者、用人单位的基本信息及鉴定事由;(2)鉴定结论及其依据,如果为职业病,应当注明职业病名称、程度(期别);(3)鉴定时间。职业病诊断鉴定书应当加盖职业病诊断鉴定委员会印章。

第二十二章　临 床 用 药

第一节　临床用药概说

一、药品的概念

药品在我国有法定概念。根据《药品管理法》的规定，药品是指用于预防、治疗、诊断人的疾病，有目的地调节人的生理功能并规定有适应症或者功能主治、用法和用量的物质，包括中药材、中药饮片、中成药、化学原料药及其制剂、抗生素、生化药品、放射性药品、血清、疫苗、血液制品和诊断药品等。

在药品中，国家对麻醉药品、精神药品、医疗用毒性药品、放射性药品，实行特殊管理。这些药品通常统称为特殊药品。麻醉药品和精神药品是指列入麻醉药品目录、精神药品目录的药品和其他物质。精神药品目录将精神药品分为第一类精神药品和第二类精神药品。医疗用毒性药品是指毒性剧烈、治疗剂量与中毒剂量相近，使用不当会致人中毒或死亡的药品。放射性药品是指用于临床诊断或者治疗的放射性核素制剂或者其标记药物。

除特殊药品外，国家还对抗菌药物的临床应用实行专门管理。所谓抗菌药物，是指治疗细菌、支原体、衣原体、立克次体、螺旋体、真菌等病原微生物所致感染性疾病病原的药物，不包括治疗结核病、寄生虫病和各种病毒所致感染性疾病的药物以及具有抗菌作用的中药制剂。根据其安全性、疗效、细菌耐药性、价格等因素，我国将抗菌药物分为非限制使用级、限制使用级和特殊使用级三个级别。非限制使用级抗菌药物，是指经长期临床应用证明安全、有效，对细菌耐药性影响较小，价格相对较低的抗菌药物。限制使用级抗菌药物，是指经长期临床应用证明安全、有效，对细菌耐药性影响较大，或者价格相对较高的抗菌药物。特殊使用级抗菌药物，是指具有明显或者严重不良反应，不宜随意使用的抗菌药物；或者需要严格控制使用，避免细菌过快产生耐药的抗菌药物；或者疗效、安全性方面的临床资料较少的抗菌药物;或者价格昂贵的抗菌药物。

二、临床用药的概念

临床用药,顾名思义,就是指在临床活动中应用药品的行为。临床用药是医疗活动的基本内容。目前世界上绝大多数疾病主要靠药品进行预防或者治疗。所以,临床离不开药品。对医疗机构而言,药品管理的主要内容是临床用药的管理。

《执业医师法》第25条规定,医师应当使用经国家有关部门批准使用的药品、消毒药剂和医疗器械。除正当诊断治疗外,不得使用麻醉药品、医疗用毒性药品、精神药品和放射性药品。《精神卫生法》第41条第1款规定,对精神障碍患者使用药品,应当以诊断和治疗为目的,使用安全、有效的药物,不得为诊断或者治疗以外的目的使用药物。《乡村医生从业管理条例》第29条规定,省、自治区、直辖市人民政府卫生行政主管部门应当按照乡村医生一般医疗服务范围,制定乡村医生基本用药目录。乡村医生应当在乡村医生基本用药目录规定的范围内用药。《医疗机构管理条例》第36条规定,医疗机构必须按照有关药品管理的法律、法规,加强药品管理。

三、有关临床用药的立法

早在20世纪50年代我国就开始了有关临床用药方面的立法。1951年《医院诊所管理暂行条例》第20条规定:“医院诊所之药剂室无医师药方,或药方无医师签名,均不得调剂。对调剂完毕之药方或领药簿,调配者须签名或盖章,并应保存一年以上;其含有麻醉药品或毒剧药品之药方,应保存三年以上。”第21条规定:“医院诊所对已起变化或过期失效之药品,不得调剂或使用。”《医院诊所管理暂行条例施行细则》第26条规定:“医院诊所授予病人之药剂容器上,应记载左列事项:一、病人姓名。二、用量及用法。三、注意事项。四、医院诊所之名称及地址。五、调配日期。”1951年《医师暂行条例》第18条规定:“医师不得强制要求,或以简略药方变相要挟病人或其家属,到该医师所指定之药房调配药方。”第22条规定:“医师除正当治疗外,不得使用麻醉药(鸦片、吗啡等)及其他毒、剧药品。”

目前我国还没有一部规范临床用药的专门法律或者行政法规。有关临床用药的规定散见于不同的法律、行政法规之中,如《药品管理法》《传染病防治法》《执业医师法》《精神卫生法》《中医药法》《医疗用毒性药品管理办法》《放射性药品管理办法》《医疗机构管理条例》《药品管理法实施条例》《乡村医生从业管理条例》《疫苗流通和预防接种管理条例》《麻醉药品和精神药品管理条例》等，都有临床用药方面的规定，涉及的内容包括合理用药的原则、临床药品的来源、处方调剂、临床用药的要求、药品不良反应报告等。

现有的关于临床用药方面的专门立法是法律位阶比较低的部门规章或者规范性文件，如《处方管理办法》《医疗机构药事管理规定》《抗菌药物临床应用管理办法》等。

第二节 临床用药的原则

临床用药的总原则是合理用药。《药品管理法》第 57 条规定，医疗机构应当“加强合理用药的管理”。按照 1985 年世界卫生组织在内罗毕合理用药大会上所制定的定义，合理用药是指给病人所使用的药品必须与其所患疾病相符合，使用剂量、方法必须与其个体情况相匹配，且所耗费的社会资源应该最低。2002 年卫生部、国家中医药管理局将合理用药细化为“安全、有效、经济”三原则。用药不足、过度用药和错误用药，不仅会造成健康危害，而且会导致医疗资源的浪费。

一、安全用药原则

安全是指临床所使用的药品不能对病人产生危害。事实上，世界上大多数药品都有一些不尽如人意的副作用，包括药品不良反应。换句话说，对预防、诊断或者治疗疾病有利的药品，常常伴随着对病人的伤害作用，如药源性疾病等。因此，在临床上，用药除了动机必须是有利于病人之外，还应当权衡利弊，要确保所使用药品的副作用和所使用药品所带来的预防、诊断或者治疗的益处能够达到恰到好处的平衡。也就是既要保证病人得到有效的预防、诊断或者治疗，又要保证药品的副作用在可接受的安全水平。对于病人来说，没有安全保证的用药，都不具有积极的意义。

二、有效用药原则

有效是指临床所使用的药品对预防、诊断或者治疗疾病有直接效果。临床用药的根本目的是预防、诊断或者治疗疾病，因此，有效是衡量用药动机的标准。但有效本身并不要求在临床上优先使用效果最好的药品或者价格更贵的药品，而是鼓励在临床上追求效果最佳、风险最小、价格最低的药品及使用方法。概括起来说，就是在使用药品上,可用可不用的,不用;可少用可多用的,少用;可口服可肌注的,口服;可肌注可输液的,肌注。并且在使用抗菌药物上,能用低级的就不用高级的,能用窄谱的就不用宽谱的,能用一种的就不合并使用。

三、经济用药原则

经济是指临床所使用的药品是病人负担得起的。给病人提供高质量的医疗服务,并不意味着要给病人提供科技上最发达或者价格上最昂贵的药品。因为这两者之间并不存在等效关系。相反,高质量的医疗服务应当包括将病人的疾病负担降到最低。因此,经济不仅要求为病人提供价格实惠的优质药品,如向病人提供专利药的低价仿制药等,还要求不使用没有必要的药品,尤其是应当防止药物过度使用。药物过度使用现象,包括开具不适宜处方、超常处方和帮助药品的商业性推广等。过度用药的原因不尽相同,但危害都是一样的,即浪费和给病人健康带来风险。

第三节　临床用药的药品管理

医疗机构临床所使用的药品,不仅身份品质要符合法律规定,而且来源渠道也要符合法律规定。两者缺一不可。

一、从有资质的生产经营企业购进药品

医疗机构临床所使用的药品,基本上都是从药品生产经营企业购进的。根据规定,医疗机构既可以从药品生产企业直接购进药品,也可以通过药品经营企业购进药品,但除没有实施批准文号管理的中药材外,都必须从具有药品生产、经营资格的企业购进药品。其中:

1. 医疗机构需要购买麻醉药品和第一类精神药品的,首先,应当经所在地设区的市级卫生行政部门批准,取得麻醉药品、第一类精神药品购用印鉴卡。购用印鉴卡是医疗机构购买和使用麻醉药品、第一类精神药品的凭证。医疗机构取得购用印鉴卡应当满足三个条件:有专职的麻醉药品和第一类精神药品管理人员;有获得麻醉药品和第一类精神药品处方资格的执业医师;有保证麻醉药品和第一类精神药品安全储存的设施和管理制度。其次,医疗机构应当向本省、自治区、直辖市行政区域内的定点批发企业购买麻醉药品和第一类精神药品。定点批发企业不得向没有取得购用印鉴卡的医疗机构销售麻醉药品和第一类精神药品。

2. 医疗机构需要采购抗菌药物的，应当按照所在地省级卫生行政部门印发的抗菌药物分级管理目录，制定本单位的抗菌药物供应目录，包括抗菌药物的品种、品规，并向核发其《医疗机构执业许可证》的卫生行政部门备案。除因特殊治疗需要启动临时采购程序外，原则上未经备案的抗菌药物品种、品规，医疗机构不得采购。根据规定，医疗机构应当每半年将抗菌药物临时采购情况向核发其《医疗机构执业许可证》的卫生行政部门备案。

医疗机构对购进的药品，一是必须建立并执行进货检查验收制度，验明药品合格证明和其他标识，不符合规定要求的，不得购进和使用。二是必须有真实、完整的药品购进记录，注明药品的通用名称、剂型、规格、批号、有效期、生产厂商（中药材标明产地）、供货单位、购进数量、购进价格、购货日期以及国家药品监督管理部门规定的其他内容。三是必须制定和执行药品保管制度，采取必要的冷藏、防冻、防潮、防虫、防鼠等措施，保证药品质量。对于医疗用毒性药品，医疗机构必须建立健全保管、验收、领发、核对等制度，严防收假、发错，严禁与其他药品混杂，做到划定仓间或仓位，专柜加锁并由专人保管。

二、医疗机构自己配制制剂

医疗机构临床所使用的药品中，有一部分是医疗机构自己配制的制剂，包括麻醉药品和精神药品制剂，法律上称之为医疗机构制剂。所谓医疗机构制剂，是指医疗机构根据本单位临床需要经批准而配制、自用的固定处方制剂。根据规定，医疗机构需要配制制剂的，首先，必须取得所在地省级药品监督管理部门核发的《医疗机构制剂许可证》。没有取得《医疗机构制剂许可证》的医疗机构，不得配制制剂。在《医疗机构制剂许可证》有效期内，医疗机构新增配制剂型或者改变配制场所的，应当按规定向药品监督管理部门办理变更登记手续。《医疗机构制剂许可证》的有效期为 5 年。其次，医疗机构配制的制剂必须取得所在地省级药品监督管理部门发给的制剂批准文号。没有取得制剂批准文号的制剂，医疗机构不得配制。原则上医疗机构配制的制剂，应当是本单位临床需要而市场上没有供应的品种。对于配制的制剂，医疗机构必须进行质量检验，合格的方可使用。

为鼓励医疗机构应用传统工艺配制中药制剂，《中医药法》第 32 条第 1 款规定，医疗机构配制的中药制剂品种，应当依法取得制剂批准文号。但是，仅应用传统工艺配制的中药制剂品种，向医疗机构所在地省、自治区、直辖市人民政府药品监督管理部门备案后即可配置，不需要取得制剂批准文号。根据规定，医疗机构可以委托取得药品生产许可证的药品生产企业、取得医疗机构制剂许可证的其他医疗机构配制中药制剂。委托配制中药制剂,应当向委托方所在地省、自治区、直辖市人民政府药品监督管理部门备案。委托配制中药制剂的,委托方和受委托方对所配制的中药制剂的质量分别承担相应责任。

三、经批准在医疗机构之间调剂制剂

医疗机构配制的制剂,原则上凭医师处方在本单位使用。根据规定,医疗机构配制的制剂不得在市场上销售或者变相销售,也不得进行广告宣传。只有在发生灾情、疫情、突发事件或者临床急需而市场没有供应等特殊情况时,经国家或者省级药品监督管理部门批准,在规定的期限内,医疗机构配置的制剂可以在指定的医疗机构之间调剂使用。其中,国家药品监督管理部门规定的特殊制剂的调剂使用以及省、自治区、直辖市之间医疗机构制剂的调剂使用,必须经国家药品监督管理部门批准。

四、由境外进口少量药品

医疗机构因临床急需,可以进口少量药品,但应当按照国家有关规定办理进口手续。根据规定,医疗机构因临床急需进口少量药品,应当持《医疗机构执业许可证》向国家药品监督管理部门提出申请,经批准后方可进口。进口的药品应当在指定医疗机构内用于特定医疗目的。

五、向其他医疗机构或者定点批发企业紧急借用药品

医疗机构因抢救病人,急需麻醉药品和第一类精神药品,而本医疗机构无法提供时,根据规定,可以从其他医疗机构或者定点批发企业紧急借用。对紧急借用情况,医疗机构应当在抢救工作结束后,及时报所在地设区的市级药品监督管理部门和卫生行政部门备案。

第四节 临床用药的使用管理

临床用药是药物治疗的最基本方法。通常分为在医疗机构内用药和在医疗机构外用药。一般而言,在医疗机构内用药的对象主要是住院病人,在医疗机构外用药的对象主要是门诊病人。但无论是医疗机构内用药还是医疗机构外用药,都离

不开处方。医务人员根据处方权开具处方,并凭处方给病人用药,病人凭处方在药房或者药店购买药品。对病人来说,处方是用药权的内在体现;对医务人员来说,处方是处方权的外在表现。虽然药品的使用管理涉及多个环节,但最重要的还是处方权和处方的管理。

一、对处方权的管理

处方权是医师进行处方活动的权限范围。在我国,根据处方权产生的基础,可以将处方权分为两种:(1)法定处方权。由执业医师法等的规定而产生。法定处方权,经执业注册后自动产生。其是处方权的基本形式。法定处方权针对的是一般药品。(2)指定处方权。由医疗机构的授权而产生。其是处方权的补充形式。指定处方权针对的是特定药品。对指定处方权,通常医疗机构按两种情形授权:一种是依职称职务授权,另一种是依岗位需要授权。未经授权的人员,不得开具特定药品的处方。

1.法定处方权

法定处方权是基于医师或者医生身份。我国医务人员队伍分医、药、护、技四类人员,但只有“医”类人员具有处方权。目前“医”类人员主要由三部分人员构成,即执业医师、执业助理医师和乡村医生。根据规定,他们在注册的医疗机构自动取得相应的处方权。

需要指出的是,法定处方权主要指的是权力的形式。从法定处方权的内容或者条件来看,执业医师、执业助理医师和乡村医生之间的法定处方权有比较显著的差别。执业医师的法定处方权不受医疗机构种类的限制,可以称为完全的法定处方权。执业助理医师和乡村医生的法定处方权则受到医疗机构种类的限制,可以称为不完全的法定处方权或者可以称为有条件的法定处方权。而且乡村医生的法定处方权所受到的限制远比执业助理医师多。执业助理医师在乡、民族乡、镇、村的医疗卫生机构执业,可以根据医疗诊治的情况和需要,独立从事一般的执业活动,并开具相应的处方。但执业助理医师在乡、民族乡、镇、村以外的医疗机构执业,所开具的处方必须经执业医师签名或者加盖专用签章后才有效。乡村医生应当在省级卫生行政部门制定的乡村医生基本用药目录规定的范围内开具药品处方。乡村医生在所执业的村医疗卫生机构以外所开具的处方,则没有效力。

2.指定处方权

(1)依职称职务授权。将职称职务作为授权依据,是近年来对处方权进行管理的一种重要形式。如为应对抗菌药物耐药性带来的医疗安全问题,我国从2012年开始实行抗菌药物处方权制度。根据卫生部《抗菌药物临床应用管理办法》,经过培训、考核,具有高级专业技术职务任职资格的医师,可授予特殊使用级抗菌药物处方权;具有中级以上专业技术职务任职资格的医师,可授予限制使用级抗菌药物处方权;具有初级专业技术职务任职资格的医师,在乡、民族乡、镇、村的医疗机构独立从事一般执业活动的执业助理医师以及乡村医生,可授予非限制使用级抗菌药物处方权。

(2)依岗位需要授权。将岗位需要作为授权依据,是对处方权进行分类管理的一种主要形式。如《麻醉药品和精神药品管理条例》第38条规定,医疗机构应当按照国务院卫生主管部门的规定,对本单位执业医师进行有关麻醉药品和精神药品使用知识的培训、考核,经考核合格的,授予麻醉药品和第一类精神药品处方权。又如,《精神卫生法》第51条规定,专门从事心理治疗的人员不得为精神障碍患者开具处方。

二、对处方的管理

我国将药品分为处方药和非处方药。根据《药品管理法实施条例》的定义,处方药是指凭执业医师和执业助理医师处方方可购买、调配和使用的药品;非处方药是指由国家药品监督管理部门公布的,不需要凭执业医师和执业助理医师处方,消费者可以自行判断、购买和使用的药品。其实,处方药和非处方药是相对于药店销售的药品而言的,因为在医疗机构所使用或者销售的药品都必须凭处方,并不刻意区分处方药还是非处方药。

所谓处方,根据《处方管理办法》的定义,是指由注册的执业医师和执业助理医师在诊疗活动中为患者开具的、由取得药学专业技术职务任职资格的药学专业技术人员审核、调配、核对,并作为患者用药凭证的医疗文书。一般而言,处方开具当日有效,特殊情况需要延长有效期的,可以由开具处方人员注明有效期限,但有效期最长不得超过3天。处方有效期是指凭处方可以购买药品的期限。在有效期内,医疗机构对开具的处方承担法律责任。

(一)医师的责任

医师对处方的责任主要体现在以下两个方面:

1. 在药品使用方面

医师应当根据诊疗需要,按照诊疗规范、药品说明书中的药品适应证、药理作用、用法、用量、禁忌、不良反应和注意事项等开具处方。根据规定，处方一般不得超过7日用量，急诊处方一般不得超过3日用量，对于某些慢性病、老年病或特殊情况，处方用量可适当延长，但医师应当注明理由。其中：

（1）对于麻醉药品和精神药品，执业医师应当根据国务院卫生行政部门制定的临床应用指导原则，对确需使用麻醉药品或者第一类精神药品的病人，应当满足其合理用药需求。执业医师应当使用专用处方开具麻醉药品和精神药品，且单张处方的最大用量应当符合国务院卫生行政部门的规定。根据《处方管理办法》的规定，除需长期使用麻醉药品和第一类精神药品的门（急）诊癌症疼痛患者和中、重度慢性疼痛患者外，麻醉药品注射剂仅限于医疗机构内使用。为门（急）诊患者开具的麻醉药品注射剂，每张处方为一次常用量；控缓释制剂，每张处方不得超过7日常用量；其他剂型，每张处方不得超过3日常用量。第一类精神药品注射剂，每张处方为一次常用量；控缓释制剂，每张处方不得超过7日常用量；其他剂型，每张处方不得超过3日常用量。哌醋甲酯用于治疗儿童多动症时，每张处方不得超过15日常用量。第二类精神药品一般每张处方不得超过7日常用量；对于慢性病或某些特殊情况的患者，处方用量可以适当延长，但医师应当注明理由。为门（急）诊癌症疼痛患者和中、重度慢性疼痛患者开具的麻醉药品、第一类精神药品注射剂，每张处方不得超过3日常用量；控缓释制剂，每张处方不得超过15日常用量；其他剂型，每张处方不得超过7日常用量。为住院患者开具的麻醉药品和第一类精神药品处方应当逐日开具，每张处方为1日常用量。对于需要特别加强管制的麻醉药品，盐酸二氢埃托啡处方为一次常用量，仅限于二级以上医院内使用；盐酸哌替啶处方为一次常用量，仅限于医疗机构内使用。

（2）对于抗菌药物，医师应当严格掌握使用抗菌药物预防感染的指征。预防感染、治疗轻度或者局部感染应当首选非限制使用级抗菌药物；严重感染、免疫功能低下合并感染或者病原菌只对限制使用级抗菌药物敏感时，方可选用限制使用级抗菌药物。特殊使用级抗菌药物不得在门诊使用。临床应用特殊使用级抗菌药物，应当经抗菌药物管理工作组指定的专业技术人员会诊同意后，由具有相应处方权医师开具处方。特殊使用级抗菌药物会诊人员由具有抗菌药物临床应用经验的感染性疾病科、呼吸科、重症医学科、微生物检验科、药学部门等具有高级专业技术职务任职资格的医师、药师或具有高级专业技术职务任职资格的抗菌药物专业临床药师担任。因抢救生命垂危的患者等紧急情况，医师可以越级使用抗菌药物。越级使用抗菌药物应当详细记录用药指征，并应当于24小时内补办越级使用抗菌药物的必要手续。

2. 在处方书写方面

医师开具处方，应当使用经药品监督管理部门批准并公布的药品通用名称、新活性化合物的专利药品名称和复方制剂药品名称；开具院内制剂处方时，应当使用经省级卫生行政部门审核、药品监督管理部门批准的名称。医师可以使用由国务院卫生行政部门公布的药品习惯名称开具处方。

(1)处方必须符合书写规则。处方书写规则是有权开具处方的人员必须遵守的基本要求。根据《处方管理办法》，处方书写规则有12项：①患者一般情况、临床诊断填写清晰、完整，并与病历记载相一致。②每张处方限于一名患者的用药。③字迹清楚，不得涂改；如需修改，应当在修改处签名并注明修改日期。④药品名称应当使用规范的中文名称书写，没有中文名称的可以使用规范的英文名称书写；医疗机构或者医师、药师不得自行编制药品缩写名称或者使用代号；书写药品名称、剂量、规格、用法、用量要准确规范，药品用法可用规范的中文、英文、拉丁文或者缩写体书写，但不得使用“遵医嘱”“自用”等含糊不清字句。⑤患者年龄应当填写实足年龄，新生儿、婴幼儿写日、月龄，必要时要注明体重。⑥西药和中成药可以分别开具处方，也可以开具一张处方，中药饮片应当单独开具处方。⑦开具西药、中成药处方，每一种药品应当另起一行，每张处方不得超过5种药品。⑧中药饮片处方的书写，一般应当按照“君、臣、佐、使”的顺序排列；调剂、煎煮的特殊要求注明在药品右上方，并加括号，如布包、先煎、后下等；对饮片的产地、炮制有特殊要求的，应当在药品名称之前写明。⑨药品用法用量应当按照药品说明书规定的常规用法用量使用，特殊情况需要超剂量使用时，应当注明原因并再次签名。⑩除特殊情况外，应当注明临床诊断。⑪开具处方后的空白处划一斜线以示处方完毕。⑫处方医师的签名式样和专用签章应当与院内药学部门留样备查的式样相一致，不得任意改动，否则应当重新登记留样备案。

(2)处方数量单位必须符合书写要求。根据《处方管理办法》，处方的药品剂量与数量用阿拉伯数字书写。剂量应当使用法定剂量单位。其中：①重量以克(g)、毫克(mg)、微克(μg)、纳克(ng)为单位；②容量以升(L)、毫升(ml)为单位；③国际单位(IU)、单位(U)；④中药饮片以克(g)为单位。数量应当使用约定俗成的数量单位。其中：片剂、丸剂、胶囊剂、颗粒剂分别以片、丸、粒、袋为单位；溶液剂以支、瓶为单位；软膏及乳膏剂以支、盒为单位；注射剂以支、瓶为单位，应当注明含量；中药饮片以剂为单位。

(二)药师的责任

药师是药学技术人员的统称。其主要职责是处方调剂。处方调剂,又称处方调配,包括处方审核、评估、核对、发药以及安全用药指导等一系列活动。药师应当凭医师处方调剂处方药品,非经医师处方不得调剂。药师调剂处方时,应当严格按照操作规程,认真审核处方,准确调配药品,正确书写药袋或粘贴标签,注明患者姓名和药品名称、用法、用量,包装;向患者交付药品时,应当按照药品说明书或者处方用法,进行用药交待与指导,包括每种药品的用法、用量、注意事项等。在认真逐项检查处方前记、正文和后记书写是否清晰、完整后,确认处方的合法性。

(1)药师应当对处方用药适宜性进行审核。用药适宜性不是立法所能解决的,但对用药适宜性进行审核是法律所要求的,其目的是将问题发现在发药前阶段。药师对处方用药适宜性进行审核的主要内容包括:①规定必须做皮试的药品,处方医师是否注明过敏试验及结果的判定;②处方用药与临床诊断的相符性;③剂量、用法的正确性; ④选用剂型与给药途径的合理性;⑤是否有重复给药现象;⑥是否有潜在临床意义的药物相互作用和配伍禁忌;⑦其他用药不适宜情况。药师经处方审核后,认为存在用药不适宜时,应当告知处方医师,请其确认或者重新开具处方。药师发现严重不合理用药或者用药错误,应当拒绝调剂,及时告知处方医师,并应当记录,按照有关规定报告。

(2)药师调剂处方时必须做到"四查十对"。"四查十对"主要是指:查处方,对科别、姓名、年龄;查药品,对药名、剂型、规格、数量;查配伍禁忌,对药品性状、用法用量;查用药合理性,对临床诊断。从"四查十对"要求看,既包括对处方的形式管理也包括对处方的内容管理。药师在完成处方调剂后,应当在处方上签名或者加盖专用签章。药师应当对麻醉药品和第一类精神药品处方,按年月日逐日编制顺序号。药师对于不规范处方或者不能判定其合法性的处方,不得调剂。除麻醉药品、精神药品、医疗用毒性药品和儿科处方外,医疗机构不得限制门诊就诊人员持处方到药品零售企业购药。

(三)医疗机构的责任

(1)按规定配备临床药师。药师对处方进行管理,可以在医师开具处方之后,也可以在医师开具处方之前。目前,药师对处方进行管理主要发生在医师开具处方之后。因为在医师开具处方之前,对医师的处方活动进行管理,除了药师需要有丰富的药学知识外,还需要有丰富的临床知识。为了加强药师对临床全过程参与,提高临床用药的安全性和有效性,卫生部《医疗机构药事管理规定》要求,医疗机构应当配备临床药师。临床药师是指以系统药学专业知识为基础,并具有一定医学相关专业基础知识与技能,直接参与临床用药,促进药物合理应用和保护患者用药安全的药学技术人员。根据规定,医疗机构应当根据本单位性质、任务、规模配备适当数量临床药师,其中:三级医院临床药师不少于5名,二级医院临床药师不少于3名。临床药师应当具有高等学校临床药学专业或者药学专业本科毕业以上学历,并应当经过规范化培训。临床药师的职责包括:参与临床药物治疗,进行个体化药物治疗方案的设计和实施,开展药学查房,为患者提供药学专业技术服务;参加查房、会诊、病例讨论和疑难、危重患者的医疗救治,协同医师做好药物使用遴选,对临床药物治疗提出意见或者调整建议,与医师共同对药物治疗负责等。

(2)开展处方点评工作。处方点评,是指根据相关法规、技术规范,对处方书写的规范性及药物临床使用的适宜性(用药适应证、药物选择、给药途径、用法用量、药物相互作用、配伍禁忌等)进行评价,发现存在或潜在的问题,制定并实施干预和改进措施,促进临床药物合理应用的过程。从处方点评内容看,包括对处方形式和内容的综合评价。但处方点评属于事后管理措施,它并不以纠正不合理的处方为重点,而是以纠正不合理的处方行为为目的。所以,具有一定的行政行为性质。根据目前的规定,处方点评结果分为合理处方和不合理处方。不合理处方包括不规范处方、用药不适宜处方及超常处方。

不规范处方。有下列情况之一的,为不规范处方:①处方的前记、正文、后记内容缺项,书写不规范或者字迹难以辨认的;②医师签名、签章不规范或者与签名、签章的留样不一致的;③药师未对处方进行适宜性审核的(处方后记的审核、调配、核对、发药栏目无审核调配药师及核对发药药师签名,或者单人值班调剂未执行双签名规定);④新生儿、婴幼儿处方未写明日、月龄的;⑤西药、中成药与中药饮片未分别开具处方的;⑥未使用药品规范名称开具处方的;⑦药品的剂量、规格、数量、单位等书写不规范或不清楚的;⑧用法、用量使用“遵医嘱”“自用”等含糊不清字句的;⑨处方修改未签名并注明修改日期,或药品超剂量使用未注明原因和再次签名的;⑩开具处方未写临床诊断或临床诊断书写不全的;⑪单张门急诊处方超过五种药品的;⑫无特殊情况下,门诊处方超过7日用量,急诊处方超过3日用量,慢性病、老年病或特殊情况下需要适当延长处方用量未注明理由的;⑬开具麻醉药品、精神药品、医疗用毒性药品、放射性药品等特殊管理药品处方未执行国家有关规定的;⑭医师未按照抗菌药物临床应用管理规定开具抗菌药物处方的;⑮中药饮片处方药物未按照“君、臣、佐、使”的顺序排列,或未按要求标注药物调剂、煎煮等特殊要求的。

用药不适宜处方。有下列情况之一的，为用药不适宜处方：①适应证不适宜的；②遴选的药品不适宜的；③药品剂型或给药途径不适宜的；④无正当理由不首选国家基本药物的；⑤用法、用量不适宜的；⑥联合用药不适宜的；⑦重复给药的；⑧有配伍禁忌或者不良相互作用的；⑨其他用药不适宜情况的。

超常处方。有下列情况之一的，为超常处方：①无适应证用药；②无正当理由开具高价药的；③无正当理由超说明书用药的；④无正当理由为同一患者同时开具2种以上药理作用相同药物的。

根据规定，对开具不合理处方的医师，应当采取教育培训、批评等措施。其中：①对出现超常处方3次以上且无正当理由的医师，由医疗机构提出警告，限制其处方权；限制处方权后，仍连续2次以上出现超常处方且无正当理由的，取消其处方权；②一个考核周期内5次以上开具不合理处方的医师，医疗机构应当认定为医师定期考核不合格，离岗参加培训；③对患者造成严重损害的，卫生行政部门应当按照相关法律、法规、规章给予相应处罚。

医疗机构抗菌药物管理机构应当定期组织相关专业技术人员对抗菌药物处方、医嘱进行点评，并将点评结果作为医师定期考核、临床科室和医务人员绩效考核依据。医疗机构应当对出现抗菌药物超常处方3次以上且无正当理由的医师提出警告，限制其特殊使用级和限制使用级抗菌药物处方权。医师出现下列情形之一的，医疗机构应当取消其处方权：①抗菌药物考核不合格的；②限制处方权后，仍出现超常处方且无正当理由的；③未按照规定开具抗菌药物处方，造成严重后果的；④未按照规定使用抗菌药物，造成严重后果的；⑤开具抗菌药物处方牟取不正当利益的。医师处方权资格取消后，在6个月内不得恢复其处方权。

第二十三章 临 床 用 血

第一节 临床用血概说

一、血液的概念

血液,简称血,是人体内循环系统中的液体组织,呈暗赤或鲜红色,由血浆、血球、血小板等构成。血液对于拯救生命、治疗疾病等,发挥着药物所不可替代的作用。

二、临床用血的概念

临床用血,简称输血,是指在临床活动中应用血液的行为。临床用血是现代医疗的重要手段,或者说是医疗活动的基本内容。在临床上,可以输全血,也可以输成分血。但迄今尚无法用人工制造血液,包括血液成分。所以,临床所使用的血液,全部来自献血者。世界卫生组织认为,只要有占全国人口总数1% -3%的人捐献血液,就足以满足一个国家的临床用血需要。

三、我国献血发展阶段

与世界上其他国家一样,我国也经历过有偿献血、义务献血和无偿献血等发展阶段。1952年卫生部《关于输血问题的通知》中指出:“目前输血中存在着两种情况”,第一种是“自愿输血”,第二种是“把给血当做买卖关系的不正常的状况”。对第一种情况,“除了精神上的慰藉之外,也给予适当的物质上的补助”;对第二种情况,“应主动地对于给血者加以组织,并教育启发,使其推翻‘把头’制,然后登记审卡(卡片必须有照片),分配其在一定的医疗单位内给血”。

1978年国务院批转卫生部《关于加强输血工作的请示报告》,提出实行公民义务献血制度,同时建立健全全国各级输血机构。与有偿捐献血液相比较,自愿献血者是最安全的血液来源。从1984年开始，卫生部和中国红十字总会在全国倡导无偿志愿献血。无偿志愿献血是指献血者在献血单位和本人工作单位均不领取营养费、各种补助费和其他报酬。为表彰无偿志愿献血者，卫生部和中国红十字总会于1987年制定了《无偿志愿献血奖励办法(试行)》，设立金、银、铜质奖章、奖杯。

1997年12月29日第八届全国人大常委会第二十九次会议通过的《献血法》，第2条第1款明确规定，国家实行无偿献血制度。

四、有关临床用血的立法

我国临床用血立法是围绕血站展开的。1979年卫生部出台的《全国血站工作条例(试行草案)》是第一个有关血站管理的专门规章。1993年卫生部将血站、单采血浆站合为一体管理，制定了《采供血机构和血液管理办法》。该办法将血站和单采血浆站等统称为采供血机构，并规定："血液管理以省、自治区、直辖市为区域，实行统一规划采供血机构、统一管理血源、统一采供血和合理用血的原则。"

为保证医疗临床用血需要和安全，保障献血者和用血者身体健康等，《献血法》对献血制度、血站性质、血液采集、临床用血、献血者权益和法律责任等进行了规定，共24条，自1998年10月1日起施行。

之后，卫生部根据《献血法》制定或者修订了一系列规章和规范性文件。1998年卫生部出台《血站管理办法(暂行)》，将血站和单采血浆站分开管理，同时废止了《采供血机构和血液管理办法》。2005年卫生部对《血站管理办法(暂行)》进行了修订，发布了新的《血站管理办法》。新办法将血站分为一般血站和特殊血站。一般血站包括血液中心、中心血站和中心血库；特殊血站包括脐带血造血干细胞库和卫生部根据医学发展需要批准、设置的其他类型血库。1999年卫生部制定《医疗机构临床用血管理办法(试行)》，规定："临床用血包括使用全血和成份血"，"医疗机构不得使用原料血浆，除批准的科研项目外，不得直接使用脐带血"。为规范和指导医疗机构科学、合理用血，2000年卫生部又制定《临床输血技术规范》，对输血申请、受血者血样采集与送检、交叉配血、血液入库和核对及贮存、发血、输血等进行了具体规定。2012年经过修订，卫生部发布了新的《医疗机构临床用血管理办法》。

第二节　临床用血原则

《献血法》第16条第1款规定，医疗机构临床用血应当制定用血计划，遵循合理、科学的原则，不得浪费和滥用血液。由于血液来之不易，而且血液的保存技术和保存时间有严格要求。所以，为了珍惜献血者的爱心，必须加强临床用血的计划性，既要防止不合理用血造成浪费，也要防止不科学用血造成浪费。

一、合理原则

所谓合理原则，是指在临床上有真正的输血需要。临床用血的目的是治病救人，但理论上并不是所有的临床用血都有利于病人。作为一项医疗措施，临床用血同其他医疗手段一样具有双面性。合理用血，可以给病人带来健康。而不合理用血，则可能给病人健康带来风险。在医疗实践中，采取任何医疗措施都应当首先权衡病人安全与医疗风险之间的关系。从这一角度说，合理原则的核心其实就是病人的安全。所以，开输血处方的医师应当严格掌握输血适应证，并按医疗实际需要输血，包括输入的血液量。

二、科学原则

所谓科学原则，是指临床用血只服从于治疗的有效性。保证病人获得最有效的治疗，关键是做到临床用血的科学性。现代输血学最重要的标志之一是成分输血。成分输血就是用物理或者化学方法把全血分离制备成纯度高、容量小的血液成分，如红细胞、血浆、血小板、白细胞等，然后再根据病情的需要输给病人。大多数病人并不是因为全血的缺乏而需要输血，只是因为缺乏血液中的某一种成分而需要输血。成分输血可以一血多用，既节约了血资源，也有利于防止出现输血反应。

第三节　临床用血的来源

输血是意外伤害、外科手术和部分内科疾病治疗中的救命措施。我国已经基本做到临床用血全部来自无偿献血。

一、血站提供的血液

在我国，临床用血主要由血站提供。血站是采集、提供临床用血的机构。所以，血站在临床用血上具有特殊地位。

1. 血站采集的无偿献血者的血液必须用于临床。《献血法》第 11 条规定，血站不得将无偿献血的血液出售给单采血浆站或者血液制品生产单位。

2. 血站向医疗机构提供的血液必须符合国家规定的标准。《献血法》第10条第2款规定，血站应当根据国务院卫生行政部门制定的标准，保证血液质量。

3. 血站采集血液的对象必须是适龄公民。《献血法》第2条第2款规定，国家提倡18周岁至55周岁的健康公民自愿献血。我国对献血者年龄的规定，并不是限制性规定，而是激励性规定。所以，不能据此简单认为低于18周岁或者高于55周岁的公民自愿献血违法。有的国家规定献血者年龄下限是16周岁，也有的国家规定献血者年龄上限是75周岁。世界卫生组织提倡的献血年龄是18－65周岁。考虑到血源情况和临床用血情况，我国将动员无偿献血的人群确定为18周岁至55周岁年龄段的公民，而且鼓励这一年龄段的国家工作人员、现役军人和高等学校在校学生率先献血，但并不禁止超过55周岁的健康公民自愿献血。一般情况下，也不鼓励或者接受年满16周岁不满18周岁的未成年人献血。2011年卫生部和国家标准化管理委员会发布的《献血者健康检查要求》(GB18467－2011)规定，既往无献血反应、符合健康检查要求的多次献血者主动要求再次献血的，年龄可延长至60周岁。

4. 血站对献血者必须免费进行必要的健康检查。《献血法》第9条第1款规定，血站对献血者必须免费进行必要的健康检查；身体状况不符合献血条件的，血站应当向其说明情况，不得采集血液。对献血者进行必要的健康检查，目的是了解献血者的身体状况是否符合献血条件。根据《献血者健康检查要求》，血站采集血液前，应当征得献血者的知情同意，并对其进行必要的健康征询、一般检查和血液检测。健康征询内容包括不能献血情形和暂不能献血情形；一般检查包括年龄、体重、血压、脉搏、体温及一般健康状况等；血液检测包括必查项目和选择性项目。

5. 血站采集血液必须遵守操作规程和制度。为确保献血者的健康，《献血法》第10条第1款规定，血站采集血液必须严格遵守有关操作规程和制度，采血必须由具有采血资格的医务人员进行，一次性采血器材使用后必须销毁，确保献血者的身体健康。这里所称的“采血资格”包括两部分：一是具有执业资格，如医师有医师执业证书、护士有护士执业证书；二是经过岗位培训，如接受血液安全和业务岗位培训与考核，领取岗位培训合格证书。一次性采血器材是指一次性使用的采血器材。一次性使用的采血器材不得重复使用，对使用过的一次性采血器材必须予以销毁并记录。

6. 血站采集血液必须符合血液量和间隔期要求。《献血法》第9条第2款规定，血站对献血者每次采集血液量一般为200毫升，最多不得超过400毫升，两次采集间隔期不少于6个月。研究表明，人体平均每公斤体重含血液约70毫升，采血的安全指数是不能超出全身血量的12%。就亚洲人而言，每次献血量400毫升只占全身血量的10%左右。对于用血的病人来说，血液来自同一个人比来自两个人更安全。因此，红十字会大力提倡每人每次献血400毫升。

7. 血站对采集的血液必须进行检测。《献血法》第10条第3款规定，血站对采集的血液必须进行检测；未经检测或者检测不合格的血液，血站不得向医疗机构提供。血站对采集的血液进行检测，是为了防止发生经输血传播传染病的情况。《献血者健康检查要求》规定的检测包括：血型检测、丙氨酸氨基转移酶（ALT）、乙型肝炎病毒（HBV）检测、丙型肝炎病毒（HCV）检测、艾滋病病毒（HIV）检测和梅毒（Syphilis）试验。为进一步提高临床用血安全水平、降低经输血传播疾病风险，2015年开始我国在血站全面开展核酸检测，以缩短病毒检测“窗口期”。血站应当保证所采集的血液由具有血液检测实验室资格的实验室进行检测。对检测不合格的血液，血站应当严格按照有关规定处理。

二、医疗机构临时采集的血液

医疗机构临床用血原则上都应当由血站提供，只有在特殊情况下，医疗机构才可以自己直接采集血液。《献血法》第15条第2款规定，为保证应急用血，医疗机构可以临时采集血液，但应当依照本法规定，确保采血用血安全。《艾滋病防治条例》第35条第3款规定，医疗机构应当对因应急用血而临时采集的血液进行艾滋病检测，对临床用血艾滋病检测结果进行核查；对未经艾滋病检测、核查或者艾滋病检测阳性的血液，不得采集或者使用。卫生部《医疗机构临床用血管理办法》对上述规定进行了细化，第27条第2款规定，医疗机构应当制订应急用血工作预案。为保证应急用血，医疗机构可以临时采集血液，但必须同时符合以下条件：(1)危及患者生命，急需输血；(2)所在地血站无法及时提供血液，且无法及时从其他医疗机构调剂血液，而其他医疗措施不能替代输血治疗；(3)具备开展交叉配血及乙型肝炎病毒表面抗原、丙型肝炎病毒抗体、艾滋病病毒抗体和梅毒螺旋体抗体的检测能力；(4)遵守采供血相关操作规程和技术标准。对于临时采集血液的，医疗机构应当在临时采集血液后10日内将有关情况报告当地卫生行政部门。

三、病人自身存储的血液

为输血安全，《献血法》第15条第1款规定，国家提倡并指导择期手术的患者自身储血。自身储血，旨在自体输血。自身储血，是指择期手术的病人在手术前，先将自己的血液提前抽出储存起来，待手术时再将这些血液输给自己。接受献血者血液的输血称为异体输血。由于血液来源于别的人体，必然存在传播疾病、溶血、过敏和激发同种异体免疫反应等输血不良反应。自体输血除可以弥补血源不足外，重要的是可以避免异体输血带来的风险。自体输血在国外已开展20多年。自国家提倡择期手术的病人自身储血后，我国医疗机构开展自体输血已呈现较快的发展势头。《医疗机构临床用血管理办法》规定，三级医院、有条件的二级医院和妇幼保健院应当开展自体输血技术。医疗机构应当动员符合条件的病人接受自体输血技术，提高合理用血水平，提高输血治疗效果和安全性。

第四节 临床用血的管理

一、医疗机构应当制订临床用血计划

血液是生命的组成部分。无偿献血者捐献血液，是基于人道主义目的，对于这种奉献精神，全社会都应当予以充分尊重。因此，在任何情况下，没有任何理由可以浪费或者滥用无偿献血。《献血法》规定，医疗机构临床用血应当制订用血计划。医疗机构制订临床用血计划，有助于提高临床用血需求的质量，有助于增强临床用血的有效供给，有助于提供更多的临床用血选择。通常情况下，医疗机构制订的临床用血计划，是血站采血、供血以及血液库存量的基础。但临床用血计划并不一定是临床用血的实际需求，因此，医疗机构有义务配合血站建立采血、供血以及血液库存动态预警机制。

二、医疗机构应当使用指定血站提供的血液

我国临床用血实行指定血站供应制度，即由卫生行政部门分别规定血液中心、中心血站和中心血库负责临床用血供应的医疗机构范围。《医疗机构临床用血管理办法》规定，医疗机构应当使用卫生行政部门指定血站提供的血液。一般情况下，血站只供应指定范围内的医疗机构，医疗机构只接受指定血站供应的血液。医疗机构临床需要特殊血型的血液，而指定血站不能提供，需要从外省、自治区、直辖市调配的，由指定血站按程序向省级卫生行政部门申请批准。医疗机构因应急用血或者避免血液浪费，经省级卫生行政部门核准后，可以在医疗机构之间调剂血液，但应当保证血液安全。

三、医疗机构对血站提供的血液必须进行核查

医疗机构虽然临床用血由指定血站提供,但仍负有对血站提供的血液进行核查的责任。《献血法》第13条规定,医疗机构对临床用血必须进行核查,不得将不符合国家规定标准的血液用于临床。这里所称的核查并不是指对血液质量的检验,而是指对血袋标签的核对。医疗机构在接收血站发送的血液后,应当对血袋标签进行核对。内容包括:(1)血站的名称;(2)献血编号或者条形码、血型;(3)血液品种;(4)采血日期及时间或者制备日期及时间;(5)有效期及时间;(6)储存条件。符合国家有关标准和要求的血液才可以入库,做好登记,并按不同品种、血型和采血日期(或有效期),分别有序存放于专用储藏设施内。禁止将血袋标签不合格的血液入库。

四、医疗机构应当建立临床用血申请管理制度

临床用血除安全性要求外,还有必要性要求。而必要性要求主要体现在合理性和科学性上。对医疗机构来说,临床用血的必要性管理是其主要责任。为此,《医疗机构临床用血管理办法》专门设置了临床用血申请审批程序。以一个病人一天备血量为单位,少于800毫升的,由具有中级以上专业技术职务任职资格的医师提出申请,上级医师核准;在800毫升至1600毫升之间的,由具有中级以上专业技术职务任职资格的医师提出申请,经上级医师审核,科室主任核准;达到或者超过1600毫升的,由具有中级以上专业技术职务任职资格的医师提出申请,科室主任核准,报医务部门批准。但该程序不适用于急救用血。

五、医疗机构应当履行输血知情同意程序

输血有一定的风险性,可能产生不良后果。为尊重病人,也为帮助病人全面了解与病情、治疗有关的情况,《医疗机构临床用血管理办法》规定,在输血治疗前,医师应当向患者或者其近亲属说明输血目的、方式和风险,并签署临床输血治疗知情同意书。但在某些特殊情况下,如因抢救生命垂危的病人需要紧急输血,且不能取得病人或者其近亲属意见的,经医疗机构负责人或者授权的负责人批准后,可以立即实施输血治疗。这与《侵权责任法》和《医疗机构管理条例》等法律、法规的规定要求是一致的。

六、医疗机构应当按照规定收受输血费用

临床用血是由无偿献血者捐献的，所以，血液本身没有价格。对于无偿献血的血液，医疗机构不得买卖。因此，病人不承担所输入血液的费用，医疗机构也不得收取血液费用。但血液的采集、储存、分离、检验等是有成本的，病人应当按照规定的收费标准付费。为鼓励无偿献血，根据《献血法》第 14 条第 2 款规定，无偿献血者临床需要用血时，免交血液的采集、储存、分离、检验等费用；无偿献血者的配偶和直系亲属临床需要用血时，也可以按照地方规定享受免交或者减交血液的采集、储存、分离、检验等费用的待遇。

七、医疗机构应当开展临床用血不良事件监测

输血具有一定的风险性。风险既可能来自血液本身，也可能来自输血技术，包括操作过程。加强临床用血的风险管理，关键是发现风险。《医疗机构临床用血管理办法》规定，医疗机构应当根据国家有关法律法规和规范建立临床用血不良事件监测报告制度。发现临床输血不良反应后，医疗机构应当积极救治患者，及时向有关部门报告，并做好观察和记录。

第二十四章　人体器官移植

第一节　人体器官移植条例概说

一、人体器官移植的概念

人体器官移植，是指摘取人体器官捐献人具有特定功能的心脏、肺脏、肝脏、肾脏或者胰腺等器官的全部或者部分，将其植入接受人身体以代替其病损器官的过程。

人体器官移植是器官移植的重要组成部分。除人体器官移植外，还有其他器官移植。其他器官移植，包括人工器官（又称人造器官）移植、异种器官移植和复制人体器官移植等。目前，已有人工心脏、人工肺、人工肾等人工器官应用于临床，而异种器官、复制人体器官的移植还处于实验阶段。

二、我国人体器官移植的发展

1954 年世界首例肾移植手术成功后，人体器官移植技术迅速发展，成为 20 世纪以来现代医学中一门成长最快的新学科。我国人体器官移植开始于 20 世纪 60 年代，发展于 70 年代，成熟于 90 年代。尤其是近十多年来，人体器官移植技术日臻完善。目前，我国人体器官移植总量居世界第二位，国际上能够开展的人体器官移植手术在我国几乎都能开展。在已经开展的人体器官移植项目中，既包括肾脏、肝脏、心脏、肺脏、胰腺、脾脏、小肠等单个器官移植，也包括肝肾、胰肾、心肾、心肺、肝肠等联合器官移植，以及角膜、骨髓、胰岛、甲状旁腺、造血干细胞、脾细胞等组织、细胞移植。同时，我国还成功实施了亲缘活体肾移植、肝移植、脾移植等。

三、《人体器官移植条例》的立法

为了规范人体器官移植，保证医疗质量，保障人体健康，维护公民的合法权益，卫生部于2000年启动了人体器官移植的立法工作。2006年卫生部颁布了《人体器官移植技术临床应用管理暂行规定》,将人体器官移植技术纳入诊疗科目管理,并印发了《肝脏移植技术管理规范》《肾脏移植技术管理规范》《心脏移植技术管理规范》《肺脏移植技术管理规范》等,对医疗机构及其医师开展相关人体器官移植提出了具体要求。

2007年国务院发布了《人体器官移植条例》,并于同年5月1日起实施。该条例分总则、人体器官的捐献、人体器官的移植、法律责任和附则,共5章32条。根据规定,该条例适用范围不包括人体细胞和角膜、骨髓等人体组织移植。

为了加强对活体器官移植的管理,2009年卫生部出台《关于规范活体器官移植的若干规定》,其中明确规定,从事活体器官移植的医疗机构在伦理委员会出具同意摘取活体器官的书面意见后,应将相关材料上报省级卫生行政部门,根据回复意见实施。为了推动建立我国人体器官捐献体系,2010年卫生部发函委托中国红十字会开展人体器官捐献工作,包括:负责全国人体器官捐献的宣传动员、报名登记、捐献见证、缅怀纪念、救助激励等工作;负责建立人体器官捐献工作队伍并负责开发和维护国家人体器官捐献者登记管理系统,建立国家人体器官捐献者资料数据库;负责设立并管理人体器官捐献基金等。2012年中央机构编制委员会同意设立中国人体器官捐献管理中心,负责参与人体器官捐献等工作。2013年国家卫生计生委又印发了《人体捐献器官获取与分配管理规定(试行)》。

2011年2月25日第十一届全国人大常委会第十九次会议通过的《刑法修正案(八)》新增了"组织出卖人体器官罪"。根据规定,组织他人出卖人体器官的,处五年以下有期徒刑,并处罚金;情节严重的,处五年以上有期徒刑,并处罚金或者没收财产。未经本人同意摘取其器官,或者摘取不满18周岁的人的器官,或者强迫、欺骗他人捐献器官的,依照《刑法》第234条、第232条的规定定罪处罚。违背本人生前意愿摘取其尸体器官,或者本人生前未表示同意,违反国家规定,违背其近亲属意愿摘取其尸体器官的,依照《刑法》第302条的规定定罪处罚。

2017年2月24日第十二届全国人大常委会第二十六次会议对《红十字会法》进行了修订,其中第三章"职责"中增加了红十字会参与、推动"人体器官捐献工作"等内容。

第二节　人体器官移植的原则

一、自愿原则

自愿原则是指公民是否捐献人体器官由其根据自己意愿自行决定。自愿对公民来说是法律赋予的一种权利，是否捐献其人体器官由公民自行决定。根据《人体器官移植条例》的规定，自愿有两层含义：第一，公民捐献或者不捐献人体器官完全由自己决定；第二，公民对已经表示的捐献人体器官意愿可以随时予以撤销。任何组织或者个人不得违背公民意愿，强迫、欺骗或者利诱其捐献人体器官。

二、无偿原则

无偿原则是指公民捐献人体器官不能出于商业动机或者存在交易行为。人体器官不是商品，所以不得买卖或者变相买卖。无偿是维护人体器官捐献纯洁性的保证。根据《人体器官移植条例》的规定，无偿包括三个方面：第一，任何组织或者个人不得以任何形式买卖人体器官；第二，任何组织或者个人不得从事与买卖人体器官有关的活动；第三，医疗机构不得收取或者变相收取所移植人体器官的费用。

三、不伤害原则

不伤害原则是指在人体器官的摘取和移植过程中不使捐献人、接受人的身心受到损伤。医疗行为都有一定的副作用，所以不伤害并不是绝对的。根据《人体器官移植条例》的规定，这里的不伤害有以下三个方面的含义：第一，医疗机构及其医务人员从事人体器官移植，应当遵守伦理原则和人体器官移植技术管理规范。第二，实施人体器官移植手术的医疗机构及其医务人员应当对人体器官捐献人进行医学检查，对接受人因人体器官移植感染疾病的风险进行评估，并采取措施，降低风险。第三，从事人体器官移植的医疗机构及其医务人员应当尊重死者的尊严；对摘取器官完毕的尸体，应当进行符合伦理原则的医学处理，除用于移植的器官外，应当恢复尸体原貌。

四、兼顾原则

兼顾原则是指人体器官的分配既要体现申请的先后顺序又要突出疾病的轻重缓急。困扰人体器官移植的实际问题是可供移植的人体器官供不应求。而且，人体器官稀缺的情况将长期存在。因此，为满足人体器官移植需求，就必须在提高人体器官利用效率上下功夫。这不仅涉及医学问题，还涉及法律问题。《人体器官移植条例》第22条规定，申请人体器官移植手术患者的排序，应当符合医疗需要，遵循公平、公正和公开的原则。

第三节 人体器官移植诊疗科目登记

人体器官移植是一项技术要求高、伦理限制严、风险概率大的医疗业务。为此，国家对开展人体器官移植的医疗机构实行特殊的诊疗科目登记制度。所谓特殊的诊疗科目登记制度，是指对人体器官移植实行与一般诊疗科目相区别的登记制度。根据《医疗机构管理条例》的规定，负责医疗机构诊疗科目登记的是发给《医疗机构执业许可证》的卫生行政部门。而人体器官移植诊疗科目登记，根据《人体器官移植条例》的规定，统一由省级卫生行政部门负责。也就是说，医疗机构所取得的《医疗机构执业许可证》和所获得的人体器官移植诊疗科目登记，有可能出自不同的卫生行政部门。

一、开展人体器官移植的医疗机构应当办理诊疗科目登记

我国从2006年开始将人体器官移植纳入诊疗科目管理。《人体器官移植条例》充分肯定了这一做法。第11条第1款规定，医疗机构从事人体器官移植，应当按照《医疗机构管理条例》的规定，向所在地省、自治区、直辖市人民政府卫生主管部门申请办理人体器官移植诊疗科目登记。将人体器官移植作为一项诊疗科目，并统一由省级卫生行政部门负责登记，其目的主要有两个：一是控制开展人体器官移植的医疗机构的数量。由于人体器官捐献数量有限，客观上不允许过多医疗机构开展人体器官移植。二是控制医疗机构开展人体器官移植的质量。由于人体器官移植对人员、技术、设施以及伦理等要求很严，一般医疗机构并不适宜开展人体器官移植。

2006年以前，我国开展人体器官移植的医疗机构达600多家。经过专项整治，截至2011年，卫生部公布了经过资质审核认定的164家开展人体器官移植业务的医院名单，其中肝脏移植医院81个、肾脏移植医院123个、心脏移植医院38个、肺脏移植医院27个。

二、人体器官移植诊疗科目登记应当符合法定条件和实际情况

医疗机构申请办理人体器官移植诊疗科目登记，不仅要具备《人体器官移植条

例》设定的条件,而且还要符合当地的实际情况。医疗机构开展人体器官移植应当具备的条件是:(1)有与从事人体器官移植相适应的执业医师和其他医务人员;(2)有满足人体器官移植所需要的设备、设施;(3)有由医学、法学、伦理学等方面专家组成的人体器官移植技术临床应用与伦理委员会;(4)有完善的人体器官移植质量监控等管理制度。为了确保人体器官移植技术临床应用与伦理委员会的中立性,《人体器官移植条例》要求,该委员会中从事人体器官移植的医学专家不能超过委员总人数的四分之一。

除上述条件外,《人体器官移植条例》第 12 条还规定,省级卫生行政部门在进行人体器官移植诊疗科目登记时,还应当考虑本行政区域人体器官移植的医疗需求和合法的人体器官来源情况等。换句话说,医疗机构即使符合规定的条件,但本行政区域人体器官移植的医疗需求不足或者合法的人体器官来源难以满足人体器官移植的,省级卫生行政部门也不宜予以诊疗科目登记。一般情况下,省级卫生行政部门可以采取暂时控制开展人体器官移植医疗机构数量的管理措施。

三、不再符合法定条件的医疗机构应当停止开展人体器官移植

为了确保人体器官移植技术临床应用的安全与质量,国家对人体器官移植诊疗科目登记实行“严进宽出”机制。根据《人体器官移植条例》第 13 条的规定,已经办理人体器官移植诊疗科目登记的医疗机构,只要不再具备人体器官移植诊疗科目登记条件,包括人员、设备设施、组织体系、管理制度等,就应当自觉地停止开展相关的人体器官移植,并向原登记的卫生行政部门报告。卫生行政部门收到报告后,应当在 2 日内注销该医疗机构的人体器官移植诊疗科目登记,并予以公布。

四、卫生行政部门对不合格的医疗机构应当撤销人体器官移植诊疗科目登记

省级卫生行政部门对准予人体器官移植诊疗科目登记的医疗机构,应当从以下两个方面进行跟踪管理:

一是医疗机构是否持续具备人体器官移植诊疗科目登记的条件。根据规定,已经办理人体器官移植诊疗科目登记的医疗机构不再具备规定的条件时,应当自觉地停止开展相关的人体器官移植,并向原登记的卫生行政部门报告。对既不停止开展人体器官移植,又不向卫生行政部门报告,情节严重的,负责办理其人体器官移植诊疗科目登记的省级卫生行政部门应当依法撤销其人体器官移植诊疗科目

登记。该医疗机构3年内不得再申请人体器官移植诊疗科目登记。

二是医疗机构开展人体器官移植的质量。根据规定,省级以上卫生行政部门应当定期组织专家根据人体器官移植手术成功率、植入的人体器官和术后病人的长期存活率,对医疗机构的人体器官移植临床应用能力进行评估,并及时公布评估结果。对评估不合格的,原办理人体器官移植诊疗科目登记的卫生行政部门应当按照国务院卫生行政部门的规定,撤销其人体器官移植诊疗科目登记。

第四节 人体器官的捐献

人体器官的捐献,分为尸体器官的捐献和活体器官的捐献两种。虽然都属于人体器官的捐献,但两者性质完全不同。《人体器官移植条例》对此在程序上和实体上作了明显的区别。

一、公民享有的捐献人体器官的权利是有条件的

人体器官既是公民身体权的组成部分,也是公民生命权的组成部分。作为身体的主人,公民有权对其人体器官作出符合法律规定的安排。《人体器官移植条例》第7条规定,公民享有捐献或者不捐献其人体器官的权利。这是原则性规定。其实,公民在捐献人体器官上的权利并不是完全自由的权利。或者说,公民在捐献尸体器官上具有完全自由的权利,而在捐献活体器官上并不具有完全自由的权利。公民在生前可以表达捐献尸体器官的意愿,也可以表达不捐献尸体器官的意愿,完全由其自由决定。对公民表达的捐献或者不捐献尸体器官的意愿,任何组织或者个人都应当予以尊重。但对捐献活体器官,法律有严格的限制,不仅限制活体器官捐献人,而且限制活体器官接受人。

二、公民捐献人体器官的意愿必须以书面形式表达

人体器官对于人来说,不仅是身体的象征,在某种程度上也是生命的象征。所以,捐献人体器官是人生的重大行为,必须具有形式要件。《人体器官移植条例》第8条规定,公民捐献其人体器官应当有书面形式的捐献意愿。这一规定表明,公民表达不捐献其人体器官意愿的,可以书面形式,也可以口头形式,但表达捐献其人体器官的意愿,必须以书面形式。公民仅以口头方式表达捐献其人体器官的意愿,在法律上并不产生效力。

三、近亲属在公民死亡后捐献其人体器官必须共同同意

在人体器官捐献上，我国在实行自愿捐献制的同时，也有条件采取推定同意制。《人体器官移植条例》第 8 条规定，公民生前表示不同意捐献其人体器官的，任何组织或者个人不得捐献、摘取该公民的人体器官；公民生前未表示不同意捐献其人体器官的，该公民死亡后，其配偶、成年子女、父母可以以书面形式共同表示同意捐献该公民人体器官的意愿。这一规定表明：第一，公民生前已经表示不同意捐献人体器官的，任何组织或者个人不得再代替该公民做出捐献人体器官的意思表示。第二，公民生前未表示不同意捐献其人体器官的，推定该公民同意捐献其人体器官。第三，该公民人体器官的捐献意愿表示，由其配偶、成年子女、父母以书面形式共同作出。这一制度性安排，既解决了近亲属捐献死亡公民人体器官的难题，又有效避免了亲属间因意见不一而发生人体器官移植争议。

四、公民捐献活体器官必须符合法定条件

对公民来说，活体器官也是其需要的器官。所以，医学上并不鼓励公民捐献活体器官。活体器官移植必须在没有其他办法的情况下才可以被迫使用。为了最大限度地减少活体器官捐献，《人体器官移植条例》从活体器官的捐献人和接受人两个角度进行了限制。一是规定活体器官捐献人应当年满 18 周岁，而且要求具有完全民事行为能力。公民不符合这两个条件的，不能捐献活体器官。二是规定活体器官的接受人仅限于活体器官捐献人的配偶、直系血亲或者三代以内旁系血亲，或者有证据证明与活体器官捐献人存在因帮扶等形成亲情关系的人员。为了堵塞政策漏洞，避免一切形式的人体器官买卖，根据卫生部《关于规范活体器官移植的若干规定》的解释，“配偶”仅限于结婚 3 年以上或者婚后已育有子女的；“因帮扶等形成亲情关系”仅限于养父母和养子女之间的关系、继父母与继子女之间的关系。凡是活体器官的接受人不符合上述情形的，公民即使自愿也不能捐献其活体器官。

第五节　人体器官的移植

一、摘取人体器官应当经人体器官移植技术临床应用与伦理委员会审查同意

摘取人体器官具有不可挽回性。因此，必须慎之又慎。根据规定，在摘取活体

器官前或者尸体器官捐献人死亡前，负责人体器官移植的执业医师应当向所在医疗机构的人体器官移植技术临床应用与伦理委员会提出摘取人体器官审查申请。人体器官移植技术临床应用与伦理委员会收到摘取人体器官审查申请后，应当对下列事项进行审查，并出具同意或者不同意的书面意见：(1)人体器官捐献人的捐献意愿是否真实；(2)有无买卖或者变相买卖人体器官的情形；(3)人体器官的配型和接受人的适应证是否符合伦理原则和人体器官移植技术管理规范。对审查事项确认无误，并经三分之二以上委员同意后，人体器官移植技术临床应用与伦理委员会才可以出具同意摘取人体器官的书面意见。对人体器官移植技术临床应用与伦理委员会作出不同意摘取人体器官意见的，医疗机构不得作出摘取人体器官的决定，医务人员也不得摘取人体器官。

为了保护活体器官捐献人的切身利益，卫生部《关于规范活体器官移植的若干规定》对摘取活体器官审查进行了细化，要求人体器官移植技术临床应用与伦理委员会收到摘取活体器官审查申请后，应当召开由全体成员参加的专门会议，对下列事项进行审查，并出具同意或者不同意的书面意见：(1)人体器官捐献人和接受人按照规定要求提供的材料是否真实、合法，其关系是否符合规定要求；(2)活体器官捐献人的捐献意愿是否真实；(3)有无买卖人体器官的情形；(4)器官的配型和接受人的适应证是否符合人体器官移植技术管理规范；(5)活体器官捐献人的身体和心理状况是否适宜捐献器官；(6)对摘取器官可能对活体器官捐献人健康产生的影响，确认不会因捐献活体器官而损害捐献人正常的生理功能的评估是否全面、科学；(7)捐献是否符合医学和伦理学原则。与摘取尸体器官审查表决人数要求不同的是，摘取活体器官审查必须取得全体委员一致同意并签名确认后，人体器官移植技术临床应用与伦理委员会才可以出具同意摘取活体器官的书面意见。同时，医疗机构应当存留完整的会议记录以备核查。

二、医疗机构及其医务人员摘取活体器官应当履行的义务

为慎重起见，医疗机构及其医务人员在摘取活体器官前还必须履行三项义务：(1)说明义务。向活体器官捐献人说明器官摘取手术的风险、术后注意事项、可能发生的并发症及其预防措施等，并与活体器官捐献人签署知情同意书。(2)查验义务。查验活体器官捐献人同意捐献其器官的书面意愿、活体器官捐献人与接受人之间存在配偶、直系血亲、三代以内旁系血亲的关系或者因帮扶等形成的亲情关系的证明材料的真实性，以及是否符合规定。包括：①由活体器官捐献人及其具有完

全民事行为能力的父母、成年子女(已结婚的捐献人还应当包括其配偶)共同签署的捐献人自愿、无偿捐献器官的书面意愿和活体器官接受人同意接受捐献人捐献器官的书面意愿;②由户籍所在地公安机关出具的活体器官捐献人与接受人的身份证明以及双方第二代居民身份证、户口本原件;③由户籍所在地公安机关出具的能反映活体器官捐献人与接受人亲属关系的户籍证明;④活体器官捐献人与接受人因配偶关系提交的结婚证原件或者已有生育子女的证明等。(3)确认义务。确认除摘取器官产生的直接后果外不会损害活体器官捐献人其他正常的生理功能。包括:①接受人是否有接受活体器官移植手术的必要性、适应证;②活体器官捐献人的健康状况是否适合捐献器官;③摘取器官可能对活体器官捐献人健康产生的影响,确认不会因捐献活体器官而损害捐献者正常的生理功能;④接受人因活体器官移植传播疾病的风险;⑤根据医学及伦理学原则需要进行的其他评估。

根据规定,在实施活体器官摘取手术前,应当由主管医师协助手术室工作人员再次确认活体器官捐献人身份。

三、从事人体器官移植的医务人员不得参与捐献人的死亡判定

既然是尸体器官,说明人已经死亡。也就是说,摘取尸体器官必须在人死亡后。为了防止利益冲突,从事死亡判定的人员应当与人体器官移植无利益关系。而人是否死亡,在医学上有明确的标准。国际上通行的是心肺死亡标准或者脑死亡标准。但无论采用哪一种死亡标准,死亡判定与人体器官移植应当是两个独立的环节,分别由不同人员承担。《人体器官移植条例》第20条第1款规定,摘取尸体器官,应当在依法判定尸体器官捐献人死亡后进行。从事人体器官移植的医务人员不得参与捐献人的死亡判定。根据这一规定,应当回避的人员包括从事尸体器官的摘取、移植的医务人员。

四、医疗机构不得收取或者变相收取所移植人体器官的费用

我国人体器官捐献实行无偿制度。所以,人体器官本身没有价格。医疗机构不得收取或者变相收取所移植人体器官的费用。但根据规定,医疗机构可以收取下列人体器官移植手术费用:(1)摘取和植入人体器官的手术费;(2)保存和运送人体器官的费用;(3)摘取、植入人体器官所发生的药费、检验费、医用耗材费。

第二十五章　计划生育技术服务

第一节　计划生育技术服务条例概说

一、计划生育技术服务的概念

《计划生育技术服务管理条例》列出了计划生育技术服务的内容，但没有对计划生育技术服务进行定义。现行定义出自国家计划生育委员会制定的《计划生育技术服务管理条例实施细则》。根据规定，计划生育技术服务是指使用手术、药物、工具、仪器、信息及其他技术手段，有目的地向育龄公民提供生育调节及其他有关的生殖保健服务的活动，包括计划生育技术指导、咨询以及与计划生育有关的临床医疗服务。

二、计划生育技术服务的发展

我国从20世纪50年代开始提倡计划生育，并从母婴保健角度提供计划生育技术服务。当时的计划生育技术服务主要包括节育、人工流产、绝育手术、避孕等。在20世纪60年代，卫生部多次发文，规范人工流产及绝育手术等。1964年卫生部曾制定了《节育手术常规》。

1978年卫生部、国家计划生育委员会联合修订了《节育手术常规》。1983年卫生部发布《女性节育手术并发症诊断标准(试行)》和《男性节育手术并发症诊断标准(试行)》。1984年卫生部、国家计划生育委员会又印发《节育手术常规(第三版)》。1989年卫生部发布了新的《女性节育手术并发症诊断标准》和《男性节育手术并发症诊断标准》。1993年卫生部和国家计划生育委员会联合印发《关于重申严禁进行胎儿性别预测的通知》，明确规定，除为诊断伴性遗传性疾病外，任何部门、任何单位严禁用现代医学技术如B超、染色体技术等，做胎儿性别预测。1994年国务院批准的“三定”方案，对国家计划生育委员会和卫生部在计划生育工作中的职责进行了分工，其中，国家计划生育委员会“负责计划生育技术服务的综合管理”；卫生部“会同有关部门制订计划生育技术的卫生标准，协同有关部门做好计划生育技术服务的质量监督和业务指导”。

为了保证计划生育基本国策的实施，从20世纪80年代初开始，计划生育行政部门陆续建立了计划生育技术服务机构。到1999年年底，全国已有79%以上的地级市、95%以上的县和87%以上的乡（镇）建立了计划生育技术服务机构。计划生育技术服务机构的主要任务是以控制人口数量为中心的政策宣传和上环、结扎、人流、引产“四术”服务。据不完全统计，全国超过70%的节育手术是由计划生育技术服务机构承担的。

2013年国务院机构改革，卫生部与国家人口和计划生育委员会进行整合，组建国家卫生和计划生育委员会。同年，国家卫生和计划生育委员会、中央编办联合印发《关于优化整合妇幼保健和计划生育技术服务资源的指导意见》，明确提出，设区的市和县（市、区）级妇幼保健机构与计划生育技术服务机构原则予以合并，组建成立市级、县级“妇幼保健计划生育服务中心”；乡级计划生育技术服务机构与乡镇卫生院妇幼保健职责整合，加挂“妇幼保健计划生育服务站”牌子；保留村卫生室和村计划生育服务室，共享共用。2018年第十三届全国人大第一次会议根据《深化党和国家机构改革方案》形成的《国务院机构改革方案》，决定组建国家卫生健康委员会，不再保留国家卫生和计划生育委员会，由国家卫生健康委员会负责计划生育管理和服务工作。

三、《计划生育技术服务管理条例》的立法

计划生育技术服务立法工作起步还是比较早的。1983年卫生部就发布了规章性质的《计划生育技术管理工作条例（试行）》，将计划生育技术工作内容确定为：（1）宣传节育、优生的科学知识，进行避孕技术指导；（2）开展节育手术和有关业务；（3）防治和鉴定节育手术并发症；（4）组织业务培训考核和技术交流；（5）进行节育方法、优生调查等临床科学研究工作。1992年卫生部进行了修订，发布了新的《计划生育技术管理工作条例》，对省、市（地）、县、乡四级妇幼保健机构或者计划生育技术服务机构承担的任务进行了分工，并对独立开展计划生育手术的人员提出了资质要求。

随着我国人口形势发生的新变化，即人口再生产类型实现了从高出生、低死亡、高增长到低出生、低死亡、低增长的历史性转变，从而使计划生育技术服务的重

点从以降低人口数量为中心转向稳定低生育水平、提高出生人口素质。因此,计划生育技术服务工作也有必要相应地从过去简单的“四术”服务向为公民提供围绕节育、生育、不育为主的妇幼保健服务的方向转化。为了加强对计划生育技术服务工作的管理,控制人口数量,提供人口素质,保障公民的生殖健康权利,2001 年 6 月 13 日,国务院发布了《计划生育技术服务管理条例》,并于 2004 年 12 月 10 日进行了修订。该条例分总则、技术服务、机构及其人员、监督管理、罚则和附则,共 6 章 46 条。其中第 18 条规定,任何机关和个人不得进行非医学需要的胎儿性别鉴定或者选择性别的人工终止妊娠。第 29 条第 2 款规定,个体医疗机构不得从事计划生育手术。为贯彻实施《计划生育技术服务管理条例》,2001 年国家计划生育委员会制定了《计划生育技术服务机构执业管理办法》和《计划生育技术服务管理条例实施细则》,2002 年制定了《病残儿医学鉴定管理办法》,2003 年制定了《流动人口计划生育管理和服务工作若干规定》,2006 年国家人口和计划生育委员会制定了《计划生育药具工作管理办法(试行)》,2016 年国家卫生和计划生育委员会制定了《禁止非医学需要的胎儿性别鉴定和选择性别人工终止妊娠的规定》等配套规章。

2001 年 12 月 29 日,第九届全国人大常委会第二十五次会议通过《人口与计划生育法》,首次将“计划生育技术服务”写入法律。明确规定,实行计划生育,以避孕为主。国家创造条件,保障公民知情选择安全、有效、适宜的避孕节育措施。实施避孕节育措施,应当保证受术者的安全。并规定,实行计划生育的育龄夫妻免费享受国家规定的基本项目的计划生育技术服务。前款规定所需经费,按照国家有关部门列入财政预算或者由社会保险予以保障。

第二节 计划生育技术服务的原则

《计划生育技术服务管理条例》第 3 条第 1 款规定,计划生育技术服务实行国家指导和个人自愿相结合的原则。

一、国家指导

国家指导是指国家通过从事计划生育技术服务的机构为公民使用计划生育技术服务进行指导。国家指导主要体现在计划生育技术服务的方法、种类、内容和数量等方面,并通过政策引导、宣传教育、免费服务等非强制性方法保证其实现。其目的是确保公民获得适宜的计划生育技术服务。《计划生育技术服务管理条例》第 3

条规定,国家保障公民获得适宜的计划生育技术服务的权利。国家向农村实行计划生育的育龄夫妻免费提供避孕、节育技术服务,所需经费由地方财政予以保障,中央财政对西部困难地区给予适当补助。第 13 条规定,向公民提供的计划生育技术服务和药具应当安全、有效,符合国家规定的质量技术标准。

二、个人自愿

个人自愿是指个人自己决定所使用计划生育技术服务。作为公民有依法实行计划生育的义务,但在享受计划生育技术服务上有完全的自由。个人有权按照自己的意愿选择适合自己的避孕节育措施等。法律确认的个人自愿最根本的条件是知情同意。没有知情同意,也就没有个人自愿。《计划生育技术服务管理条例》第 3 条规定,公民享有避孕方法的知情选择权。第 17 条规定,从事计划生育技术服务的机构施行避孕、节育手术、特殊检查或者特殊治疗时,应当征得受术者本人同意,并保证受术者的安全。

第三节　计划生育技术服务的内容

《计划生育技术服务管理条例》第 6 条规定,计划生育技术服务包括计划生育技术指导、咨询以及与计划生育有关的临床医疗服务。

一、计划生育技术指导、咨询

《计划生育技术服务管理条例》第 7 条规定,计划生育技术指导、咨询包括下列内容:(1)生殖健康科普宣传、教育、咨询;(2)提供避孕药具及相关的指导、咨询、随访;(3)对已经施行避孕、节育手术和输卵(精)管复通手术的,提供相关的咨询和随访。

《计划生育技术服务管理条例实施细则》对计划生育技术指导、咨询内容进行了细化:(1)避孕节育与降低出生缺陷发生风险及其他生殖健康的科普宣传、指导和咨询;(2)提供避孕药具,对服务对象进行相关的指导、咨询、随访;(3)对施行避孕、节育手术和输卵(精)管复通手术的,在手术前、后提供相关的指导、咨询和随访。

二、与计划生育有关的临床医疗服务

《计划生育技术服务管理条例》第 8 条规定,县级以上城市从事计划生育技术

服务的机构可以在批准的范围内开展下列与计划生育有关的临床医疗服务:(1)避孕和节育的医学检查;(2)计划生育手术并发症和计划生育药具不良反应的诊断、治疗;(3)施行避孕、节育手术和输卵(精)管复通手术;(4)开展围绕生育、节育、不育的其他生殖保健服务。

《计划生育技术服务管理条例实施细则》将上述内容进一步细化为:(1)避孕和节育的医学检查,主要指按照避孕、节育技术常规,为了排除禁忌症、掌握适应证而进行的术前健康检查以及术后康复和保证避孕安全、有效所需要的检查;(2)各种计划生育手术并发症和计划生育药具不良反应的诊断、鉴定和治疗;(3)施行各种避孕、节育手术和输卵(精)管复通术等恢复生育力的手术以及与施行手术相关的临床医学诊断和治疗;(4)根据国家计划生育委员会和卫生部共同制定的有关规定,开展围绕生育、节育、不育的其他生殖保健服务;(5)病残儿医学鉴定中必要的检查、观察、诊断、治疗活动。

根据规定,乡级计划生育技术服务机构可以在批准的范围内开展下列计划生育技术服务项目:(1)放置宫内节育器;(2)取出宫内节育器;(3)输卵(精)管结扎术;(4)早期人工终止妊娠术。

第四节 从事计划生育技术服务的机构

《计划生育技术服务管理条例》第19条规定,从事计划生育技术服务的机构包括计划生育技术服务机构和从事计划生育技术服务的医疗、保健机构。

一、计划生育技术服务机构

根据《计划生育技术服务管理条例实施细则》的规定,计划生育技术服务机构是指依照《计划生育技术服务管理条例》规定取得执业许可、隶属同级计划生育行政部门、具有医疗保健性质、从事计划生育技术服务的非营利的公益性全额拨款事业单位。

计划生育技术服务机构的执业凭证是《计划生育技术服务机构执业许可证》。根据规定,计划生育技术服务机构获准开展的计划生育技术服务应当在《计划生育技术服务机构执业许可证》上注明。计划生育技术服务机构开展与计划生育有关的临床医疗服务项目之外的其他诊疗业务,应当依照《医疗机构管理条例》规定,申请取得《医疗机构执业许可证》。

二、从事计划生育技术服务的医疗、保健机构

根据《计划生育技术服务管理条例实施细则》的规定，从事计划生育技术服务的医疗、保健机构是指已持有《医疗机构执业许可证》，又依照《计划生育技术服务管理条例》规定设有计划生育技术服务科（室），并取得计划生育技术服务项目执业许可的医疗、保健机构。

根据规定，从事计划生育技术服务的医疗、保健机构应当在《医疗机构执业许可证》上注明获准开展的计划生育技术服务项目。

第二十六章　人类辅助生殖技术

第一节　人类辅助生殖技术概说

一、人类辅助生殖技术的概念

人类辅助生殖技术，是指运用医学技术和方法对配子、合子、胚胎进行人工操作，以达到受孕目的的技术。分为人工授精和体外受精—胚胎移植技术及其各种衍生技术。

人工授精，是指用人工方式将精液注入女性体内以取代性交途径使其妊娠的一种方法。根据精液来源不同，分为丈夫精液人工授精和供精人工授精。

体外受精—胚胎移植技术及其各种衍生技术，是指从女性体内取出卵子，在器皿内培养后，加入经技术处理的精子，待卵子受精后，继续培养，到形成早早期胚胎时，再转移到子宫内着床，发育成胎儿直至分娩的技术。

二、人类辅助生殖技术的发展

人类辅助生殖技术主要是帮助那些经常规治疗仍不能妊娠的夫妇在实验室条件下人为地使卵子和精子结合，以达到妊娠的一种特殊技术。在人类辅助生殖技术中，人工授精至今已有200多年历史。体外受精—胚胎移植技术虽然历史不长，但自1978年第一例试管婴儿在英国诞生后，至今全世界已诞生了几万个试管婴儿。

我国人类辅助生殖技术虽然起步比较晚，但发展很快。2004年年底，我国批准开展人类辅助生殖技术的医疗机构只有37家，而到2016年年底，批准开展人类辅助生殖技术的医疗机构达451家。不能孕育的原因既可能来自女性也可能来自男性。由女性引起，称不孕症；由男性引起，称不育症。但人类辅助生殖技术并不是治疗不孕不育症的首选。治疗不孕不育症的方法很多，选择人类辅助生殖技术应当是“不得已而为之”。也就是说，在传统治疗不孕不育症技术和方法不能满足生育需求情况下，才应当使用人类辅助生殖技术。

三、《人类辅助生殖技术管理办法》的立法

为了保证人类辅助生殖技术安全、有效和健康发展，规范人类辅助生殖技术的应用和管理，保障人民健康，2001 年卫生部以第 14 号部令发布了《人类辅助生殖技术管理办法》，分总则、审批、实施、处罚和附则，共 5 章 25 条。其中规定，人类辅助生殖技术的应用应当在医疗机构中进行，以医疗为目的，并符合国家计划生育政策、伦理原则和有关法律规定。禁止以任何形式买卖配子、合子、胚胎。实施人类辅助生殖技术的医疗机构应当为当事人保密，不得泄露有关信息。同时，卫生部还以第 15 号部令发布了配套规章《人类精子库管理办法》，分总则、审批、精子采集与提供、处罚和附则，共 5 章 26 条。其中第 3 条规定，精子的采集和提供应当遵循当事人自愿和符合社会伦理原则。任何单位和个人不得以营利为目的进行精子的采集和提供活动。

配子是生物进行有性繁殖时由生殖系统所产生的成熟性细胞，分为雄配子和雌配子。雌配子称为卵子，雄配子称为精子。合子为卵子和精子的合体。胚胎是卵子和精子合成为合子之后，经过多次细胞分裂和细胞分化后形成的有发育成生物体能力的雏体。配子、合子、胚胎是构成人的生命的一部分，不能作为商品进行买卖。根据规定，禁止以任何形式买卖配子、合子、胚胎。

为落实《人类辅助生殖技术管理办法》和《人类精子库管理办法》各项规定，2001 年卫生部制定了《人类辅助生殖技术规范》《人类精子库基本标准》《人类精子库技术规范》《实施人类辅助生殖技术的伦理原则》。之后，卫生部于 2003 年对上述规范性文件进行了修订、整合，出台了新的《人类辅助生殖技术规范》《人类精子库基本标准和技术规范》和《人类辅助生殖技术与人类精子库伦理原则》，并印发《人类辅助生殖技术与人类精子库评审、审核和审批管理程序》。为进一步加强人类辅助生殖技术与人类精子库管理，2006 年卫生部制定了《人类辅助生殖技术与人类精子库校验实施细则》。2015 年国家卫生计生委印发了《关于加强人类辅助生殖技术和人类精子库管理的指导意见》、《人类辅助生殖技术配置规划指导原则（2015 版）》和《关于规范人类辅助生殖技术与人类精子库审批的补充规定》等。

第二节 人类辅助生殖技术的开展

一、人类辅助生殖技术应当在经批准的医疗机构中进行

人类辅助生殖技术具有高精尖的特点,必须在经过批准并进行登记的医疗机构中实施。根据规定,未经卫生行政部门批准,任何单位和个人不得实施人类辅助生殖技术。

申请开展人类辅助生殖技术的医疗机构应当符合下列条件:(1)具有与开展技术相适应的卫生专业技术人员和其他专业技术人员;(2)具有与开展技术相适应的技术和设备;(3)设有医学伦理委员会;(4)符合卫生部制定的《人类辅助生殖技术规范》的要求。

根据规定,医疗机构申请开展人类辅助生殖技术,应当按要求向卫生行政部门提交下列资料:(1)可行性报告;(2)医疗机构基本情况(包括床位数、科室设置情况、人员情况、设备和技术条件情况等);(3)拟开展的人类辅助生殖技术的业务项目和技术条件、设备条件、技术人员配备情况;(4)开展人类辅助生殖技术的规章制度;(5)省级以上卫生行政部门规定提交的其他材料。

人类辅助生殖技术的行政审批原来分为两部分:开展丈夫精液人工授精技术的医疗机构,由省级卫生行政部门审批;开展供精人工授精和体外受精—胚胎移植技术及其衍生技术的医疗机构,由省级卫生行政部门初审,卫生部审批。根据国务院行政审批制度改革要求,2015 年国家卫生计生委《关于规范人类辅助生殖技术与人类精子库审批的补充规定》将人类辅助生殖技术审批权限统一下放到省级卫生计生行政部门。并规定,省级卫生计生行政部门根据专家组评审意见进行审核,在规定时限内作出批准或不予批准的决定,并书面告知申请机构,同时报国家卫生计生委备案。

二、实施人类辅助生殖技术应当遵循知情同意原则

知情同意是医疗活动的主要原则之一。根据规定,实施人类辅助生殖技术应当遵循知情同意原则,并签署知情同意书。也就是说,医疗机构及其医务人员在实施人类辅助生殖技术前,必须取得接受人类辅助生殖技术的夫妇的知情同意书。未取得知情同意书的,不得实施人类辅助生殖技术。为了保证人类辅助生殖技术适应症的夫妇享有的知情同意权,《人类辅助生殖技术和人类精子库伦理原则》对

医疗机构及其医务人员提出了一系列要求，主要包括：(1)告知实施人类辅助生殖技术的必要性、实施程序、可能承受的风险以及为降低这些风险所采取的措施、本医疗机构稳定的成功率、每周期大致的总费用及进口、国产药物选择等实质性信息；(2)告知随时有提出停止实施相关人类辅助生殖技术的权利；(3)告知对接受人类辅助生殖技术的夫妇及其出生的孩子进行随访的必要性等。

三、开展人类辅助生殖技术的医疗机构应当与人类精子库签订供精协议

开展人类辅助生殖技术的医疗机构不得私自采精，其业务所需要的精子应当全部来自人类精子库。为了保证业务正常进行，根据规定，开展人类辅助生殖技术的医疗机构应当与人类精子库签订供精协议。精子本身不是商品，不能用于买卖。因此，开展人类辅助生殖技术的医疗机构与人类精子库签订的供精协议应当是非营利性质的。人类精子库对采集的精子，应当按照签署的协议全部提供给医疗机构。开展人类辅助生殖技术的医疗机构，不得使用不具有人类精子库批准证书的机构提供的精子，并应当按照规定对人类精子库提供的精子索取精子检验合格证明。

四、实施人类辅助生殖技术不得进行性别选择

生男生女，本是一种自然现象。性别选择，说到底是一种性别歧视。除非为了防止伴性遗传病，否则，不应当允许利用人类辅助生殖技术进行性别选择。这体现了性别平等的人权思想。根据规定，实施人类辅助生殖技术的医疗机构不得进行性别选择。当然，法律法规另有规定的除外。

五、医疗机构和医务人员不得实施代孕技术

代孕，俗称“借腹生子”。代孕技术，确实能帮助那些卵巢发育正常，有正常排卵，但因各种原因失去了子宫或者子宫发育异常等疾病的病人。但是，代孕技术也集中反映出人类辅助生殖技术不可回避的社会伦理和法律问题。代孕的实施，可能人为造成多父母家庭，如遗传母亲、孕育母亲、扶养母亲等，亲属关系将出现混乱，诸多民事关系将难以确定。目前，在我国代孕不受法律保护。从国际上看，有的国家禁止任何形式的代孕，有的国家仅允许亲属之间代孕，但都禁止商业性代孕。代孕一直是一个有争议的问题，其实争议焦点并不在技术上，而是在社会伦理和法律等方面。可以说，代孕在技术上已经不是问题，但相关的社会伦理和法律等问题至

今没有理顺。鉴于这一情况,2001 年在制定《人类辅助生殖技术管理办法》时,卫生部根据职权从医疗机构提供医疗服务的角度作出规定,医疗机构和医务人员不得实施任何形式的代孕技术。

六、实施人类辅助生殖技术的医疗机构应当为当事人保密

保密是医疗活动的基本原则之一。根据规定,实施人类辅助生殖技术的医疗机构应当为当事人保密,不得泄露有关信息。按照《人类辅助生殖技术和人类精子库伦理原则》的规定,具体要求是:供精者和受精者之间要互盲;供精者和实施人类辅助生殖技术的医务人员之间要互盲;供精者和受精者后代之间要互盲。因此,人类精子库应当建立严格的保密制度,包括冷冻精液被使用时应当一律用代码表示,冷冻精液的受者身份对人类精子库隐匿等措施。无论是受者夫妇还是实施人类辅助生殖技术机构的医务人员均无权查阅供精者证实身份的信息资料。供精者也无权查阅受者及其后代的一切身份信息资料。

第三节 精子的采集与提供

一、精子的采集与提供应当在经批准的人类精子库中进行

人类精子库,是指以治疗不育症以及预防遗传病等为目的,利用超低温冷冻技术,采集、检测、保存和提供精子的机构。采集用于人类辅助生殖技术的精子,属于医疗活动的范畴。所以,在我国人类精子库必须设置在医疗机构内。医疗机构设置人类精子库必须符合人类精子库设置规划。

医疗机构申请设置人类精子库应当符合下列条件:(1)具有医疗机构执业许可证;(2)设有医学伦理委员会;(3)具有与采集、检测、保存和提供精子相适应的卫生专业技术人员;(4)具有与采集、检测、保存和提供精子相适应的技术和仪器设备;(5)具有对供精者进行筛查的技术能力;(6)应当符合卫生部制定的《人类精子库基本标准》。

根据规定,医疗机构申请设置人类精子库,应当按要求向卫生行政部门提交下列资料:(1)设置人类精子库可行性报告;(2)医疗机构基本情况;(3)拟设置人类精子库的建筑设计平面图;(4)拟设置人类精子库将开展的技术业务范围、技术 设备条件、技术人员配备情况和组织结构;(5)人类精子库的规章制度、技术操作手册等;(6)省级以上卫生行政部门规定的其他材料。

医疗机构设置人类精子库，原由卫生部审批。根据国务院行政审批制度改革要求，2015 年国家卫生计生委《关于规范人类辅助生殖技术与人类精子库审批的补充规定》将人类精子库审批权限下放到省级卫生计生行政部门。并规定，省级卫生计生行政部门根据专家组评审意见进行审核，在规定时限内作出批准或不予批准的决定，并书面告知申请机构，同时报国家卫生计生委备案。

二、人类精子库应当对供精者进行健康检查和严格筛选

开展人工授精和体外受精—胚胎移植技术都可能需要实施供精，但如果对供精不加控制，不仅将损害个人和家庭利益，也会损害社会。所以，国家明确反对以营利为目的进行精子采集与提供活动。因为利益驱动有可能成为多次多处供精的动力，这样做的后果可能导致近亲繁殖、遗传病人数增加。人类精子库采集的精子是用于人类辅助生殖技术的，因此，精子的质量关系下一代的健康。从保证精子质量角度而言，供精者的年龄既不宜偏大也不能偏小。根据规定，供精者的年龄应当在 22 周岁至 45 周岁之间。除年龄要求外，还应当身体健康。所以，人类精子库在采集精子前，应当对供精者进行必要的健康检查和严格筛选。有下列情形之一的，其精液不得采集：(1)有遗传病家族史或者患遗传性疾病；(2)精神病患者；(3)传染病患者或者病原携带者；(4)长期接触放射线和有害物质者；(5)精液检查不合格者；(6)其他严重器质性疾病患者。

三、人类精子库应当与供精者签署知情同意书

供精者为不育者提供帮助，是高尚的情操。但供精毕竟涉及个人隐私，而且与社会伦理息息相关。所以，精子的采集和提供应当遵循当事人自愿原则。任何单位或者个人不能利诱或者强迫他人供精。在供精问题上，供精者有独立的、自愿的决定权。供精者自愿供精的，在不损害公共利益的前提下，人类精子库应当与供精者签署知情同意书。为了保证供精者的知情同意权，人类精子库工作人员应当向供精者说明精子的用途、保存方式以及可能带来的社会伦理等问题。供精者有权在心理、生理不适或者其他情况下终止供精，即使经人类精子库筛查和冷冻后，也有权要求终止使用已被冷冻保存的精液。根据规定，人类精子库向自愿者采集的精子不得向未经批准开展人类辅助生殖技术的医疗机构提供。

四、未经检验或者检验不合格的精子不得向医疗机构提供

绝大多数疾病都与基因有直接或者间接关系。目前所知的像苯丙酮尿症、血

友病、色盲这样的单基因遗传疾病就有7000多种。血缘相同或者相近的两个人若不知情的结合，某种疾病相关的基因重合、叠加后，就可能把各种隐性的遗传病变成其后代的显性遗传病。所以，为了保障供精者提供的精子绝对健康，必须对供精者进行反复筛选，严格体检，确保供精者无家族遗传病史，无相关传染病，无不良嗜好，有较高智力水平。采集的精子还需要在液氮环境中冷冻6个月以上，以防止某些潜伏期较长的疾病漏网。在冷冻6个月之后，还要对精子进行复检。复检合格的，方可向批准开展人类辅助生殖技术的医疗机构提供，并同时提交相关的检验结果。与此同时，国家还禁止人类精子库向医疗机构提供新鲜精子。因为采用未加处理的新鲜精子进行人工授精，不仅可能导致某些遗传病蔓延，而且可能导致性病、艾滋病、肝炎等传染病的传播。

五、人类精子库应当建立供精者档案

供精者向人类精子库提供精子，为开展人类辅助生殖技术提供了条件。但如果对供精者管理不善，也有可能造成一定的潜在危害。如同一个供精者的精子使过多妇女受孕，会加大近亲结婚的概率。对此，除供精者必须遵守基本的道德要求，只在一个人类精子库中供精外，人类精子库也应当有限制地使用同一个供精者的精子。根据规定，一个供精者的精子最多只能提供给5名妇女受孕。为了确保万无一失，人类精子库应当按照要求建立供精者档案，对供精者的详细资料和精子使用情况进行计算机管理并永久保存。对于输入计算机的供精者和受精者的信息，未经供精者和受精者同意，人类精子库不得泄露。这既是对供精者善举的保护，也是对受精者选择的尊重。

第五篇

病人权利法

第二十七章　病人权利法概说

第一节　病人权利法的发展

一、病人的概念

病人,有狭义和广义之分。狭义的病人,是指生病的人;广义的病人,是指接受医疗服务的人,包括生病的人和没有生病的人。在医疗法中,病人是广义的。

病人,也称患者。病人和患者的含义没有本质区别。“患”的字义是“生病”。所以,患者就是生病的人。

在我国医疗法中,病人与患者是兼用的。有的法律、行政法规用病人,有的法律、行政法规用患者;也有的法律、行政法规既用病人也用患者。如《传染病防治法》第52条第2款规定,医疗机构应当实行传染病预检、分诊制度;对传染病病人、疑似传染病病人,应当引导至相对隔离的分诊点进行初诊。医疗机构不具备相应救治能力的,应当将患者及其病历记录复印件一并转至具备相应救治能力的医疗机构。又如,将医疗机构及其医务人员与病人的关系,称之为医患关系,而不是谓之医病关系。其实,医患关系也可以称为医病关系。所以,用病人还是患者,约定俗成而已,并没有实际意义上的差别。本书除引用条文外,统一用病人。

二、病人权利的分类

病人权利大致可以分为两类:一类是以医疗服务为前提的权利。这部分权利相对于医疗服务,是病人享受医疗服务时所具有的权利。另一类是不以医疗服务为前提的权利。这部分权利相对于公民,是宪法赋予的权利。如我国《宪法》第45条第1款规定:“中华人民共和国公民在年老、疾病或者丧失劳动能力的情况下,有从国家和社会获得物质帮助的权利。国家发展为公民享受这些权利所需要的社会保险、社会救济和医疗卫生事业。”这一规定确立了我国公民的医疗权和医疗保障权，也确立了国家在实现公民医疗权和医疗保障权上的责任。通常我们将医疗权和医疗保障权简述为“病有所医”和“医有所保”。这部分权利，确切地说，是公民健康权利。本书所称的病人权利是指前者。

病人在医疗服务中所享有的权利来源于公民健康权利，也是公民健康权利在医疗服务上的具体化。

三、病人权利法的立法

自有医疗法，就有关于病人权利的规定。但将病人权利提高到医疗活动的前提则始于20世纪60年代。由于消费者意识的不断提高，病人不愿再被视为无助者或者无知者，也不再愿意毫无疑问地遵从医务人员的指示，他们要求获取与自己健康和医疗相关的信息，要求以最低的医疗费用获取高品质的医疗服务，并要求参与决定有关自己的医疗方案等。为了给医患双方提供医疗合作的依据，各国纷纷开始有关病人权利的专门立法。病人权利越来越受到重视。

我国病人权利立法起步也比较早。如1951年制定的《医院诊所管理暂行条例》第11条规定：“医院诊所遇有紧急病患之病人时，应即时负责急救，救护终了，再办理收费及其他手续。”第17条规定：“医院诊所对病人需要施行大手术，或在病情危笃，须施行特殊应急治疗时，须取得病人及关系人同意签字后，始得施行；对不能自立之未成年病人，或病人已失知觉，且无关系人时，可不取得同意，但医院诊所负责人及负责施行手术医师，应据情共同签字鉴证之。”但总的来说，直到20世纪八九十年代，有关病人权利的立法所涉及的方面还是比较窄的，病人知情权范围还不够宽，病人参与医疗乃至参与医疗事故争议的程度也不够高。如1987年出台的《医疗事故处理办法》第8条规定：“发生医疗事故或者事件的医疗单位，应指派专人妥善保管有关的各种原始资料，严禁涂改、伪造、隐匿、销毁。因输液、输血、注射、服药等引起不良后果的，要对现场实物暂时封存保留，以备检验。”虽然该规定十分重视证据的真实性及其保存，但并没有将病人纳入其中。这一状况发生根本改变是在21世纪初。其中最为突出的代表是2002年的《医疗事故处理条例》。从某种角度可以这样说，《医疗事故处理条例》是我国病人权利的专门立法。它处处体现了尊重病人权利、保护病人权利的思想，其内容构成了我国病人权利体系的基本框架。后来的《侵权责任法》第七章“医疗损害责任”将《医疗事故处理条例》所规定的病人权利进行了提炼、浓缩，但总体上并没有超出原有规定的范围。

第二节　病人权利法的立法特点

一、尚无以病人权利法为名称的立法

我国关于病人权利方面的法律规定是比较多的，但目前还没有一部以病人权利法为名称的法律。有关病人权利的法律规范分散在数十个卫生法律和行政法规之中。究其原因主要是，社会对病人权利重要性的认识是逐步提高的，尤其是对病人权利所包含内容的认识是逐步深化的，因此，在医疗法上也是逐步充实和完善的。从总体上看，有关病人权利的方方面面，目前在不同的法律、行政法规以及规章等规范性文件中都有不同程度的体现，而且已经构建起相对比较完整的病人权利体系。在这种情况下，再进行病人权利的专门立法，其迫切性确实略显不足。

二、病人权利保护主要是从约束医疗机构和医务人员行为来实现的

病人权利是相对于医疗服务而言的，而医疗服务是由医疗机构和医务人员提供的。没有医疗服务，就没有病人权利。所以，病人权利的实现程度，与医疗机构和医务人员所提供的医疗服务息息相关。换句话说，病人权利是要在医务人员帮助下实现的。为了保障病人权利，医疗法不仅从病人接受医疗服务角度明确病人的具体权利，而且从医疗机构和医务人员提供医疗服务角度，将病人权利细化为医疗机构和医务人员的具体义务或者责任，也就是通过约束医疗机构和医务人员的行为来体现病人权利。因此，可以这样说，病人权利既包括直接从病人角度列明的具体权利，也包括直接从医疗机构和医务人员角度列明的具体义务或者责任。这是病人权利的特殊性之一。

三、病人权利已成为医疗法的重要内容

近二十多年来，我国医疗法的立法领域不断拓宽、延伸。与此相适应的是，病人权利方面的立法也发生了显著变化。有关病人权利的法律规范，不仅数量增多，而且内容也从间接性规定转变为直接性规定、抽象性规定转变为具体性规定，形成了内容比较丰富、层次比较鲜明、结构比较合理的病人权利立法特点。在实践中，还注意针对病人权利体系中的一些重点权利，用不同层次的立法形式不断进行强化、细化，以确保病人权利的可操作性。比如，有关病人的知情权、同意权、隐私权、参与权等，既有法律性规定，又有行政法规性规定，还有规章性规定等，使相关病人权利更加贴近实际。

第三节 病人权利的特点

病人权利，通常都是法定的。但法定的病人权利转化成为现实，还需要一个前提。这个前提就是病人要有实际的就医行为。因为具体的病人权利通常产生或者形成于实际存在的医患关系之中。没有事实上的医患关系，病人权利就没有存在的基础。一般来说，病人权利相对应的就是医疗机构及其医务人员的义务。因此，医疗机构及其医务人员应当尊重病人的权利，并自觉履行自己的义务。

一、病人权利存在于医患关系之中

一般而言，病人权利是基于医患关系而存在的。因为医患之间不存在相互关系，"医"无法帮助"患"实现权利。但病人能否主张其病人权利，并不取决于医患之间是否存在形式意义上的医患关系，也不取决于病人的就医行为是否具有合理性，而是在于事实上的医患关系或者病人的就医行为是否为医疗法所承认或者保护。比如，危重病人就医时没有及时付费，并不能因此说他不享有病人权利。又如，作为旅客的医务人员在列车上见义勇为，帮助突然发病的邻座旅客，并不能因此说他们之间形成了医患关系。

二、病人权利以病人就医行为的存在为实现前提

病人权利通常是通过具体的医疗服务实现的。将医疗法上的病人权利变为生活中实际享有的病人权利，需要一个转化条件，这个条件就是病人的就医行为。病人的就医行为是法律保护病人权利的前提。因为没有病人的就医行为，形成不了医患关系。而没有形成医患关系，病人权利也就没有实现的对象。比如病人患病在家里，不愿意去医疗机构就医，与医疗机构没有发生医患关系，医疗机构就没有办法帮助病人实现其权利。病人应当去而没有去医疗机构就医，实际上是放弃了自己的病人权利。

三、病人权利对应的是医疗卫生机构及其医务人员应当履行的义务

在医患关系中，病人的权利与医疗机构及其医务人员的义务存在明显的对应性，即病人的权利一般是医疗机构及其医务人员应当对病人履行的义务。换句话说，在大多数情况下，病人权利是在医疗机构及其医务人员履行其义务的情况下实

现的。但需要指出的是,医疗机构及其医务人员的权利并不一一对应病人的义务。因此,病人在享受病人权利时,一方面要善待自己的病人权利,另一方面也要珍惜医疗机构及其医务人员为其履行的义务。同时,切实履行好自己作为病人应当履行的义务。

第二十八章　病 人 权 利

一、病人权利的概念

这里所称的病人权利，是指病人在接受医疗服务过程中所享有的权利。病人权利因医疗关系而形成，反映的是医患之间在医疗上的互动关系，并体现他们之间的权利和义务。因此，从某种角度说，病人权利也是病人参与医疗活动的权利。

病人权利在性质上属于民事权利。《民法通则》和《民法总则》等民事基本法律是病人权利的基础。《民法通则》第 98 条规定，公民享有生命健康权；第 101 条规定，公民的人格尊严受法律保护。2017 年 10 月 1 日施行的《民法总则》第 109 条规定，自然人的人身自由、人格尊严受法律保护。第 110 条第 1 款规定，自然人享有生命权、身体权、健康权、姓名权、肖像权、名誉权、荣誉权、隐私权、婚姻自主权等权利。第 111 条规定，自然人的个人信息受法律保护。任何组织和个人需要获取他人个人信息的，应当依法取得并确保信息安全，不得非法收集、使用、加工、传输他人个人信息，不得非法买卖、提供或者公开他人个人信息，等等。

二、病人权利的内容

我国虽然还没有专门的有关病人权利的法律，但现行卫生法律、行政法规都从不同角度对病人权利作了明确、具体的规定。从内容上看，我国已经基本形成了比较完整的病人权利体系。主要是：

1. 病人有权获得医疗服务

病人都有使用适当医疗服务的权利。需要使用医疗服务但无法负担医疗费用的病人，在法律、行政法规规定的范围内，有权享受减免医疗费用的医疗服务。例如：

《社会保险法》第 31 条第 2 款规定，医疗机构应当为参保人员提供合理、必要的医疗服务。

《传染病防治法》第 62 条规定，国家对患有特定传染病的困难人群实行医疗救助，减免医疗费用。

《母婴保健法》第 2 条第 1 款规定，国家发展母婴保健事业，提供必要条件和物质帮助，使母亲和婴儿获得医疗保健服务。《母婴保健法实施办法》第 4 条规定，国家保障公民获得适宜的母婴保健服务的权利。

《执业医师法》第 24 条规定，对急危患者，医师应当采取紧急措施进行诊治；不得拒绝急救处置。

《精神卫生法》第 28 条第 3 款规定，医疗机构接到送诊的疑似精神障碍患者，不得拒绝为其作出诊断。第 48 条规定，医疗机构不得因就诊者是精神障碍患者，推诿或者拒绝为其治疗属于本医疗机构诊疗范围的其他疾病。第 68 条第 3 款规定，精神障碍患者通过基本医疗保险支付医疗费用后仍有困难，或者不能通过基本医疗保险支付医疗费用的，医疗保障部门应当优先给予医疗救助。

《医疗机构管理条例》第 31 条规定，医疗机构对危急病人应当立即抢救。对限于设备或者技术条件不能诊治的病人，应当及时转诊。

《突发公共卫生事件应急条例》第 39 条第 1 款规定，医疗卫生机构应当对因突发事件致病的人员提供医疗救护和现场救援，对就诊病人必须接诊治疗，并书写详细、完整的病历记录；对需要转送的病人，应当按照规定将病人及其病历记录的复印件转送至接诊的或者指定的医疗机构。

《艾滋病防治条例》第 41 条规定，医疗机构应当为艾滋病病毒感染者和艾滋病病人提供艾滋病防治咨询、诊断和治疗服务。医疗机构不得因就诊的病人是艾滋病病毒感染者或者艾滋病病人，推诿或者拒绝对其其他疾病进行治疗。第 44 条规定，向农村艾滋病病人和城镇经济困难的艾滋病病人免费提供抗艾滋病病毒治疗药品；对农村和城镇经济困难的艾滋病病毒感染者、艾滋病病人适当减免抗机会性感染治疗药品的费用；向接受艾滋病咨询、检测的人员免费提供咨询和初筛检测；向感染艾滋病病毒的孕产妇免费提供预防艾滋病母婴传播的治疗和咨询。

《社会救助暂行办法》第 27 条规定，国家建立健全医疗救助制度，保障医疗救助对象获得基本医疗卫生服务。第 29 条第 1 款规定，医疗救助采取下列方式：(1)对救助对象参加城镇居民基本医疗保险或者新型农村合作医疗的个人缴费部分，给予补助；(2)对救助对象经基本医疗保险、大病保险和其他补充医疗保险支付后，个人及其家庭难以承担的符合规定的基本医疗自负费用，给予补助。第 32 条第 1 款规定，国家建立疾病应急救助制度，对需要急救但身份不明或者无力支付急救费用的急重危伤病患者给予救助。符合规定的急救费用由疾病应急救助基金支付。

2.病人有权得到尊重和关怀

病人在享受医疗服务过程中,应当得到一视同仁的待遇。除了应当获得良好的医疗服务外,还应当在人格尊严、风俗习惯、宗教信仰、价值观以及人文背景等方面获得尊重和关怀。例如:

《执业医师法》第22条、《护士条例》第18条、《乡村医生从业管理条例》第24条规定,在执业活动中,应当关心、爱护、尊重患者,保护患者的隐私。

《传染病防治法》第16条规定,不得歧视传染病病人、病原携带者和疑似传染病病人。

《精神卫生法》第4条规定,精神障碍患者的人格尊严不受侵犯。第5条规定,应当尊重、理解、关爱精神障碍患者。不得歧视、侮辱、虐待精神障碍患者。第37条规定,医疗机构及其医务人员应当将精神障碍患者在诊断、治疗过程中享有的权利,告知患者或者其监护人。

3.病人有权知道有关自己的医疗情况

病人有权知道有关自己的病情、诊断、治疗和预后等信息。基于医学上考虑,认为病人不宜知道的,医疗机构及其医务人员应当如实告知病人的近亲属。例如:

《侵权责任法》第55条规定,医务人员在诊疗活动中应当向患者说明病情、医疗措施。

《执业医师法》第26条规定,医师应当如实向患者或者其家属介绍病情,但应注意避免对患者产生不利后果。

《精神卫生法》第39条规定,医疗机构及其医务人员应当遵循精神障碍诊断标准和治疗规范,制定治疗方案,并向精神障碍患者或者其监护人告知治疗方案和治疗方法、目的以及可能产生的后果。

《医疗事故处理条例》第11条规定,在医疗活动中,医疗机构及其医务人员应当将患者的病情、医疗措施、医疗风险等如实告知患者,及时解答其咨询;但是,应当避免对患者产生不利后果。

《艾滋病防治条例》第42条规定,对确诊的艾滋病病毒感染者和艾滋病病人,医疗卫生机构的工作人员应当将其感染或者发病的事实告知本人;本人为无行为能力人或者限制行为能力人的,应当告知其监护人。

《疫苗流通和预防接种管理条例》第25条第1款规定,医疗卫生人员在实施接种前,应当告知受种者或者其监护人所接种疫苗的品种、作用、禁忌、不良反应以及注意事项,询问受种者的健康状况以及是否有接种禁忌等情况,并如实记录告知和询问情况。

4. 病人有权查阅和复制自己的病历资料

医疗机构及其医务人员应当按照规定书写并妥善保管病历资料。病人有权查阅和复制自己的病历资料。医疗机构应当为病人查阅和复制自己的病历资料提供方便。例如:

《侵权责任法》第 61 条规定,医疗机构及其医务人员应当按照规定填写并妥善保管住院志、医嘱单、检验报告、手术及麻醉记录、病理资料、护理记录、医疗费用等病历资料。患者要求查阅、复制前款规定的病历资料的,医疗机构应当提供。

《精神卫生法》第 47 条规定,医疗机构及其医务人员应当在病历资料中如实记录精神障碍患者的病情、治疗措施、用药情况、实施约束、隔离措施等内容,并如实告知患者或者其监护人。患者及其监护人可以查阅、复制病历资料;但是,查阅、复制病历资料可能对其治疗产生不利影响的除外。

《医疗事故处理条例》第 10 条规定,患者有权复印或者复制其门诊病历、住院志、体温单、医嘱单、化验单(检验报告)、医学影像检查资料、特殊检查同意书、手术同意书、手术及麻醉记录单、病理资料、护理记录以及国务院卫生行政部门规定的其他病历资料。

5. 病人有权作出是否同意的决定

病人在接受各种特殊检查、治疗前,应当得到充分的说明,包括目的、风险性、可选择的方案等。除紧急情况外,未经病人同意不得实施任何的处置或者治疗。例如:

《侵权责任法》第 55 条第 1 款规定,需要实施手术、特殊检查、特殊治疗的,医务人员应当及时向患者说明医疗风险、替代医疗方案等情况,并取得其书面同意;不宜向患者说明的,应当向患者的近亲属说明,并取得其书面同意。

《医疗机构管理条例》第 33 条规定,医疗机构施行手术、特殊检查或者特殊治疗时,必须征得患者同意,并应当取得其家属或者关系人同意并签字;无法取得患者意见时,应当取得家属或者关系人同意并签字;无法取得患者意见又无家属或者关系人在场,或者遇到其他特殊情况时,经治医师应当提出医疗处置方案,在取得医疗机构负责人或者被授权负责人员的批准后实施。

《母婴保健法》第 19 条第 1 款规定,依照本法规定施行终止妊娠或者结扎手术,应当经本人同意,并签署意见。本人无行为能力的,应当经其监护人同意,并签署意见。

《精神卫生法》第 31 条规定,精神障碍患者有本法第三十条第二款第一项情形的,经其监护人同意,医疗机构应当对患者实施住院治疗;监护人不同意的,医疗机构不得对患者实施住院治疗。第 43 条第 1 款规定,医疗机构对精神障碍患者实施下列治疗措施,应当向患者或者其监护人告知医疗风险、替代医疗方案等情况,并取得患者的书面同意;无法取得患者意见的,应当取得其监护人的书面同意,并经本医疗机构伦理委员会批准:(1)导致人体器官丧失功能的外科手术;(2)与精神障碍治疗有关的实验性临床医疗。

《人体器官移植条例》第 19 条规定,从事人体器官移植的医疗机构及其医务人员摘取活体器官前,应当向活体器官捐献人说明器官摘取手术的风险、术后注意事项、可能发生的并发症及其预防措施等,并与活体器官捐献人签署知情同意书。

6. 病人有权选择医疗方案或者医疗措施

病人有权决定做什么样的检查、进行什么样的治疗,并有权在法律规定的范围内选择医疗机构和医务人员。例如:

《母婴保健法实施办法》第 4 条规定,公民享有母婴保健的知情选择权。第 17 条第 2 款规定,医师发现或者怀疑育龄夫妻患有严重遗传性疾病的,应当提出医学意见;限于现有医疗技术水平难以确诊的,应当向当事人说明情况。育龄夫妻可以选择避孕、节育、不孕等相应的医学措施。

《疫苗流通和预防接种管理条例》第 28 条第 3 款规定,受种者或者其监护人要求自费选择接种第一类疫苗的同品种疫苗的,提供服务的接种单位应当告知费用承担、异常反应补偿方式以及本条例第 25 条规定的有关内容。

《精神卫生法》第 44 条第 1 款规定,自愿住院治疗的精神障碍患者可以随时要求出院,医疗机构应当同意。

7. 病人有权在法律允许的范围内拒绝治疗

病人在法律允许的范围内,有拒绝接受治疗的权利,包括在治疗过程中放弃继续治疗的权利。病人虽然有权利拒绝接受治疗,不过当病人拒绝接受治疗时,医疗机构及其医务人员有责任向病人说明拒绝接受治疗可能对健康和生命产生的危险性。例如:

《精神卫生法》第 31 条规定,精神障碍患者有已经发生伤害自身的行为或者有伤害自身的危险的,经其监护人同意,医疗机构应当对患者实施住院治疗;监护人不同意的，医疗机构不得对患者实施住院治疗。第44条规定，自愿住院治疗的精神障碍患者可以随时要求出院，医疗机构应当同意。对有已经发生伤害自身的行为或者有伤害自身的危险的精神障碍患者实施住院治疗的，监护人可以随时要求患者出院，医疗机构应当同意。医疗机构认为不宜出院的，应当告知不宜出院的理由；患者或者其监护人仍要求出院的，执业医师应当在病历资料中详细记录告知的过程，同时提出出院后的医学建议，患者或者其监护人应当签字确认。

8. 病人有权拒绝参加临床试验

病人有权要求在实施临床试验前，获得有关详情和解释，以便于作出是否愿意参加的决定。愿意参加的签署同意书。不得强迫病人参加。例如：

《执业医师法》第26条第2款规定，医师进行实验性临床医疗，应当经医院批准并征得患者本人或者其家属同意。

《药品管理法实施条例》第30条第3款规定，药物临床试验机构进行药物临床试验，应当事先告知受试者或者其监护人真实情况，并取得其书面同意。

《精神卫生法》第43条第3款规定，禁止对精神障碍患者实施与治疗其精神障碍无关的实验性临床医疗。

9. 病人有权获得隐私方面的保护

病人有权不让自己的姓名、照片、身体或者病历资料等被公开于众人面前，确保其个人隐私。除法律有特别规定外，未经病人同意，医疗机构及其医务人员不得公开病人不愿意公开的信息，包括健康信息和医疗服务信息。例如：

《执业医师法》第22条、《护士条例》第18条、《乡村医生从业管理条例》第24条规定，保护患者的隐私。

《侵权责任法》第62条规定，医疗机构及其医务人员应当对患者的隐私保密。泄露患者隐私或者未经患者同意公开其病历资料，造成患者损害的，应当承担侵权责任。

《传染病防治法》第12条规定，医疗机构不得泄露涉及个人隐私的有关信息、资料。

《母婴保健法》第34条规定，从事母婴保健工作的人员应当严格遵守职业道德，为当事人保守秘密。

《精神卫生法》第4条规定，除依法履行职责需要公开外，应当对精神障碍患者的姓名、肖像、住址、工作单位、病历资料以及其他可能推断出其身份的信息予以保密。

《人体器官移植条例》第23条规定，从事人体器官移植的医务人员应当对人体器官捐献人、接受人和申请人体器官移植手术的患者的个人资料保密。

《艾滋病防治条例》第39条第2款规定，未经本人或者其监护人同意，任何单位或者个人不得公开艾滋病病毒感染者、艾滋病病人及其家属的姓名、住址、工作单位、肖像、病史资料以及其他可能推断出其具体身份的信息。

10. 病人有权核实医疗收费

病人有权了解医疗收费标准，也有权核对自己的医疗账单，并得到合理的解释。例如：

《医疗机构管理条例》第37条规定，医疗机构必须按照人民政府或者物价部门的有关规定收取医疗费用，详列细项，并出具收据。

《人体器官移植条例》第21条第2款规定，前款规定费用的收取标准，依照有关法律、行政法规的规定确定并予以公布。

《药品管理法》第57条规定，医疗机构应当向患者提供所用药品的价格清单。

11. 病人有权投诉

病人有权对医疗服务态度、医疗服务质量和医疗服务纠纷等向医疗机构或者卫生行政部门等投诉，要求得到合理解释或者处理。例如：

《医疗事故处理条例》第7条规定，医疗机构应当设置医疗服务质量监控部门或者配备专（兼）职人员，具体负责监督本医疗机构的医务人员的医疗服务工作，检查医务人员执业情况，接受患者对医疗服务的投诉，向其提供咨询服务。

《乡村医生从业管理条例》第37条规定，有关人民政府卫生行政主管部门对村民和乡村医生提出的意见、建议和投诉，应当及时调查处理，并将调查处理结果告知村民或者乡村医生。

《人体器官移植条例》第5条规定，任何组织或者个人对违反本条例规定的行为，有权向卫生主管部门和其他有关部门举报。接到举报的人民政府、卫生主管部门和其他有关部门对举报应当及时核实、处理，并将处理结果向举报人通报。

12. 病人有权参与医疗损害争议的处理

病人与医疗机构发生医疗损害争议时，有权参与相关证据的保全，提供有利于自己的证据以及见证相关过程等。例如：

《医疗事故处理条例》第16条规定，发生医疗事故争议时，死亡病例讨论记录、疑难病例讨论记录、上级医师查房记录、会诊意见、病程记录应当在医患双方在场的情况下封存和启封。封存的病历资料可以是复印件，由医疗机构保管。第17条第 1 款规定，疑似输液、输血、注射、药物等引起不良后果的，医患双方应当共同对现场实物进行封存和启封，封存的现场实物由医疗机构保管；需要检验的，应当由双方共同指定的、依法具有检验资格的检验机构进行检验；双方无法共同指定时，由卫生行政部门指定。第 18 条第 3 款规定，医疗事故争议双方当事人可以请法医病理学人员参加尸检，也可以委派代表观察尸检过程。第 28 条第 2 款规定，当事人应当自收到医学会的通知之日起 10 日内提交有关医疗事故技术鉴定的材料、书面陈述及答辩。

13. 病人有权要求医疗损害赔偿或者补偿

医疗机构及其医务人员因过错造成医疗损害的，病人有权要求获得合理的赔偿。因无过错造成身体损害的，在法律、行政法规规定的范围内，病人有权要求获得合理的补偿。例如：

《侵权责任法》第 54 条规定，患者在诊疗活动中受到损害，医疗机构及其医务人员有过错的，由医疗机构承担赔偿责任。第 59 条规定，因药品、消毒药剂、医疗器械的缺陷，或者输入不合格的血液造成患者损害的，患者可以向生产者或者血液提供机构请求赔偿，也可以向医疗机构请求赔偿。

《药品管理法》第 92 条规定，医疗机构违反本法规定，给药品使用者造成损害的，依法承担赔偿责任。

《献血法》第 19 条规定，血站违反有关操作规程和制度采集血液，给献血者健康造成损害的，应当依法赔偿。第 22 条规定，医疗机构的医务人员将不符合国家规定标准的血液用于患者，给患者健康造成损害的，应当依法赔偿。

《疫苗流通和预防接种管理条例》第 46 条第 1 款规定，因预防接种异常反应造成受种者死亡、严重残疾或者器官组织损伤的，应当给予一次性补偿。

第二十九章　病 人 义 务

一、病人义务的概念

通常,有什么样的权利就有什么样的义务。但由于医疗服务的特殊性,病人权利与义务并不对称。所谓病人义务,是指病人在接受医疗服务过程中应当履行的义务。在医疗法中,病人权利远多于义务,而且对病人义务的规定往往是为了实现病人的权利。所以,从某种角度说,病人义务是另一种形式的病人权利。

我国早期医疗法的调整对象主要是医疗机构及其医务人员,约束的是医疗行为,病人作为医疗服务的享受者,通常是权利的化身。所以,在实践中,一般不直接对病人作出义务性规定,所谓病人义务要从医疗机构及其医务人员的权利义务中引申出来。近二十年来情况虽然有所改变,医疗法在加大病人权利保护的同时,也开始对病人的求医问药行为进行规范,但相比病人权利性规定,病人义务性规定不仅数量少,而且内容也少。

二、病人义务的内容

有关病人义务的法律、行政法规规定,目前还主要侧重在传染病防治、精神卫生、医疗秩序维护等与公共卫生关系密切的方面。具体来说,主要有:

1. 病人应当尊重医务人员

病人利益实际上是建立在医务人员利益之上的。没有医务人员的利益,病人利益是维护不好的。所以,病人要确保自己利益的最大化,赢得医务人员的尊重,首先自己要尊重医务人员。因为尊重都是相互的。例如:

《执业医师法》第 3 条第 2 款规定,全社会应当尊重医师。

《护士条例》第 3 条第 2 款规定,全社会应当尊重护士。

《精神卫生法》第 71 条第 1 款规定,全社会应当尊重精神卫生工作人员。

2. 病人应当如实陈述病情

为确保医疗安全和质量,病人及其家属应当主动、全面地告知医务人员有关病人的健康状况,包括过去病史、药物过敏史、目前是否罹患传染性疾病等信息。例如:

《艾滋病防治条例》第38条第1款第3项规定,艾滋病病毒感染者和艾滋病病人就医时,应当将感染或者发病的事实如实告知接诊医生。

《疫苗流通和预防接种管理条例》第25条第1款规定,医疗卫生人员在实施接种前,应当告知受种者或者其监护人所接种疫苗的品种、作用、禁忌、不良反应以及注意事项,询问受种者的健康状况以及是否有接种禁忌等情况,并如实记录告知和询问情况。受种者或者其监护人应当了解预防接种相关知识,并如实提供受种者的健康状况和接种禁忌等情况。

3. 病人应当负责任地表达意见

病人及其家属应当积极参与决定治疗方案,并协调共同的意见。在决定签署同意书或者接受治疗之前,应当充分了解相关内容以及各种治疗方法可能造成的结果。对于各项医疗处置的疑问应当及时向负责的医务人员提出。例如:

《精神卫生法》第32条第1款规定,精神障碍患者有本法第三十条第二款第二项情形,患者或者其监护人对需要住院治疗的诊断结论有异议,不同意对患者实施住院治疗的,可以要求再次诊断和鉴定。第32条第2款规定,承担再次诊断的执业医师应当到收治患者的医疗机构面见、询问患者。第33条第1款规定,鉴定人应当到收治精神障碍患者的医疗机构面见、询问患者。第44条第3款规定,医疗机构认为前两款规定的精神障碍患者不宜出院的,应当告知不宜出院的理由;患者或者其监护人仍要求出院的,执业医师应当在病历资料中详细记录告知的过程,同时提出出院后的医学建议,患者或者其监护人应当签字确认。

4. 病人应当积极配合治疗

病人及其家属应当配合医师的医嘱进行治疗、办理出院或者转院,珍惜医疗资源,妥善利用医疗机构的各项设施。不随便违反医嘱(如自行停药)或者一病多看。例如:

《传染病防治法》第12条第1款规定,在中华人民共和国领域内的一切单位和个人,必须接受疾病预防控制机构、医疗机构有关传染病的调查、检验、采集样本、隔离治疗等预防、控制措施,如实提供有关情况。第39条第2款规定,拒绝隔离治疗或者隔离期未满擅自脱离隔离治疗的,可以由公安机关协助医疗机构采取强制隔离治疗措施。

《母婴保健法》第 16 条规定，医师发现或者怀疑患严重遗传性疾病的育龄夫妻，应当提出医学意见，育龄夫妻应当根据医师的医学意见采取相应的措施。

《母婴保健法实施办法》第 27 条第 2 款规定，婴儿的监护人应当保证婴儿及时接受预防接种。

《精神卫生法》第 35 条第 2 款规定，再次诊断结论或者鉴定报告表明，精神障碍患者有本法第三十条第二款第二项情形的，其监护人应当同意对患者实施住院治疗。监护人阻碍实施住院治疗或者患者擅自脱离住院治疗的，可以由公安机关协助医疗机构采取措施对患者实施住院治疗。第 36 条第 1 款规定，诊断结论表明需要住院治疗的精神障碍患者，本人没有能力办理住院手续的，由其监护人办理住院手续。第 45 条规定，精神障碍患者出院，本人没有能力办理出院手续的，监护人应当为其办理出院手续。

《麻醉药品和精神药品管理条例》第 39 条规定，在医疗机构就诊的癌症疼痛患者和其他危重患者得不到麻醉药品或者第一类精神药品时，患者或者其亲属可以向执业医师提出申请。

5. 病人应当遵守医疗机构的规章制度

病人应当遵守医疗机构的就医规定或者流程，不要求医务人员提供不实的资料或者医学证明文件，遵守医疗机构安全管制措施，不在医疗机构内吸烟等，避免影响其他病人的医疗权益。例如：

《执业医师法》第 23 条第 2 款规定，医师不得出具与自己执业范围无关或者执业类别不相符的医学证明文件。

《医疗机构管理条例》第 32 条规定，未经医师（士）亲自诊查病人，医疗机构不得出具疾病诊断书、健康证明书或者死亡证明文件；未经医师（士）、助产人员亲自接产，医疗机构不得出具出生证明书或者死产报告书。

6. 病人应当及时缴清费用

病人及其家属应当支付属于自行负担的医疗费用。例如：

《献血法》第 14 条第 1 款规定，公民临床用血时，只交付用于血液的采集、储存、分离、检验等费用。

《疫苗流通和预防接种管理条例》第 28 条第 3 款规定，受种者或者其监护人要求自费选择接种第一类疫苗的同品种疫苗的，提供服务的接种单位应当告知费用承担、异常反应补偿方式以及本条例第二十五条规定的有关内容。

7. 病人不应当扰乱医疗秩序或者干扰医疗活动正常进行

医疗秩序是病人正常获得医疗服务的条件。遵守医疗秩序，不仅有利于自己也有利于别的病人。所以，维护好医疗秩序是每一个病人的共同责任。对于医疗服务的意见或者建议，都应当通过正常渠道反映，而不能采取任何有碍正常医疗活动的言行。否则，都是违法行为。例如：

《侵权责任法》第 64 条规定，医疗机构及其医务人员的合法权益受法律保护。干扰医疗秩序，妨碍医务人员工作、生活的，应当依法承担法律责任。

《执业医师法》第 3 条第 2 款规定，医师依法履行职责，受法律保护。第 40 条规定，阻碍医师依法执业、侮辱、诽谤、威胁、殴打医师或者侵犯医师人身自由、干扰医师正常工作、生活的，依照治安管理处罚条例的规定处罚；构成犯罪的，依法追究刑事责任。

《精神卫生法》第 80 条第 1 款规定，在精神障碍的诊断、治疗、鉴定过程中，寻衅滋事，阻挠有关工作人员依照本法的规定履行职责，扰乱医疗机构、鉴定机构工作秩序的，依法给予治安管理处罚。

《医疗事故处理条例》第 59 条规定，以医疗事故为由，寻衅滋事、抢夺病历资料，扰乱医疗机构正常医疗秩序和医疗事故技术鉴定工作，依照刑法关于扰乱社会秩序罪的规定，依法追究刑事责任；尚不够刑事处罚的，依法给予治安管理处罚。

《护士条例》第 3 条第 1 款规定，护士依法履行职责，受法律保护。第 33 条规定，扰乱医疗秩序，阻碍护士依法开展执业活动，侮辱、威胁、殴打护士，或者有其他侵犯护士合法权益行为的，由公安机关依照治安管理处罚法的规定给予处罚；构成犯罪的，依法追究刑事责任。

《乡村医生从业管理条例》第 47 条规定，寻衅滋事、阻碍乡村医生依法执业，侮辱、诽谤、威胁、殴打乡村医生，构成违反治安管理行为的，由公安机关依法予以处罚；构成犯罪的，依法追究刑事责任。

《疫苗流通和预防接种管理条例》第 73 条规定，以发生预防接种异常反应为由，寻衅滋事，扰乱接种单位的正常医疗秩序和预防接种异常反应鉴定工作的，依法给予治安管理处罚；构成犯罪的，依法追究刑事责任。

《治安管理处罚法》第 23 条规定，扰乱医疗不能正常进行，尚未造成严重损失的，处警告或者二百元以下罚款；情节严重的，处五日以上十日以下拘留，可以并处五百元以下罚款。聚众实施前款行为的，对首要分子处十日以上十五日以下拘留，可以并处一千元以下罚款。

《刑法》第 290 条第 1 款规定，聚众扰乱社会秩序，情节严重，致使医疗无法进行，造成严重损失的，对首要分子，处三年以上有期徒刑、拘役、管制或者剥夺政治权利。

第六篇

医疗责任法

第三十章　医疗责任法概说

第一节　医疗责任法的概念与特征

一、医疗责任法的概念

医疗责任法是指有关医疗责任的法律规范的总和。所谓医疗责任，是指医疗法律责任。医疗责任是由于医疗违法行为而应当承担的法律后果。根据法律责任的类型，医疗责任分为医疗行政责任、医疗民事责任和医疗刑事责任。

通常情况下，医疗机构及其医务人员违反医疗法规定的，要依法承担医疗行政责任；过错造成病人损害的，要依法承担医疗民事责任；构成犯罪的，要依法承担医疗刑事责任。

二、医疗责任法的特征

1. 医疗责任法是对各种医疗法律责任规范的总称。目前我国并没有一部称为医疗责任法的法律。事实上制定一部医疗责任法既无必要也不现实。虽然医疗方面的法律责任横跨行政法、民法和刑法等多个法律部门，但医疗法进行了有效衔接，且分类组合为有机联系的统一体。

2. 医疗责任法主要规定医疗违法行为应当受到的法律制裁。医疗违法行为是承担医疗责任的前提。医疗违法行为包括违反医疗法的作为和不作为两类。前者为积极的医疗违法行为，后者为消极的医疗违法行为。实施了医疗法禁止实施的行为要承担法律责任，不实施医疗法规定应当实施的行为也要承担法律责任。

3. 医疗责任法是国家保障医疗法实施的重要形式。医疗法只有实施才能达到立法所预期的目的。对医疗违法行为采取惩罚措施是通过法定程序实施医疗法的主要表现。对于实现规范医疗行为的要求，发挥维护医疗秩序的作用，进而保护和巩固有利于促进广大人民群众健康利益的医患关系，都有重要意义。

第二节 医疗责任的对象和承担

一、医疗责任的对象

医疗责任的对象,也就是医疗法律责任的主体。医疗法律责任的主体是指因违反医疗法而应当承担法律责任的人,包括自然人、法人和其他社会组织。医疗法律责任的主体是构成医疗责任的必备要件。根据医疗法规定,医疗法律责任的主体大致可以分为两部分:

一是具有行医资质的医疗机构及其医务人员。我国对医疗活动实行严格的准入制度。医疗机构不仅必须取得《医疗机构执业许可证》才可以执业,而且必须在登记的诊疗科目范围内依法执业。医务人员也必须取得相应的资质才可以执业,如医师、护士、乡村医生不仅应当取得《医师执业证书》《护士执业证书》《乡村医生执业证书》才能执业,而且应当在职责范围内依法执业。

二是不具有行医资质的单位和个人。不具有行医资质的单位和个人开展医疗活动,属于非法行医。根据医疗法规定,对于非法行医一律予以取缔,并给予行政处罚;构成犯罪的,依法追究刑事责任。非法行医造成患者人身损害的,不属于医疗事故。

二、医疗责任的承担

医疗责任的承担,也就是医疗法律责任的承担,是指对医疗违法行为所导致的后果承担相应的法律责任。由于医疗机构及其医务人员与不具有行医资质的单位和个人在医疗法中的法律地位并不相同,所以他们在医疗责任的承担上有所区别。

就医疗机构和医务人员来说,可以将医疗责任分为医疗机构的法律责任和医务人员的法律责任。根据医疗法规定,医疗机构主要承担的是行政责任和民事责任;医务人员主要承担的是行政责任和刑事责任。

就不具有行医资质的单位和个人来说,通常情况下,单位要依法承担行政责任和民事责任;个人除了要依法承担行政责任和刑事责任外,还要承担民事责任。

第三十一章　医疗行政责任

第一节　医疗行政责任概说

一、医疗行政责任的概念

所谓医疗行政责任，是指因违反医疗法律、法规和规章的行为而引起的行政上应当承担的法律后果。

就医疗法而言，医疗行政责任的承担者，既包括医疗行政相对人，也包括医疗行政主体。为突出重点，这里所谈的医疗行政责任，不包括医疗行政主体。

二、医疗行政责任的特征

根据医疗法，医疗行政责任具有以下特征：

1. 行为上违反了医疗法律、法规和规章。医疗行政责任是由医疗违法行为引起的。在追究医疗行政责任前，首先应当确认是否存在医疗违法行为。

2. 性质上尚不够追究刑事责任。医疗行政责任是一种轻微的法律责任。对轻微的违法行为，仅从行政角度追究违法者的法律责任。

3. 在责任追究上可以是医疗行政机关也可以是医疗机构的上级部门或者医务人员所在单位。医疗行政责任分为行政处罚和行政处分。医疗行政处罚由医疗法规定的行政机关实施。医疗行政处分由医疗法规定的行政机关、医疗机构上级部门或者医务人员所在单位实施。

三、医疗行政责任的种类

医疗行政责任由行政处罚和行政处分两部分构成。

（一）*医疗行政处罚的种类*

医疗行政处罚，通常是指卫生行政部门依照《行政处罚法》和有关医疗法律、法规和规章的规定,对从事医疗违法行为的单位和个人所实施的行政制裁。根据医疗法的规定,现行医疗行政处罚主要是申戒罚、财产罚、资格罚和行为罚。

1. 申戒罚,也称精神罚、名誉罚。申戒罚是使医疗违法行为人的名誉、荣誉、信誉等受到损害的行政处罚。目前主要有:警告等。

2. 财产罚。财产罚是使医疗违法行为人的财产权利和利益受到损害的行政处罚。目前主要有:罚款、没收违法所得、没收非法财物,包括没收非法行医的药品、医疗器械等。

3. 资格罚,也称能力罚。资格罚是剥夺、终止或者限制医疗违法行为人从事一定执业或者活动的权利资格的行政处罚。目前主要有:责令停业、责令停止执业活动、核减诊疗科目、撤销医疗广告的审查批准文件、吊销接种资格、暂扣或者吊销许可证等。

4. 行为罚。行为罚是使医疗违法行为人增加义务负担的行政处罚。目前主要有:责令参加一定期限的培训和继续医学教育等。

(二)医疗行政处分的种类

医疗行政处分是指由医疗法规定的行政机关、医疗机构上级部门或者医务人员所在单位按行政隶属关系,对从事轻微医疗违法行为的单位和个人所给予的一种制裁。在医疗法中,有称行政处分,也有称纪律处分或者处分。有时也将行政处分和纪律处分并称。有关医疗行政处分的条文主要分为两种:一种是笼统地规定给予行政处分,另一种是具体列明给予的行政处分的种类。医疗法中规定的行政处分种类主要有:警告、降级、降低岗位等级、撤职、开除等。

四、医疗行政处罚的法律救济

《行政处罚法》第6条第1款规定,公民、法人或者其他组织对行政机关所给予的行政处罚,享有陈述权、申辩权;对行政处罚不服的,有权依法申请行政复议或者提起行政诉讼。

根据规定,申请行政复议的,应当自收到行政处罚决定之日起六十日内向作出行政处罚决定的上一级行政机关提出;对行政复议决定仍不服的,还可以自收到行政复议决定之日起十五日内向人民法院提起行政诉讼。

对行政处罚决定不服的,也可以不经行政复议,自收到行政处罚决定之日起六个月内直接向人民法院提起行政诉讼。除法律有规定外,申请行政复议或者提起行政诉讼的,行政处罚不停止执行。

第二节　医疗机构的行政责任

医疗法律、行政法规和规章对医疗机构(包括血站)的医疗违法行为及其行政处罚作了明确规定。其中,医疗法律、行政法规的主要规定如下:

一、医疗法律规定的违法行为及其行政处罚

1.《药品管理法》

根据第72条规定,未取得《医疗机构制剂许可证》生产药品、经营药品的,依法予以取缔,没收违法生产、销售的药品和违法所得,并处违法生产、销售的药品(包括已售出的和未售出的药品,下同)货值金额二倍以上五倍以下的罚款。

根据第73条规定,生产、销售假药的,没收违法生产、销售的药品和违法所得,并处违法生产、销售药品货值金额二倍以上五倍以下的罚款;有药品批准证明文件的予以撤销,并责令停产、停业整顿;情节严重的,吊销《医疗机构制剂许可证》。

根据第74条规定,生产、销售劣药的,没收违法生产、销售的药品和违法所得,并处违法生产、销售药品货值金额一倍以上三倍以下的罚款;情节严重的,责令停产、停业整顿或者撤销药品批准证明文件、吊销《医疗机构制剂许可证》。

根据第78条规定,药物临床试验机构未按照规定实施药物临床试验质量管理规范的,给予警告,责令限期改正;逾期不改正的,责令停产、停业整顿,并处五千元以上二万元以下的罚款;情节严重的,吊销药物临床试验机构的资格。

根据第79条规定,医疗机构违反本法第三十四条的规定,从无《药品生产许可证》《药品经营许可证》的企业购进药品的,责令改正,没收违法购进的药品,并处违法购进药品货值金额二倍以上五倍以下的罚款;有违法所得的,没收违法所得;情节严重的,吊销医疗机构执业许可证书。

根据第81条规定,伪造、变造、买卖、出租、出借许可证或者药品批准证明文件的,没收违法所得,并处违法所得一倍以上三倍以下的罚款;没有违法所得的,处二万元以上十万元以下的罚款;情节严重的,并吊销卖方、出租方、出借方的《医疗机构制剂许可证》或者撤销药品批准证明文件。

根据第82条规定,违反本法规定,提供虚假的证明、文件资料、样品或者采取其他欺骗手段取得《医疗机构制剂许可证》或者药品批准证明文件的,吊销《医疗机构制剂许可证》或者撤销药品批准证明文件,五年内不受理其申请,并处一万元以上

三万元以下的罚款。

根据第83条规定，医疗机构将其配制的制剂在市场销售的，责令改正，没收违法销售的制剂，并处违法销售制剂货值金额一倍以上三倍以下的罚款；有违法所得的，没收违法所得。

根据第89条规定，医疗机构在药品购销中暗中给予、收受回扣或者其他利益的，药品的生产企业、经营企业或者其代理人给予使用其药品的医疗机构的负责人、药品采购人员、医师等有关人员以财物或者其他利益的，由工商行政管理部门处一万元以上二十万元以下的罚款，有违法所得的，予以没收。

2.《传染病防治法》

根据第69条规定，医疗机构有下列情形之一的，由县级以上人民政府卫生行政部门责令改正，通报批评，给予警告：(1)未按照规定承担本单位的传染病预防、控制工作、医院感染控制任务和责任区域内的传染病预防工作的；(2)未按照规定报告传染病疫情，或者隐瞒、谎报、缓报传染病疫情的；(3)发现传染病疫情时，未按照规定对传染病病人、疑似传染病病人提供医疗救护、现场救援、接诊、转诊的，或者拒绝接受转诊的；(4)未按照规定对本单位内被传染病病原体污染的场所、物品以及医疗废物实施消毒或者无害化处置的；(5)未按照规定对医疗器械进行消毒，或者对按照规定一次使用的医疗器具未予销毁，再次使用的；(6)在医疗救治过程中未按照规定保管医学记录资料的；(7)故意泄露传染病病人、病原携带者、疑似传染病病人、密切接触者涉及个人隐私的有关信息、资料的。

根据第70条第1款规定，采供血机构未按照规定报告传染病疫情，或者隐瞒、谎报、缓报传染病疫情，或者未执行国家有关规定，导致因输入血液引起经血液传播疾病发生的，由县级以上人民政府卫生行政部门责令改正，通报批评，给予警告；造成传染病传播、流行或者其他严重后果的，可以依法吊销采供血机构的执业许可证。第2款规定，非法采集血液或者组织他人出卖血液的，由县级以上人民政府卫生行政部门予以取缔，没收违法所得，可以并处十万元以下的罚款。

根据第74条规定，医疗机构违反本法规定，有下列情形之一的，由县级以上地方人民政府卫生行政部门责令改正，通报批评，给予警告，已取得许可证的，可以依法暂扣或者吊销许可证：(1)不符合国家规定的条件和技术标准，对传染病病原体样本未按照规定进行严格管理，造成实验室感染和病原微生物扩散的；(2)违反国家有关规定，采集、保藏、携带、运输和使用传染病菌种、毒种和传染病检测样本的；(3)未执行国家有关规定，导致因输入血液、使用血液制品引起经血液传播疾病发生的。

3.《母婴保健法》

根据第35条第1款规定，未取得国家颁发的有关合格证书的，有下列行为之一，县级以上地方人民政府卫生行政部门应当予以制止，并可以根据情节给予警告或者处以罚款：(1)从事婚前医学检查、遗传病诊断、产前诊断或者医学技术鉴定的；(2)施行终止妊娠手术的；(3)出具本法规定的有关医学证明的。

4.《献血法》

根据第18条规定，有下列行为之一的，由县级以上地方人民政府卫生行政部门予以取缔，没收违法所得，可以并处十万元以下的罚款：(1)非法采集血液的；(2)血站、医疗机构出售无偿献血的血液的；(3)非法组织他人出卖血液的。

根据第20条规定，临床用血的包装、储存、运输，不符合国家规定的卫生标准和要求的，由县级以上地方人民政府卫生行政部门责令改正，给予警告，可以并处一万元以下的罚款。

根据第21条规定，血站违反本法的规定，向医疗机构提供不符合国家规定标准的血液的，由县级以上人民政府卫生行政部门责令改正；情节严重，造成经血液途径传播的疾病传播或者有传播严重危险的，限期整顿。

5.《执业医师法》

根据第41条规定，医疗机构未依照本法第十六条的规定履行报告职责，导致严重后果的，由县级以上人民政府卫生行政部门给予警告。

6.《职业病防治法》

根据第74条规定，医疗卫生机构未按照规定报告职业病、疑似职业病的，由有关主管部门依据职责分工责令限期改正，给予警告，可以并处一万元以下的罚款；弄虚作假的，并处二万元以上五万元以下的罚款。

根据第79条规定，医疗卫生机构未经批准擅自从事职业病诊断的，由卫生行政部门责令立即停止违法行为，没收违法所得；违法所得五千元以上的，并处违法所得二倍以上十倍以下的罚款；没有违法所得或者违法所得不足五千元的，并处五千元以上五万元以下的罚款。

根据第80条规定，承担职业病诊断的医疗机构有下列行为之一的，由卫生行政部门责令立即停止违法行为，给予警告，没收违法所得；违法所得五千元以上的，并处违法所得二倍以上五倍以下的罚款；没有违法所得或者违法所得不足五千元的，并处五千元以上二万元以下的罚款；情节严重的，取消其相应的资格：(1)超出批准范围从事职业病诊断的;(2)不按照本法规定履行法定职责的;(3)出具虚假证明文件的。

7.《人口与计划生育法》

根据第36条规定,违反本法规定,有下列行为之一的,由卫生行政部门责令改正,给予警告,没收违法所得;违法所得一万以上的,处违法所得二倍以上六倍以下的罚款;没有违法所得或者违法所得不足一万元的,处一万元以上三万元以下的罚款;情节严重的,由原发证机关吊销执业证书:(1)非法为他人施行计划生育手术的;(2)利用超声技术和其他技术手段为他人进行非医学需要的胎儿性别鉴定或者选择性别的人工终止妊娠的;(3)进行假医学鉴定、出具假计划生育证明的。

8.《精神卫生法》

根据第73条规定,不符合本法规定条件的医疗机构擅自从事精神障碍诊断、治疗的,由县级以上人民政府卫生行政部门责令停止相关诊疗活动,给予警告,并处五千元以上一万元以下罚款,有违法所得的,没收违法所得。

根据第74条规定,医疗机构有下列行为之一的,由县级以上人民政府卫生行政部门责令改正,给予警告:(1)拒绝对送诊的疑似精神障碍患者作出诊断的;(2)对依照本法第三十条第二款规定实施住院治疗的患者未及时进行检查评估或者未根据评估结果作出处理的。

根据第76条第1款规定,有下列情形之一的,由县级以上人民政府卫生行政部门、工商行政管理部门依据各自职责责令改正,给予警告,并处五千元以上一万元以下罚款,有违法所得的,没收违法所得;造成严重后果的,责令暂停六个月以上一年以下执业活动,直至吊销执业证书或者营业执照:(1)心理咨询人员从事心理治疗或者精神障碍的诊断、治疗的;(2)从事心理治疗的人员在医疗机构以外开展心理治疗活动的;(3)专门从事心理治疗的人员从事精神障碍的诊断的;(4)专门从事心理治疗的人员为精神障碍患者开具处方或者提供外科治疗的。

9.《中医药法》

根据第54条第1款规定,违反本法规定,中医诊所超出备案范围开展医疗活动的,由所在地县级人民政府中医药主管部门责令改正,没收违法所得,并处一万元以上三万元以下罚款;情节严重的,责令停止执业活动。第2款规定,中医诊所被责令停止执业活动的,其直接负责的主管人员自处罚决定作出之日起五年内不得在医疗机构内从事管理工作。医疗机构聘用上述不得从事管理工作的人员从事管理工作的,由原发证部门吊销执业许可证或者由原备案部门责令停止执业活动。

根据第56条第1款规定，违反本法规定，举办中医诊所、炮制中药饮片、委托配制中药制剂应当备案而未备案，或者备案时提供虚假材料的，由中医药主管部门和药品监督管理部门按照各自职责分工责令改正，没收违法所得，并处三万元以下罚款，向社会公告相关信息；拒不改正的，责令停止执业活动或者责令停止炮制中药饮片、委托配制中药制剂活动，其直接责任人员五年内不得从事中医药相关活动。第2款规定，医疗机构应用传统工艺配制中药制剂未依照本法规定备案，或者未按照备案材料载明的要求配制中药制剂的，按生产假药给予处罚。

根据第57条第1款规定，违反本法规定，发布的中医医疗广告内容与经审查批准的内容不相符的，由原审查部门撤销该广告的审查批准文件，一年内不受理该医疗机构的广告审查申请。第2款规定，违反本法规定，发布中医医疗广告有前款规定以外违法行为的，依照《中华人民共和国广告法》的规定给予处罚。

10.《禁毒法》

根据第66条规定，未经批准，擅自从事戒毒治疗业务的，由卫生行政部门责令停止违法业务活动，没收违法所得和使用的药品、医疗器械等物品。

根据第67条规定，戒毒医疗机构发现接受戒毒治疗的戒毒人员在治疗期间吸食、注射毒品，不向公安机关报告的，由卫生行政部门责令改正；情节严重的，责令停业整顿。

11.《社会保险法》

根据第87条规定，医疗机构以欺诈、伪造证明材料或者其他手段骗取社会保险基金支出的，由社会保险行政管理部门责令退回骗取的社会保险基金，处骗取金额二倍以上五倍以下的罚款；属于社会保险服务机构的，解除服务协议。

12.《广告法》

根据第55条第2款规定，医疗机构发布虚假广告，情节严重的，除由工商行政管理部门依照本法处罚外，卫生行政部门可以吊销诊疗科目或者吊销医疗机构执业许可证。

根据第58条第2款规定，医疗机构有前款规定违法行为，情节严重的，除由工商行政管理部门依照本法处罚外，卫生行政部门可以吊销诊疗科目或者吊销医疗机构执业许可证。

二、医疗行政法规规定的违法行为及其行政处罚

1.《医疗机构管理条例》

根据第 44 条规定，违反本条例第二十四条规定，未取得《医疗机构执业许可证》擅自执业的，由县级以上人民政府卫生行政部门责令其停止执业活动，没收违法所得和药品、器械，并可以根据情节处以 1 万元以下罚款。

根据第 45 条规定，违反本条例第二十二条规定，逾期不校验《医疗机构执业许可证》仍从事诊疗活动的，由县级以上人民政府卫生行政部门责令限期补办校验手续；拒不校验的，吊销《医疗机构执业许可证》。

根据第 46 条规定，违反本条例第二十三条规定，出卖、转让、出借《医疗机构执业许可证》的，由县级以上人民政府卫生行政部门没收非法所得，并可以处以 5000 元以下的罚款；情节严重的，吊销其《医疗机构执业许可证》。

根据第 47 条规定，违反本条例第二十七条规定，诊疗活动超出登记范围的，由县级以上人民政府卫生行政部门予以警告，责令其改正，并可以根据情节处以 3000 元以下的罚款，情节严重的，吊销其《医疗机构执业许可证》。

根据第 48 条规定，违反本条例第二十八条规定，使用非卫生技术人员从事医疗卫生技术工作的，由县级以上人民政府卫生行政部门责令限期改正，并可以处以 5000 元以下的罚款，情节严重的，吊销《医疗机构执业证可证》。

根据第 49 条规定，违反本条例第三十二条规定，出具虚假证明文件的，由县级以上人民政府卫生行政部门予以警告；对造成危害后果的，可以处以 1000 元以下的罚款。

2.《红十字标志使用办法》

根据第 19 条规定，非红十字会的医疗机构使用标明性红十字标志的，红十字会有权予以劝阻，并要求其停止使用；拒绝停止使用的，红十字会可以提请人民政府责令停止使用。

3.《医疗器械监督管理条例》

根据第 66 条规定，医疗机构使用不符合强制性标准或者不符合经注册或者备案的产品技术要求的医疗器械的，或者使用无合格证明文件、过期、失效、淘汰的医疗器械的，或者使用未依法注册的医疗器械的，由县级以上人民政府药品监督管理部门责令改正，没收违法使用的医疗器械；违法使用的医疗器械货值金额不足 1 万元的，并处 2 万元以上 5 万元以下罚款；货值金额 1 万元以上的，并处货值金额 5 倍

以上10倍以下罚款。

根据第68条规定，医疗机构有下列情形之一的，由县级以上人民政府卫生计生主管部门给予警告；拒不改正的，处5000元以上2万元以下罚款；情节严重的，责令停产停业：(1)未依照规定建立并执行医疗器械进货查验记录制度的；(2)对重复使用的医疗器械，未按照消毒和管理的规定进行处理的；(3)重复使用一次性使用的医疗器械，或者未按照规定销毁使用过的一次性使用的医疗器械的；(4)对需要定期检查、检验、校准、保养、维护的医疗器械，未按照产品说明书要求检查、检验、校准、保养、维护并予以记录，及时进行分析、评估，确保医疗器械处于良好状态的；(5)未妥善保存购入第三类医疗器械的原始资料，或者未按照规定将大型医疗器械以及植入和介入类医疗器械的信息记载到病历等相关记录中的；(6)发现使用的医疗器械存在安全隐患未立即停止使用、通知检修，或者继续使用经检修仍不能达到使用安全标准的医疗器械的；(7)违规使用大型医用设备，不能保障医疗质量安全的；(8)未依照规定开展医疗器械不良事件监测，未按照要求报告不良事件，或者对医疗器械不良事件监测技术机构、药品监督管理部门开展的不良事件调查不予配合的。

根据第69条第1款规定，医疗机构违反规定开展医疗器械临床试验的，由县级以上人民政府药品监督管理部门责令改正或者立即停止临床试验，可以处5万元以下罚款；该机构5年内不得开展相关专业医疗器械临床试验。第2款规定，医疗器械临床试验机构出具虚假报告的，由县级以上人民政府药品监督管理部门处5万元以上10万元以下罚款；有违法所得的，没收违法所得。该机构10年内不得开展相关专业医疗器械临床试验。

4.《母婴保健法实施办法》

根据第40条规定，医疗、保健机构或者人员未取得母婴保健技术许可，擅自从事婚前医学检查、遗传病诊断、产前诊断、终止妊娠手术和医学技术鉴定或者出具有关医学证明的，由卫生行政部门给予警告，责令停止违法行为，没收违法所得；违法所得5000元以上的，并处违法所得3倍以上5倍以下的罚款；没有违法所得或者违法所得不足5000元的，并处5000元以上2万元以下的罚款。

5.《计划生育技术服务管理条例》

根据第34条规定，计划生育技术服务机构或者医疗、保健机构以外的机构或者人员违反本条例的规定，擅自从事计划生育技术服务的，由县级以上地方人民政府计划生育行政部门依据职权，责令改正，给予警告，没收违法所得和有关药品、医疗器械；违法所得5000元以上的，并处违法所得2倍以上5倍以下的罚款；没有违法所得或者违法所得不足5000元的，并处5000元以上2万元以下的罚款。

根据第38条规定，从事计划生育技术服务的机构违反本条例第三条第三款的规定，向农村实行计划生育的育龄夫妻提供避孕、节育技术服务，收取费用的，由县级地方人民政府计划生育行政部门责令退还所收费用，给予警告，并处所收费用2倍以上5倍以下的罚款。

根据第39条规定，从事计划生育技术服务的机构违反本条例的规定，未经批准擅自扩大计划生育技术服务项目的，由原发证部门责令改正，给予警告，没收违法所得；违法所得5000元以上的，并处违法所得2倍以上5倍以下的罚款；没有违法所得或者违法所得不足5000元的，并处5000元以上2万元以下的罚款；情节严重的，并由原发证部门吊销计划生育技术服务的执业资格。

根据第40条规定，从事计划生育技术服务的机构违反本条例的规定，使用没有依法取得相应的医师资格的人员从事与计划生育技术服务有关的临床医疗服务的，由县级以上人民政府卫生行政部门依据职权，责令改正，没收违法所得；违法所得3000元以上的，并处违法所得1倍以上3倍以下的罚款；没有违法所得或者违法所得不足3000元的，并处3000元以上5000元以下的罚款；情节严重的，并由原发证部门吊销计划生育技术服务的执业资格。

根据第41条规定，从事计划生育技术服务的机构出具虚假证明文件，尚不构成犯罪的，由原发证部门责令改正，给予警告，没收违法所得；违法所得5000元以上的，并处违法所得2倍以上5倍以下的罚款；没有违法所得或者违法所得不足5000元的，并处5000元以上2万元以下的罚款；情节严重的，并由原发证部门吊销计划生育技术服务的执业资格。

6.《医疗事故处理条例》

根据第55条第1款规定，医疗机构发生医疗事故的，由卫生行政部门根据医疗事故等级和情节，给予警告；情节严重的，责令限期停业整顿直至由原发证部门吊销执业许可证。

根据第58条规定，医疗机构或者其他有关机构有下列情形之一的，由卫生行政部门责令改正，给予警告；情节严重的，由原发证部门吊销执业证书或者资格证书：(1)承担尸检任务的机构没有正当理由，拒绝进行尸检的；(2)涂改、伪造、隐匿、销毁病历资料的。

7.《药品管理法实施条例》

根据第 61 条规定，未经批准，医疗机构擅自使用其他医疗机构配制的制剂的，依照 2015 年修正后的《药品管理法》第七十九条的规定给予处罚。

根据第 62 条规定，个人设置的门诊部、诊所等医疗机构向患者提供的药品超出规定的范围和品种的，依照 2015 年修正后的《药品管理法》第七十二条的规定给予处罚。

根据第 63 条规定，医疗机构使用假药、劣药的，依照 2015 年修正后的《药品管理法》第七十三条、第七十四条的规定给予处罚。

根据第 66 条规定，医疗机构不按照省、自治区、直辖市人民政府药品监督管理部门批准的标准配制制剂的，依照 2015 年修正后的《药品管理法》第七十四条的规定给予处罚。

根据第 68 条规定，医疗机构配制的制剂，其包装、标签、说明书违反《药品管理法》及本条例规定的，依照 2015 年修正后的《药品管理法》第八十五条的规定给予处罚。

根据第 69 条规定，医疗机构变更药品生产经营许可事项，应当办理变更登记手续而未办理的，由原发证部门给予警告，责令限期补办变更登记手续；逾期不补办的，宣布其《医疗机构制剂许可证》无效；仍从事药品生产经营活动的，依照 2015 年修正后的《药品管理法》第七十二条的规定给予处罚。

8.《中医药条例》

根据第 32 条规定，中医医疗机构违反本条例的规定，有下列情形之一的，由县级以上地方人民政府负责中医药管理的部门责令限期改正；逾期不改正的，责令停业整顿，直至由原审批机关吊销其医疗机构执业许可证、取消其城镇职工基本医疗保险定点医疗机构资格：(1)不符合中医医疗机构设置标准的；(2)获得城镇职工基本医疗保险定点医疗机构资格，未按照规定向参保人员提供基本医疗服务的。

根据第 37 条第 1 款规定，篡改经批准的中医医疗广告内容的，由原审批部门撤销广告批准文号，1 年内不受理该中医医疗机构的广告审批申请。

9.《突发公共卫生事件应急条例》

根据第 50 条规定，医疗卫生机构有下列行为之一的，由卫生行政主管部门责令改正、通报批评、给予警告；情节严重的，吊销《医疗机构执业许可证》：(1)未依照本条例的规定履行报告职责，隐瞒、缓报或者谎报的；(2)未依照本条例的规定及时采取控制措施的；(3)未依照本条例的规定履行突发事件监测职责的；(4)拒绝接诊病人的;(5)拒不服从突发事件应急处理指挥部调度的。

10.《医疗废物管理条例》

根据第45条规定,医疗卫生机构违反本条例规定,有下列情形之一的,由县级以上地方人民政府卫生行政主管部门责令限期改正,给予警告;逾期不改正的,处2000元以上5000元以下的罚款:(1)未建立、健全医疗废物管理制度,或者未设置监控部门或者专(兼)职人员的;(2)未对有关人员进行相关法律和专业技术、安全防护以及紧急处理等知识的培训的;(3)未对从事医疗废物收集、运送、贮存、处置等工作的人员和管理人员采取职业卫生防护措施的;(4)未对医疗废物进行登记或者未保存登记资料的;(5)对使用后的医疗废物运送工具或者运送车辆未在指定地点及时进行消毒和清洁的;(6)未及时收集、运送医疗废物的;(7)未定期对医疗废物处置设施的环境污染防治和卫生学效果进行检测、评价,或者未将检测、评价效果存档、报告的。

根据第46条规定,医疗卫生机构违反本条例规定,有下列情形之一的,由县级以上地方人民政府卫生行政主管部门责令限期改正,给予警告,可以并处5000元以下的罚款;逾期不改正的,处5000元以上3万元以下的罚款:(1)贮存设施或者设备不符合环境保护、卫生要求的;(2)未将医疗废物按照类别分置于专用包装物或者容器的;(3)未使用符合标准的专用车辆运送医疗废物或者使用运送医疗废物的车辆运送其他物品的;(4)未安装污染物排放在线监控装置或者监控装置未经常处于正常运行状态的。

根据第47条规定,医疗卫生机构有下列情形之一的,由县级以上地方人民政府卫生行政主管部门责令限期改正,给予警告,并处5000元以上1万元以下的罚款;逾期不改正的,处1万元以上3万元以下的罚款;造成传染病传播的,由原发证部门暂扣或者吊销执业许可证件:(1)在运送过程中丢弃医疗废物,在非贮存地点倾倒、堆放医疗废物或者将医疗废物混入其他废物和生活垃圾的;(2)未执行危险废物转移联单管理制度的;(3)将医疗废物交给未取得经营许可证的单位或者个人收集、运送、贮存、处置的;(4)对医疗废物的处置不符合国家规定的环境保护、卫生标准、规范的;(5)未按照本条例的规定对污水、传染病病人或者疑似传染病病人的排泄物,进行严格消毒,或者未达到国家规定的排放标准,排入污水处理系统的;(6)对收治的传染病病人或者疑似传染病病人产生的生活垃圾,未按照医疗废物进行管理和处置的。

根据第48条规定,医疗卫生机构违反本条例规定,将未达到国家规定标准的污水、传染病病人或者疑似传染病病人的排泄物排入城市排水管网的，由县级以上地方人民政府建设行政主管部门责令限期改正，给予警告，并处5000元以上1万元以下的罚款；逾期不改正的，处1万元以上3万元以下的罚款；造成传染病传播或者环境污染事故的，由原发证部门暂扣或者吊销执业许可证件。

根据第49条规定，医疗卫生机构发生医疗废物流失、泄漏、扩散时，未采取紧急处理措施，或者未及时向卫生行政主管部门报告的，由县级以上地方人民政府卫生行政主管部门责令改正，给予警告，并处1万元以上3万元以下的罚款；造成传染病传播的，由原发证部门暂扣或者吊销执业许可证件。

根据第50条规定，医疗卫生机构无正当理由，阻碍卫生行政主管部门执法人员执行职务，拒绝执法人员进入现场，或者不配合执法部门的检查、监测、调查取证的，由县级以上地方人民政府卫生行政主管部门责令改正，给予警告；拒不改正的，由原发证部门暂扣或者吊销执业许可证件。

根据第51条规定，不具备集中处置医疗废物条件的农村医疗卫生机构未按照本条例的要求处置医疗废物的，由县级人民政府卫生行政主管部门责令限期改正，给予警告；逾期不改正的，处1000元以上5000元以下的罚款；造成传染病传播的，由原发证部门暂扣或者吊销执业许可证件。

11.《疫苗流通和预防接种管理条例》

根据第59条规定，接种单位有下列情形之一的，由所在地的县级人民政府卫生主管部门责令改正，给予警告：(1)接收或者购进疫苗时未依照规定索要温度监测记录，接收、购进不符合要求的疫苗，或者未依照规定报告的；(2)未依照规定建立并保存真实、完整的疫苗接收或者购进记录的；(3)未在其接种场所的显著位置公示第一类疫苗的品种和接种方法的；(4)医疗卫生人员在接种前，未依照本条例规定告知、询问受种者或者其监护人有关情况的；(5)实施预防接种的医疗卫生人员未依照规定填写并保存接种记录的；(6)未依照规定对接种疫苗的情况进行登记并报告的。

根据第60条规定，接种单位有下列情形之一的，由县级以上地方人民政府卫生主管部门责令改正，给予警告；有违法所得的，没收违法所得：(1)违反本条例规定，未通过省级公共资源交易平台采购疫苗的；(2)违反本条例规定，从疫苗生产企业、县级疾病预防控制机构以外的单位或者个人购进第二类疫苗的；(3)接种疫苗未遵守预防接种工作规范、免疫程序、疫苗使用指导原则、接种方案的；(4)发现预防接种异常反应或者疑似预防接种异常反应，未依照规定及时处理或者报告的；(5)擅自进行群体性预防接种的;(6)未依照规定对包装无法识别、超过有效期、脱离冷链、经检验不符合标准、来源不明的疫苗进行登记、报告,或者未依照规定记录销毁情况的。

根据第61条规定,接种单位在接种过程中违反本条例规定收取费用的,由所在地的县级人民政府卫生主管部门监督其将违法收取的费用退还给原缴费的单位或者个人,并由县级以上人民政府价格主管部门依法给予处罚。

根据第66条规定,接种单位未在规定的冷藏条件下储存、运输疫苗的,由药品监督管理部门责令改正,给予警告,对所储存、运输的疫苗予以销毁;造成严重后果的,由卫生主管部门吊销接种单位的接种资格。

第68条规定,未经卫生主管部门依法指定擅自从事接种工作的,由所在地或者行为发生地的县级人民政府卫生主管部门责令改正,给予警告;有违法持有的疫苗的,没收违法持有的疫苗;有违法所得的,没收违法所得。

12.《麻醉药品和精神药品管理条例》

根据第72条规定,取得印鉴卡的医疗机构违反本条例的规定,有下列情形之一的,由设区的市级人民政府卫生主管部门责令限期改正,给予警告;逾期不改正的,处5000元以上1万元以下的罚款;情节严重的,吊销其印鉴卡:(1)未依照规定购买、储存麻醉药品和第一类精神药品的;(2)未依照规定保存麻醉药品和精神药品专用处方,或者未依照规定进行处方专册登记的;(3)未依照规定报告麻醉药品和精神药品的进货、库存、使用数量的;(4)紧急借用麻醉药品和第一类精神药品后未备案的;(5)未依照规定销毁麻醉药品和精神药品的。

根据第75条规定,提供虚假材料、隐瞒有关情况,或者采取其他欺骗手段取得麻醉药品和精神药品的使用资格的,由原发证部门撤销其已取得的资格,5年内不得提出有关麻醉药品和精神药品的申请;情节严重的,处1万元以上3万元以下的罚款,有医疗机构执业许可证的,依法吊销其许可证明文件。

根据第77条规定,药物临床试验机构以健康人为麻醉药品和第一类精神药品临床试验的受试对象的,由药品监督管理部门责令停止违法行为,给予警告;情节严重的,取消其药物临床试验机构的资格。

根据第80条规定,发生麻醉药品和精神药品被盗、被抢、丢失案件的单位,未采取必要的控制措施或者未依照规定报告的,由卫生主管部门责令改正,给予警告;情节严重的,处5000元以上1万元以下的罚款。

根据第81条规定,依法取得麻醉药品药用原植物种植或者精神药品使用资格的医疗机构，倒卖、转让、出租、出借、涂改其麻醉药品和精神药品许可证明文件的，由原审批部门吊销相应许可证明文件，没收违法所得；情节严重的，处违法所得2倍以上5倍以下的罚款；没有违法所得的，处2万元以上5万元以下的罚款。

根据第82条第1款规定，违反本条例的规定，致使麻醉药品和精神药品流入非法渠道造成危害，尚不构成犯罪的，由县级以上公安机关处5万元以上10万元以下的罚款；有违法所得的，没收违法所得；情节严重的，处违法所得2倍以上5倍以下的罚款；由原发证部门吊销其使用许可证明文件。

13.《艾滋病防治条例》

根据第55条第1款规定，医疗卫生机构未依照本条例规定履行职责，有下列情形之一的，由县级以上人民政府卫生主管部门责令限期改正，通报批评，给予警告；造成艾滋病传播、流行或者其他严重后果的，可以依法吊销有关机构的执业许可证件：(1)未履行艾滋病监测职责的；(2)未按照规定免费提供咨询和初筛检测的；(3)对临时应急采集的血液未进行艾滋病检测，对临床用血艾滋病检测结果未进行核查，或者将艾滋病检测阳性的血液用于临床的；(4)未遵守标准防护原则，或者未执行操作规程和消毒管理制度，发生艾滋病医院感染或者医源性感染的；(5)未采取有效的卫生防护措施和医疗保健措施的；(6)推诿、拒绝治疗艾滋病病毒感染者或者艾滋病病人的其他疾病，或者对艾滋病病毒感染者、艾滋病病人未提供咨询、诊断和治疗服务的；(7)未对艾滋病病毒感染者或者艾滋病病人进行医学随访的；(8)未按照规定对感染艾滋病病毒的孕产妇及其婴儿提供预防艾滋病母婴传播技术指导的。

根据第56条第1款规定，医疗卫生机构违反本条例第三十九条第二款规定，公开艾滋病病毒感染者、艾滋病病人或者其家属的信息的，依照传染病防治法的规定予以处罚。第2款规定，计划生育技术服务机构违反本条例第三十九条第二款规定，公开艾滋病病毒感染者、艾滋病病人或者其家属的信息的，由其上级主管部门责令改正，通报批评，给予警告；情节严重的，由原发证部门吊销机构的执业许可证件。

根据第57条规定，血站有下列情形之一，尚不构成犯罪的，由县级以上人民政府卫生主管部门依照献血法的规定予以处罚；造成艾滋病传播、流行或者其他严重后果的，并可以依法吊销血站的执业许可证：(1)对采集的人体血液、血浆未进行艾滋病检测，或者发现艾滋病检测阳性的人体血液、血浆仍然采集的；(2)将未经艾滋病检测的人体血液、血浆，或者艾滋病检测阳性的人体血液、血浆供应给医疗机构和血液制品生产单位的。

根据第58条规定，违反本条例第三十六条规定采集或者使用人体组织、器官、细胞、骨髓等的，由县级人民政府卫生主管部门责令改正，通报批评，给予警告；情节严重的，责令停业整顿，有执业许可证件的，由原发证部门暂扣或者吊销执业许可证件。

根据第59条第1款规定，使用未经出入境检验检疫机构检疫的进口人体血液、血浆、组织、器官、细胞、骨髓等的，由县级以上人民政府卫生主管部门没收违法物品以及违法所得，并处违法物品货值金额3倍以上5倍以下的罚款。

14.《血吸虫病防治条例》

根据第49条规定，医疗机构有下列情形之一的，由县级以上人民政府卫生主管部门责令限期改正，通报批评，给予警告：(1)未依照本条例规定开展血吸虫病防治工作的；(2)未定期对其工作人员进行血吸虫病防治知识、技能培训和考核的；(3)发现急性血吸虫病疫情或者接到急性血吸虫病暴发、流行报告时，未及时采取措施的。

15.《人体器官移植条例》

根据第26条第1款规定，医疗机构参与买卖人体器官或者从事与买卖人体器官有关活动的，由设区的市级以上地方人民政府卫生主管部门没收违法所得，并处交易额8倍以上10倍以下的罚款，并由原登记部门撤销该医疗机构人体器官移植诊疗科目登记，该医疗机构3年内不得再申请人体器官移植诊疗科目登记。

根据第27条第1款规定，医疗机构未办理人体器官移植诊疗科目登记，擅自从事人体器官移植的，依照《医疗机构管理条例》的规定予以处罚。第2款规定，实施人体器官移植手术的医疗机构及其医务人员违反本条例规定，未对人体器官捐献人进行医学检查或者未采取措施，导致接受人因人体器官移植手术感染疾病的，依照《医疗事故处理条例》的规定予以处罚。第5款规定，违反本条例第二十一条规定收取费用的，依照价格管理的法律、行政法规的规定予以处罚。

根据第29条第1款规定，医疗机构有下列情形之一，情节严重的，由原登记部门撤销该医疗机构人体器官移植诊疗科目登记，该医疗机构3年内不得再申请人体器官移植诊疗科目登记：(1)不再具备本条例第十一条规定条件，仍从事人体器官移植的；(2)未经人体器官移植技术临床应用与伦理委员会审查同意，做出摘取人体器官的决定，或者胁迫医务人员违反本条例规定摘取人体器官的；(3)有本条例第二十八条第(二)项、第(三)项列举的情形的。

16.《护士条例》

根据第28条规定，医疗卫生机构有下列情形之一的，由县级以上地方人民政府卫生主管部门责令限期改正，给予警告；逾期不改正的，根据国务院卫生主管部门规定的护士配备标准和在医疗卫生机构合法执业的护士数量核减其诊疗科目，或者暂停其6个月以上1年以下执业活动：(1)违反本条例规定，护士的配备数量低于国务院卫生主管部门规定的护士配备标准的；(2)允许未取得护士执业证书的人员或者允许未依照本条例规定办理执业地点变更手续、延续执业注册有效期的护士在本机构从事诊疗技术规范规定的护理活动的。

根据第29条规定，医疗卫生机构有下列情形之一的，依照有关法律、行政法规的规定给予处罚：(1)未执行国家有关工资、福利待遇等规定的；(2)对在本机构从事护理工作的护士，未按照国家有关规定足额缴纳社会保险费用的；(3)未为护士提供卫生防护用品，或者未采取有效的卫生防护措施、医疗保健措施的；(4)对在艰苦边远地区工作，或者从事直接接触有毒有害物质、有感染传染病危险工作的护士，未按照国家有关规定给予津贴的。

根据第30条规定，医疗卫生机构有下列情形之一的，由县级以上地方人民政府卫生主管部门责令限期改正，给予警告：(1)未制定、实施本机构护士在职培训计划或者未保证护士接受培训的；(2)未依照本条例规定履行护士管理职责的。

第三节　医务人员的行政责任

医疗法律、行政法规和规章对医务人员的违法行为及其行政处分、行政处罚作了明确规定。其中，医疗法律、行政法规的主要规定如下：

一、医疗法律规定的违法行为及其行政处分、行政处罚

1.《药品管理法》

根据第90条第2款规定，医疗机构的负责人、药品采购人员、医师等有关人员收受药品生产企业、药品经营企业或者其代理人给予的财物或者其他利益的，由卫生行政部门或者本单位给予处分，没收违法所得；对违法行为情节严重的执业医师，由卫生行政部门吊销其执业证书。

2.《传染病防治法》

根据第69条规定，医疗机构违反本法规定，有下列情形之一，造成传染病传播、

流行或者其他严重后果的，对负有责任的主管人员和其他直接责任人员，依法给予降级、撤职、开除的处分，并可以依法吊销有关责任人员的执业证书：(1)未按照规定承担本单位的传染病预防、控制工作、医院感染控制任务和责任区域内的传染病预防工作的；(2)未按照规定报告传染病疫情，或者隐瞒、谎报、缓报传染病疫情的；(3)发现传染病疫情时，未按照规定对传染病病人、疑似传染病病人提供医疗救护、现场救援、接诊、转诊的，或者拒绝接受转诊的；(4)未按照规定对本单位内被传染病病原体污染的场所、物品以及医疗废物实施消毒或者无害化处置的；(5)未按照规定对医疗器械进行消毒，或者对按照规定一次使用的医疗器具未予销毁，再次使用的；(6)在医疗救治过程中未按照规定保管医学记录资料的；(7)故意泄露传染病病人、病原携带者、疑似传染病病人、密切接触者涉及个人隐私的有关信息、资料的。第70条第1款规定，采供血机构未按照规定报告传染病疫情，或者隐瞒、谎报、缓报传染病疫情，或者未执行国家有关规定，导致因输入血液引起经血液传播疾病发生，造成传染病传播、流行或者其他严重后果的，对负有责任的主管人员和其他直接责任人员，依法给予降级、撤职、开除的处分。

根据第74条规定，违反本法规定，有下列情形之一，造成传染病传播、流行或者其他严重后果的，对负有责任的主管人员和其他直接责任人员，依法给予降级、撤职、开除的处分，并可以依法吊销有关责任人员的执业证书：(1)不符合国家规定的条件和技术标准，对传染病病原体样本未按照规定进行严格管理，造成实验室感染和病原微生物扩散的；(2)违反国家有关规定，采集、保藏、携带、运输和使用传染病菌种、毒种和传染病检测样本的；(3)未执行国家有关规定，导致因输入血液、使用血液制品引起经血液传播疾病发生的。

3.《母婴保健法》

根据第35条第1款规定，未取得国家颁发的有关合格证书的，有下列行为之一，县级以上地方人民政府卫生行政部门应当予以制止，并可以根据情节给予警告或者处以罚款：(1)从事婚前医学检查、遗传病诊断、产前诊断或者医学技术鉴定的；(2)施行终止妊娠手术的；(3)出具本法规定的有关医学证明的。

第37条规定，从事母婴保健工作的人员违反本法规定，出具有关虚假医学证明或者进行胎儿性别鉴定，由医疗保健机构或者卫生行政部门根据情节给予行政处分；情节严重的，依法取消执业资格。

4.《献血法》

根据第18条规定，有下列行为之一的，由县级以上地方人民政府卫生行政部门予以取缔，没收违法所得，可以并处十万元以下的罚款：(1)非法采集血液的；(2)非法组织他人出卖血液的。

根据第19条规定，血站违反有关操作规程和制度采集血液，给献血者健康造成损害的，对直接负责的主管人员和其他直接责任人员，依法给予行政处分。

根据第21条规定，血站违反本法的规定，向医疗机构提供不符合国家规定标准的血液，情节严重，造成经血液途径传播或者有传播严重危险的，对直接负责的主管人员和其他直接责任人员，依法给予行政处分。

根据第22条规定，医疗机构的医务人员违反本法规定，将不符合国家规定标准的血液用于患者，给患者健康造成损害的，应当依法赔偿，对直接负责的主管人员和其他直接责任人员，依法给予行政处分。

5.《执业医师法》

根据第36条规定，以不正当手段取得医师执业证书的，由发给证书的卫生行政部门予以吊销；对负有直接责任的主管人员和其他直接责任人员，依法给予行政处分。

根据第37条规定，医师在执业活动中，有下列行为之一的，由县级以上人民政府卫生行政部门给予警告或者责令暂停六个月以上一年以下执业活动；情节严重的，吊销执业证书：(1)违反卫生行政规章制度或者技术操作规范，造成严重后果的；(2)由于不负责任延误急危患者的抢救和诊治，造成严重后果的；(3)造成医疗责任事故的；(4)未经亲自诊查、调查、签署诊断、治疗、流行病学等证明文件或者有关出生、死亡等证明文件的；(5)隐匿、伪造或者擅自销毁医学文书及有关资料的；(6)使用未经批准使用的药品、消毒药剂和医疗器械的；(7)不按照规定使用麻醉药品、医疗用毒性药品、精神药品和放射性药品的；(8)未经患者或者其家属同意，对患者进行实验性临床医疗的；(9)泄露患者隐私，造成严重后果的；(10)利用职务之便，索取、非法收受患者财物或者牟取其他不正当利益的；(11)发生自然灾害、传染病流行、突发重大伤亡事故以及其他严重威胁人民生命健康的紧急情况时，不服从卫生行政部门调遣的；(12)发生医疗事故或者是发现传染病疫情，患者涉嫌伤害事件或者非正常死亡，不按照规定报告的；(13)使用假学历骗取得来的医师证的。

根据第39条规定，未经批准擅自开办医疗机构行医或者非医师行医的，由县级以上人民政府卫生行政部门予以取缔，没收其违法所得及其药品、器械，并处十万元以下的罚款；对医师吊销其执业证书。

根据第41条规定，医疗机构未依照本法第十六条的规定履行报告职责，导致严重后果的，由县级以上人民政府卫生行政部门对该机构的行政负责人依法给予行政处分。

根据第42条规定，医疗机构工作人员违反本法有关规定，弄虚作假、玩忽职守、滥用职权、徇私舞弊，尚不构成犯罪的，依法给予行政处分。

6.《职业病防治法》

根据第74条规定，医疗卫生机构未按照规定报告职业病、疑似职业病的，对直接负责的主管人员和其他直接责任人员，可以依法给予降级或者撤职的处分。

根据第79条规定，医疗卫生机构未经批准擅自从事职业病诊断，情节严重的，对直接负责的主管人员和其他直接责任人员，依法给予降级、撤职或者开除的处分。

根据第80条规定，承担职业病诊断的医疗卫生机构有下列行为之一，情节严重的，卫生行政部门对直接负责的主管人员和其他直接责任人员，依法给予降级、撤职或者开除的处分：(1)超出批准范围从事职业病诊断的；(2)不按照本法规定履行法定职责的；(3)出具虚假证明文件的。

根据第81条规定，职业病诊断鉴定委员会组成人员收受职业病诊断争议当事人的财物或者其他好处的，给予警告，没收收受的财物，可以并处三千元以上五万元以下的罚款，取消其担任职业病诊断鉴定委员会组成人员的资格，并从省、自治区、直辖市人民政府卫生行政部门设立的专家库中予以除名。

7.《人口与计划生育法》

根据第36条规定，违反本法规定，有下列行为之一的，由卫生行政部门给予警告，没收违法所得；违法所得一万元以上的，处违法所得二倍以上六倍以下的罚款；没有违法所得或者违法所得不足一万元的，处一万元以上三万元以下的罚款；情节严重的，由原发证机关吊销执业证书：(1)非法为他人施行计划生育手术的；(2)利用超声技术和其他技术手段为他人进行非医学需要的胎儿性别鉴定或者选择性别的人工终止妊娠的；(3)进行假医学鉴定、出具假计划生育证明的。

根据第37条第1款规定，伪造、变造、买卖计划生育证明，由计划生育行政部门没收违法所得，违法所得五千元以上的，处违法所得二倍以上十倍以下的罚款；没有违法所得或者违法所得不足五千元的，处五千元以上二万元以下的罚款。第2款规定，以不正当手段取得计划生育证明，出具证明的单位有过错的，对直接负责的主管人员和其他直接责任人员依法给予行政处分。

根据第38条规定，计划生育技术服务人员违章操作或者延误抢救、诊治，造成严重后果的，依照有关法律、行政法规的规定承担相应的法律责任。

8.《精神卫生法》

根据第73条规定，不符合本法规定条件的医疗机构擅自从事精神障碍诊断、治疗的，由县级以上人民政府卫生行政部门对直接负责的主管人员和其他直接责任人员依法给予或者责令给予降低岗位等级或者撤职、开除的处分；对有关医务人员，吊销其执业证书。

根据第74条规定，医疗机构及其工作人员有下列行为之一，情节严重的，对直接负责的主管人员和其他直接责任人员依法给予或者责令给予降低岗位等级或者撤职、开除的处分，并可以责令有关医务人员暂停一个月以上六个月以下执业活动：(1)拒绝对送诊的疑似精神障碍患者作出诊断的；(2)对依照本法第三十条第二款规定实施住院治疗的患者未及时进行检查评估或者未根据评估结果作出处理的。

根据第75条规定，医疗机构及其工作人员有下列行为之一的，对直接负责的主管人员和其他直接责任人员依法给予或者责令给予降低岗位等级或者撤职的处分；对有关医务人员，暂停六个月以上一年以下执业活动；情节严重的，给予或者责令给予开除的处分，并吊销有关医务人员的执业证书：(1)违反本法规定实施约束、隔离等保护性医疗措施的；(2)违反本法规定，强迫精神障碍患者劳动的；(3)违反本法规定对精神障碍患者实施外科手术或者实验性临床医疗的；(4)违反本法规定，侵害精神障碍患者的通讯和会见探访者等权利的；(5)违反精神障碍诊断标准，将非精神障碍患者诊断为精神障碍患者的。

根据第76条第1款规定，有下列情形之一的，由县级以上人民政府卫生行政部门、工商行政管理部门依据各自职责责令改正，给予警告，并处五千元以上一万元以下罚款，有违法所得的，没收违法所得；造成严重后果的，责令暂停六个月以上一年以下执业活动，直至吊销执业证书或者营业执照：(1)心理咨询人员从事心理治疗或者精神障碍的诊断、治疗的；(2)从事心理治疗的人员在医疗机构以外开展心理治疗活动的；(3)专门从事心理治疗的人员从事精神障碍的诊断的；(4)专门从事心理治疗的人员为精神障碍患者开具处方或者提供外科治疗的。

9.《中医药法》

根据第55条规定，违反本法规定，经考核取得医师资格的中医医师超出注册的执业范围从事医疗活动的，由县级以上人民政府中医药主管部门责令暂停六个月以上一年以下执业活动，并处一万元以上三万元以下罚款；情节严重的，吊销执业证书。

10.《社会保险法》

根据第 87 条规定，医疗机构以欺诈、伪造证明材料或者其他手段骗取社会保险基金支出的，直接负责的主管人员和其他直接责任人员有执业资格的，依法吊销其执业资格。

二、医疗行政法规规定的违法行为及其行政处分、行政处罚

1.《医疗机构管理条例》

根据第 49 条规定，违反本条例第三十二条规定，出具虚假证明文件的，对直接责任人员由所在单位或者上级机关给予行政处分。

2.《医疗器械监督管理条例》

根据第 69 条第 1 款规定，违反本条例规定开展医疗器械临床试验，造成严重后果的，依法对直接负责的主管人员和其他直接责任人员给予降级、撤职或者开除的处分。第 2 款规定，医疗器械临床试验机构出具虚假报告的，由县级以上人民政府药品监督管理部门对直接负责的主管人员和其他直接责任人员，依法给予撤职或者开除的处分。

3.《母婴保健法实施办法》

根据第 41 条规定，从事母婴保健技术服务的人员出具虚假医学证明文件的，依法给予行政处分；有下列情形之一的，有原发证部门撤销相应的母婴保健技术执业资格或者医师执业证书：(1)因延误诊治，造成严重后果的；(2)给当事人身心健康造成严重后果的；(3)造成其他严重后果的。

根据第 42 条规定，违反本办法规定进行胎儿性别鉴定的，由卫生行政部门对医疗、保健机构直接负责的主管人员和其他直接责任人员，依法给予行政处分。进行胎儿性别鉴定两次以上的或者以营利为目的进行胎儿性别鉴定的，并由原发证部门撤销相应的母婴保健技术执业资格或者医师执业证书。

4.《计划生育技术服务管理条例》

根据第 38 条规定，从事计划生育技术服务的机构违反本条例第三条第三款的规定，向农村实行计划生育的育龄夫妻提供避孕、节育技术服务，收取费用，情节严重的，由县级地方人民政府计划生育行政部门对该机构的正职负责人、直接负责的主管人员和其他直接责任人员给予降级或者撤职的行政处分。

5.《医疗事故处理条例》

根据第55条规定，医疗机构发生医疗事故的，由卫生行政部门对负有责任尚不够刑事处罚的医务人员，依法给予行政处分或者纪律处分。对发生医疗事故的有关医务人员，卫生行政部门并可以责令暂停6个月以上1年以下执业活动；情节严重的，吊销其执业证书。

根据第56条规定，医疗机构违反本条例的规定，有下列情形之一，情节严重的，由卫生行政部门对负有责任的主管人员和其他直接责任人员依法给予行政处分或者纪律处分：(1)未如实告知患者病情、医疗措施和医疗风险的；(2)没有正当理由，拒绝为患者提供复印或者复制病历资料服务的；(3)未按照国务院卫生行政部门规定的要求书写和妥善保管病历资料的；(4)未在规定时间内补记抢救工作病历内容的；(5)未按照本条例的规定封存、保管和启封病历资料和实物的；(6)未设置医疗服务质量监控部门或者配备专(兼)职人员的；(7)未制定有关医疗事故防范和处理预案的；(8)未在规定时间内向卫生行政部门报告重大医疗过失行为的；(9)未按照本条例的规定向卫生行政部门报告医疗事故的；(10)未按照规定进行尸检和保存、处理尸体的。

根据第57条规定，参加医疗事故技术鉴定工作的人员接受申请鉴定双方或者一方当事人的财物或者其他利益，出具虚假医疗事故技术鉴定书，造成严重后果，尚不够刑事处罚的，由原发证部门吊销其执业证书或者资格证书。

根据第58条规定，医疗机构或者其他有关机构违反本条例的规定，有下列情形之一的，由卫生行政部门对负有责任的主管人员和其他直接责任人员依法给予行政处分或者纪律处分；情节严重的，由原发证部门吊销其执业证书或者资格证书：(1)承担尸检任务的机构没有正当理由，拒绝进行尸检的；(2)涂改、伪造、隐匿、销毁病历资料的。

6.《中医药条例》

根据第32条规定，中医医疗机构违反本条例的规定，有下列情形之一，逾期不改正的，由县级以上地方人民政府负责中医药管理的部门对负有责任的主管人员和其他直接责任人员依法给予纪律处分：(1)不符合中医医疗机构设置标准的；(2)获得城镇职工基本医疗保险定点医疗机构资格，未按照规定向参保人员提供基本医疗服务的。

7.《突发公共卫生事件应急条例》

根据第50条规定，医疗卫生机构有下列行为之一，情节严重的，由卫生行政主管部门对主要负责人、负有责任的主管人员和其他直接责任人员依法给予降级或者撤职的纪律处分:(1)未依照本条例的规定履行报告职责,隐瞒、缓报或者谎报的;(2)未依照本条例的规定及时采取控制措施的;(3)未依照本条例的规定履行突发事件监测职责的;(4)拒绝接诊病人的;(5)拒不服从突发事件应急处理指挥部调度的。

8.《乡村医生从业管理条例》

第38条规定,乡村医生在执业活动中,违反本条例规定,有下列行为之一的,由县级人民政府卫生行政主管部门责令限期改正,给予警告;逾期不改正的,责令暂停3个月以上6个月以下执业活动;情节严重的,有原发证部门暂扣乡村医生执业证书:(1)执业活动超出规定的执业范围,或者未按照规定进行转诊的;(2)违反规定使用乡村医生基本用药目录以外的处方药品的;(3)违反规定出具医学证明,或者伪造卫生统计资料的;(4)发现传染病疫情、中毒事件不按规定报告的。

根据第39条规定,乡村医生在执业活动中,违反规定进行实验性临床医疗活动,或者重复使用一次性医疗器械和卫生材料的,由县级人民政府卫生行政主管部门责令停止违法行为,给予警告,可以并处1000元以下的罚款;情节严重的,由原发证部门暂扣或者吊销乡村医生执业证书。

根据第40条规定,乡村医生变更执业的村医疗卫生机构,未办理变更执业注册手续的,由县级人民政府卫生行政主管部门给予警告,责令限期办理变更注册手续。

根据第41条规定,以不正当手段取得乡村医生执业证书的,由发证部门收缴乡村医生执业证书。

根据第42条规定,未经注册在村医疗卫生机构从事医疗活动的,由县级以上地方人民政府卫生行政主管部门予以取缔,没收其违法所得以及药品、医疗器械,违法所得5000元以上的,并处违法所得1倍以上3倍以下的罚款;没有违法所得或者违法所得不足5000元的,并处1000元以上3000元以下的罚款。

9.《疫苗流通和预防接种管理条例》

根据第59条规定,接种单位有下列情形之一,拒不改正的,由所在地的县级人民政府卫生主管部门对主要责任人、直接负责的主管人员依法给予警告至降级的处分,对负有责任的医疗卫生人员责令暂停3个月以上6个月以下的执业活动:(1)接收或者购进疫苗时未依照规定索要温度监测记录,接收、购进不符合要求的疫苗,或者未依照规定报告的;(2)未依照规定建立并保存真实、完整的疫苗接收或者购进记录的；(3)未在其接种场所的显著位置公示第一类疫苗的品种和接种方法的；(4)医疗卫生人员在接种前，未依照本条例规定告知、询问受种者或者其监护人有关情况的；(5)实施预防接种的医疗卫生人员未依照规定填写并保存接种记录的；(6)未依照规定对接种疫苗的情况进行登记并报告的。

根据第60条规定，接种单位有下列情形之一，拒不改正的，由县级以上地方人民政府卫生主管部门对主要责任人、直接负责的主管人员和其他直接责任人员依法给予警告至降级的处分；造成受种者人身损害或者其他严重后果的，对主要责任人、直接负责的主管人员依法给予开除的处分，并由原发证部门吊销负有责任的医疗卫生人员的执业证书：(1)违反本条例规定，未通过省级公共资源交易平台采购疫苗的；(2)违反本条例规定，从疫苗生产企业、县级疾病预防控制机构以外的单位或者个人购进第二类疫苗的；(3)接种疫苗未遵守预防接种工作规范、免疫程序、疫苗使用指导原则、接种方案的；(4)发现预防接种异常反应或者疑似预防接种异常反应，未依照规定及时处理或者报告的；(5)擅自进行群体性预防接种的；(6)未依照规定对包装无法识别、超过有效期、脱离冷链、经检验不符合标准、来源不明的疫苗进行登记、报告，或者未依照规定记录销毁情况的。

根据第66条规定，接种单位未在规定的冷藏条件下储存、运输疫苗的，由卫生主管部门对接种单位的主要负责人、直接负责的主管人员和其他直接责任人员依法给予警告至撤职的处分，造成严重后果的，依法给予开除的处分。

根据第68条规定，未经卫生主管部门依法指定擅自从事接种工作，拒不改正的，对主要负责人、直接负责的主管人员和其他直接责任人员依法给予警告、降级的处分。

10.《麻醉药品和精神药品管理条例》

根据第72条规定，取得印鉴卡的医疗机构违反本条例的规定，有下列情形之一，情节严重的，由设区的市级人民政府卫生主管部门对直接负责的主管人员和其他直接责任人员，依法给予降级、撤职、开除的处分：(1)未依照规定购买、储存麻醉药品和第一类精神药品的；(2)未依照规定保存麻醉药品和精神药品专用处方，或者未依照规定进行处方专册登记的；(3)未依照规定报告麻醉药品和精神药品的进货、库存、使用数量的；(4)紧急借用麻醉药品和第一类精神药品后未备案的；(5)未依照规定销毁麻醉药品和精神药品的。

根据第73条第1款规定，具有麻醉药品和第一类精神药品处方资格的执业医师，违反本条例的规定开具麻醉药品和第一类精神药品处方，或者未按照临床应用指导原则的要求使用麻醉药品和第一类精神药品的，由其所在医疗机构取消其麻醉药品和第一类精神药品处方资格；造成严重后果的，由原发证部门吊销其执业证书。执业医师未按照临床应用指导原则的要求使用第二类精神药品或者未使用专用处方开具第二类精神药品，造成严重后果的，由原发证部门吊销执业证书。第2款规定，未取得麻醉药品和第一类精神药品处方资格的执业医师擅自开具麻醉药品和第一类精神药品处方，由县级以上人民政府卫生主管部门给予警告，暂停其执业活动；造成严重后果的，吊销其执业证书。第2款规定，处方的调配人、核对人违反本条例的规定未对麻醉药品和第一类精神药品处方进行核对，造成严重后果的，由原发证部门吊销其执业证书。

根据第80条规定，发生麻醉药品和精神药品被盗、被抢、丢失案件的单位，违反本条例的规定未采取必要的控制措施或者未依照本条例的规定报告的，由其上级主管部门对直接负责的主管人员和其他直接责任人员，依法给予降级、撤职的处分。

11.《艾滋病防治条例》

根据第55条第1款规定，医疗卫生机构有下列情形之一，造成艾滋病传播、流行或者其他严重后果的，由县级以上人民政府卫生主管部门对负有责任的主管人员和其他直接责任人员依法给予降级、撤职、开除的处分，并可以依法吊销有关机构或者责任人员的执业许可证件：(1)未履行艾滋病监测职责的；(2)未按照规定免费提供咨询和初筛检测的；(3)对临时应急采集的血液未进行艾滋病检测，对临床用血艾滋病检测结果未进行核查，或者将艾滋病检测阳性的血液用于临床的；(4)未遵守标准防护原则，或者未执行操作规程和消毒管理制，发生艾滋病医院感染或者医源性感染的；(5)未采取有效的卫生防护措施和医疗保健措施的；(6)推诿、拒绝治疗艾滋病病毒感染者或者艾滋病病人的其他疾病，或者对艾滋病病毒感染者、艾滋病病人未提供咨询、诊断和治疗服务的；(7)未对艾滋病病毒感染者或者艾滋病病人进行医学随访的；(8)未按照规定对感染艾滋病病毒的孕产妇及其婴儿提供预防艾滋病母婴传播技术指导的。

根据第56条第2款规定，计划生育技术服务机构违反本条例第三十九条规定，公开艾滋病病毒感染者、艾滋病病人或者其家属的信息的，由其上级主管部门对负有责任的主管人员和其他直接责任人员依法给予处分；情节严重的，由原发证部门吊销有关机构或者责任人员的执业许可证件。

根据第57条规定，血站有下列情形之一，造成艾滋病传播、流行或者其他严重后果的，由县级以上人民政府卫生主管部门对负有责任的主管人员和其他直接责任人员依法给予降级、撤职、开除的处分：(1)对采集的人体血液、血浆未进行艾滋病检测，或者发现艾滋病检测阳性的人体血液、血浆仍然采集的；(2)将未经艾滋病检测的人体血液、血浆，或者艾滋病检测阳性的人体血液、血浆供应给医疗机构和血液制品生产单位的。

根据第59条第1款规定，使用未经出入境检验检疫机构检疫的进口人体血液、血浆、组织、器官、细胞、骨髓等的，对负有责任的主管人员和其他直接责任人员由其所在单位或者上级主管部门依法给予处分。

12.《血吸虫病防治条例》

根据第49条规定，医疗机构有下列情形之一，逾期不改正，造成血吸虫病传播、流行或者其他严重后果的，由县级以上人民政府卫生主管部门对负有责任的主管人员和其他直接责任人员依法给予降级、撤职、开除的处分，并可以依法吊销有关责任人员的执业证书：(1)未依照本条例规定开展血吸虫病防治工作的；(2)未定期对其工作人员进行血吸虫病防治知识、技能培训和考核的；(3)发现急性血吸虫病疫情或者接到急性血吸虫病疫情暴发、流行报告时，未及时采取措施的。

13.《人体器官移植条例》

根据第26条第1款规定，医疗机构参与买卖人体器官或者从事与买卖人体器官有关活动的，由设区的市级以上地方人民政府卫生主管部门应当对负有责任的主管人员和其他直接责任人员依法给予处分；医务人员参与买卖人体器官或者从事与买卖人体器官有关活动的，由原发证部门吊销其执业证书。

第27条第3款规定，从事人体器官移植的医务人员违反本条例规定，泄露人体器官捐献人、接受人或者申请人体器官手术患者个人资料的，依照《执业医师法》或者国家有关护士管理的规定予以处罚。

第28条规定，医务人员有下列情形之一的，依法给予处分；情节严重的，由县级以上地方人民政府卫生主管部门依照职责分工暂停其6个月以上1年以下执业活动；情节特别严重的，由原发证部门吊销其执业证书：(1)未经人体器官移植技术临床应用与伦理委员会审查同意摘取人体器官的；(2)摘取活体器官前未依照本条例第十九条的规定履行说明、查验、确认义务的；(3)对摘取器官完毕的尸体未进行符合伦理原则的医学处理，恢复尸体原貌的。

根据第29条第1款规定，医疗机构有下列情形之一的，对负有责任的主管人员和其他直接责任人员依法给予处分：(1)不再具备本条例第十一条规定条件，仍从事人体器官移植的;(2)未经人体器官移植技术临床应用与伦理委员会审查同意,做出摘取人体器官的决定,或者胁迫医务人员违反本条例规定摘取人体器官的;(3)有本条例第二十八条第(二)项、第(三)项列举的情形的。第2款规定,医疗机构未定期将实施人体器官移植的情况向所在地省、自治区、直辖市人民政府卫生主管部门报告,逾期不改正的,对负有责任的主管人员和其他直接责任人员依法给予处分。

根据第30条规定,从事人体器官移植的医务人员参与尸体器官捐献人的死亡判定的,由县级以上地方人民政府卫生主管部门依照职责分工暂停其6个月以上1年以下执业活动;情节特别严重的,由原发证部门吊销其执业证书。

14.《护士条例》

根据第28条规定,国家举办的医疗卫生机构有下列情形之一、情节严重的,还应当对负有责任的主管人员和其他直接责任人员依法给予处分:(1)违反本条例规定,护士的配备数量低于国务院卫生主管部门规定的护士配备标准的;(2)允许未取得护士执业证书的人员或者允许未依照本条例规定办理执业地点变更手续、延续执业注册有效期的护士在本机构从事诊疗技术规范规定的护理活动的。

根据第29条规定,国家举办的医疗卫生机构有下列情形之一、情节严重的,还应当对负有责任的主管人员和其他直接责任人员依法给予处分:(1)未执行国家有关工资、福利待遇等规定的;(2)对在本机构从事护理工作的护士,未按照国家有关规定足额缴纳社会保险费用的;(3)未为护士提供卫生防护用品,或者未采取有效的卫生防护措施、医疗保健措施的;(4)对在艰苦边远地区工作,或者从事直接接触有毒有害物质、有感染传染病危险工作的护士,未按照国家有关规定给予津贴的。

根据第31条第1款规定,护士在执业活动中有下列情形之一的,由县级以上地方人民政府卫生主管部门责令改正,给予警告;情节严重的,暂停6个月以上1年以下执业活动,直至由原发证部门吊销其护士执业证书:(1)发现患者病情危急未立即通知医师的;(2)发现医嘱违反法律、法规、规章或者诊疗技术规范的规定,未依照本条例第十七条的规定提出或者报告的;(3)泄露患者隐私的;(4)发生自然灾害、公共卫生事件等严重威胁公众生命健康的突发事件,不服从安排参加医疗救护的。

第三十二章　医疗民事责任

第一节　医疗民事责任概说

一、医疗民事责任的概念

所谓医疗民事责任,也就是医疗民事法律责任,主要是指医疗方面的侵权行为所造成的赔偿义务。其有广义和狭义之分。广义的医疗民事责任,是指在医疗活动中因过错医疗行为和缺陷医疗产品以及不合格血液造成病人人身损害而应当承担的民事赔偿责任;狭义的医疗民事责任,也称医疗事故责任,是指医疗机构及其医务人员在医疗活动中,违反医疗卫生管理法律、行政法规、部门规章和诊疗护理规范、常规,过失造成病人人身损害而应当承担的民事赔偿责任。通常情况下,医疗民事责任是指狭义的。

我国《侵权责任法》第 54 条规定,患者在诊疗活动中受到损害,医疗机构及其医务人员有过错的,由医疗机构承担赔偿责任。对此,《侵权责任法》还举了几个例子。例如:第 55 条,医务人员在诊疗活动中应当向患者说明病情和医疗措施。需要实施手术、特殊检查、特殊治疗的,医务人员应当及时向患者说明医疗风险、替代医疗方案等情况,并取得其书面同意;不宜向患者说明的,应当向患者的近亲属说明,并取得其书面同意。医务人员未尽到前款义务,造成患者损害的,医疗机构应当承担赔偿责任。第 57 条,医务人员在诊疗活动中未尽到与当时的医疗水平相应的诊疗义务,造成患者损害的,医疗机构应当承担赔偿责任。第 62 条,医疗机构及其医务人员应当对患者的隐私保密。泄露患者隐私或者未经患者同意公开其病历资料,造成患者损害的,应当承担侵权责任。类似规定还有:《药品管理法》第 92 条,医疗机构违反本法规定,给药品使用者造成损害的,依法承担赔偿责任。《献血法》第 19 条,血站违反有关操作规程和制度采集血液,给献血者健康造成损害的,应当依法赔偿。第 22 条,医疗机构的医务人员违反本法规定,将不符合国家规定标准的血液用于患者,给患者健康造成损害的,应当依法赔偿等。《医疗器械监督管理条例》第75条,违反本条例规定,造成人身、财产或者其他损害的,依法承担赔偿责任,等等。

二、医疗民事责任的特征

医疗民事责任具有以下特征:

1. 医疗民事责任是医疗机构及其医务人员(包括医疗产品生产者和血液提供机构,下同)违反医疗义务(包括其他义务,下同)造成病人人身损害等而承担的不利后果。医疗义务具有法律上的拘束力。医疗机构及其医务人员违反医疗义务要承担相应的法律责任。其中,造成病人人身损害的,要承担由此产生的民事赔偿责任。

2. 医疗民事责任是对当事人的一种经济补偿责任。民事责任主要是损害赔偿责任,而损害赔偿的方法以恢复原状为原则。但对不能恢复原状或者恢复原状确有困难的,则以经济赔偿的形式进行补偿。因医疗行为给病人造成的人身损害,要恢复原状明显有困难,所以,医疗民事责任大都为经济补偿责任。

3. 医疗民事责任由国家强制力作保障。法律责任都具有强制性,医疗民事责任也不例外。医疗民事责任的强制性表现为,当作为受害人的病人请求责任人,包括医疗机构、医疗产品生产者或者血液提供机构承担赔偿责任时,他们如果拒绝赔偿的,病人有权请求人民法院强制其承担。

4. 医疗民事责任具有一定程度的任意性。虽然医疗民事责任由国家强制力作保障,但在具体做法上受害人具有较强的任意性。比如,受害人可以不请求责任人承担医疗民事责任,受害人也可以与责任人通过协商的方式确定医疗民事责任的承担等。为了保障医患双方的合法权益,法律也可以对当事人的医疗民事责任约定方式作出事先的安排。比如,有的地方法规规定,赔偿数额超过一定数量的,医患双方不能协商解决,而必须通过第三方调解或者诉讼解决。

三、医疗民事责任的一般成立条件

一般侵权责任的构成要件,是指构成一般侵权责任所必须具备的条件。具备构成要件,则构成一般侵权责任。欠缺其中任何一个构成要件,都可能会导致一般侵权责任的不构成。侵权责任的构成要件受侵权责任归责原则的影响。在过错责任原则下,需要行为人有过错;在无过错责任原则下,则可以不考虑行为人是否存在过错。但无论哪种归责原则,都需要存在行为与损害事实之间的因果关系。

因医疗侵权行为导致的医疗损害赔偿责任,应当具备以下四个条件:

第一,必须有医疗违法行为的存在。医疗违法行为分两种:一种是违法的作为,如对精神障碍患者实施与治疗其精神障碍无关的实验性临床医疗、非法摘取活体器官等。这种行为的特征是不该作为而作为。对于违法的作为造成病人损害的,按照《侵权责任法》规定要承担赔偿责任。另一种是违法的不作为,如按照规定对临时采集血液应当进行艾滋病检测而没有检测、按照规定对使用的医疗器械应当进行消毒而没有消毒等。这种行为的特征是该作为而不作为。不作为的赔偿责任,必须是法律明文规定医疗机构及其医务人员有作为的义务,而医疗机构及其医务人员没有尽这种义务,也就是不作为,因而造成病人人身损害的,才负赔偿责任。

第二,主观上必须有过错。除了产品责任等特殊情形外,医疗损害赔偿实行过错责任原则。过错是构成医疗损害赔偿责任的基本条件。没有过错,即使存在损害事实,医疗机构也不承担赔偿责任。所谓过错,就是故意或者过失。行为人能预见自己行为的后果,而且希望这样的结果发生或者放任这种结果的发生,称为故意;行为人对自己行为的结果应当预见而没有预见,或者虽然预见但轻信能够避免,称为过失。在医疗活动中,故意造成病人人身损害的,十分罕见。

第三,必须有医疗损害事实的存在。损害事实包括财产损害和非财产损害。非财产损害又包括人身损害、精神损害等。医疗损害事实,除产品责任外,主要是人身损害事实,包括器官组织功能障碍、残疾、死亡等。没有医疗损害事实的,医疗机构不承担赔偿责任。

第四,医疗行为和医疗损害之间必须有因果关系。所谓因果关系,是指医疗损害是医疗行为的结果。换句话说,是医疗行为造成了医疗损害结果。如果争议的病人人身损害不是由医疗行为所造成,那么,医疗行为和医疗损害之间不存在因果关系,医疗机构则不负损害赔偿责任。

四、有关医疗损害的立法

对医疗损害进行专门立法是从医疗事故开始的。1987 年国务院颁布了《医疗事故处理办法》。该办法将医疗事故分为责任事故和技术事故。责任事故是指医务人员因违反规章制度、诊疗护理常规等失职行为所致的事故;技术事故是指医务人员因技术过失所致的事故。该办法根据给病人直接造成损害的程度,将医疗事故分为三级,并规定,由县级以上地方政府按行政区划成立医疗事故技术鉴定委员会,负责对医疗事故争议的技术鉴定,对确定的医疗事故由医疗机构给予一次性经济补偿。

为适应新的形势和要求,2002 年,国务院对《医疗事故处理办法》从名称到内容进行了大幅度修订,出台了新的《医疗事故处理条例》。与 1987 年的《医疗事故处理办法》相比,该条例取消了医疗事故的分类,并将医疗事故由三级增加为四级;将医疗事故技术鉴定委员会由政府组织调整为由医学会组织,并对确定的医疗事故由补偿改为赔偿。同时,该条例首次较系统地规定了病人权利,如病人有权复印或者复制病历资料等,并对病人及其家属实质性参与医疗事故争议的处理作了制度性和机制性安排。

《医疗事故处理条例》对妥善解决医疗事故争议发挥了重要作用,但由于效力等级的局限性,并没能从根本上解决法律适用上的二元化现象。2003 年最高人民法院《关于参照〈医疗事故处理条例〉审理医疗纠纷民事案件的通知》规定,医疗事故处理条例施行后发生的医疗事故引起的医疗赔偿纠纷,诉到法院的,参照条例的有关规定办理;因医疗事故以外的原因引起的其他医疗赔偿纠纷,适用民法通则的规定。同年,最高人民法院《关于审理人身损害赔偿案件适用法律若干问题的解释》规定的人身损害的赔偿项目和计算方法,与《医疗事故处理条例》规定的医疗事故的赔偿项目和计算标准也不一致。

医疗事故争议处理中存在的法律适用二元化现象损害了我国法制的统一性和严肃性,影响司法公正,加剧了医患矛盾。根据各方面意见,2008 年 12 月提请第十一届全国人大常委会第六次会议审议的《侵权责任法(草案)》新增加"医疗损害责任"一章。2009 年 12 月 26 日,第十一届全国人大常委会第十二次会议通过《侵权责任法》,自 2010 年 7 月 1 日起施行。其中第七章是"医疗损害责任",共 11 条,规定了医疗机构的赔偿责任、赔偿范围以及不承担赔偿责任的情形等。

《立法法》第 88 条第 1 款规定:"法律的效力高于行政法规、地方性法规、规章。"据此,《医疗事故处理条例》的规定与《侵权责任法》不一致的,应以《侵权责任法》为准。

第二节 医疗损害的类型与赔偿

一、医疗损害的类型

1. 医疗损害的分类

根据《侵权责任法》和有关法律规定,医疗损害大致分为以下三种类型:

一是过错医疗行为引起的病人人身损害。也就是通常说的医疗事故。过错包括故意和过失。根据《刑法》第14条、第15条规定，故意是指明知自己的行为会发生危害社会的结果，并且希望或者放任这种结果发生；过失是指应当预见自己的行为可能发生危害社会的结果，因为疏忽大意而没有预见，或者已经预见而轻信能够避免，以致发生这种结果的。在刑事责任上，区别故意和过失非常重要，因为过失犯罪，法律有规定的才负刑事责任。而在民事责任上，故意和过失所导致的赔偿责任是相同的，从这个意义上说，区别故意和过失基本上没有意义。但医疗活动不同于一般的民事活动，它直接关系到人的生命安全，而人的生命安全是刑法优先保护的。在医疗活动中，如果有故意造成病人人身损害的行为，涉嫌违法犯罪，将依法追究刑事责任。这也是《医疗事故处理条例》将医疗事故定位为过失造成病人人身损害的原因。

二是缺陷医疗产品或者不合格血液引起的病人人身损害。在诊疗活动中，需要经常使用药品、消毒药剂、医疗器械或者血液。虽然药品、消毒药剂、医疗器械或者血液没有绝对的安全，但为了保护病人的利益，法律赋予了这些产品的生产者和血液的提供者高度的确保安全义务。

(1)根据《侵权责任法》第59条规定，因药品、消毒药剂、医疗器械的缺陷，造成患者损害的，其生产企业应当承担赔偿责任。所谓缺陷，按《产品质量法》的解释是，指产品存在危及人身、他人财产安全的不合理的危险；产品有保障人体健康和人身、财产安全的国家标准、行业标准的，是指不符合该标准。对于因药品、消毒药剂、医疗器械的缺陷造成病人损害的，无论生产企业是否存在过错都要承担损害赔偿责任，也就是适用无过错责任原则。

(2)根据《侵权责任法》第59条规定，因输入不合格血液造成患者损害的，血液提供者应当承担赔偿责任。输血导致病人人身损害，主要分两种情形：一种是血站违反操作规程向医疗机构提供了不合格血液；另一种是血站没有违反操作规程向医疗机构提供了不合格血液。前者是有过错，后者是无过错。有过错的，血站除承担赔偿责任外，还要承担行政等法律责任；没有过错的，血站也要承担赔偿责任。这里所称的不合格血液，主要是指后者。由于血液的特殊性，尤其是目前的检验方法受到医学发展的限制，部分病毒标志物在血液中难以检出，医学上一般称之为“窗口期”。处于“窗口期”的献血者的血液在按照正常操作规范检查时通常显示为正常，这类经初检和复检合格的血液，作为正常血液输入人体后就会引发输血感染，包括感染乙肝、丙肝、艾滋病、梅毒病毒等。在司法实践中，对于无过错的输血感染，一般由血站、医疗机构分担损害后果。主要考虑是相比病人,血站、医疗机构更具有控制风险、承担风险和分散风险的能力。

三是过错医疗行为和缺陷医疗产品或者不合格血液共同引起的病人人身损害。对病人的人身损害,有的是单一原因造成的,有的则是多个原因造成的。在明确因果关系的基础上,各自承担应当承担的赔偿责任。

2. 医疗损害与医疗事故的关系

医疗事故是医疗损害的一种,所以他们有相同之处,但医疗损害除医疗事故外,还有其他事故,因此又有明显的区别。

(1)医疗损害与医疗事故的相同之处

主要是:都发生在医疗活动中;都给病人造成了人身损害;原因与损害后果之间都存在因果关系。

(2)医疗损害与医疗事故的区别

主要包括:一是责任人有所区别。医疗事故的责任人只能是医疗机构及其医务人员,而医疗损害的责任人除可以是医疗机构及其医务人员外,还可以是药品、消毒药剂、医疗器械生产者或者血液提供机构等。二是造成的损害后果有所区别。医疗事故造成的是人身损害,而医疗损害除造成人身损害外,还可以是其他损害。三是赔偿责任的归责原则有所区别。医疗事故只适用过错原则,而医疗损害包括过错原则和无过错原则等。

二、医疗损害的赔偿

1. 医疗损害的赔偿主体

医疗损害可以由过错医疗行为引起,也可以由缺陷医疗产品或者不合格血液引起,因此,医疗民事责任的承担主体是多元的。

(1)因过错医疗行为引起的病人人身损害,由医疗机构承担赔偿责任。《侵权责任法》第54条规定,患者在诊疗活动中受到损害,医疗机构及其医务人员有过错的,由医疗机构承担赔偿责任。在我国,医务人员的执业行为都是以医疗机构的名义进行的,换句话说,医务人员的执业行为都是履行职务的行为。医务人员履行职务的行为由其所代表的医疗机构承担民事法律后果。由医疗机构承担医疗侵权责任的最大好处是有利于切实保护病人利益。因为医疗机构的赔偿能力远胜于医务人员。

(2)因缺陷医疗产品或者不合格血液造成病人人身损害,由医疗产品生产者或者血液提供机构承担赔偿责任。《侵权责任法》第59条规定，因药品、消毒药剂、医疗器械的缺陷，或者输入不合格的血液造成患者损害的，患者可以向生产者或者血液提供机构请求赔偿，也可以向医疗机构请求赔偿。患者向医疗机构请求赔偿的，医疗机构赔偿后，有权向负有责任的生产者或者血液提供机构追偿。根据这一规定，因缺陷医疗产品或者不合格血液引起的病人人身损害，赔偿主体是负有责任的生产者或者血液提供机构。虽然医疗机构及其医务人员的医疗行为与"因缺陷医疗产品或者不合格血液造成病人人身损害"之间没有因果关系，但《侵权责任法》仍将医疗机构列为选择被告，目的是确保病人在赔偿请求权上处于有利地位，方便病人索赔和及时获得赔偿。

(3)过错医疗行为和缺陷医疗产品或者不合格血液共同造成病人人身损害，由医疗机构和负有责任的生产者或者血液提供机构按照责任比例承担赔偿责任。《侵权责任法》第8条规定，二人以上共同实施侵权行为，造成他人损害的，应当承担连带责任。对此，病人既可以向医疗机构请求赔偿，也可以向生产者或者血液提供机构请求赔偿。连带责任人根据各自责任大小确定相应的赔偿数额；难以确定责任大小的，平均承担赔偿责任。支付超出自己赔偿数额的连带责任人，有权向其他连带责任人追偿。

2. 医疗损害赔偿争议的解决途径

(1)协商解决

发生医疗事故等医疗损害赔偿争议，医患双方(包括医疗产品生产者和血液提供机构，下同)可以协商解决。医患双方协商解决争议，体现了医患双方依法处分民事权利、确认民事义务的自主权。医患双方经协商达成一致意见的，应当制作协议书。协议书应当载明双方当事人的基本情况和医疗事故等医疗损害的原因、双方当事人共同认定的医疗事故等医疗损害程度以及协商确定的赔偿数额等，并由双方当事人在协议上签名。

(2)调解解决

发生医疗事故等医疗损害赔偿争议，医患双方不愿意协商或者协商不成时，可以向卫生等行政部门或者其他第三方如医疗纠纷人民调解委员会提出调解申请。调解时，应当遵循医患双方自愿原则进行。经调解，医患双方就争议事实、赔偿数额达成协议的，制作调解书，当事人应当自觉履行。

(3)诉讼解决

发生医疗事故等医疗损害赔偿争议，医患双方不愿意协商、调解或者协商、调解不成的,可以直接向人民法院提起民事诉讼。诉讼是解决医疗事故等医疗损害赔偿争议的最终途径。

三、医疗机构不承担赔偿责任的情形

1. 医疗机构免责规定的意义

现代医学还远没有发展到包治百病的阶段。美国著名医生特鲁多有句名言比较好地反映了医学的现实:有时去治愈,常常去帮助,总是去安慰。人类在与疾病顽强斗争中,需要研究的领域还很宽广,需要探索的道路还很漫长,需要攻克的难关还很多。

法律对医疗行为规定免责条款,目的是消除医疗机构及其医务人员的后顾之忧,激励他们勇于探索和进取,保护他们对病人“只要有百分之一的希望就尽百分之一百的努力”的积极性。所以,免责条款其实是另一种形式的加大医疗机构及其医务人员的责任。

2.《医疗事故处理条例》规定的免责情形

《医疗事故处理条例》第 33 条规定了六种情形不属于医疗事故:(1)在紧急情况下为抢救垂危患者生命而采取紧急医学措施造成不良后果的;(2)在医疗活动中由于患者病情异常或者患者体质特殊而发生医疗意外的;(3)在现有医学科学技术条件下,发生无法预料或者不能防范的不良后果的;(4)无过错输血感染造成不良后果的;(5)因患方原因延误诊疗导致不良后果的;(6)因不可抗力造成不良后果的。

3.《侵权责任法》规定的免责情形

《侵权责任法》将《医疗事故处理条例》规定的 6 种不属于医疗事故情形进行了浓缩,概括为 3 种。第 60 条第 1 款规定,患者有损害,因下列情形之一的,医疗机构不承担赔偿责任:(1)患者或者其近亲属不配合医疗机构进行符合诊疗规范的诊疗;(2)医务人员在抢救生命垂危的患者等紧急情况下已经尽到合理诊疗义务;(3)限于当时的医疗水平难以诊疗。为切实保护病人利益,《侵权责任法》对上述三种情形中的第一种情形作了例外规定,即医疗机构及其医务人员也有过错的,应当承担相应的赔偿责任。

同时,为了及时、有效地解决医患双方在过错认定上的争议,《侵权责任法》专门规定了推定医疗机构有过错的情形。所谓推定过错,是指病人有损害,医疗机构又不能证明自己的行为没有过错,就推定医疗机构有过错,承担相应的赔偿责任。

第58条规定，患者有损害，因下列情形之一的，推定医疗机构有过错：(1)违反法律、行政法规、规章以及其他有关诊疗规范的规定；(2)隐匿或者拒绝提供与纠纷有关的病历资料；(3)伪造、篡改或者销毁病历资料。

4. 司法解释有关医疗机构过错认定的规定

2017年最高人民法院《关于审理医疗损害责任纠纷案件适用法律若干问题的解释》对医疗机构过错认定进行了规定。其中：第16条，对医疗机构及其医务人员的过错，应当依据法律、行政法规、规章以及其他有关诊疗规范进行认定，可以综合考虑患者病情的紧急程度、患者个体差异、当地的医疗水平、医疗机构与医务人员资质等因素。第17条，医务人员违反侵权责任法第五十五条第一款规定义务，但未造成患者人身损害，患者请求医疗机构承担损害赔偿责任的，不予支持。第18条，因抢救生命垂危的患者等紧急情况且不能取得患者意见时，下列情形可以认定为侵权责任法第五十六条规定的不能取得患者近亲属意见：(1)近亲属不明的；(2)不能及时联系到近亲属的；(3)近亲属拒绝发表意见的；(4)近亲属达不成一致意见的；(5)法律、法规规定的其他情形。前款情形，医务人员经医疗机构负责人或者授权的负责人批准立即实施相应医疗措施，患者因此请求医疗机构承担赔偿责任的，不予支持；医疗机构及其医务人员怠于实施相应医疗措施造成损害，患者请求医疗机构承担赔偿责任的，应予支持。第19条，两个以上医疗机构的诊疗行为造成患者同一损害，患者请求医疗机构承担赔偿责任的，应当区分不同情况，依照侵权责任法第八条、第十一条或者第十二条的规定，确定各医疗机构承担的赔偿责任。第20条，医疗机构邀请本单位以外的医务人员对患者进行诊疗，因受邀医务人员的过错造成患者损害的，由邀请医疗机构承担赔偿责任。第24条，被侵权人同时起诉两个以上医疗机构承担赔偿责任，人民法院经审理，受诉法院所在地的医疗机构依法不承担赔偿责任，其他医疗机构承担赔偿责任的，残疾赔偿金、死亡赔偿金的计算，按下列情形分别处理：(1)一个医疗机构承担责任的，按照该医疗机构所在地的赔偿标准执行；(2)两个以上医疗机构均承担责任的，可以按照其中赔偿标准较高的医疗机构所在地标准执行。

第三节　医疗事故争议问题的处理

医疗事故争议的解决依据之一是医疗事故技术鉴定，而医疗事故技术鉴定的依据之一是病历资料和尸解报告。因此，病历资料和尸解往往是医疗事故争议的焦点。《侵权责任法》和《医疗事故处理条例》对此作了制度性安排。

一、病历资料的填写与保管

《侵权责任法》第 61 条第 1 款规定,医疗机构及其医务人员应当按照规定填写并妥善保管住院志、医嘱单、检验报告、手术及麻醉记录、病理资料、护理记录、医疗费用等病历资料。《医疗事故处理条例》第 8 条规定,医疗机构应当按照国务院卫生行政部门规定的要求,书写并妥善保管病历资料。因抢救急危患者,未能及时书写病历的,有关医务人员应当在抢救结束后 6 个小时内据实补记,并加以注明。

病历资料,简称病历,是指医务人员在医疗活动过程中形成的文字、符号、图表、影像、切片等资料的总和,包括门(急)诊病历和住院病历。《医疗事故处理条例》将病历资料分为病人有权复印复制的病历资料和发生医疗事故争议时医患双方共同封存启封的病历资料。通常,前者称为客观性病历资料,包括:门诊病历、住院志、体温单、医嘱单、化验单(检验报告)、医学影像检查资料、特殊检查同意书、手术同意书、手术及麻醉记录单、病理资料、护理记录以及国务院卫生行政部门规定的其他病历资料;后者称为主观性病历资料,包括:死亡病例讨论记录、疑难病例讨论记录、上级医师查房记录、会诊意见、病程记录等。

在病历资料中,门(急)诊病历原则上由病人自己负责保管。经病人或者其法定代理人同意,其门(急)诊病历可以由医疗机构负责保管。住院病历由医疗机构负责保管。根据《医疗机构管理条例实施细则》规定,医疗机构负责保管的门(急)诊病历保存期不得少于十五年;住院病历的保存期不得少于三十年。

二、病历资料的查阅和复印复制

《侵权责任法》第 61 条规定,病人要求查阅、复制其住院志、医嘱单、检验报告、手术及麻醉记录、病理资料、护理记录、医疗费用等上述病历资料的,医疗机构应当提供。《医疗事故处理条例》第 10 条规定,患者要求复印或者复制其门诊病历、住院志、体温单、医嘱单、化验单(检验报告)、医学影像检查资料、特殊检查同意书、手术同意书、手术及麻醉记录单、病理资料、护理记录以及国务院卫生行政部门规定的其他病历资料的,医疗机构应当提供复印或者复制服务并在复印或者复制的病历资料上加盖证明印记。复印或者复制病历资料时,应当有患者在场。

病历资料涉及病人隐私。所以,对病人要求查阅、复印或者复制其病历资料有一定的限制。根据卫生部和国家中医药管理局联合制定的《医疗机构病历管理规定》,下列人员可以提出查阅、复印或者复制病历资料要求:(1)患者本人或者其委托代理人;(2)死亡患者的法定继承人或者其代理人。患者本人要求的,应当提供其有效身份证明;患者代理人要求的,应当提供患者及其代理人的有效身份证明,以及代理人与患者代理关系的法定证明材料和授权委托书;死亡患者的法定继承人提出的,应当提供患者死亡证明、死亡患者法定继承人的有效身份证明、死亡患者与法定继承人关系的法定证明材料;死亡患者法定继承人的代理人提出的,应当提供患者死亡证明、死亡患者法定继承人及其代理人的有效身份证明,死亡患者与法定继承人关系的法定证明材料,代理人与法定继承人代理关系的法定证明材料及授权委托书。不符合条件的,医疗机构应当拒绝提供查阅、复印或者复制服务。

对于符合条件的复印或者复制要求,医疗机构应当通知相关部门或者人员在规定时间内将需要复印或者复制的病历资料送至指定地点,在患者在场的情况下进行复印或者复制。复印或者复制的病历资料经医患双方确认无误后,加盖医疗机构证明印章。复印或者复制的病历资料中,有尚未完成的,先行复印或者复制已完成的病历资料;待完成后,再对新完成的病历资料部分进行复印或者复制。根据规定,医疗机构复印或者复制病历资料,可以向患者收取工本费。

三、病历资料的封存和启封

在病历资料中,有一部分病历资料,病人是不能查阅也不能复印或者复制。这部分病历资料是主观性病历资料。主观性病历资料,从一定程度上说,是对病例的讨论,具有学术性质。为了保护医务人员从专业角度充分发表意见的积极性,进而保护病人健康,法律规定,这部分病历资料不对病人开放。但在发生医疗事故争议时,根据要求可以对这部分病历资料进行封存,以供医疗事故技术鉴定专家查阅。其目的是保证医疗事故技术鉴定专家在进行鉴定的时候,全面了解医疗过程,根据事实和专业,依法履行鉴定职责。

封存病历资料的要求,可以由病人提出,也可以由医疗机构提出。但无论哪一方提出封存这部分病历资料的要求,都必须在医患双方在场的情况下实施封存,启封时也必须在医患双方在场的情况下实施启封。为了不影响对病人的正常治疗,封存的病历资料可以是复印件。所有封存的病历资料由医疗机构保管。《医疗事故处理条例》第16条规定,发生医疗事故争议时,死亡病例讨论记录、疑难病例讨论记录、上级医师查房记录、会诊意见、病程记录应当在医患双方在场的情况下封存和启封。

四、现场实物的封存和启封

现场实物是指医疗活动中用于病人的血液、药品和医疗器械等。在医疗实践中,导致医疗损害的原因,可能是过错医疗行为,也可能是缺陷医疗产品或者不合格血液。所以,在发生医疗事故争议时,既要保存病历资料方面的证据,也要保存医疗物品方面的证据。对于医疗物品方面的证据保存,其封存启封规则类似于主观性病历资料。《医疗事故处理条例》第 17 条规定,疑似输液、输血、注射、药物等引起不良后果的,医患双方应当共同对现场实物进行封存和启封,封存的现场实物由医疗机构保管;需要检验的,应当由双方共同指定的、依法具有检验资格的检验机构进行检验;双方无法共同指定时,由卫生行政部门指定。疑似输血引起不良后果,需要对血液进行封存保留的,医疗机构应当通知提供该血液的采供血机构派员到场。

五、尸检

在医疗事故技术鉴定中,死因是作出医疗事故技术鉴定结论必不可少的证据。为了保证医疗事故技术鉴定顺利进行,《医疗事故处理条例》第 18 条规定,患者死亡,医患双方当事人不能确定死因或者对死因有异议的,应当在患者死亡后 48 小时内进行尸检;具备尸体冻存条件的,可以延长至 7 日。尸检具有时间性,而且尸检结果将影响医患双方的权利义务。为此,第 18 条同时规定,拒绝或者拖延尸检,超过规定时间,影响对死因判定的,由拒绝或者拖延的一方承担责任。也就是说,因拒绝或者拖延导致尸检不能进行,最终不能确定死因,医疗事故技术鉴定将作出不利于拒绝或者拖延的一方结论。

为了充分保护死者及其家属利益,根据《医疗事故处理条例》规定,尸检经死者近亲属同意并签字后即可进行,而不必须获得另一方医疗机构的同意。同时,为了提高医患双方对尸检的参与度,根据规定,医疗事故争议双方当事人可以请法医病理学人员参加尸检,也可以委派代表观察尸检过程。

尸检具有专业性,又具有唯一性。根据规定,尸检应当由取得相应资格的机构和病理解剖专业技术人员进行。为了确保尸检工作的正常开展,《医疗事故处理条例》将尸检确定为承担尸检任务的机构和病理解剖专业技术人员的一项义务。

第四节 医疗事故技术鉴定

一、医疗事故技术鉴定与相关鉴定的关系

1. 医疗事故技术鉴定与医疗损害鉴定的关系

医疗损害主要包括医疗行为引起的损害和医疗产品(包括血液,下同)引起的损害。对医疗行为引起的损害,需要确定医疗行为是否存在过错。因过错医疗行为引起的损害,医疗机构要承担赔偿责任。根据《医疗事故处理条例》规定,这类医疗损害属于医疗事故。对医疗产品引起的损害,需要确定这一损害是否为有缺陷或者不合格医疗产品所引起。因医疗产品所引起的损害,无论其生产者或者提供者是否存在过错,都要承担赔偿责任。

医疗损害鉴定是一个广义概念,既包括确定医疗行为是否存在过错的医疗事故鉴定,也包括医疗损害是否为有缺陷或者不合格医疗产品所引起的医疗产品鉴定(医疗事故鉴定中也可能涉及这一问题)。《侵权责任法》没有规定医疗损害鉴定问题。现在具有医疗损害鉴定资质的机构主要是三类:(1)医学会;(2)司法鉴定机构;(3)依法具有检验资格的检验机构。医学会负责医疗行为引起的医疗损害争议鉴定;司法鉴定机构根据司法行政部门授予的业务范围从事司法鉴定;检验机构根据委托进行缺陷产品或者不合格血液的质量鉴定。

2. 医疗事故技术鉴定与司法鉴定的关系

所谓司法鉴定,是指在诉讼活动中鉴定人运用科学技术或者专门知识对诉讼涉及的专门性问题进行鉴别和判断并提供鉴定意见的活动。或者说司法鉴定是指在诉讼过程中,经司法机关或者当事人委托的鉴定单位运用专业知识和技术,依照法定程序,对案件中的专门性问题作出鉴别和判断的一种活动。由此可见,司法鉴定是用于诉讼的鉴定,不用于诉讼的鉴定并不叫司法鉴定。即使是所谓的司法鉴定机构作出的鉴定,如果不是用于诉讼,其鉴定也不属于司法鉴定。换句话说,非司法鉴定机构作出的鉴定,如果用于诉讼,其鉴定也属于司法鉴定。

医疗事故技术鉴定是医学会组织专家依照医疗卫生管理法律、行政法规、部门规章和诊疗护理规范、常规,运用医学科学原理和专业知识,对专门性问题进行鉴别和判断并提供鉴定意见。其目的是为处理医疗事故争议提供医学依据。医学会作出的医疗事故技术鉴定结论用于诉讼的,其性质属于司法鉴定。医疗损害争议解决的途径比较多,从诉讼角度说,可以分为诉讼解决和非诉讼解决。诉讼解决是

最终途径。但在实践中,大多数医疗损害争议是由非诉讼途径解决的。换句话说,大多数医疗损害鉴定是非司法鉴定。

3. 医疗事故技术鉴定与法医类鉴定的关系

2005 年 2 月,第十届全国人大常委会第十四次会议通过了《全国人大常委会关于司法鉴定管理问题的决定》。根据规定,国家对从事法医类鉴定的鉴定人和鉴定机构实行登记管理制度。为明确法医类鉴定是否包括医疗事故技术鉴定,卫生部就此问题请示了全国人大法工委。同年 9 月全国人大法工委专门对法医类鉴定与医疗事故技术鉴定关系的问题作出批复,明确了两类鉴定的区别和联系。批复指出,《关于司法鉴定管理问题的决定》第 2 条规定,国家对从事法医类鉴定的鉴定人和鉴定机构实行登记管理制度。医疗事故技术鉴定的组织方式与一般的法医类鉴定有很大区别,医疗事故技术鉴定的内容也不都属于法医类鉴定。但医疗事故技术鉴定中涉及的有关问题,如尸检、伤残鉴定等,属于法医类鉴定。对此类鉴定事项,在进行医疗事故技术鉴定时,由已列入鉴定人名册的法医参加鉴定为宜。

4. 司法解释对医疗损害鉴定的规定

为正确审理医疗损害责任纠纷案件,最高人民法院《关于审理医疗损害责任纠纷案件适用法律若干问题的解释》对医疗损害鉴定进行了规范。根据规定,对医疗损害责任纠纷中的专门性问题,当事人可以依法申请医疗损害鉴定;当事人未申请鉴定的,人民法院可以依职权委托鉴定。当事人申请鉴定的,由双方当事人协商确定鉴定人。当事人无法就鉴定人达成一致意见,又不同意人民法院提出的确定鉴定人的方法,由人民法院指定鉴定人。鉴定人从具备相应鉴定能力、符合鉴定要求的专家中确定。当事人应当按照要求提交真实、完整、充分的鉴定材料。提交的鉴定材料不符合要求的,人民法院应当通知当事人更换或者补充相应材料。对鉴定材料,人民法院应当组织当事人进行质证。

鉴定人应当按照委托鉴定的事项和要求进行鉴定。鉴定事项包括:(1)实施诊疗行为有无过错;(2)诊疗行为与损害后果之间是否存在因果关系以及原因力大小;(3)医疗机构是否尽到了说明义务、取得患者或者患者近亲属书面同意的义务;(4)医疗产品是否有缺陷、该缺陷与损害后果之间是否存在因果关系以及原因力的大小;(5)患者损伤残疾程度;(6)患者的护理期、休息期、营养期;(7)其他专门性问题。鉴定要求包括:鉴定人的资质、鉴定人的组成、鉴定程序、鉴定意见、鉴定期限等。鉴定人出具的鉴定意见可以按照导致患者损害的全部原因、主要原因、同等原因、次要原因、轻微原因或者与患者损害无因果关系,表述诊疗行为或者医疗产品等造成患者损害的原因力大小。

鉴定意见应当经当事人质证。当事人申请鉴定人出庭作证，经人民法院审查同意，或者人民法院认为鉴定人有必要出庭的，鉴定人应当出庭作证。经双方当事人同意，鉴定人可以通过书面说明、视听传输技术或者视听资料等方式作证。鉴定人因健康原因、自然灾害等不可抗力或者其他正当理由不能按期出庭的，可以延期开庭；经人民法院许可，也可以通过书面说明、视听传输技术或者视听资料等方式作证。鉴定人无正当理由拒绝出庭作证，当事人对鉴定意见又不认可的，该鉴定意见人民法院不予采信。经人民法院同意，当事人可以申请通知一至二名具有医学专门知识的人出庭，对鉴定意见或者案件的其他专门性事实问题提出意见。具有医学专门知识的人提出的意见，视为当事人的陈述，经质证可以作为认定案件事实的根据。当事人自行委托鉴定人作出的医疗损害鉴定意见，其他当事人认可的，人民法院可予采信。当事人共同委托鉴定人作出的医疗损害鉴定意见，一方当事人不认可的，应当提出明确的异议内容和理由。经审查，有证据足以证明异议成立的，对鉴定意见人民法院不予采信；异议不成立的，人民法院应予采信。

二、医疗事故技术鉴定的组织体系

1. 医学会负责组织医疗事故技术鉴定工作

医学会是依法登记成立的学术性、公益性、非营利性法人社团。由其负责组织医疗事故技术鉴定工作，除了有利于保持医疗事故技术鉴定工作的中立性外，还有利于保证医疗事故技术鉴定工作的专业性。

2. 医学会负责建立医疗事故技术鉴定专家库

医学会是医疗事故技术鉴定的组织者，其本身并不直接进行医疗事故技术鉴定。具体的医疗事故技术鉴定是由医患双方从医学会建立的专家库中随机抽取的专家组成的专家鉴定组负责的。根据规定，有资格进入医学会专家库的专业技术人员必须符合下列条件：(1)有良好的业务素质和职业品德；(2)受聘于医疗卫生机构或者医学教学、科研机构并担任相应专业高级技术职务3年以上。具有良好的业务素质和职业品德并具备高级技术任职资格的法医，可以不受任职年限要求的限制，受聘进入专家库。为保证专家的权威性，医学会可以跨区域聘请医疗卫生专业技术人员和法医进入专家库。

《医疗事故处理条例》规定，符合规定条件的医疗卫生专业技术人员和法医有义务进入专家库，并承担医疗事故技术鉴定工作。

3. 医疗事故技术鉴定的层级

医疗事故技术鉴定专家库，依医学会的级别，分为设区的市级医学会（包括省、自治区、直辖市直接管辖的县、市）医疗事故技术鉴定专家库、省级医学会医疗事故技术鉴定专家库和中华医学会医疗事故技术鉴定专家库。相应的医疗事故技术鉴定，分为设区的市级医学会医疗事故技术鉴定、省级医学会医疗事故技术鉴定和中华医学会医疗事故技术鉴定。

根据《医疗事故处理条例》规定，设区的市级医学会医疗事故技术鉴定为首次鉴定，省级医学会医疗事故技术鉴定为再次鉴定。当事人对首次医疗事故技术鉴定结论不服的，可以自收到首次鉴定结论之日起 15 日内向医疗机构所在地卫生行政部门提出再次鉴定的申请。通常情况下，医疗事故技术鉴定实行两级鉴定终结制。

对于在全国有重大影响的疑难、复杂的医疗事故争议，经争议发生地的省级卫生行政部门与中华医学会商定，可以由中华医学会组织医疗事故技术鉴定。

三、医疗事故技术鉴定的程序

1. 鉴定的启动

医学会启动医疗事故技术鉴定主要有两种方式：(1) 卫生行政部门交办。卫生行政部门接到医疗机构关于重大医疗过失行为的报告，或者接到医疗事故争议当事人要求处理医疗事故争议的申请后，对需要进行医疗事故技术鉴定的，交由负责医疗事故技术鉴定工作的医学会组织鉴定。(2) 双方当事人共同委托。医患双方协商解决医疗事故争议，需要进行医疗事故技术鉴定的，由双方当事人共同委托负责医疗事故技术鉴定工作的医学会组织鉴定。

卫生行政部门接到医疗机构关于重大医疗过错行为的报告后，除责令医疗机构及时采取必要的医疗救治措施，防止损害后果扩大外，应当组织调查，判定是否属于医疗事故等医疗损害；对不能判定是否属于医疗事故等医疗损害的，应当依照有关规定交由医学会组织鉴定。

发生医疗事故等医疗损害争议，当事人申请卫生行政部门处理的，应当提出书面申请。申请书应当载明申请人的基本情况、有关事实、具体请求及理由等。申请应当自当事人知道或者应当知道其身体健康受到损害之日起 1 年内提出。当事人申请卫生行政部门处理的，由医疗机构所在地的县级卫生行政部门受理。医疗机构所在地是直辖市的，由医疗机构所在地的区、县卫生行政部门受理。

有下列情形之一的，县级卫生行政部门应当自接到医疗机构的报告或者当事人提出医疗事故等医疗损害争议处理申请之日起7日内移送上一级卫生行政部门处理：(1)病人死亡；(2)可能为二级以上的医疗事故；(3)国务院卫生行政部门和省级卫生行政部门规定的其他情形。

卫生行政部门应当自收到申请之日起10日内进行审查，作出是否受理的决定。对符合规定的，予以受理，需要进行技术鉴定的，应当自作出受理决定之日起5日内将有关材料交由医学会组织鉴定并书面通知申请人；对不符合规定，不予受理的，应当书面通知申请人并说明理由。当事人对首次技术鉴定结论有异议，申请再次鉴定的，卫生行政部门应当自收到申请之日起7日内交由省、自治区、直辖市地方医学会组织再次鉴定。

当事人既向卫生行政部门提出处理申请，又向人民法院提起诉讼的，卫生行政部门不予受理；卫生行政部门已经受理的，应当终止处理。

2. 鉴定材料的提交

医学会接到卫生行政部门交办的医疗事故技术鉴定事项或者双方当事人共同委托的医疗事故技术鉴定申请，应当自受理医疗事故技术鉴定之日起5日内通知医疗事故争议双方当事人提交进行医疗事故技术鉴定所需的材料。当事人应当自收到医学会的通知之日起10日内提交有关医疗事故技术鉴定的材料、书面陈述及答辩。双方当事人应当按照规定如实提交进行医疗事故技术鉴定所需要的材料，并积极配合调查。当事人任何一方不予配合，影响医疗事故技术鉴定的，由不予配合的一方承担责任。

医疗机构提交的有关医疗事故技术鉴定的材料应当包括下列内容：(1)住院病人的病程记录、死亡病例讨论记录、疑难病例讨论记录、会诊意见、上级医师查房记录等病历资料原件；(2)住院病人的住院志、体温单、医嘱单、化验单(检验报告)、医学影像检查资料、特殊检查同意书、手术同意书、手术及麻醉记录单、病理资料、护理记录等病历资料原件；(3)抢救急危病人，在规定时间内补记的病历资料原件；(4)封存保留的输液、注射用物品和血液、药物等实物，或者依法具有检验资格的检验机构对这些实物作出的检验报告；(5)与医疗事故技术鉴定有关的其他材料。在医疗机构建有病历档案的门诊、急诊病人，其病历资料由医疗机构提供；没有在医疗机构建立病历档案的，由病人提供。医疗机构无正当理由未依照规定如实提供相关材料，导致医疗事故技术鉴定不能进行的，应当承担责任。

3. 专家鉴定组的产生

医疗事故技术鉴定由专家鉴定组负责进行。专家鉴定组成员，在医学会主持下，由医患双方从医学会专家库相关专业的专家中随机抽取产生。专家鉴定组人数应当为单数，涉及的主要学科的专家一般不得少于专家鉴定组成员的二分之一；涉及死因、伤残等级鉴定的，还应当从专家库中随机抽取法医参加专家鉴定组。

专家鉴定组成员有下列情形之一的，应当回避；当事人也可以以口头或者书面的方式申请其回避：(1)是医疗事故争议当事人或者当事人的近亲属的；(2)与医疗事故争议有利害关系的；(3)与医疗事故争议当事人有其他关系，可能影响公正鉴定的。

在特殊情况下，医学会可以根据医疗事故技术鉴定工作的需要，组织医患双方在其他医学会建立的专家库中随机抽取相关专业的专家参加鉴定或者进行函件咨询。

4. 医疗事故技术鉴定的时限

根据规定，医学会应当自接到当事人提交的有关医疗事故技术鉴定的材料、书面陈述及答辩之日起45日内组织鉴定并出具医疗事故技术鉴定书。

为保证医疗事故技术鉴定工作顺利进行，负责组织医疗事故技术鉴定工作的医学会可以向双方当事人调查取证。

5. 专家鉴定组实行合议制

专家鉴定组进行医疗事故技术鉴定，实行合议制。合议制是专家鉴定组以集体鉴定的形式行使鉴定权的基本组织形式，是民主集中制在鉴定工作中的具体体现。

专家鉴定组在鉴定过程中，应当认真审查双方当事人提交的材料，听取双方当事人的陈述及答辩并进行核实。在事实清楚、证据确凿的基础上，综合分析病人的病情和个体差异，实事求是地作出鉴定结论，并制作医疗事故技术鉴定书。鉴定结论应当经专家鉴定组成员的过半数通过。根据规定，鉴定过程应当如实记载。

为保证医疗事故技术鉴定工作公平、公正，《医疗事故处理条例》要求，任何单位或者个人不得干扰医疗事故技术鉴定工作，不得威胁、利诱、辱骂、殴打专家鉴定组成员；专家鉴定组成员不得接受双方当事人的财物或者其他利益。

6. 医疗事故技术鉴定书的内容

医疗事故技术鉴定结论是卫生行政部门处理医疗事故争议的依据，也是人民法院审理医疗事故争议案件的重要证据。根据规定，医疗事故技术鉴定书应当包括下列主要内容:(1)双方当事人的基本情况及要求;(2)当事人提交的材料和负责组织医疗事故技术鉴定工作的医学会的调查材料;(3)对鉴定过程的说明;(4)医疗行为是否违反医疗卫生管理法律、行政法规、部门规章和诊疗护理规范、常规;(5)医疗过失行为与人身损害后果之间是否存在因果关系;(6)医疗过失行为在医疗事故损害后果中的责任程度;(7)医疗事故等级;(8)对医疗事故病人的医疗护理医学建议。

7. 鉴定费用

医疗事故技术鉴定,可以收取鉴定费用。经鉴定,属于医疗事故的,鉴定费用由医疗机构支付;不属于医疗事故的,鉴定费用由提出医疗事故处理申请的一方支付。鉴定费用标准由省、自治区、直辖市人民政府价格主管部门会同同级财政部门、卫生行政部门规定。

四、医疗事故技术鉴定的行政监督

卫生行政部门收到医学会出具的技术鉴定书后,应当对参加鉴定的人员资格和专业类别、鉴定程序进行审核;必要时,可以组织调查,听取医疗事故争议双方当事人的意见。卫生行政部门经审核,对符合规定作出的技术鉴定结论,应当作为对发生医疗事故的医疗机构和医务人员作出行政处理以及进行赔偿调解的依据;经审核,发现技术鉴定不符合规定的,应当要求重新鉴定。

医疗事故争议由双方当事人自行协商解决的,医疗机构应当自协商解决之日起7日内向所在地卫生行政部门作出书面报告,并附具协议书。医疗事故争议经人民法院调解或者判决解决的,医疗机构应当自收到生效的调解书或者判决书之日起7日内向所在地卫生行政部门作出书面报告,并附具调解书或者判决书。卫生行政部门应当依据有关规定,对发生医疗事故的医疗机构和医务人员作出行政处理。县级以上地方卫生行政部门应当按照规定逐级将当地发生的医疗事故以及依法对发生医疗事故的医疗机构和医务人员作出行政处理的情况,上报国务院卫生行政部门。

第五节　医疗损害赔偿范围

《侵权责任法》第16条规定,侵害他人造成人身损害的,应当赔偿医疗费、护理费、交通费等为治疗和康复支出的合理费用,以及因误工减少的收入。造成残疾的,还应当赔偿残疾生活辅助具费和残疾赔偿金。造成死亡的,还应当赔偿丧葬费和死亡赔偿金。第22条规定,侵害他人人身权益,造成他人严重精神损害的,被侵权人可以请求精神损害赔偿。医疗损害赔偿应当遵循上述规定。

一、病人人身损害的赔偿

(一)造成病人一般人身损害的赔偿范围

1. 医疗费。医疗费是指对病人造成的人身损害进行治疗所发生的费用。医疗费以医疗机构出具的医疗费用收款凭据,结合病历和诊断证明等相关证据确定。有证据证明将来必然发生的医疗费可以与已经发生的医疗费一并计算和赔偿。这里赔偿的医疗费不包括治疗原发病所发生的费用。

2. 护理费。也称陪护费。这里的护理费不是医疗收费项目中的护士服务费。其是指受到医疗损害的病人因生活不能自理或者不能完全自理,需要专人护理或者陪护而产生的费用支出。护理可以发生在住院治疗期间,也可以发生在居家康复期间,但都应当证明在医学上确有需要。在司法实践中,护理费一般根据护理人员的收入状况和护理人数、护理期限确定。护理人员有收入的,参照误工费的规定计算;护理人员没有收入的,或者雇用护工的,参照当地护工从事同等级别护理的劳务报酬标准计算。护理人员原则上为一人。护理期限原则上计算至病人恢复自理能力时止。造成病人残疾不能恢复自理能力的,可以根据其年龄、健康状况等因素确定合理的护理期限,但最长不超过二十年。

3. 交通费。交通费是指受到医疗损害的病人及其必要的陪护人员因就医所发生的用于交通的费用。计算交通费以正式的交通费票据为准。交通费票据记载的时间、地点、人员或者人数应当与实际就医的时间、地点、人员或者人数相一致。对不合理的支出,不应当赔偿。

4. 因误工减少的收入。因误工减少的收入,即误工费,是指受到医疗损害的病人因无法从事正常工作或者劳动而失去或者减少的工作或者劳动收入。一般而言,因误工减少的收入就是病人从受到医疗损害到恢复正常工作或者劳动能力时止的收入损失。在司法实践中,因误工减少的收入根据病人的误工时间和收入状况确定。误工时间根据病人接受治疗的医疗机构出具的证明确定。病人有固定收入的,误工减少的收入按照实际减少的收入计算。病人无固定收入的,按照其最近三年的平均收入计算;病人不能证明其最近三年的平均收入状况的,可以参照当地相同或者相近行业上一年度职工的平均工资计算。

（二）造成病人残疾的赔偿范围

造成病人残疾的，除按规定赔偿医疗费、护理费、交通费以及因误工减少的收入外，还应当赔偿：

1. 残疾辅助器具费。残疾辅助器具费是指受到医疗损害的病人因残疾造成身体功能全部或者部分丧失后需要配置补偿功能的辅助器具而发生的费用。辅助器具主要包括假肢、假眼、助听器、盲人阅读器、助视器、矫形器等。残疾生活辅助器具费一般按普通适用器具的合理费用标准计算。伤情有特殊情况的，可以参照辅助器具配置机构的意见确定相应的合理费用标准。辅助器具的更换周期和赔偿周期参照辅助器具配置机构的意见确定。

2. 残疾赔偿金。残疾赔偿金是对医疗损害造成残疾的病人的赔偿项目。其目的是补偿病人因全部或者部分丧失工作或者劳动能力而发生的收入损失。《医疗事故处理条例》没有规定残疾赔偿金项目，但规定的残疾生活补助费、被抚养人生活费等项目有类似含义。《侵权责任法》对残疾赔偿金的数额没有作出规定。有参考意义的是，《国家赔偿法》规定，残疾赔偿金根据丧失劳动能力的程度，按照国家规定的伤残等级确定，最高不超过国家上年度职工年平均工资的二十倍。在司法实践中，残疾赔偿金根据受害人丧失劳动能力程度或者伤残等级，按照受诉法院所在地上一年度城镇居民人均可支配收入或者农村居民人均纯收入标准，自定残之日起按二十年计算。但六十周岁以上的，年龄每增加一岁减少一年；七十周岁以上的，按五年计算。受害人实际收入没有减少，或者伤残等级虽较轻但严重影响其劳动就业的，可以对残疾赔偿金做相应调整。

（三）病人死亡的赔偿范围

造成病人死亡的，除按规定赔偿医疗费、护理费、交通费以及因误工减少的收入外，还应当赔偿：

1. 丧葬费。丧葬费是指受到医疗损害的病人死亡后，病人家属对其进行安葬所产生的费用。主要包括逝者服装、整容、遗体存放、运送、告别仪式、火化、骨灰盒、骨灰存放等费用。在司法实践中，丧葬费按照受诉法院所在地上一年度职工月平均工资标准，以六个月总额计算。

2. 死亡赔偿金。死亡赔偿金是对医疗损害造成死亡的病人的家属的赔偿项目。《侵权责任法》对死亡赔偿金的总额没有作出规定。有参考意义的是，《国家赔偿法》规定的死亡赔偿金总额是国家上年度职工年平均工资的二十倍。在司法实践中，死亡赔偿金按照受诉法院所在地上一年度城镇居民人均可支配收入或者农村居民人均纯收入标准,按二十年计算。但六十周岁以上的,年龄每增加一岁减少一年;七十周岁以上的,按五年计算。

二、病人精神损害的赔偿

精神损害赔偿,又称精神损害抚慰金,是对医疗损害造成病人严重精神损害的赔偿项目。早在《医疗事故处理条例》就规定了精神损害赔偿,主要针对死亡和残疾人员。按照医疗事故发生地居民平均生活费计算。造成死亡的,赔偿年限最长不超过6年;造成残疾的,赔偿年限最长不超过3年。《侵权责任法》对精神损害赔偿的总额没有作出规定。司法实践中也不一致。有的省级法院明确规定,精神损害赔偿最高不得超过5万元。

第三十三章　医疗刑事责任

第一节　医疗刑事责任概说

一、医疗刑事责任的概念

所谓医疗刑事责任，顾名思义，是指与医疗有关的刑事法律责任。这里主要是指医疗机构或者医务人员实施刑事法律禁止的行为所必须承担的刑事法律规定的责任。刑事法律责任是法律责任中最严厉的一种。

刑事责任只能由实施犯罪行为的人承担。具备犯罪构成的要件是负刑事责任的依据。犯罪构成是指确定某种行为构成犯罪必须具备的条件。各个犯罪行为都各有其具体的犯罪构成要件。归纳起来是以下四个方面：(1)犯罪客体，指受犯罪行为侵害的、为刑事法律所保护的社会关系。每一种类的犯罪都有它自己的特殊客体。如果某种行为侵犯的社会关系不是刑事法律所保护的，而是行政法律或者民事法律所保护的，这种行为就不构成犯罪，不负刑事责任，只负行政责任或者民事责任。(2)犯罪主体，指实施危害社会的行为、依据刑事法律应负刑事责任的人。犯罪主体不仅包括达到法定年龄的有责任能力的自然人，还包括刑事法律规定的法人。(3)犯罪的客观方面要件，指刑事法律确定为危害社会因而应受惩罚的行为。犯罪的行为可以是积极行为也可以是消极行为。一切行为必须具有刑法意义上的社会危害性和违法性，才能构成犯罪。如果某种行为只有行政法律上规定的社会危害性，就不构成犯罪，不受刑事制裁。(4)犯罪的主观方面要件，指犯罪人在实施犯罪时的主观心理状态，即行为人必须具有侵害的故意或者过失。如果行为人在主观上没有犯罪的故意或者过失，即使客观上与危害后果的发生有因果关系，也不构成犯罪，不负刑事责任。例如医疗意外事故。某种行为只有同时具备上述四个方面的要件才能构成犯罪。

有些行为从表面上看具备犯罪构成的要件，但实际上并不危害社会，或者法律有明文规定，不负刑事责任。概括起来主要有以下几种行为：(1)无责任能力的人的行为；(2)正当防卫；(3)紧急避险；(4)履行有益于社会的业务上的行为；(5)其他排除刑事责任的情况。

二、医疗刑事责任的主体

所谓医疗刑事责任主体，是指在医疗活动中因实施刑法禁止的行为而承担法律后果的主体。在刑事责任中，有的犯罪需要行为人具有特定身份，有的犯罪并不需要行为人具有特定身份。这里的医疗刑事责任主体，强调的不是犯罪种类而是犯罪行为人的身份，而且强调发生在医疗活动过程中。

在我国从事医疗活动必须具备一定的执业资格或者资质，如单位应当是医疗机构，个人应当是医务人员。因此，医疗刑事责任主体具有身份上的特殊性。如果没有这一身份，其所从事的医疗活动基本上说明是违法的。刑法理论上，要求行为人具备特殊身份或者刑罚的加重减轻以具有特殊身份为前提的犯罪，称为身份犯。身份犯分为真正身份犯和不真正身份犯。真正身份犯，是指以特殊身份作为构成要件要素的犯罪。在这种情况下，如果行为主体不具有特殊身份，就不成立犯罪。如非法行医罪的主体是未取得医生执业资格的人，所以，如果主体不是未取得医生执业资格的人，其行为就不可能成立非法行医罪。不真正身份犯，是指特殊身份不影响定罪但影响量刑的情形。在这种情况下，如果行为主体不具有特殊身份，其行为也成立犯罪；如果具有这种特殊身份，则从重或者减轻处罚。如侵犯公民个人信息罪的行为人既可以是普通自然人，也可以是医务人员，是否具有特殊身份并不影响本罪的成立，但刑法规定将在履行职责或者提供服务过程中获得的公民个人信息，出售或者提供给他人的从重处罚。

特殊身份可以分为终身具有的身份、一定时期具有的身份或者临时具有的身份。从医疗行业角度说，医务人员的身份不属于终身具有的身份，而是属于一定时期具有的身份，其中作为专家参加医疗事故技术鉴定、职业病诊断鉴定担任鉴定人等则属于临时具有的身份。形成特殊身份的原因可以来自法律规定，也可以来自事实关系。涉及特定的职业、职务、义务、地位、岗位、疾病、物品、资格等。

医疗刑事责任主体除了可以是医务人员等自然人外，还可以是医疗机构等单位。医疗机构作为行为主体实施犯罪，称为单位犯罪。单位犯罪是由单位的决策机构按照单位的决策程序决定，由直接责任人员实施的。一般表现为为本单位牟取非法利益或者以单位名义为本单位全体成员以及多数成员牟取非法利益。但单位犯罪以刑法明文规定应受刑罚处罚为前提。只有当刑法规定了单位可以成为某种犯罪的行为主体时,才可能将单位认定为犯罪主体。单位犯罪的法律后果具有一定的特殊性。对于单位犯罪,除了对单位处以罚金外,还要对单位直接责任的主管人员和其他直接责任人员定罪量刑,也就是所谓的双罚制或两罚制。

三、我国刑罚的种类

我国刑法将刑罚分为主刑和附加刑两部分。主刑是人民法院在判决刑事案件时独立适用的刑罚。其有以下五种:(1)管制;(2)拘役;(3)有期徒刑;(4)无期徒刑;(5)死刑。

根据规定,管制的期限为三个月以上二年以下。拘役的期限为一个月以上六个月以下。有期徒刑的期限为六个月以上十五年以下。对于判处死刑缓期执行的,在死刑缓期执行期间如果没有故意犯罪,二年期满以后减为无期徒刑;如果确有重大立功表现,二年期满以后减为二十五年有期徒刑。对于数罪并罚的,管制最高不超过三年,拘役最高不超过一年,有期徒刑总和刑期不满三十五年的最高不超过二十年,有期徒刑总和刑期在三十五年以上的最高不超过二十五年。

附加刑,也称从刑。是人民法院在判决刑事案件时附随于主刑处罚罪犯的刑罚。附加刑也可以独立适用。其主要有以下三种:(1)罚金;(2)剥夺政治权利;(3)没收财产。对于犯罪的外国人,还可以独立适用或者附加适用驱逐出境。

第二节　医疗法中有关刑事责任的规定

在医疗法中,有关刑事责任的规定,经历过几个发展阶段,有比较明显的变化。

一、既列举依法追究刑事责任的违法行为又规定罪名

在医疗法中直接规定应当依法追究刑事责任的违法行为和对应的罪名,有利于约束医疗行为,也有利于司法实际操作,但缺点是不利于及时适应实际情况的变化。这一立法模式在早期卫生立法中较为多见,但现在已经很少用了。例如:

1. 1984 年《药品管理法》第 50 条第 2 款规定,对生产、销售假药,危害人民健康的个人或者单位直接责任人员,依照刑法第一百六十四条的规定追究刑事责任。第 51 条第 2 款规定,对生产、销售劣药,危害人民健康,造成严重后果的个人或者单位直接责任人员,比照刑法第一百六十四条的规定追究刑事责任。

2. 1986年《国境卫生检疫法》第22条规定，违反本法规定，引起检疫传染病传播或者有引起检疫传染病传播严重危险的，依照《中华人民共和国刑法》第一百七十八条的规定追究刑事责任。

3. 1989年《传染病防治法》第37条规定，有本法第三十五条所列行为之一，引起甲类传染病传播或者有传播严重危险的，比照刑法第一百七十八条的规定追究刑事责任。第38条规定，从事实验、保藏、携带、运输传染病菌种、毒种的人员，违反国务院卫生行政部门的有关规定，造成传染病菌种、毒种扩散，后果严重的，依照刑法第一百一十五条的规定追究刑事责任。第39条规定，从事传染病的医疗保健、卫生防疫、监督管理的人员和政府有关主管人员玩忽职守，造成传染病传播或者流行的，给予行政处分；情节严重、构成犯罪的，依照刑法第一百八十七条的规定追究刑事责任。

4. 1994年《母婴保健法》第36条规定，未取得国家颁发的有关合格证书，施行终止妊娠手术或者采取其他方法终止妊娠，致人死亡、残疾、丧失或者基本丧失劳动能力的，依照刑法第一百三十四条、第一百三十五条的规定追究刑事责任。

5. 2002年《医疗事故处理条例》第55条第1款规定，医疗机构发生医疗事故，情节严重的，对负有责任的医务人员依照刑法关于医疗事故罪的规定，依法追究刑事责任。第57条规定，参加医疗事故技术鉴定工作的人员接受申请鉴定双方或者一方当事人的财物或者其他利益，出具虚假医疗事故技术鉴定书，造成严重后果的，依照刑法关于受贿罪的规定，依法追究刑事责任。

二、列举依法追究刑事责任的违法行为但不规定罪名

在现行有效的医疗法中，大部分采用的立法模式是，对应当依法追究刑事责任的违法行为作出明确规定，但不列明具体罪名。这样做的好处是，重点突出，指向明确，有利于避免因刑法修订而出现前后规定不协调问题。例如：

1. 2001年《药品管理法》第91条第2款规定，医疗机构的负责人、药品采购人员、医师等有关人员收受药品生产企业、药品经营企业或者其代理人给予的财物或者其他利益，构成犯罪的，依法追究刑事责任。

2. 2004年《传染病防治法》第69条规定，医疗机构违反规定，有下列情形之一，造成传染病传播、流行或者其他严重后果，负有责任的主管人员和其他直接责任人员构成犯罪的，依法追究刑事责任：(1)未按照规定承担本单位的传染病预防、控制工作、医院感染控制任务和责任区域内的传染病预防工作的；(2)未按照规定

报告传染病疫情,或者隐瞒、谎报、缓报传染病疫情的;(3)发现传染病疫情时,未按照规定对传染病病人、疑似传染病病人提供医疗救护、现场救援、接诊、转诊的,或者拒绝接受转诊的;(4)未按照规定对本单位内被传染病病原体污染的场所、物品以及医疗废物实施消毒或者无害化处置的;(5)未按照规定对医疗器械进行消毒,或者对按照规定一次使用的医疗器具未予销毁,再次使用的;(6)在医疗救治过程中未按照规定保管医学记录资料的;(7)故意泄露传染病病人、病原携带者、疑似传染病病人、密切接触者涉及个人隐私的有关信息、资料的。第70条规定,采供血机构未按照规定报告传染病疫情,或者隐瞒、谎报、缓报传染病疫情,或者未执行国家有关规定,造成传染病传播、流行或者其他严重后果,负有责任的主管人员和其他直接责任人员构成犯罪的,依法追究刑事责任。非法采集血液或者组织他人出卖血液,构成犯罪的,依法追究刑事责任。第74条规定,医疗机构有下列情形之一,造成传染病传播、流行或者其他严重后果,负有责任的主管人员和其他直接责任人员构成犯罪的,依法追究刑事责任:(1)不符合国家规定的条件和技术标准,对传染病病原体样本未按照规定进行严格管理,造成实验室感染和病原微生物扩散的;(2)违反国家有关规定,采集、保藏、携带、运输和使用传染病菌种、毒种和传染病检测样本的;(3)未执行国家有关规定,导致因输入血液、使用血液制品引起经血液传播疾病发生的。

3. 2009年《母婴保健法》第36条规定,未取得国家颁发的有关合格证书,施行终止妊娠手术或者采取其他方法终止妊娠,致人死亡、残疾、丧失或者基本丧失劳动能力的,依照刑法有关规定追究刑事责任。

4. 1997年《献血法》第18条规定,有下列行为之一,构成犯罪的,依法追究刑事责任:(1)非法采集血液的;(2)血站、医疗机构出售无偿献血的血液的;(3)非法组织他人出卖血液的。第19条规定,血站违反有关操作规程和制度采集血液,给献血者健康造成损害,直接负责的主管人员和其他直接责任人员构成犯罪的,依法追究刑事责任。第21条规定,血站违反规定,向医疗机构提供不符合国家规定标准的血液,情节严重,造成经血液途径传播的疾病传播或者有传播严重危险,直接负责的主管人员和其他直接责任人员构成犯罪的,依法追究刑事责任。第22条规定,医疗机构的医务人员违反规定,将不符合国家规定标准的血液用于患者,给患者健康造成损害,直接负责的主管人员和其他直接责任人员构成犯罪的,依法追究刑事责任。

5. 1998年《执业医师法》第37条规定,医师在执业活动中,违反规定,有下列行为之一，构成犯罪的，依法追究刑事责任：(1)违反卫生行政规章制度或者技术操作规范，造成严重后果的；(2)由于不负责任延误急危患者的抢救和诊治，造成严重后果的；(3)造成医疗责任事故的；(4)未经亲自诊查、调查、签署诊断、治疗、流行病学等证明文件或者有关出生、死亡等证明文件的；(5)隐匿、伪造或者擅自销毁医学文书及有关资料的；(6)使用未经批准使用的药品、消毒药剂和医疗器械的；(7)不按照规定使用麻醉药品、医疗用毒性药品、精神药品和放射性药品的；(8)未经患者或者其家属同意，对患者进行实验性临床医疗的；(9)泄露患者隐私，造成严重后果的；(10)利用职务之便，索取、非法收受患者财物或者牟取其他不正当利益的；(11)发生自然灾害、传染病流行、突发重大伤亡事故以及其他严重威胁人民生命健康的紧急情况时，不服从卫生行政部门调遣的；(12)发生医疗事故或者是发现传染病疫情，患者涉嫌伤害事件或者非正常死亡，不按照规定报告的。第39条规定，未经批准擅自开办医疗机构行医或者非医师行医，给患者造成损害，构成犯罪的，依法追究刑事责任。

6. 2011年《职业病防治法》第81条规定，承担职业健康检查、职业病诊断的医疗卫生机构违反规定，有下列行为之一，直接负责的主管人员和其他直接责任人员构成犯罪的，依法追究刑事责任：(1)超出资质认可或者批准范围从事职业卫生技术服务或者职业健康检查、职业病诊断的；(2)不按照本法规定履行法定职责的；(3)出具虚假证明文件的。

7. 2001年《人口与计划生育法》第36条规定，有下列行为之一，情节严重，构成犯罪的，依法追究刑事责任：(1)非法为他人施行计划生育手术的；(2)利用超声技术和其他技术手段为他人进行非医学需要的胎儿性别鉴定或者选择性别的人工终止妊娠的；(3)实施假节育手术、进行假医学鉴定、出具假计划生育证明的。第37条规定，伪造、变造、买卖计划生育证明，构成犯罪的，依法追究刑事责任。

8. 2002年《药品管理法实施条例》第68条规定，医疗机构使用假药、劣药的，依照《药品管理法》第七十四条、第七十五条的规定给予处罚。

9. 2003年《突发公共卫生事件应急条例》第50条规定，医疗卫生机构有下列行为之一，情节严重，造成传染病传播、流行或者对社会公众健康造成其他严重危害后果，主要负责人、负有责任的主管人员和其他直接责任人员构成犯罪的，依法追究刑事责任：(1)未依照本条例的规定履行报告职责，隐瞒、缓报或者谎报的；(2)未依照本条例的规定及时采取控制措施的；(3)未依照本条例的规定履行突发事件监测职责的；(4)拒绝接诊病人的；(5)拒不服从突发事件应急处理指挥部调度的。

10. 2003年《医疗废物管理条例》第47条规定，医疗卫生机构有下列情形之一，造成传染病传播或者环境污染事故，构成犯罪的，依法追究刑事责任：(1)在运送过程中丢弃医疗废物，在非贮存地点倾倒、堆放医疗废物或者将医疗废物混入其他废物和生活垃圾的；(2)未执行危险废物转移联单管理制度的；(3)将医疗废物交给未取得经营许可证的单位或者个人收集、运送、贮存、处置的；(4)对医疗废物的处置不符合国家规定的环境保护、卫生标准、规范的；(5)未按照本条例的规定对污水、传染病病人或者疑似传染病病人的排泄物，进行严格消毒，或者未达到国家规定的排放标准，排入污水处理系统的；(6)对收治的传染病病人或者疑似传染病病人产生的生活垃圾，未按照医疗废物进行管理和处置的。第48条规定，医疗卫生机构将未达到国家规定标准的污水、传染病病人或者疑似传染病病人的排泄物排入城市排水管网，造成传染病传播或者环境污染事故，构成犯罪的，依法追究刑事责任。第49条规定，医疗卫生机构发生医疗废物流失、泄漏、扩散时，未采取紧急处理措施，或者未及时向卫生行政主管部门和环境保护行政主管部门报告，造成传染病传播或者环境污染事故，构成犯罪的，依法追究刑事责任。第50条规定，医疗卫生机构无正当理由，阻碍卫生行政主管部门或者环境保护行政主管部门执法人员执行职务，拒绝执法人员进入现场，或者不配合执法部门的检查、监测、调查取证，构成犯罪的，依法追究刑事责任。第51条规定，不具备集中处置医疗废物条件的农村，医疗卫生机构未按照要求处置医疗废物，造成传染病传播或者环境污染事故，构成犯罪的，依法追究刑事责任。

11. 2003年《乡村医生从业管理条例》第41条规定，以不正当手段取得乡村医生执业证书，造成患者人身损害，构成犯罪的，依法追究刑事责任。第42条规定，未经注册在村医疗卫生机构从事医疗活动，造成患者人身损害，构成犯罪的，依法追究刑事责任。

12. 2005年《麻醉药品和精神药品管理条例》第73条第2款规定，未取得麻醉药品和第一类精神药品处方资格的执业医师擅自开具麻醉药品和第一类精神药品处方，造成严重后果，构成犯罪的，依法追究刑事责任。第82条第1款规定，违反规定，致使麻醉药品和精神药品流入非法渠道造成危害，构成犯罪的，依法追究刑事责任。

13. 2006年《艾滋病防治条例》第55条第1款规定，医疗卫生机构未依照规定履行职责，有下列情形之一，造成艾滋病传播、流行或者其他严重后果，负有责任的主管人员和其他直接责任人员构成犯罪的，依法追究刑事责任：(1)未履行艾滋病监测职责的;(2)未按照规定免费提供咨询和初筛检测的;(3)对临时应急采集的血液未进行艾滋病检测,对临床用血艾滋病检测结果未进行核查,或者将艾滋病检测阳性的血液用于临床的;(4)未遵守标准防护原则,或者未执行操作规程和消毒管理制度,发生艾滋病医院感染或者医源性感染的;(5)未采取有效的卫生防护措施和医疗保健措施的;(6)推诿、拒绝治疗艾滋病病毒感染者或者艾滋病病人的其他疾病,或者对艾滋病病毒感染者、艾滋病病人未提供咨询、诊断和治疗服务的;(7)未对艾滋病病毒感染者或者艾滋病病人进行医学随访的;(8)未按照规定对感染艾滋病病毒的孕产妇及其婴儿提供预防艾滋病母婴传播技术指导的。第57条规定,血站违反规定,有下列情形之一,构成犯罪的,依法追究刑事责任:(1)对采集的人体血液、血浆未进行艾滋病检测,或者发现艾滋病检测阳性的人体血液、血浆仍然采集的;(2)将未经艾滋病检测的人体血液、血浆,或者艾滋病检测阳性的人体血液、血浆供应给医疗机构和血液制品生产单位的。

14. 2006年《血吸虫病防治条例》第49条规定,医疗机构有下列情形之一,造成血吸虫病传播、流行或者其他严重后果,负有责任的主管人员和其他直接责任人员构成犯罪的,依法追究刑事责任:(1)未依照本条例规定开展血吸虫病防治工作的;(2)未定期对其工作人员进行血吸虫病防治知识、技能培训和考核的;(3)发现急性血吸虫病疫情或者接到急性血吸虫病疫情暴发、流行报告时,未及时采取措施的……

15. 2007年《人体器官移植条例》第25条规定,有下列情形之一,构成犯罪的,依法追究刑事责任:(1)未经公民本人同意摘取其活体器官的;(2)公民生前表示不同意捐献其人体器官而摘取其尸体器官的;(3)摘取未满18周岁公民的活体器官的。

三、概括性规定依法追究刑事责任

近年来,医疗法在立法中出现了一种新的现象,即只对追究刑事责任作笼统性规定,既不涉及具体的违法行为也不涉及具体罪名。从技术上说表述简洁,可以保证规定的包容性,避免出现“顾此失彼”问题。例如:

1.《精神卫生法》第81条规定,违反本法规定,构成犯罪的,依法追究刑事责任。

2.《中医药法》第59条规定,违反本法规定,构成犯罪的,依法追究刑事责任。

第三节 医疗活动中可能触犯的刑事犯罪种类

一、医务人员可能触犯的刑事犯罪种类

根据现行法律，医务人员或者未取得医务人员资质人员，可能触犯的与医疗活动有关的刑事犯罪种类主要有：

1. 非国家工作人员受贿罪。《刑法》第163条第1款：公司、企业或者其他单位的工作人员利用职务上的便利，索取他人财物或者非法收受他人财物，为他人谋取利益，数额较大的，处五年以下有期徒刑或者拘役；数额巨大的，处五年以上有期徒刑，可以并处没收财产。第2款：公司、企业或者其他单位的工作人员在经济往来中，利用职务上的便利，违反国家规定，收受各种名义的回扣、手续费，归个人所有的，依照前款的规定处罚。第3款：国有公司、企业或者其他国有单位中从事公务的人员和国有公司、企业或者其他国有单位委派到非国有公司、企业以及其他单位从事公务的人员有前两款行为的，依照本法第三百八十五条、第三百八十六条的规定定罪处罚。

《刑法》第386条：对犯受贿罪的，根据受贿所得数额及情节，依照本法第三百八十三条的规定处罚。索贿的从重处罚。

《刑法》第383条第1款：对犯贪污罪的，根据情节轻重，分别依照下列规定处罚：(一)贪污数额较大或者有其他较重情节的，处三年以下有期徒刑或者拘役，并处罚金。(二)贪污数额巨大或者有其他严重情节的，处三年以上十年以下有期徒刑，并处罚金或者没收财产。(三)贪污数额特别巨大或者有其他特别严重情节的，处十年以上有期徒刑或者无期徒刑，并处罚金或者没收财产；数额特别巨大，并使国家和人民利益遭受特别重大损失的，处无期徒刑或者死刑，并处没收财产。第2款：对多次贪污未经处理的，按照累计贪污数额处罚。第3款：犯第一款罪，在提起公诉前如实供述自己罪行、真诚悔罪、积极退赃，避免、减少损害结果的发生，有第一项规定情形的，可以从轻、减轻或者免除处罚；有第二项、第三项规定情形的，可以从轻处罚。第4款：犯第一款罪，有第三项规定情形被判处死刑缓期执行的，人民法院根据犯罪情节等情况可以同时决定在其死刑缓期执行二年期满依法减为无期徒刑后，终身监禁，不得减刑、假释。

2. 受贿罪。《刑法》第385条第1款：国家工作人员利用职务上的便利，索取他人财物的，或者非法收受他人财物，为他人谋取利益的，是受贿罪。第2款：国家工

作人员在经济往来中，违反国家规定，收受各种名义的回扣、手续费，归个人所有的，以受贿论处。

3. 传染病菌种、毒种扩散罪。《刑法》第 331 条：从事实验、保藏、携带、运输传染病菌种、毒种的人员，违反国务院卫生行政部门的有关规定，造成传染病菌种、毒种扩散，后果严重的，处三年以下有期徒刑或者拘役；后果特别严重的，处三年以上七年以下有期徒刑。

4. 非法采集、供应血液、制作、供应血液制品罪。《刑法》第 334 条第 1 款：非法采集、供应血液或者制作、供应血液制品，不符合国家规定的标准，足以危害人体健康的，处五年以下有期徒刑或者拘役，并处罚金；对人体健康造成严重危害的，处五年以上十年以下有期徒刑，并处罚金；造成特别严重后果的，处十年以上有期徒刑或者无期徒刑，并处罚金或者没收财产。

5. 医疗事故罪。《刑法》第 335 条：医务人员由于严重不负责任，造成就诊人死亡或者严重损害就诊人身体健康的，处三年以下有期徒刑或者拘役。

6. 非法行医罪。《刑法》第 336 条第 1 款：未取得医生执业资格的人非法行医，情节严重的，处三年以下有期徒刑、拘役或者管制，并处或者单处罚金；严重损害就诊人身体健康的，处三年以上十年以下有期徒刑，并处罚金；造成就诊人死亡的，处十年以上有期徒刑，并处罚金。

7. 非法进行节育手术罪。《刑法》第 336 条第 2 款：未取得医生执业资格的人擅自为他人进行节育复通手术、假节育手术、终止妊娠手术或者摘取宫内节育器，情节严重的，处三年以下有期徒刑、拘役或者管制，并处或者单处罚金；严重损害就诊人身体健康的，处三年以上十年以下有期徒刑，并处罚金；造成就诊人死亡的，处十年以上有期徒刑，并处罚金。

8. 组织出卖人体器官罪。《刑法》第 234 条之一第 1 款：组织他人出卖人体器官的，处五年以下有期徒刑，并处罚金；情节严重的，处五年以上有期徒刑，并处罚金或者没收财产。第 2 款：未经本人同意摘取其器官，或者摘取不满十八周岁的人的器官，或者强迫、欺骗他人捐献器官的，依照本法第二百三十四条、第二百三十二条的规定定罪处罚。第 3 款：违背本人生前意愿摘取其尸体器官，或者本人生前未表示同意，违反国家规定，违背其近亲属意愿摘取其尸体器官的，依照本法第三百零二条的规定定罪处罚。

《刑法》第 234 条第 1 款：故意伤害他人身体的，处三年以下有期徒刑、拘役或者管制。第 2 款：犯前款罪，致人重伤的，处三年以上十年以下有期徒刑；致人死亡或者以特别残忍手段致人重伤造成严重残疾的,处十年以上有期徒刑、无期徒刑或者死刑。本法另有规定的,依照规定。

《刑法》第232条:故意杀人的,处死刑、无期徒刑或者十年以上有期徒刑;情节较轻的,处三年以上十年以下有期徒刑。

《刑法》第302条:盗窃、侮辱、故意毁坏尸体、尸骨、骨灰的,处三年以下有期徒刑、拘役或者管制。

9. 传染病防治失职罪。《刑法》第409条:从事传染病防治的政府卫生行政部门的工作人员严重不负责任,导致传染病传播或者流行,情节严重的,处三年以下有期徒刑或者拘役。

二、医疗机构可能触犯的刑事犯罪种类

根据现行法律,医疗机构可能触犯的与医疗活动有关的刑事犯罪种类主要有:

1. 单位受贿罪。《刑法》第387条第1款:国家机关、国有公司、企业、事业单位、人民团体,索取、非法收受他人财物,为他人谋取利益,情节严重的,对单位判处罚金,并对其直接负责的主管人员和其他直接责任人员,处五年以下有期徒刑或者拘役。第2款:前款所列单位,在经济往来中,在帐外暗中收受各种名义的回扣、手续费的,以受贿论,依照前款的规定处罚。

2. 采集、供应血液、制作、供应血液制品事故罪。《刑法》第334条第2款:经国家主管部门批准采集、供应血液或者制作、供应血液制品的部门,不依照规定进行检测或者违背其他操作规定,造成危害他人身体健康后果的,对单位判处罚金,并对其直接负责的主管人员和其他直接责任人员,处五年以下有期徒刑或者拘役。

三、医疗机构及其医务人员都可能触犯的刑事犯罪种类

根据现行法律,医疗机构及其医务人员都有可能触犯的与医疗活动有关的刑事犯罪种类主要有:

1. 侵犯公民个人信息罪。《刑法》第253条之一第1款:违反国家有关规定,向他人出售或者提供公民个人信息,情节严重的,处三年以下有期徒刑或者拘役,并处或者单处罚金;情节特别严重的,处三年以上七年以下有期徒刑,并处罚金。第2款:违反国家有关规定,将在履行职责或者提供服务过程中获得的公民个人信息,出售或者提供给他人的,依照前款的规定从重处罚。第3款:窃取或者以其他方法非法获取公民个人信息的,依照第一款的规定处罚。第4款:单位犯前三款罪的,对

单位判处罚金,并对其直接负责的主管人员和其他直接责任人员,依照各该款的规定处罚。

2. 非法提供麻醉药品、精神药品罪。《刑法》第355条第1款:依法从事生产、运输、管理、使用国家管制的麻醉药品、精神药品的人员,违反国家规定,向吸食、注射毒品的人提供国家规定管制的能够使人形成瘾癖的麻醉药品、精神药品的,处三年以下有期徒刑或者拘役,并处罚金;情节严重的,处三年以上七年以下有期徒刑,并处罚金。向走私、贩卖毒品的犯罪分子或者以牟利为目的,向吸食、注射毒品的人提供国家规定管制的能够使人形成瘾癖的麻醉药品、精神药品的,依照本法第三百四十七条的规定定罪处罚。第2款:单位犯前款罪的,对单位判处罚金,并对其直接负责的主管人员和其他直接责任人员,依照前款的规定处罚。

第347条第1款:走私、贩卖、运输、制造毒品,无论数量多少,都应当追究刑事责任,予以刑事处罚。第2款:走私、贩卖、运输、制造毒品,有下列情形之一的,处十五年有期徒刑、无期徒刑或者死刑,并处没收财产:(一)走私、贩卖、运输、制造鸦片一千克以上、海洛因或者甲基苯丙胺五十克以上或者其他毒品数量大的;(二)走私、贩卖、运输、制造毒品集团的首要分子;(三)武装掩护走私、贩卖、运输、制造毒品的;(四)以暴力抗拒检查、拘留、逮捕,情节严重的;(五)参与有组织的国际贩毒活动的。第3款:走私、贩卖、运输、制造鸦片二百克以上不满一千克、海洛因或者甲基苯丙胺十克以上不满五十克或者其他毒品数量较大的,处七年以上有期徒刑,并处罚金。第4款:走私、贩卖、运输、制造鸦片不满二百克、海洛因或者甲基苯丙胺不满十克或者其他少量毒品的,处三年以下有期徒刑、拘役或者管制,并处罚金;情节严重的,处三年以上七年以下有期徒刑,并处罚金。第5款:单位犯第二款、第三款、第四款罪的,对单位判处罚金,并对其直接负责的主管人员和其他直接责任人员,依照各该款的规定处罚。第6款:利用、教唆未成年人走私、贩卖、运输、制造毒品,或者向未成年人出售毒品的,从重处罚。第7款:对多次走私、贩卖、运输、制造毒品,未经处理的,毒品数量累计计算。

第七篇

医疗保障法

第三十四章　医疗保障法概说

第一节　医疗保障法的立法

一、医疗保障的概念

医疗保障是指医疗方面的社会保障。也就是依法向公民提供规定范围内的预防和诊疗疾病的全部或者部分费用,从而保证其获得基本医疗服务。一般包括医疗保险、医疗救助、医疗福利等几个方面。医疗保险是医疗保障的核心内容。

改革开放之前,"医疗保障"一词用的比较少。一般情况下,都是以劳保医疗、公费医疗、农村合作医疗或者医疗救济等来表达。自20世纪90年代开始,"医疗保障"一词的出现频率开始增多,但往往是劳保医疗和公费医疗或者医疗保险的代名词。例如,1994年国家体改委、财政部、劳动部、卫生部《关于职工医疗制度改革的试点意见》规定,职工医疗保障制度改革的目标是建立社会统筹医疗基金与个人医疗账户相结合的社会保险制度。

社会保障意义上的医疗保障概念建立于2000年后。例如,2009年《中共中央、国务院关于深化医药卫生体制改革的意见》明确要求,建立覆盖城乡居民的基本医疗保障体系。城镇职工基本医疗保险、城镇居民基本医疗保险、新型农村合作医疗和城乡医疗救助共同组成基本医疗保障体系,分别覆盖城镇就业人口、城镇非就业人口、农村人口和城乡困难人群。2016年国务院印发的《"十三五"深化医药卫生体制改革规划》要求,按照保基本、兜底线、可持续的原则,建立高效运行的全民医疗保障体系,包括建立起较为完善的基本医保、大病保险、医疗救助、疾病应急救助、商业健康保险和慈善救助衔接互动、相互联通机制。

二、医疗保障法的概念

医疗保障法是指有关医疗保障的法律规范的总称。换句话说,是指有关医疗保险、医疗救助的法律规范的总和。其中包括规定医疗费用帮助(救助)对象、帮助(救助)范围、帮助(救助)方式、帮助(救助)程序、帮助(救助)比例等法律规范。

我国还没有一部以医疗保障法为名称的法律,也没有一部专门规定医疗保险或者医疗救助的单行法律或者行政法规。有关医疗保障包括医疗保险或者医疗救助的法律规范,分散在不同的法律、行政法规或者规章之中。也就是说,目前调整医疗保障的规范性文件并不是以法律、行政法规为主要形式的。

三、有关医疗保障的立法

早在20世纪50年代初,我国就开始了医疗保障方面的立法。从世界范围来说,这也是走在前列的。1951年政务院通过制定《劳动保险条例》,建立了包括劳保医疗在内的内容广泛的劳动保险制度。根据《劳动保险条例》第13条规定,职工疾病或非因工负伤,在该企业医疗所、医院或特约医院医治,其治疗费、住院费及普通药费,均由企业行政方面或资方负担;职工供养的直系亲属疾病时,在该企业医疗所、医院或特约医院免费诊治,普通药费减半。1953年、1956年政务院和后来的国务院对《劳动保险条例》进行了两次修订。1953年劳动部还制定了《劳动保险条例实施细则》。

1952年6月政务院作出《关于全国各级人民政府、党派、团体及所属事业单位的国家工作人员实行公费医疗预防的指示》,决定将公费医疗预防的范围,自1952年7月起,分期推广,使全国各级人民政府、党派、工青妇等团体、各种工作队以及文化、教育、卫生、经济建设等事业单位的国家工作人员和革命残废军人,得享受公费医疗预防待遇。同年8月经政务院批准,卫生部颁发《国家工作人员公费医疗预防实施办法》。1955年财政部、卫生部、国务院人事局印发《关于国家机关工作人员子女医疗问题的通知》,明确国家机关工作人员的子女患病的医疗问题,实行机关统筹。根据规定,各机关可根据本机关具体情况及工作人员自愿自行组织,不论原包干制或工资制的子女均可参加,每人每月按公费医疗规定数额缴纳医疗费,由机关统一掌握,并负责向卫生行政部门联系指定医疗机构诊治。实行机关统筹有困难的机关,其工作人员子女的医疗问题可以由本人自理,医药费亦由本人负责,对确实有困难者,从机关福利费内予以补助。

劳保医疗和公费医疗在执行过程中不断有所补充和完善,但免费医疗的性质始终没有改变,一直延续到20世纪90年代后期。为了加强基本医疗保险的社会化程度,纠正浪费现象,保证制度的可持续性,中央和地方对劳保医疗和公费医疗进行了多方面改革。1998 年在总结改革实践的基础上,国务院颁布了《关于建立城镇职工基本医疗保险制度的决定》,将劳保医疗和公费医疗合二为一,建立了新的医疗保险制度,即职工基本医疗保险。

之后,国务院办公厅于 2003 年转发卫生部等部门《关于建立新型农村合作医疗制度的意见》,建立了新型农村合作医疗。国务院于 2007 年印发《关于开展城镇居民基本医疗保险试点的指导意见》,建立了城镇居民基本医疗保险。2016 年国务院又颁发《关于整合城乡居民基本医疗保险制度的意见》,决定将新型农村合作医疗和城镇居民基本医疗保险整合成为新的医疗保险制度,即城乡居民基本医疗保险。

在这期间,国家加快了医疗保障的立法步伐。2010 年第十一届全国人大常委会第十七次会议通过了《社会保险法》,第三章是“基本医疗保险”,自第 23 条至第 32 条,对职工基本医疗保险、新型农村合作医疗和城乡居民基本医疗保险进行了规定。其中,第 27 条规定,参加职工基本医疗保险的个人,达到法定退休年龄时累计缴费达到国家规定年限的,退休后不再缴纳基本医疗保险费,按照国家规定享受基本医疗保险待遇;未达到国家规定年限的,可以缴费至国家规定年限。第 28 条规定,符合基本医疗保险药品目录、诊疗项目、医疗服务设施标准以及急诊、抢救的医疗费用,按照国家规定从基本医疗保险基金中支付。第 29 条规定,参保人员医疗费用中应当由基本医疗保险基金支付的部分,由社会保险经办机构与医疗机构、药品经营单位直接结算。社会保险行政部门和卫生行政部门应当建立异地就医医疗费用结算制度,方便参保人员享受基本医疗保险待遇。第 30 条第 1 款规定,下列医疗费用不纳入基本医疗保险基金支付范围:(1)应当从工伤保险基金中支付的;(2)应当由第三人负担的;(3)应当由公共卫生负担的;(4)在境外就医的。

2014 年国务院公布《社会救助暂行办法》,第五章是“医疗救助”,自第 27 条至第 32 条。其中,第 27 条规定,国家建立健全医疗救助制度,保障医疗救助对象获得基本医疗卫生服务。第 28 条规定,下列人员可以申请相关医疗救助:(1)最低生活保障家庭成员;(2)特困供养人员;(3)县级以上人民政府规定的其他特殊困难人员。第 29 条第 1 款规定,医疗救助采取下列方式:(1)对救助对象参加城镇居民基本医疗保险或者新型农村合作医疗的个人缴费部分,给予补贴;(2)对救助对象经基本医疗保险、大病保险和其他补充医疗保险支付后,个人及其家庭难以承担的符合规定的基本医疗自负费用,给予补助。第 31 条规定,县级以上人民政府应当建立健全医疗救助与基本医疗保险、大病保险相衔接的医疗费用结算机制,为医疗救助对象提供便捷服务。第32条规定,国家建立疾病应急救助制度,对需要急救但身份不明或者无力支付急救费用的急重危伤病患者给予救助。符合规定的急救费用由疾病应急救助基金支付。疾病应急救助制度应当与其他医疗保障制度相衔接。2013年财政部、国家卫生计生委制定了《疾病应急救助基金管理暂行办法》,财政部、民政部制定了《城乡医疗救助基金管理办法》等。

第二节 医疗保障法的功能

医疗保障法的功能,也就是医疗保障法的作用。医疗保障法的作用可以从不同角度来进行分析,如从社会角度可以发挥维护社会稳定作用,从经济角度可以发挥促进经济发展作用,从民生角度可以发挥增进国民福利作用,从机会均等角度可以发挥保证社会公平作用等。这里特指医疗保障法对医疗服务提供者和医疗服务享受者的具体影响。

一、保障作用

保障公民享有基本医疗服务,是促进人全面发展的前提,也是健康权的核心内容。国家建立医疗保障体系,不仅为公民享受基本医疗服务免除了后顾之忧,而且为消除因病致贫、因病返贫现象提供了物质保证,是尊重生命,维护人的尊严的根本体现。如从城乡基本医疗保险来说,对贫困人员参保个人缴费给予政府补贴,降低参保门槛,实现应保尽保;从城乡居民大病保险来说,对大病病人发生的高额医疗费用在基本医疗保险之上,给予进一步支付,起付线以上的合规医疗费用支付比例达到50%以上。同时,大病保险对贫困人员通过降低起付线、提高报销比例和封顶线等倾斜性政策,确保贫困人员受益面和收益水平。

二、引导作用

医疗保障的目的是帮助公民实现基本医疗服务需求,但实际上构成医疗保障的各种基金总量是有限的,并不能满足公民所有的基本医疗服务需求。尤其是随着人口老龄化和人们对生命期望值的提高,医疗需求将越来越多。所以,对公民来说,合理利用基本医疗服务,不仅是道德要求,而且还是不得不作出的选择。换句话说,为了高效率,医疗保障需要将报销或者支付政策转化为节约型医疗的行为标准。也就是通过制定差别化的报销或者支付政策等措施,支持参保人员与基层医疗机构及全科医师开展签约服务，推进分级诊疗制度建设，逐步形成基层首诊、双向转诊、急慢分治、上下联动的就医新秩序。

三、规范作用

医疗保障是通过医疗机构向公民提供基本医疗服务来实现的。因此，医疗机构对公民来说，既是基本医疗服务的提供者，也是医疗保障的提供者。医疗机构与医疗保障之间存在的这种关联性，意味着两者必须发挥协同作用，才能获得应有的效益。医疗机构虽然不是医疗保障政策的制定者，一般情况下也无权代替病人作出医疗决定，但医疗机构及其医务人员可以依据自己的职责从专业性角度进行干预。为此，医疗保障为了确保医疗干预的有效性，需要对医疗机构及其医务人员的医疗行为进行量化。相对于医疗法而言，医疗保障规定的支付方式，如按人头付费、按病种付费、按床日付费、总额预付等更加具体，甚至可以说更具有约束力，迫使医疗机构关注医疗成本，规范医疗行为。

第三节　医疗保障法的制度

医疗保障法从对象、筹资、待遇、目录、定点、基金等各个方面建立了一系列制度。其中，对病人来说，与医疗费用的报销或者支付有关的制度主要有以下几个：

一、起付线制度

所谓起付线，是指社会统筹基金设置的起付标准。社会统筹基金的起付标准就是在统筹基金支付参保人员医疗费用前，个人按规定需要先用个人账户支付或者个人自付一定数额医疗费用后，统筹基金才开始按规定的一定比例给付的标准。简言之，起付线以下的医疗费用，从个人账户中支付或者由个人自付。

根据规定，职工基本医疗保险的起付标准，原则上控制在当地职工年平均工资的10%左右。城乡居民基本医疗保险的起付标准，由地方根据城乡居民基本医疗保险的基金规模，也就是新型农村合作医疗和城镇居民基本医疗保险的基金规模确定。由于统筹层次、缴费等不一，所以，各地确定的起付标准并不相同。

二、封顶线制度

所谓封顶线，是指社会统筹基金设置的最高支付限额。社会统筹基金设置的最高支付限额,就是统筹基金所能支付的医疗费用最高限额。根据规定,起付线以上、封顶线以下的医疗费用主要由统筹基金支付,但个人也要支付一部分。超出最高限额以上的医疗费用,则不在统筹基金内解决,而要由城乡居民大病保险、企业补充医疗保险、商业医疗保险等途径解决。

目前,职工基本医疗保险的封顶线,原则上控制在当地职工年平均工资的4倍左右。在城乡居民基本医疗保险中,新型农村合作医疗的统筹基金最高支付限额在全国农村居民年人均纯收入的6倍以上,且不低于5万元;城镇居民基本医疗保险的统筹基金最高支付限额在居民可支配收入的6倍以上。

三、政策范围内支付(报销)比例制度

所谓政策范围内支付(报销)比例,是指符合国家规定的基本医疗保险药品目录、诊疗项目、医疗服务设施标准以及急诊、抢救的医疗费用,按照国家规定从基本医疗保险基金中支付(报销)的比例。由于基本医疗保险基金是由地方统筹的,统筹层次也不一样,所以,各地规定的政策范围内支付(报销)比例并不相同。

一般来说,职工基本医疗保险的门(急)诊医疗费用的支付(报销)比例,一般是在职职工50%,70周岁以下的退休人员70%,70周岁以上的退休人员80%;住院医疗费用的支付(报销)比例,一般是一级医院90%,二级医院85%,三级医院80%,退休人员在上述支付(报销)比例的基础上再提高5%。在城乡居民基本医疗保险中,新型农村合作医疗政策范围内门诊和住院费用支付(报销)比例一般是50%和75%,但门诊统筹基金原则上支付范围仅限于乡、村两级医疗卫生机构;城镇居民基本医疗保险政策范围内住院费用支付(报销)比例一般是60%,二级(含)以下医疗机构一般是70%。

四、基本医疗保险异地就医医疗费用结算制度

所谓基本医疗保险异地就医医疗费用结算,简称异地就医结算,是指参保人在基本医疗保险统筹地区以外就医引起的医疗费用支付或者报销行为。目前,在全国范围内,基本医疗保险设区的市级统筹基本实现,大多数省份建立了省内异地就医结算平台并开展了直接结算。跨省异地就医结算正稳步推进。

现行异地就医结算方式大致分为两种:一种是刷卡直接结算,即参保人按规定支付需要个人负担的医疗费用,其余医疗费用由基本医疗保险基金按规定支付;另一种是先垫付后报销,即参保人先行支付全部的医疗费用,再按规定向参保的基本

医疗保险基金报销。

异地就医主要针对四类人群:(1)异地安置的退休人员,即退休后在异地定居并且户籍迁入定居地的人员;(2)异地长期居住的人员,即在异地居住生活且符合参保地规定的人员;(3)常驻异地工作的人员,即用人单位派驻异地工作且符合参保地规定的人员;(4)异地转诊的人员,即符合参保地转诊规定的人员。根据规定,异地就医人员应当按要求向参保地医保经办机构办理相关备案手续。

第三十五章　基本医疗保险

第一节　基本医疗保险的形成和发展

一、基本医疗保险的形成

我国基本医疗保险可以追溯到 20 世纪 50 年代。1951 年政务院公布实施《劳动保险条例》,建立了劳动保险制度。根据规定,首先实行劳动保险制度的是:100 名工人职员以上的国营、公私合营、私营及合作经营的工厂、矿场及其附属单位与业务管理机关;铁路、航运、邮电的各企业单位与附属单位。1953 年增加工矿交通事业的基本建设单位、国营建筑公司。1956 年以后逐渐扩大到商业、外贸、粮食、供销合作、金融、民航、石油、地矿、水产、国营农牧场、造林等行业。劳动保险的内容包括:职工养老保险待遇,职工疾病及医疗待遇,职工因工或非因工负伤、残废、死亡待遇,职工生育待遇,职工供养直系亲属医疗及死亡待遇。劳保医疗的名称由此而来。其中的"职工疾病及医疗待遇"和"职工供养直系亲属医疗待遇"构成了劳保医疗的主要内容。劳保医疗的经费直接来源于本企业的生产经营收入,由企业按照工资总额的一定比例提取,自行开支,自行管理。最初为 3%,1957 年提高到 4.5% - 5.5%。1969 年以后,企业劳保医疗经费归入企业职工福利基金,按工资总额的 11% 从生产成本中提取,其中劳保医疗经费约占工资总额的 5.5%。

1952 年根据政务院《关于全国各级人民政府、党派、团体及所属事业单位的国家工作人员实行公费医疗预防的指示》,建立了公费医疗制度。公费医疗与劳保医疗一样,都是免费的社会保险制度。开始时享受公费医疗的人员范围是各级人民政府、党派、工青妇等团体及所属事业单位的国家工作人员(包括离退休人员)和革命残废军人,1953 年又增加了大学及专科在校学生等。公费医疗预防服务由国家和集体举办的包括城市和农村的各级综合和专科医疗机构以及行政事业单位内部医务室提供,主要是门诊及住院医疗、检查、疗养、康复医疗等。在实施公费医疗初期，财政部门安排公费医疗专项经费，公费医疗费用完全由国家承担。1965 年卫生部、财政部《关于改进公费医疗管理问题的通知》规定，享受公费医疗待遇的人员门诊挂号费和出诊费，改由个人缴纳。同时要求对营养、滋补药品实行收费。

20 世纪 50 年代中后期，在农业合作社运动的启发下，许多地方以集体经济为基础、个人缴费相结合的方法，自发组织了具有互助性质的合作医疗。1955 年 5 月，山西省高平县米山乡的农民群众与当地联合诊所的医生合作，共同办起了由农民集资的米山乡保健站，同时实行集体保健医疗制度，即合作医疗。山西省政府将这一创举向国务院和卫生部进行了报告。国务院文教组和卫生部经调研后，充分予以肯定，并决定向全国推广。1959 年卫生部召开农村卫生工作会议，正式肯定了合作医疗这一形式。1968 年毛泽东主席批示了湖北省长阳县乐园公社举办合作医疗的经验，称赞"合作医疗好"，极大地推动了合作医疗的普及。合作医疗经费实行单独记账，专门储存，专款专用，收支情况日清月结，年终公布。公社卫生院负责协助公社、大队做好合作医疗的巩固和发展以及技术指导工作，培训和复训赤脚医生。由于各地经济发展差异较大，所以，合作医疗的内容也有明显区别，有的合医不合药，有的合药不合医，有的合医又合药。1979 年卫生部、农业部、财政部、国家医药管理总局、全国供销合作总社联合发布了《农村合作医疗章程(试行草案)》，对合作医疗进行了规范。到 20 世纪 70 年代末，合作医疗覆盖了全国 90% 以上的农村行政村。

二、基本医疗保险的发展

(一)职工基本医疗保险

劳保医疗和公费医疗在 20 世纪 80 年代初走上了改革道路。初始的改革是在不改变原有制度框架的前提下，对劳保医疗和公费医疗的一些具体做法进行调整，目的在于控制医疗费用的过快增长。1984 年，卫生部、财政部印发的《关于进一步加强公费医疗管理的通知》提出，公费医疗制度的改革势在必行，在保证看好病、不浪费的前提下，各种改革办法都可以进行试验，在具体管理办法上，可以考虑与享受单位、医疗单位或个人适当挂钩。到 1993 年年底，全国公费医疗单位普遍实行了医疗费用与个人挂钩的办法，80% 以上的企业劳保医疗也实行了这一办法。

从 20 世纪 80 年代中期开始，一些地方实行劳保医疗费用社会统筹，首先出现的是企业退休人员医疗费用社会统筹，即把不同企业退休人员的医疗费用集中起来统筹使用，以缓解退休人员比重大的企业医疗费用负担。随后又出现了大病医疗费用社会统筹,即根据企业在职职工和退休人员人数,将一部分医疗费用集中起来,形成社会统筹基金,用于报销发生大病、重病时的高额医疗费用。1992 年,劳动部发布了《关于试行职工大病医疗费用社会统筹的意见》,要求各地结合实际情况试行。之后,大病医疗费用社会统筹的实施范围不断扩大,覆盖人数不断增加。实行医疗费用社会统筹是我国医疗保险制度的重大变化,为后来实行统账结合的职工基本医疗保险制度改革提供了条件。

1993 年,党的十四届三中全会通过的《中共中央关于建立社会主义市场经济体制若干问题的决定》,明确要求建立多层次的社会保障体系,包括社会保险、社会救济、社会福利、优抚安置和社会互助、个人储蓄积累保障,并提出城镇职工医疗保险金由单位和个人共同负担,实行社会统筹与个人账户相结合。1994 年,国家体改委、财政部、劳动部和卫生部联合印发《关于职工医疗制度改革的试点意见》,决定在江苏省镇江市和江西省九江市开展统账结合的医疗保险制度改革试点,即所谓的"两江"改革。1996 年在"两江"改革试点取得经验的基础上,国务院批准下发了《关于职工医疗保障制度改革扩大试点的意见》,将改革试点扩大到 20 多个省份 38 个城市。

1998 年在总结改革试点的基础上,国务院颁布了《关于建立城镇职工基本医疗保险制度的决定》,统一了职工基本医疗保险的制度框架。

(二)新型农村合作医疗

20 世纪 70 年代随着农村经济体制改革,集体经济逐步削弱,农村合作医疗发生大幅度滑坡。到 1985 年,全国农村参加合作医疗的行政村只剩 5% 左右。为了解决新出现的农民看病难、看不起病的现象,20 世纪 90 年代后,国务院及其有关部门在一系列政策文件中都提出要"发展和完善农村合作医疗制度"。

进入 21 世纪以来,国家高度重视"三农"问题。农村卫生工作也得到了明显加强。2002 年党中央、国务院发布《关于进一步加强农村卫生工作的决定》,明确提出在全国逐步建立以大病统筹为主的新型农村合作医疗制度。2003 年国务院转发卫生部、财政部、农业部《关于建立新型农村合作医疗制度的意见》,明确规定新型农村合作医疗制度是政府组织、引导和支持,农民自愿参加,个人、集体和政府多方筹资的农民医疗互助共济制度。同时要求,新型农村合作医疗以县为单位统筹,按照精简、效能的原则,建立相应的管理体制。新型农村合作医疗基金由中央和地方各级财政补助资金、农民个人缴纳资金共同形成,在县级国有商业银行建立基金专业账户,专款用于参合农民的补偿报销,不提取管理费用,采取封闭运行。主要有三种统筹形式:一是大病统筹加门诊家庭账户,二是住院统筹加门诊统筹,三是大病统筹。从2003年开始试点,到2010年新型农村合作医疗实现了对农村居民的全覆盖。

(三)城镇居民基本医疗保险

为解决城镇非从业居民的医疗保险,2007年国务院发布《关于开展城镇居民基本医疗保险试点的指导意见》,决定在全国推行城镇居民基本医疗保险。根据规定,不属于职工基本医疗保险制度覆盖范围的中小学阶段的学生(包括职业高中、中专、技校学生)、少年儿童和其他非从业城镇居民都可以自愿参加城镇居民基本医疗保险。2008年国务院办公厅印发《关于将大学生纳入城镇居民基本医疗保险试点范围的指导意见》,将城镇居民基本医疗保险的参保对象扩大到全日制普通高等学校(包括民办高校)、科研院校中接受普通高等学校教育的全日制本专科生、全日制研究生。经过几年试点,到2010年已经全面覆盖城镇非从业居民。

城镇居民基本医疗保险以家庭缴费为主,政府给予适当补助。筹资水平根据当地经济社会发展水平以及成年人和未成年人等不同人群的基本医疗消费需求,并考虑当地居民家庭和财政的负担能力确定。城镇居民基本医疗保险基金重点用于参保居民的住院和门诊大病医疗支出。其使用坚持以收定支、收支平衡、略有结余的原则。

2015年,国务院发布《关于整合城乡居民基本医疗保险制度的意见》,决定将城镇居民基本医疗保险和新型农村合作医疗整合为城乡居民基本医疗保险。

(四)重大疾病医疗保障

为提高农村儿童重大疾病医疗保障水平,2010年卫生部、民政部印发《关于开展提高农村儿童重大疾病医疗保障水平试点工作的意见》,提出优先选择几种危及儿童生命健康、医疗费用高、经积极治疗预后较好的重大疾病开展试点,通过新型农村合作医疗和医疗救助等各项医疗保障制度的紧密结合,探索有效的补偿和支付方法,提高对重大疾病的医疗保障水平。试点从解决0-14周岁(含14周岁)儿童所患急性白血病和先天性心脏病两类重大疾病入手,优先选择儿童急性淋巴细胞白血病、儿童急性早幼粒细胞白血病、儿童先天性房间隔缺损、儿童先天性室间隔缺损、儿童先天性动脉导管未闭、儿童先天性肺动脉瓣狭窄6个病种。根据规定,新型农村合作医疗对试点病种的补偿比例应当达到本省(自治区、直辖市)限定费用的70%,医疗救助对符合条件的病人再进行补偿,补偿比例不低于限定费用的20%。

经国务院同意,2012 年国家发展改革委、卫生部、财政部、人力资源和社会保障部、民政部、保监会六部门联合印发《关于开展城乡居民大病保险工作的指导意见》,在全国开展城乡居民大病保险工作。同年,卫生部下发《关于加快推进农村居民重大疾病医疗保障工作的意见》,要求重点做好 20 种重大疾病的医疗保障工作:一是全面巩固提高两病(儿童先天性心脏病、急性白血病)医疗保障水平工作;二是全面推开 6 个病种(终末期肾病、妇女乳腺癌、宫颈癌、重性精神病、艾滋病机会性感染、耐多药肺结核)医疗保障工作;三是全面开展 12 个病种(肺癌、食道癌、胃癌、结肠癌、直肠癌、慢性粒细胞白血病、急性心肌梗塞、脑梗死、血友病、I 型糖尿病、甲亢、唇腭裂)的医疗保障试点工作。根据规定,要优先将 20 种新型农村合作医疗重大疾病纳入城乡居民大病保险范围,先由新型农村合作医疗按照不低于 70% 的比例进行补偿,对补偿后个人自付超过大病保险补偿标准的部分,再由城乡居民大病保险按照不低于 50% 的比例给予补偿,力争避免农村居民发生家庭灾难性医疗支出。

第二节 职工基本医疗保险

一、职工基本医疗保险的概念

职工基本医疗保险,也称基本医疗保险,是指对职工享受基本医疗服务给予物质帮助的一种社会医疗保险制度。

职工基本医疗保险的前身是劳保医疗和公费医疗。虽然其覆盖人群数量不是最多,但基金最雄厚,所以,目前保障水平最高。

二、职工基本医疗保险的覆盖范围和缴费办法

城镇所有用人单位,包括企业(国有企业、集体企业、外商投资企业、私营企业等)、机关、事业单位、社会团体、民办非企业单位及其职工,以及以非全日制、临时性和弹性工作等灵活形式就业的人员,按规定都要参加职工基本医疗保险。

职工基本医疗保险一般由设区的市级为统筹单位,北京、天津、上海、重庆 4 个直辖市在全市范围内实行统筹(以下简称统筹地区)。根据规定,所有用人单位及其职工都要按照属地管理原则参加所在统筹地区的职工基本医疗保险,执行统一政策,实行基本医疗保险基金的统一筹集、使用和管理。对于铁路、电力、远洋运输等跨地区、生产流动性较大的企业及其职工,则可以相对集中的方式异地参加统筹

地区的基本医疗保险。

职工基本医疗保险费由用人单位和职工共同缴纳。用人单位缴费率一般控制在职工工资总额的6%左右,职工缴费率一般为本人工资收入的2%。根据规定,随着经济发展,用人单位和职工缴费率可以做相应调整。

三、职工基本医疗保险基金的构成和管理

职工基本医疗保险基金由统筹基金和个人账户构成。统筹基金实行互助共济,用于支付大额医疗费用,分散大病风险;个人账户则属于个人所有,用于支付本人的小病费用。职工个人缴纳的基本医疗保险费,全部计入个人账户。退休人员参加职工基本医疗保险,个人不缴纳基本医疗保险费。用人单位缴纳的基本医疗保险费分为两部分,一部分用于建立统筹基金,另一部分划入个人账户。划入个人账户的比例一般为用人单位缴费的30%左右,具体比例由统筹地区根据个人账户的支付范围和职工年龄等因素确定。根据规定,对退休人员个人账户的计入金额和个人负担医疗费的比例应当给予适当照顾。

统筹基金和个人账户不互相挤占,按照确定的范围各自支付,分别核算。统筹基金的起付标准,原则上控制在当地职工年平均工资的10%左右;最高支付限额,原则上控制在当地职工年平均工资的4倍左右。起付标准以下的医疗费用,从个人账户中支付或由个人自付。起付标准以上、最高支付限额以下的医疗费用,主要从统筹基金中支付,但个人也要负担一定比例。超过最高支付限额的医疗费用,可以通过商业医疗保险等途径解决。统筹基金的具体起付标准、最高支付限额以及在起付标准以上和最高支付限额以下医疗费用的个人负担比例,由统筹地区根据以收定支、收支平衡的原则确定。

职工基本医疗保险基金纳入财政专户管理,专款专用,不得挤占挪用。社会保险经办机构负责职工基本医疗保险基金的筹集、管理和支付,并建立健全预决算制度、财务会计制度和内部审计制度。社会保险经办机构的事业经费不从基金中提取,由各级财政预算解决。

四、职工基本医疗保险的服务范围和标准

国务院医疗保障行政部门会同卫生、财政等有关部门负责制定基本医疗服务的范围、标准和医药费用结算办法,负责制定国家基本医疗保险药品目录、诊疗项目、医疗服务设施标准及相应的管理办法。各省、自治区、直辖市医疗保障行政部门

根据国家规定，会同有关部门制定本地区相应的实施标准和办法。

职工基本医疗保险实行医疗机构（包括中医医院）和药店定点管理。定点医疗机构和定点药店的资格审定办法由国务院医疗保障行政部门会同卫生、财政等有关部门制定。社会保险经办机构要根据中西医并举，基层、专科和综合医疗机构兼顾，方便职工就医的原则，确定定点医疗机构和定点药店，并同定点医疗机构和定点药店签订合同，明确各自的责任、权利和义务。国家药品监督管理部门会同有关部门制定定点药店购药药事事故处理办法。

五、补充医疗保障政策措施

职工基本医疗保险统筹基金设置了起付线和封顶线，起付线之下、封顶线之上的医疗费用，并不在职工基本医疗保险统筹基金的支付范围内。个人账户用完后也要由个人自己承担医疗费用。因此，职工基本医疗保险还不能满足职工所有的医疗需求。当发生重大疾病时，职工仍然可能面临无力承担个人自付的医疗费用负担的风险。为进一步减轻职工医疗费用负担，满足更高层次的医疗需求，国家在职工基本医疗保险的基础上，还建立了大额医疗费用补助、公务员医疗补助和企业补充医疗保险等制度。

1. 大额医疗费用补助。为了解决超过职工基本医疗保险统筹基金封顶线以上医疗费用支付问题，大多数地区在建立职工基本医疗保险的同时，建立了大额医疗费用补助。参保单位和职工（包括退休人员）在职工基本医疗保险缴费外，另行缴纳一定额度或者比例的保险费，由职工基本医疗保险举办机构建立大额医疗费用补助基金。大额医疗费用补助基金与职工基本医疗保险基金分开管理、分别核算、互不挤占。大额医疗费用补助基金用于支付超过职工基本医疗保险统筹基金封顶线以上的医疗费用。大额医疗费用补助基金也有封顶线的限制。部分地区还将个人账户用完后发生的门诊医疗费用纳入大额医疗费用补助基金的支付范围，但要求个人必须首先自付一定额度的医疗费用，然后才能由大额医疗费用补助基金按一定比例支付。

2. 公务员医疗补助。考虑到公务员现有的收入水平和支付医疗费用的能力，国家制定了公务员医疗补助办法，对公务员发生疾病时超出职工基本医疗保险基金支付范围的医疗费用进行补助。公务员医疗补助的经费来自各级财政，由同级财政列入当年财政预算。专款专用、单独建账、单独管理，与职工基本医疗保险基金分开核算。公务员医疗补助主要用于支付职工基本医疗保险统筹基金封顶线以上医疗费用经费,这些医疗费用还必须在职工基本医疗保险药品目录、诊疗项目和医疗服务设施标准的范围内。另外,公务员医疗补助还可以用于支付以下医疗费用:在职工基本医疗保险支付范围内、个人自付超过一定额度的医疗费用;享受医疗照顾的人员,在就诊、住院时按规定补助的医疗费用。

3. 企业补充医疗保险。企业在参加职工基本医疗保险的基础上,可以根据自身经济能力和职工需要,建立补充医疗保险。为鼓励企业建立补充医疗保险,国家对企业补充医疗保险费在工资总额4%以内的部分实行免税优惠。企业补充医疗保险可以由商业(医疗)保险公司举办,也可以统一由社会医疗保险举办机构经办。大型企业和企业集团还可以自办补充医疗保险。企业根据自己情况自由选择参加形式。企业补充医疗保险用于支付基本医疗保险支付范围之外的医疗费用。

第三节　城乡居民基本医疗保险

一、城乡居民基本医疗保险的概念

城乡居民基本医疗保险,简称城乡居民医保,是指对城乡居民享受基本医疗服务给予物质帮助的一种社会医疗保险制度。

城乡居民基本医疗保险的前身是城镇居民基本医疗保险和新型农村合作医疗。为了实现城乡居民公平享有基本医疗保险权益,促进社会公平正义,增进人民福祉,国务院决定对城镇居民基本医疗保险和新型农村合作医疗进行整合,建立统一的城乡居民基本医疗保险制度。

二、城乡居民基本医疗保险的覆盖范围

城乡居民基本医疗保险的参保对象保持不变,覆盖范围包括原城镇居民基本医疗保险和新型农村合作医疗的所有参保参合人员。换句话说,除职工基本医疗保险参保人员外,其他所有城乡居民都应当参加城乡居民基本医疗保险。根据规定,农民工和灵活就业人员依法参加职工基本医疗保险,有困难的可按照当地规定参加城乡居民基本医疗保险。

三、城乡居民基本医疗保险的集资政策

继续实行以个人缴费与政府补助相结合为主的筹资方式,并鼓励集体、单位或

者其他社会经济组织给予扶持或资助。根据规定,统筹地区应当考虑城乡居民基本医疗保险与居民大病保险保障需求,按照基金收支平衡的原则,合理确定城乡统一的筹资标准。但整合后的实际人均筹资和个人缴费不得低于现有水平。

根据规定,筹资实行动态调整机制。逐步建立与经济社会发展水平、各方承受能力相适应的稳定筹资机制;逐步建立个人缴费标准与城乡居民人均可支配收入相衔接的机制。在提高政府补助标准的同时,也要适当提高个人缴费比重。

四、城乡居民基本医疗保险的保障待遇

城乡居民基本医疗保险基金使用遵循保障适度、收支平衡的原则,逐步统一保障范围和支付标准。根据规定,城乡居民基本医疗保险基金主要用于支付参保人员发生的住院和门诊医药费用。其中,政策范围内住院费用支付比例应当保持在75%左右,并逐步提高门诊保障水平。

五、城乡居民基本医疗保险的医保目录

各省、自治区、直辖市应当按照国家有关规定,遵循临床必需、安全有效、价格合理、技术适宜、基金可承受的原则,在现有城镇居民基本医疗保险和新型农村合作医疗目录的基础上,适当考虑参保人员需求变化,建立统一的药品目录和医疗服务项目目录,并明确药品和医疗服务支付范围。

六、城乡居民基本医疗保险的定点管理

原则上由统筹地区的城乡居民基本医疗保险管理机构负责定点医疗机构和定点药店的准入、退出和监管。根据规定,对非公立医疗机构与公立医疗机构实行同等的定点管理政策。

七、城乡居民基本医疗保险的基金管理

城乡居民基本医疗保险执行国家统一的基金财务制度、会计制度和基金预决算管理制度。根据规定,城乡居民基本医疗保险基金纳入财政专户,实行“收支两条线”管理。基金独立核算、专户管理,任何单位和个人不得挤占挪用。其使用遵循以收定支、收支平衡、略有结余的原则,确保应支付费用及时足额拨付,合理控制基金当年结余率和累计结余率。

第四节 城乡居民大病保险

一、城乡居民大病保险的概念

城乡居民大病保险,简称大病保险,是指对城乡居民患大病发生高额医疗费用给予物质帮助的一种医疗保障制度。

由于现阶段城乡居民基本医疗保险的保障水平还比较低,发生大病时个人的医疗费用负担还比较重。为了帮助病人及时获得基本医疗服务,有效减轻大病病人看病就医负担,我国从2012年开始全面建立城乡居民大病保险。

二、城乡居民大病保险的对象

城乡居民大病保险覆盖所有城乡居民基本医疗保险的参保人群,也就是原来的城镇居民基本医疗保险和新型农村合作医疗的参保、参合人群。

三、城乡居民大病保险的筹资

城乡居民大病保险原则上实行设区的市级统筹,同时鼓励省级统筹或者由省(自治区、直辖市)统一政策、统一组织实施。根据规定,筹资标准结合当地经济社会发展水平、城乡居民基本医疗保险筹资能力、患大病发生高额医疗费用的情况、城乡居民基本医疗保险补偿水平,以及大病保险保障水平等因素科学合理确定。其资金来源于城乡居民基本医疗保险基金,即从居民基本医疗保险基金中划出一定比例或者额度作为大病保险资金。具体是:城乡居民基本医疗保险基金有结余的,利用结余筹集大病保险资金;结余不足或者没有结余的,在年度筹集的基金中予以安排。居民个人不额外负担费用。

四、城乡居民大病保险的保障水平

城乡居民大病保险是城乡居民基本医疗保险的补充。其作用是对城乡居民基本医疗保险的参保人患大病发生高额医疗费用,经城乡居民基本医疗保险按规定报销后,对个人负担的合规医疗费用再给予一定比例或者额度报销,以有效减轻个人医疗费用负担。因此,城乡居民大病保险的保障范围与城乡居民基本医疗保险的保障范围其实是一致的。所不同的是,城乡居民大病保险是城乡居民基本医疗保险的延续,具有“再保险”的某些特征。

对于高额医疗费用，根据规定，可以个人年度累计负担的合规医疗费用超过当地统计部门公布的上一年度城镇居民、农村居民年人均可支配收入作为主要测算依据。合规医疗费用的具体范围由各省、自治区、直辖市和新疆生产建设兵团结合实际分别确定。

五、城乡居民大病保险的经办机构

城乡居民大病保险原则上由商业保险机构承办。根据规定，政府应当通过招标选定承办城乡居民大病保险的商业保险机构。在正常招投标不能确定承办机构的情况下，由地方政府明确承办机构的产生办法。对商业保险机构承办城乡居民大病保险的保费收入，按现行规定免征营业税，免征保险业务监管费等。

第三十六章　医 疗 救 助

第一节　医疗救助的形成和发展

一、医疗救助的形成

医疗救助，曾称医疗救济、疾病救济、医药救济，是指政府和社会为了保障经济困难家庭或者人员享受基本医疗服务而提供各种物质帮助措施的总称。在我国，医疗救助是社会救助体系的重要组成部分。

我国医疗救助起步于20世纪50年代，但在当时医疗救助并不是一项独立的制度，而是作为社会救助内容的一部分。所以，医疗救助本身没有专门项目的经费。按照社会救助的分类，医疗救助包括对自然灾害中灾民的医疗救助和对城乡生活困难人群的定期或者临时医疗救助。其费用来源不仅渠道不同，而且使用范围也是特定的。1954年政务院《关于民政部门与各有关部门的业务范围划分问题的通知》曾明确，城市贫苦病人医疗减免，由民政部门在社会福利支出中酌予补助；农村贫苦病人医疗减免，由农村救济费内酌予补助。1962年财政部、内务部、卫生部《关于贫苦群众医疗减免经费开支的问题》规定，对非灾区患有其他疾病的群众的医疗，应由本人自理，但对少数没有依靠的老弱孤寡残疾和生活确有困难的群众的医疗，可以在农村社会救济费内酌情予以补助。根据1963年内务部、卫生部、财政部《关于医药救济费开支范围和管理原则的规定》，灾区防治寄生虫病、急性传染病和地方病等的防治防疫经费，由卫生部事业费内的防治防疫经费内开支。民政部门主管的救灾经费只负责因灾直接引起的疾病医疗救济。1974年国务院教科组、卫生部、财政部《关于卫生事业计划财务工作中若干问题的意见》要求，农村困难户的医疗费用，原则上由个人（或合作医疗费）解决。个人解决不了的，经群众评议，领导批准，由社、队给予补助；社、队解决不了的，除有专门规定者外，应根据国家的社会救济政策，从社会救济费中适当给予补助。同时规定，城镇社会救济对象的医疗欠费问题,亦可参照上述原则办理。

五保是我国早期最为健全的农村社会保障制度之一。其指对生活没有依靠的老、弱、孤、寡、残疾社员实行保吃、保穿、保住、保医、保葬为内容的集体供给制度。开始于1956年农业合作化时期。1956年6月第一届全国人大第三次会议通过的《高级农业生产合作社示范章程》规定:“农业生产合作社对于缺乏劳动力或者完全丧失劳动力、生活没有依靠的老、弱、孤、寡、残疾的社员,在生产上和生活上给以适当的安排和照顾,保证他们的吃、穿和柴火的供应,保证年幼的受到教育和年老的死后安葬。”在五保中,保医主要是保证患病及时得到治疗,生活不能自理时有人照料。其医疗费由乡镇统筹的五保金中解决。

二、医疗救助的发展

改革开放后,医疗救助进入了一个新的历史时期。尤其是21世纪以来,医疗救助得到了全面发展。从整体上说,我国医疗救助的发展分为城乡医疗救助和疾病应急救助两部分。

1. 城乡医疗救助。城乡医疗救助经历了从“分设”向“整合”的转变。2002年《中共中央、国务院关于进一步加强农村卫生工作的决定》提出,在农村建立医疗救助制度。2003年,民政部、卫生部、财政部联合印发了《关于实施农村医疗救助的意见》,提出“力争到2005年,在全国基本建立起规范、完善的农村医疗救助制度”。农村医疗救助对象是:(1)农村五保户、农村贫困户家庭成员;(2)地方政府规定的其他符合条件的农村贫困农民。农村医疗救助方法是:(1)开展新型农村合作医疗的地区,资助医疗救助对象缴纳个人应负担的全部或部分资金,参加当地合作医疗,享受合作医疗待遇。因患大病经合作医疗补助后个人负担医疗费用过高,影响家庭基本生活的,再给予适当的医疗救助。(2)尚未开展新型农村合作医疗的地区,对因患大病个人负担费用难以承担,影响家庭基本生活的,给予适当医疗救助。(3)国家规定的特种传染病救治费用,按有关规定给予补助。农村医疗救助服务是:(1)已开展新型农村合作医疗的地区,由农村合作医疗定点医疗卫生机构提供医疗救助服务;未开展新型农村合作医疗的地区,由救助对象户口所在地乡(镇)卫生院和县级医院等提供医疗救助服务。(2)提供医疗救助服务的医疗卫生机构等应在规定范围内,按照本地合作医疗或医疗保险用药目录、诊疗项目目录及医疗服务设施目录,为医疗救助对象提供医疗服务。(3)遇到疑难重症需转到非指定医疗卫生机构就诊时,要按当地医疗救助的有关规定办理转院手续。(4)承担医疗救助的医疗卫生机构要完善并落实各种诊疗规范和管理制度，保证服务质量，控制医疗费用。

2005年国务院办公厅转发民政部、卫生部、劳动保障部、财政部《关于建立城市医疗救助制度试点工作的意见》，要求用5年左右时间在全国建立起管理制度化、操作规范化的城市医疗救助制度。通过财政预算拨款、专项彩票公益金、社会捐助等渠道建立城市医疗救助基金。根据规定，地方财政每年应当安排城市医疗救助资金并列入同级财政预算，中央和省级财政对困难地区给予适当补助，并定期向社会公布医疗救助基金的筹集和使用情况，接受有关部门和社会监督。救助对象主要是城市居民最低生活保障对象中未参加城镇职工基本医疗保险人员、已参加城镇职工基本医疗保险但个人负担仍然较重的人员和其他特殊困难群众。救助标准是对救助对象在扣除各项医疗保险可支付部分、单位应报销部分及社会互助帮困等后，个人负担超过一定金额的医疗费用或特殊病种医疗费用给予一定比例或一定数量的补助。具体补助标准由地方政府民政部门会同卫生、劳动保障、财政等部门制订。对于特别困难的人员，可适当提高补助标准。

2009年《中共中央、国务院关于深化医药卫生体制改革的意见》强调，完善城乡医疗救助制度，对困难人群参保及其难以负担的医疗费用提供补助，筑牢医疗保障底线。为此，民政部、财政部、卫生部、人力资源和社会保障部联合下发《关于进一步完善城乡医疗救助制度的意见》，要求用3年左右时间，在全国基本建立起资金来源稳定，管理运行规范，救助效果明显，能够为困难群众提供方便、快捷服务的医疗救助制度。明确规定，在切实将城乡低保家庭成员和五保户纳入医疗救助范围的基础上，逐步将其他经济困难家庭纳入医疗救助范围。

为规范城乡医疗救助基金的管理和使用，2013年财政部和民政部联合制定了《城乡医疗救助基金管理办法》，明确规定，城乡医疗救助基金是指通过公共财政预算、彩票公益金和社会各界捐助等渠道筹集，按规定用于城乡贫困家庭医疗救助的专项基金。城乡医疗救助基金的救助对象是城乡低保对象、农村五保供养对象，以及其他符合医疗救助条件的经济困难群众。首先确保资助救助对象全部参加基本医疗保险，其次对经基本医疗保险、大病保险和商业保险等补偿后，救助对象仍难以负担的符合规定的医疗费用给予救助，帮助困难群众获得基本医疗服务。救助方式以住院救助为主，同时兼顾门诊救助。

2014年2月，国务院公布《社会救助暂行办法》，分总则、最低生活保障、特困人员供养、受灾人员救助、医疗救助、教育救助、住房救助、就业救助、临时救助、社会力量参与、监督管理、法律责任和附则,共13章70条。"医疗救助"一章中规定,下列人员可以申请相关医疗救助:(1)最低生活保障家庭成员;(2)特困供养人员;(3)县级以上人民政府规定的其他特殊困难人员。医疗救助采取下列方式:(1)对救助对象参加城镇居民基本医疗保险或者新型农村合作医疗的个人缴费部分,给予补助;(2)对救助对象经基本医疗保险、大病保险和其他补充医疗保险支付后,个人及家庭难以承担的符合规定的基本医疗自负费用,给予补助。同年10月,国务院又印发了《关于全面建立临时救助制度的通知》,对临时救助作出补充性规定,明确临时救助的家庭对象包括因家庭成员突发重大疾病导致基本生活暂时出现严重困难的家庭;个人对象包括因突发重大疾病暂时无法得到家庭支持导致基本生活陷入困境的个人。

2015年,国务院决定将城市医疗救助制度和农村医疗救助制度整合为城乡医疗救助制度。为此,国务院办公厅转发了民政部等五部门《关于进一步完善医疗救助制度全面开展重特大疾病医疗救助工作的意见》,明确最低生活保障家庭成员和特困供养人员是医疗救助的重点救助对象。

2. 疾病应急救助。如果说城乡医疗救助解决的是困难人群通常情况下的医疗托底问题,那么,疾病应急救助解决的是急救病人特殊情况下的医疗托底问题。两者虽然各有定位,但疾病应急救助是对城乡医疗救助的补充。对于疾病应急救助,可以理解为是一项专门制度措施,也可以理解为是一系列制度措施的总和。比如,道路交通事故社会救助就具有疾病应急救助的性质。

道路交通事故社会救助是经国务院同意设立的,专门针对机动车交通事故受害人的一种新型社会保障制度。旨在保证道路交通事故受害人在不能按照交通强制保险制度或者从侵权人处得到赔偿时,可以通过道路交通事故社会救助,获得及时抢救或者适当补偿。根据2009年财政部、中国保险监督管理委员会、公安部、卫生部、农业部发布的《道路交通事故社会救助基金管理试行办法》,省级人民政府应当建立道路交通事故社会救助基金。道路交通事故社会救助基金是依法筹集用于垫付机动车道路交通事故中受害人人身伤亡的丧葬费用、部分或者全部抢救费用的社会专项基金。其来源包括:(1)按照机动车交通事故责任强制保险(以下简称交强险)的保险费的一定比例提取的资金;(2)地方政府按照保险公司经营交强险缴纳营业税数额给予的财政补助;(3)对未按照规定投保交强险的机动车的所有人、管理人的罚款;(4)救助基金孳息;(5)救助基金管理机构依法向机动车道路交通事故责任人追偿的资金;(6)社会捐款;(7)其他资金。其用途是为有下列情形之一的道路交通事故受害人垫付人身伤亡的丧葬费用、部分或者全部抢救费用:(1)抢救费用超过交强险责任限额的;(2)肇事机动车未参加交强险的;(3)机动车肇事后逃逸的。根据规定,垫付费用一般为72小时内的抢救费用,特殊情况下超过72小时的抢救费用医疗机构应当书面说明理由。抢救费用是指机动车发生道路交通事故导致人员受伤时,医疗机构按照《道路交通事故受伤人员临床诊疗指南》,对生命体征不平稳和虽然生命体征平稳但如果不采取处理措施会产生生命危险,或者导致残疾、器官功能障碍,或者导致病程明显延长的受伤人员,采取必要的处理措施所发生的医疗费用。

2013年国务院办公厅印发《关于建立疾病应急救助制度的指导意见》,要求各省(区、市)、市(地)政府组织设立本级疾病应急救助基金。疾病应急救助基金通过财政投入和社会各界捐助等多渠道筹集。救助对象为在中国境内发生急重危伤病、需要急救但身份不明确或无力支付相应费用的患者。救助基金支付范围是:(1)无法查明身份患者发生的急救费用;(2)身份明确但无力缴费的患者所拖欠的急救费用。为此,财政部、国家卫生计生委制定了《疾病应急救助基金管理暂行办法》。

第二节 城乡医疗救助

一、城乡医疗救助的概念

城乡医疗救助,是指对城乡贫困家庭给予医疗费用帮助的一种社会保障措施。目的是防止城乡贫困家庭因无能力支付医疗费用而享受不到基本医疗服务。

建立城乡医疗救助,有助于拓展重特大疾病医疗救助对象范围,也有助于提高对发生高额医疗费用、超过家庭承受能力、基本生活出现严重困难的家庭重病病人的救助水平。

二、城乡医疗救助基金的建立和筹集

城乡医疗救助基金,是指通过公共财政预算、彩票公益金和社会各界捐助等渠道筹集,按规定用于城乡贫困家庭医疗救助的专项基金。根据规定,县级以上人民政府应当建立城乡医疗救助基金。城乡医疗救助基金纳入社会保障基金财政专户,实行分账核算,专项管理,专款专用。按照要求,县级财政部门应当将原来在社保基金专户中分设的“城市医疗救助基金专账”和“农村医疗救助基金专账”进行合

并,建立"城乡医疗救助基金专账",用于办理基金的筹集、核拨、支付等业务。

城乡医疗救助基金的来源主要包括四个部分:(1)地方各级财政部门每年根据本地区开展城乡医疗救助工作的实际需要,按照预算管理的相关规定,在年初公共财政预算和彩票公益金中安排的城乡医疗救助资金。(2)社会各界自愿捐赠的资金。(3)城乡医疗救助基金形成的利息收入。(4)按规定可用于城乡医疗救助的其他资金。

通常情况下,城乡医疗救助基金的筹集和使用情况,应当通过网站、公告等形式按季度向社会公布,接受社会监督。

三、城乡医疗救助基金的救助对象和范围

城乡医疗救助基金的救助对象主要是三部分人群:(1)城乡低保对象;(2)农村五保供养对象;(3)其他符合医疗救助条件的经济困难群众。

城乡医疗救助基金的救助范围是,首先确保资助救助对象全部参加基本医疗保险;其次对经基本医疗保险、大病保险和商业保险等补偿后,救助对象仍难以负担的符合规定的医疗费用给予补助,帮助困难群众获得基本医疗服务。对因各种原因未能参加基本医疗保险的救助对象个人自负的医疗费用,可直接给予救助。

根据规定,救助方式以住院救助为主,同时兼顾门诊救助。

四、城乡医疗救助基金的支出和管理

城乡医疗救助基金原则上实行财政直接支付。由负责城乡医疗救助部门向同级财政部门提交拨款申请,再由财政部门审核后将城乡医疗救助基金从社保基金专户直接支付到定点医疗机构、定点零售药店或者医疗救助对象。

资助医疗救助对象参保的,由负责城乡医疗救助部门将符合救助标准的医疗救助人数、参保资助标准及资金总量提供给同级财政部门,经同级财政部门审核后,从社保基金专户中的"城乡医疗救助基金专账"中将个人缴费核拨至"城乡居民基本医疗保险专账"中。

根据规定,开展"一站式"即时结算的地区,由定点医疗机构和定点零售药店在结算时先扣除基本医疗保险报销费用和医疗救助补助的费用,参保救助对象只需结清个人应承担部分。基本医疗保险经办机构、定点医疗机构和定点零售药店所垫付的医疗救助资金情况,在规定时间内报负责城乡医疗救助部门审核后,由负责城乡医疗救助部门向同级财政部门提出支付申请,同级财政部门通过"城乡医疗救

助基金专账”直接支付给以上机构。未开展“一站式”即时结算的地区以及需要事后救助的，由医疗救助对象个人按规定出具基本医疗保险报销的补偿审核表或结算单、定点医疗机构复式处方或定点零售药店购药发票等能够证明合规医疗费用的有效凭证，在规定时间内报同级负责城乡医疗救助部门核批，由负责城乡医疗救助部门向同级财政部门提出申请，同级财政部门通过“城乡医疗救助基金专账”直接支付给医疗救助对象。

城乡医疗救助基金年终结余资金可以结转下年度继续使用，但为确保基金均衡合理使用，确保救助对象最大程度受益，根据规定，基金累计结余一般不应当超过当年筹集基金总额的15%。对不按规定用药、诊疗以及不按规定提供医疗服务所发生的医疗费，城乡医疗救助基金不予结算。任何单位和个人不得截留、挤占、挪用城乡医疗救助基金，不得向救助对象收取任何管理费用。发现虚报冒领、挤占挪用、贪污浪费等违纪违法行为的单位和个人，按照有关法律法规严肃处理。对故意编造虚假信息，骗取上级补助的，除责令立即纠正、扣回、停拨上级补助资金外，还应当按规定追究有关单位和人员的责任。

第三节　疾病应急救助

一、疾病应急救助的概念

疾病应急救助，是指在需要急救情况下对身份不明病人或者无能力支付医疗费用的病人给予急救费用帮助的一种社会保障措施。目的是防止极少数需要急救的病人因身份不明、无能力支付医疗费用等原因，得不到及时有效的治疗。

《社会救助暂行办法》第32条规定，国家建立疾病应急救助制度，对需要急救但身份不明或者无力支付急救费用的急重危伤病患者给予救助。符合规定的急救费用由疾病应急救助基金支付。疾病应急救助制度应当与其他医疗保障制度相衔接。

二、疾病应急救助基金的设立和筹资

疾病应急救助基金是通过财政投入和社会各界捐助等渠道筹集，按规定用于身份不明确或者无负担能力支付病人急救费用补助的专项基金。根据规定，省、自治区、直辖市和设区的市级应当设立疾病应急救助基金。直辖市可以只设立本级疾病应急救助基金。副省级城市参照设区的市级设立疾病应急救助基金。

省级疾病应急救助基金主要承担募集资金,向设区的市级疾病应急救助基金拨付应急救助资金的功能。设区的市级疾病应急救助基金主要承担募集资金、向医疗机构支付应急救助资金的功能。

疾病应急救助基金通过财政投入和社会各界捐赠等多渠道筹集。设区的市级以上地方财政部门将对疾病应急救助基金的补助资金纳入财政预算安排,资金规模原则上参照当地人口规模、上一年度本行政区域内应急救治发生情况等因素确定。中央财政对财力困难地区给予补助。国家鼓励社会各界向疾病应急救助基金捐赠资金。境内企业、个体工商户、自然人捐赠的资金按规定享受所得税优惠政策。疾病应急救助基金形成的利息收入计入基金收入。

三、疾病应急救助基金的救助对象和范围

疾病应急救助基金的救助对象是在中国境内发生急重危伤病、需要急救但身份不明确或无力支付相应费用的病人。医疗机构对符合上述条件的病人紧急救治所发生的费用,可以向当地疾病应急救助基金申请支付应急救助资金。

疾病应急救助基金的支付范围包括:(1)无法查明身份病人所发生的急救费用;(2)身份明确但无力缴费的病人所拖欠的急救费用。根据规定,救助对象发生的急救费用先由责任人、道路交通事故社会救助基金、流浪乞讨人员救助资金等渠道按规定支付。身份明确但无力缴费的病人所拖欠的急救费用还应当先由工伤保险和基本医疗保险等各类保险、公共卫生经费、医疗救助基金等渠道按规定支付。无上述渠道或者经上述渠道支付后费用有缺口的,由疾病应急救助基金给予补助。疾病应急救助基金不得用于支付有负担能力但拒绝付费病人的急救费用。疾病应急救助基金向医疗机构支付欠费后,又查明病人身份或者查实病人有负担能力、有其他支付渠道的,医疗机构和基金经办管理机构应当及时向病人追偿欠费。医疗机构应当将追回资金退回疾病应急救助基金。

四、医疗机构的职责

根据规定,医疗机构的职责主要是:(1)及时、有效地对急重危伤病的病人进行施救,不得以任何理由拒绝、推诿或拖延救治;(2)对发生欠费的救助对象,应当设法查明其身份;对明确身份的病人,应当尽责追讨欠费;(3)及时将收治的无负担能力病人情况及发生的费用向相关部门报告,并请相关部门协助追讨欠费;(4)公立医院应当进一步完善内部控费机制,通过列支坏账准备等方式,核销救助对象发生

的部分急救欠费;(5)鼓励非公立医院主动核销救助对象的救治费用;(6)对救助对象急救的后续治疗发生的救治费用,医疗机构应当及时协助救助对象按程序向医疗救助机构等申请救助。

需要急救的急重危伤病的标准和急救规范,根据规定,由国务院卫生行政部门制定。

参 考 文 献

1.《新编中华人民共和国法律法规全书》,法律出版社 2016 年版。

2.《新编最高人民法院、最高人民检察院司法解释全书》,法律出版社 2017 年版。

3. 国家卫生计生委法制司编:《新编常用卫生与计划生育法规汇编》,法律出版社 2017 年版。

4. 卫生部政策法规司编:《常用卫生法规汇编》,法律出版社 2011 年版。

5. 卫生部卫生政策法规司编:《新编常用卫生法规汇编》,法律出版社 2006 年版。

6. 卫生部、国家中医药管理局编:《常用卫生法规汇编》,法律出版社 2002 年版。

7. 卫生部政策法规司编:《中华人民共和国卫生法规汇编(2010 - 2011)》,法律出版社 2012 年版。

8. 卫生部政策法规司编:《中华人民共和国卫生法规汇编(2008 - 2009)》,法律出版社 2010 年版。

9. 卫生部卫生政策法规司编:《中华人民共和国卫生法规汇编(2006 - 2007)》,法律出版社 2008 年版。

10. 卫生部卫生政策法规司编:《中华人民共和国卫生法规汇编(2004 - 2005)》,法律出版社 2006 年版。

11. 卫生部卫生政策法规司编:《中华人民共和国卫生法规汇编(2001 - 2003)》,法律出版社 2004 年版。

12. 卫生部卫生法制与监督司编:《中华人民共和国卫生法规汇编(1998 - 2000)》,法律出版社 2001 年版。

13. 卫生部政策法规司编:《中华人民共和国卫生法规汇编(1995 - 1997)》,法律出版社 1998 年版。

14. 卫生部政策法规司编:《中华人民共和国卫生法规汇编(1992 - 1994)》,法律出版社 1996 年版。

15. 卫生部政策法规司编:《中华人民共和国卫生法规汇编(1989 - 1991)》,法律出版社 1993 年版。

16. 卫生部政策法规司编:《中华人民共和国卫生法规汇编(1986 - 1988)》,法律出版社 1990 年版。

17. 卫生部办公厅政策研究室编:《中华人民共和国卫生法规汇编(1984 - 1985)》,法律出版社 1986 年版。
18. 卫生部办公厅编:《中华人民共和国卫生法规汇编(1981 - 1983)》,法律出版社 1984 年版。
19. 卫生部办公厅编:《中华人民共和国卫生法规汇编(1978 - 1980)》,法律出版社 1982 年版。
20. 卫生部办公厅编:《医院常用卫生法规手册》,法律出版社 1986 年版。
21. 卫生部政策法规司编:《卫生行政执法解释手册》,法律出版社 2008 年版。
22. 汪建荣:《让人人享有基本医疗卫生服务——我国基本医疗卫生立法研究》,法律出版社 2014 年版。
23. 汪建荣主编:《卫生法》,人民卫生出版社 2013 年版。
24. 汪建荣主编:《医学人文概要》,人民卫生出版社 2015 年版。
25. 汪建荣主编:《卫生法制实践与理论研究》,法律出版社 2012 年版。